プリント形式のリアル過去問で本番の臨場感！

大阪府

開明中学校

2025年春受験用 解答集

本書は，実物をなるべくそのままに，プリント形式で年度ごとに収録しています。
問題用紙を教科別に分けて使うことができるので，本番さながらの演習ができます。

■ 収録内容

・解答集(この冊子です)

書籍ＩＤ番号，この問題集の使い方，最新年度実物データ，リアル過去問の活用，
解答例と解説，ご使用にあたってのお願い・ご注意，お問い合わせ

・2024(令和６)年度 ～ 2021(令和３)年度　学力検査問題

JN132456

○は収録あり

年度	'24	'23	'22	'21		
■ 問題(1次前期・1次後期A)	○	○	○	○		
■ 解答用紙	○	○	○	○		
■ 配点	○	○	○	○		

全教科に解説があります

注)国語問題文非掲載:2024年度1次前期の二と1次後期Aの二，2023年度1次前期の二

問題文の非掲載につきまして

著作権上の都合により，本書に収録している過去入試問題の本文の一部を掲載しておりません。ご不便をおかけし，誠に申し訳ございません。

本文の一部を掲載できなかったことによる国語の演習不足を補うため，論説文および小説文の演習問題のダウンロード付録があります。弊社ウェブサイトから書籍ＩＤ番号を入力してご利用ください。

なお，問題の量，形式，難易度などの傾向が，実際の入試問題と一致しない場合があります。

教英出版

■ 書籍ＩＤ番号

入試に役立つダウンロード付録や学校情報などを随時更新して掲載しています。
教英出版ウェブサイトの「ご購入者様のページ」画面で，書籍ＩＤ番号を入力してご利用ください。

書籍ＩＤ番号　117429

（有効期限：2025年9月30日まで）

【入試に役立つダウンロード付録】
「要点のまとめ(国語／算数)」
「課題作文演習」ほか

■ この問題集の使い方

年度ごとにプリント形式で収録しています。針を外して教科ごとに分けて使用します。①片側，②中央のどちらかでとじてありますので，下図を参考に，問題用紙と解答用紙に分けて準備をしましょう（解答用紙がない場合もあります)。

針を外すときは，けがをしないように十分注意してください。また，針を外すと紛失しやすくなりますので気をつけましょう。

① 片側でとじてあるもの

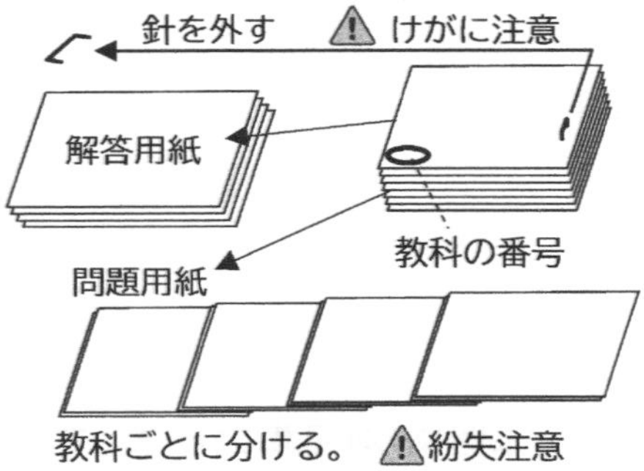

② 中央でとじてあるもの

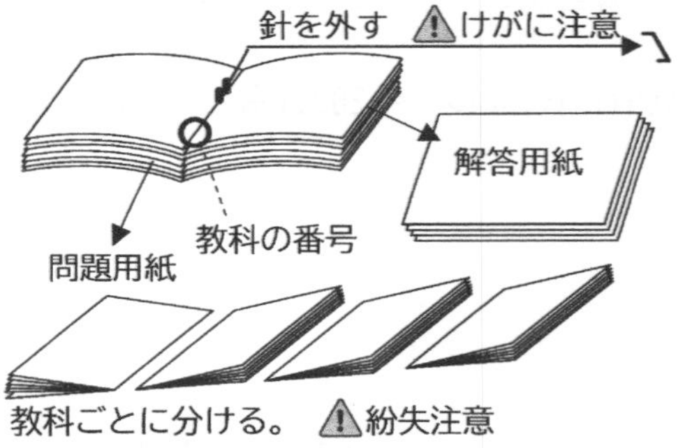

※教科数が上図と異なる場合があります。
　解答用紙がない場合や，問題と一体になっている場合があります。
　教科の番号は，教科ごとに分けるときの参考にしてください。

■ 最新年度 実物データ

実物をなるべくそのままに編集していますが，収録の都合上，実際の試験問題とは異なる場合があります。実物のサイズ，様式は右表で確認してください。

問題用紙	Ｂ５冊子(二つ折り)
解答用紙	Ｂ４片面プリント

リアル過去問の活用

~リアル過去問なら入試本番で力を発揮することができる~

本番を体験しよう！

問題用紙の形式（縦向き / 横向き），問題の配置や余白など，実物に近い紙面構成なので本番の臨場感が味わえます。まずはパラパラとめくって眺めてみてください。「これが志望校の入試問題なんだ！」と思えば入試に向けて気持ちが高まることでしょう。

入試を知ろう！

同じ教科の過去数年分の問題紙面を並べて，見比べてみましょう。

① 問題の量

毎年同じ大問数か，年によって違うのか，また全体の問題量はどのくらいか知っておきましょう。どのくらいのスピードで解けば時間内に終わるのか，大問ひとつにかけられる時間を計算してみましょう。

② 出題分野

よく出題されている分野とそうでない分野を見つけましょう。同じような問題が過去にも出題されていることに気がつくはずです。

③ 出題順序

得意な分野が毎年同じ大問番号で出題されていると分かれば，本番で取りこぼさないように先回りして解答することができるでしょう。

④ 解答方法

記述式か選択式か（マークシートか），見ておきましょう。記述式なら，単位まで書く必要があるかどうか，文字数はどのくらいかなど，細かいところまでチェックしておきましょう。計算過程を書く必要があるかどうかも重要です。

⑤ 問題の難易度

必ず正解したい基本問題，条件や指示の読み間違いといったケアレスミスに気をつけたい問題，後回しにしたほうがいい問題などをチェックしておきましょう。

問題を解こう！

志望校の入試傾向をつかんだら，問題を何度も解いていきましょう。ほかにも問題文の独特な言いまわしや，その学校独自の答え方を発見できることもあるでしょう。オリンピックや環境問題など，話題になった出来事を毎年出題する学校だと分かれば，日頃のニュースの見かたも変わってきます。

こうして志望校の入試傾向を知り対策を立てることこそが，過去問を解く最大の理由なのです。

実力を知ろう！

過去問を解くにあたって，得点はそれほど重要ではありません。大切なのは，志望校の過去問演習を通して，苦手な教科，苦手な分野を知ることです。苦手な教科，分野が分かったら，教科書や参考書に戻って重点的に学習する時間をつくりましょう。今の自分の実力を知れば，入試本番までの勉強の道すじが見えてきます。

試験に慣れよう！

入試では時間配分も重要です。本番で時間が足りなくなってあわてないように，リアル過去問で実戦演習をして，時間配分や出題パターンに慣れておきましょう。教科ごとに気持ちを切り替える練習もしておきましょう。

心を整えよう！

入試は誰でも緊張するものです。入試前日になったら，演習をやり尽くしたリアル過去問の表紙を眺めてみましょう。問題の内容を見る必要はもうありません。どんな形式だったかな？受験番号や氏名はどこに書くのかな？…ほんの少し見ておくだけでも，志望校の入試に向けて心の準備が整うことでしょう。

そして入試本番では，見慣れた問題紙面が緊張した心を落ち着かせてくれるはずです。

※まれに入試形式を変更する学校もありますが，条件はほかの受験生も同じです。心を整えてあせらずに問題に取りかかりましょう。

2024 解答例 令和6年度

開明中学校【1次前期】【1次後期A】

《1次前期　国語》

一　問一．ⅰ．規則　ⅱ．変形　ⅲ．器官　ⅳ．費　ⅴ．役割　問二．1．ウ　2．イ　3．エ　4．ア
問三．ア　問四．見返りを求めない援助と協力の原理に基づき、人間の家族に似た小集団を作る。　問五．ウ
問六．③イ　⑥エ　問七．イ　問八．イ　問九．ウ　問十．ア

二　問一．ⅰ．ふんき　ⅱ．うらはら　ⅲ．こうさん　問二．1．エ　2．ア　3．ウ　4．イ　問三．ウ
問四．Ⅰ．肩　Ⅱ．鼻　問五．②イ　⑦エ　問六．イ　問七．イ　問八．エ　問九．言葉にし尽くして、初めて気持ちが伝わるもの。　問十．エ

《1次前期　算数》

1　(1)29　(2)479.1　(3)$2\frac{2}{5}$　(4)$\frac{1}{7}$　(5)$\frac{1}{3}$

2　(1)18　(2)$4\frac{2}{7}$　(3)6　(4)$43\frac{7}{11}$　(5)28.26　(6)675

3　(1)240　(2)160　(3)90

4　(1)20　(2)24　(3)120　(4)33

5　(1)1964　(2)338　(3)172　(4)1266

《1次前期　理科》

【1】(1)あ．4　い．4　う．1　え．180　お．96　(2)①と③，②と④　(3)イ　(4)カ

【2】(1)ア　(2)3　(3)ア，ウ，オ　(4)5　(5)ア

【3】(1)硝酸カリウム　(2)78　(3)39.2　(4)11.5　(5)77.6　(6)45

【4】(1)水素　(2)イ　(3)水上置換法　(4)①，③　(5)④　(6)②，⑤

【5】(1)水面からの水の蒸発を防ぐため。　(2)(あ)④　(い)⑤　(う)3　(3)エ　(4)(え)裏　(お)15　(5)(気孔の数)は葉の裏側の方が多い。　(6)18

【6】(1)①部分　②さそり　③おとめ　(2)日食…オ　月食…ア　(3)イ　(4)④オ　⑤ア　(5)イ　(6)カ

《1次前期　社会》

《1》(1)①ウ　②ア　③カ　④エ　(2)沖合

《2》(1)いちご　(2)ア　(3)扇状地　(4)エ　(5)エ

《3》(1)①エ　②ア　③ウ　④イ　(2)ウ

《4》(1)A．最澄　B．足利尊氏　C．徳川吉宗　(2)ア　(3)ア　(4)ウ　(5)ア　(6)ウ

《5》(1)あ．承久　い．国際連盟　(2)エ　(3)イ　(4)25　(5)ウ　(6)①ア　②ク　③カ

《6》(1)エ　(2)イ　(3)全国水平社　(4)法　(5)ウ　(6)ア　(7)環境権

《7》(1)○　(2)○　(3)三重県　(4)○

《１次後期Ａ　国語》

一　問一．ｉ．困　ⅱ．予報　ⅲ．農耕　ⅳ．危険　ｖ．対立　問二．エ　問三．１．エ　２．ア　３．ウ　４．イ　問四．エ　問五．反復性　問六．ア　問七．歴史は役に立つ教訓を含んでおり、より安全に世間を渡っていく手助けとなる実用的なものであるということ。　問八．ウ　問九．⑦ア　⑧イ　問十．ウ

二　問一．ｉ．まか　ⅱ．つど　ⅲ．しんみ　問二．１．ウ　２．イ　３．ア　４．エ　問三．①ウ　③エ　問四．ア．○　イ．○　ウ．×　エ．×　問五．ウ　問六．イ　問七．ウ　問八．相手に対する悔いがないように生き、別れた人を心の中で生かし続けること。　問九．エ　問十．ア

《１次後期Ａ　算数》

１　(1) 6　(2) $\frac{127}{135}$　(3) $\frac{1}{5}$　(4) 9　(5) $\frac{25}{42}$

２　(1) 5　(2)15　(3)17　(4) $27\frac{7}{9}$　(5)8.2　(6)2.4

３　(1)24　(2)56　(3)75.36　(4) 2

４　(1) 1　(2)75　(3) 5　(4) 2

５　(1) 3　(2)1.5　(3)90　(4)28

《１次後期Ａ　理科》

【１】(1) 1　(2)X．210　Y．112　(3)右図　(4)右図　(5)ウ
(6)小球Ｃの方が小球Ａより重いから。

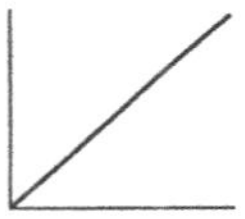
【１】(3)の図

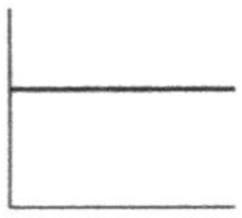
【１】(4)の図

【２】(1)ア　(2)エ　(3)Ｂ，Ｃ，Ｄ　(4)Ｂ　(5)Ｂ　(6)Ａ，Ｂ

【３】(1)高くなる　(2)120　(3)58.45　(4)675　(5)①28.1　②32.04　(6)エ

【４】(1)Ａ．エ　Ｂ．イ　Ｃ．ア　Ｄ．ウ　Ｅ．オ　(2)Ｂ　(3)水素　(4)③

【５】(1)蒸散　(2)裏側　(3)36　(4)呼吸　(5)二酸化炭素　(6)イ

【６】(1)ウ　(2)(１)イ　(２)イ　(3)イ　(4)①イ　②エ　③ウ　(5)①○　②○　③×

《１次後期Ａ　社会》

《１》(1)①イ　②オ　③カ　④エ　(2)イ

《２》(1)長崎県　(2)ウ　(3)ア　(4)ア　(5)対馬海流

《３》(1)①ア　②エ　③ウ　④イ　(2)ウ

《４》(1)Ａ．推古天皇　Ｂ．雪舟　Ｃ．吉野作造　(2)エ　(3)ウ　(4)イ　(5)治安維持法　(6)ウ

《５》(1)あ．保元　い．王政復古　(2)エ　(3)ウ　(4)ア　(5)警察予備隊　(6)①キ　②ウ　③オ

《６》(1)リコール　(2)エ　(3)オンブズマン　(4)エ　(5)イ　(6)ウ

《７》(1)社会保険　(2)○　(3)○　(4)通常国会

2024解説 令和6年度 開明中学校【1次前期】

《2024　1次前期　国語　解説》

一　**問三**　――部④の２～６行前の「そこで人間は～成長期をのばした。おかげで、頭でっかちで手のかかる子どもをたくさんもつことになったのだ。これが、家族とコミュニティーの必要になった原因である～共同の育児が必要になる。複数の家族が集まり～さまざまな協力体制を整えたのだ」より、アが適する。

問四　――部①の直後に「ゴリラは人間の家族と似た小集団をつくる」とある。その次の段落に「家族は見返りを求めない援助《えんじょ》と協力によって」成り立っているとある。

問五　A．前の行に「長い距離《きょり》をゆっくり歩く」とある。長い距離を歩くということは、広い範囲《はんい》で食物を探していたと考えられる。　B．直前に「産道の大きさが制限されて」とある。赤ちゃんの通り道の大きさが制限されると、頭の大きな赤ちゃんは産めなくなると考えられる。　よって、ウが適する。

問七　４～６行後に「人間のお母さんは～置くか、だれかに渡《わた》すことになる。そこで赤ちゃんはけたたましく泣いて自分の不具合や不満を訴《うった》えるのである」とある。よって、イが適する。

問八　「ある仮説」が指す内容は、直後の「それがいつしかおとなの間にも普及し、音楽として用いられるようになった」という説である。下線部の「それ」が指す内容は、「音楽で人々の気持ちを一つにするコミュニケーション」である。よって、イが適する。

問九　１～５行前に書かれている内容から読み取る。「人間は自分で自分を定義できず、信頼《しんらい》できる人たちの期待によって自分をつくる必要がある」。しかし、コミュニケーションの方法の変化により、「近くにいる人より見えない場所にいる人を優先する社会が出現した」結果、「自己を重んじ、自分を中心に他者と付き合う傾向《けいこう》が」大きくなった。そのため、近くにいる家族の期待によって自分をつくることができなくなり、「人間としての自分を失うこと」になった。よって、ウが適する。

問十　本文の前半では、ゴリラやチンパンジーなどの動物と人間を比較《ひかく》しながら、それぞれのコミュニティーや子育て、子どもの成長などの特徴《とくちょう》を説明している。それらを受けて、文章の後半では、人間のコミュニケーションについて説明している。文章の最後では、コミュニケーションの変化した現代社会において、人間は共感を失いつつあり、人間としての自分も失いつつあると述べ、現代に潜《ひそ》む危機《きき》や危《あや》うさを指摘《してき》している。よって、アが適する。

二　著作権上の都合により文章を掲載《けいさい》しておりませんので、解説も掲載しておりません。ご不便をおかけし、誠に申し訳ございません。

《2024　1次前期　算数　解説》

1　(1)　与式$=4\times45\times\frac{1}{9}+144\times\frac{1}{8}\times\frac{1}{2}=20+9=$**29**

(2)　与式$=3.3\times6\times47.91-4.9\times2\times47.91=19.8\times47.91-9.8\times47.91=(19.8-9.8)\times47.91=10\times47.91=$
479.1

(3)　与式$=\{1-(0.75-0.625)\div\frac{4}{10}\}\times\frac{16}{5}+\frac{1}{5}=(1-0.125\times\frac{10}{4})\times\frac{16}{5}+\frac{1}{5}=(1-\frac{125}{1000}\times\frac{10}{4})\times\frac{16}{5}+\frac{1}{5}=$
$(1-\frac{5}{16})\times\frac{16}{5}+\frac{1}{5}=\frac{11}{16}\times\frac{16}{5}+\frac{1}{5}=\frac{11}{5}+\frac{1}{5}=\frac{12}{5}=$ $\mathbf{2\frac{2}{5}}$

(4)　与式より，$\frac{5}{2}\times\frac{7}{5}-\frac{7}{4}\times□\times9=\frac{5}{4}$　　$\frac{7}{2}-\frac{7}{4}\times□\times9=\frac{5}{4}$　　$\frac{7}{4}\times□\times9=\frac{7}{2}-\frac{5}{4}$

$\frac{7}{4}\times\square\times 9=\frac{14}{4}-\frac{5}{4}$　　$\square=\frac{9}{4}\div\frac{7}{4}\div 9=\frac{9}{4}\times\frac{4}{7}\times\frac{1}{9}=\mathbf{\frac{1}{7}}$

(5)　与式より，$57\times\{(27-14)\div 6+\square\}\div\frac{5}{14}=399$　　$57\times(13\div 6+\square)=399\times\frac{5}{14}$　　$\frac{13}{6}+\square=399\times\frac{5}{14}\times\frac{1}{57}$
$\square=\frac{5}{2}-\frac{13}{6}=\frac{15}{6}-\frac{13}{6}=\frac{2}{6}=\mathbf{\frac{1}{3}}$

2　(1)　**【解き方】箱Ａと箱Ｂのボールの個数の差は変わらないことに注目する。**

ボールを加えた後の箱Ａのボールの個数を①，箱Ｂのボールの個数を②とすると，②－①＝①が 42－12＝30(個)にあたるから，箱Ａのボールの個数は 30 個で，加えたボールは，30－12＝**18**(個)である。

(2)　求める分数を$\frac{\triangle}{\bigcirc}$とする。$\frac{\triangle}{\bigcirc}\times 5\frac{5}{6}=\frac{\triangle}{\bigcirc}\times\frac{35}{6}$も，$\frac{\triangle}{\bigcirc}\times\frac{7}{15}$もともに整数になるには，△が６と 15 の公倍数，○が 35 と７の公約数であればよい。よって，最も小さい分数になるときの△は６と 15 の最小公倍数の 30，○は 35 と７の最大公約数の７だから，求める分数は$\frac{30}{7}=\mathbf{4\frac{2}{7}}$である。

(3)　１人と２人に分ける。Ｐに１人，Ｑに２人入るとき，(Ｐ－Ａ，Ｑ－Ｂ・Ｃ)，(Ｐ－Ｂ，Ｑ－Ａ・Ｃ)，(Ｐ－Ｃ，Ｑ－Ａ・Ｂ)の３通りで，Ｐに２人，Ｑに１人のときも同じように３通りの分け方がある。

よって，分け方は全部で，３＋３＝**６**(通り)である。

(4)　短針は１時間で 360°÷12＝30° 進むから，１分間で 30°÷60＝$\frac{1}{2}$° 進む。長針は１分間に 360°÷60＝６° 進む。したがって，短針と長針が進む角度の差は１分あたり６°－$\frac{1}{2}$°＝$\frac{11}{2}$° である。２時に長針と短針の差は 30°×２＝60° だから，長針と短針のつくる角の大きさが 180° になるのは，長針が短針より 60°＋180°＝240° 多く進むときである。よって，求める時刻は，２時$(240\div\frac{11}{2})$分＝２時$\frac{480}{11}$分＝２時$\mathbf{43\frac{7}{11}}$分である。

(5)　回転させてできる立体は，半径が２＋１＝３(cm)で中心角が 135° のおうぎ形から，半径が１cmで中心角が 135° のおうぎ形をのぞいた右図のような形を底面とする，高さが３cmの柱体である。よって，求める体積は，$(3\times 3\times 3.14\times\frac{135}{360}-1\times 1\times 3.14\times\frac{135}{360})\times 3=(9-1)\times 3.14\times\frac{135}{360}\times 3=9\times 3.14=$**28.26**(cm³)

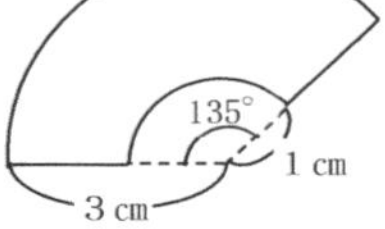

(6)　１から 2024 まで，２の倍数は 2024÷２＝1012(個)，３の倍数は 2024÷３＝674 あまり２より，674 個ある。２と３の最小公倍数の６の倍数は 2024÷６＝337 あまりあまり２より，337 個あるから，２または３で割り切れる数は 1012＋674－337＝1349(個)である。よって，２でも３でも割り切れない数は，2024－1349＝**675**(個)

3　(1)　底面の三角形ＡＢＣの面積は８×６÷２＝24(cm²)で，高さは 10 cmだから，体積は，24×10＝**240**(cm³)

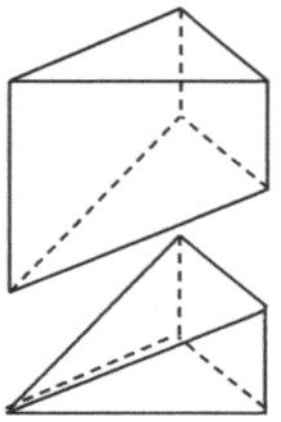

(2)　Ｂを含《ふく》まないほうの立体は，長方形ＧＤＦＨを底面とする高さが８cmの四角すいだから，体積は，(10÷２)×６×８÷３＝80(cm³)　　よって，Ｂを含むほうの立体の体積は，240－80＝**160**(cm³)

(3)　同じ面積の面をのぞくと，表面積の差は，四角形ＢＥＨＣと四角形ＢＥＧＡを合わせた面積と三角形ＨＥＦと三角形ＧＥＤを合わせた面積の差になる。三角形ＨＥＦの面積は，10×５÷２＝25(cm²)

四角形ＢＥＨＣの面積は，10×10－25＝75(cm²)　　三角形ＧＥＤの面積は，５×８÷２＝20(cm²)

四角形ＢＥＧＡの面積は，10×８－20＝60(cm²)　　よって，求める表面積の差は，(75＋60)－(25＋20)＝**90**(cm²)

4　(1)　Ｐは秒速３cmの速さで進むから，Ｂに着くのはＡを出発してから，60÷３＝**20**(秒後)

(2)　右図より，出発してから最初に出会うまでに２人が進んだ道のりの和はＡＢ間の道のりの２倍に等しいとわかる。１秒で２人が進む道のりの和は，３＋２＝５(cm)だから，２人が出会うのはＡを出発してから，(60×２)÷５＝**24**(秒後)

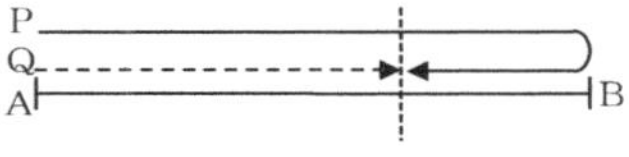

(3)　Ｐは(60×２)÷３＝40(秒)ごと，Ｑは(60×２)÷２＝60(秒)ごとにＡの位置にくる。40 と 60 の最小公倍数は

120 だから，最初にＡで同じ位置になるのは，出発してから，**120 秒後**である。

⑷　**【解き方】⑶の 15 秒後にＰがＡから動くとき，Ｑは２×15＝30(㎝)進んでいて，あと 15 秒でＢに着くが，Ｐは 15 秒ではＢに着かないから，ＰはＢを折り返したＱと出会うことになる。**

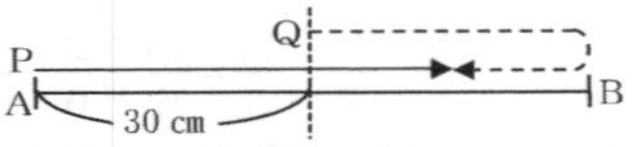

右図より，15 秒止まったあとＰが動き出してＱに出会うまでに２人が進んだ道のりの和はＡＢ間の道のりの２倍より 30 ㎝短い。１秒で２人が進む道のりの和は３＋２＝５(㎝)だから，２人が出会うのはＰが動き出して，(60×２－30)÷５＝18(秒後)で，最初にＡで同じ位置になってから，15＋18＝**33(秒後)**である。

5　⑴　2024 から６ずつ小さくなる数が並んでいる。２番目は 2024－６＝2018，３番目は 2024－６－６＝2012，４番目は 2024－６－６－６＝2006，…となるから，□番目は 2024 から６を(□－１)回引いた数である。よって，11 番目の数は，2024－６×(11－１)＝**1964** である。

⑵　２は 2024 より 2024－２＝2022 小さいから，2024 から６を 2022÷６＝337(回)引いた数だから，337＋１＝338(番目)の数である。よって，並んでいる数は **338 個**である。

⑶　**【解き方】(2024－1000)÷６＝170.6…だから，６を 170 回引いた数と 171 回引いた数を調べる。**

2024－６×170＝1004，2024－６×171＝998 だから，はじめて３けたになるのは，171＋１＝**172(番目)**の数である。

⑷　**【解き方】右から見ると６ずつ大きくなる数が並び，下２けたが 22 の数は 122 から 100 ずつ大きくなる数である。つまり，２に６の倍数を足した数で，下２けたが 22 になる数を探す。**

６の倍数で下２けたが 22－２＝20 である数を調べる。６の倍数は３の倍数のうち偶数である。一の位が０なら偶数であり，各位の数字の和が３の倍数であれば３の倍数であることから，３けたの数字の和が３の倍数となる一の位が０の数を探すと，120，420，720 が見つかる。したがって，下２けたが 22 である３けたの数は，122，422，722 で，すべて足すと，122＋422＋722＝**1266** である。

《2024　１次前期　理科　解説》

【１】

⑴　う．周期は糸の長さによって決まっているから，①と②のように糸の長さが同じであれば，周期は等しく，Ａとしょうとつするまでの時間(４分の１往復するのにかかる時間)も等しい。　え．①と④，④と⑧などの結果から，手をはなす高さが(２×２＝)４倍になると，Ａの速さは２倍になることがわかる。よって，①から⑥へ，手をはなす高さが(３×３＝)９倍になると，Ａの速さは３倍になるので，Ｘには60×３＝180があてはまる。　お．①②④の結果を比べると，Ａの速さと水平きょりには比例の関係があることがわかる。よって，①から⑧へ，Ａの速さが４倍になると，水平きょりも４倍になるので，Ｙには24×４＝96があてはまる。

⑵　糸の長さを２倍にした場合，手をはなす高さも２倍にすれば，ふれ角が等しくなる。

⑶　⑴解説より，Ａの速さと水平きょりには比例の関係があるから，原点を通る直線のグラフになる。

⑷　水平方向へ進むきょりはＡの速さによって異なるが，垂直方向へ進むきょりはＡの速さにかかわらず台の高さによって決まるから，台の高さが変わらなければゆかに落下するまでの時間は一定である。

【２】

⑴　鏡にうつる像は，鏡を対称《たいしょう》の軸《じく》とする位置にできる。

⑵　⑴解説のように，図２においてそれぞれのロウソクの像の位置を求める。次に，それぞれの像と観測者を直線で結んだとき，その直線が鏡と交われば，その点で反射すると考えればよい。よって，図２では，観測者の左にある３本のロウソクの像は見えるが，観測者の右にあるロウソクの像は見えない。

⑶　図ｉのように，一方の鏡にもう一方の鏡がうつることに注意し，それぞれの鏡にうつる像を⑴解説と同様に考えればよい。アは鏡Ａで１回反射して見える像，オは鏡Ｂで１回反射して見える像，ウは鏡ＡとＢで１回ずつ反射して見える像である。鏡で分けられた４つの部分に，実物か像のいずれかが１個ずつあると考えればよい。

図ｉ

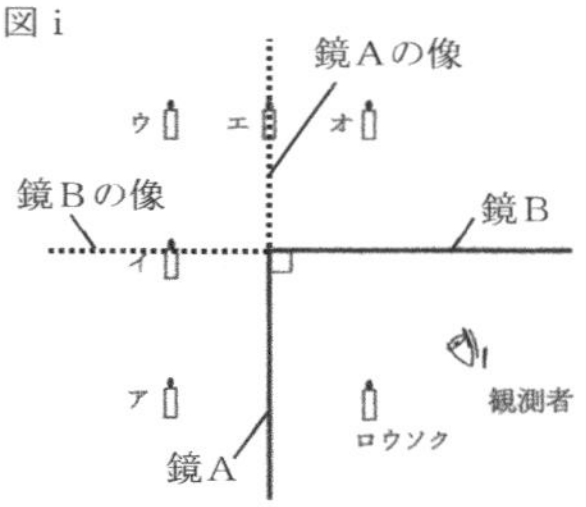

⑷　⑶解説と同様に鏡にうつる鏡を作図すると，図ⅱのようになる。ここでは６つの部分に分けられるので，実物と像が合計６個ある。つまり像は６－１＝５(個)できる。

図ⅱ

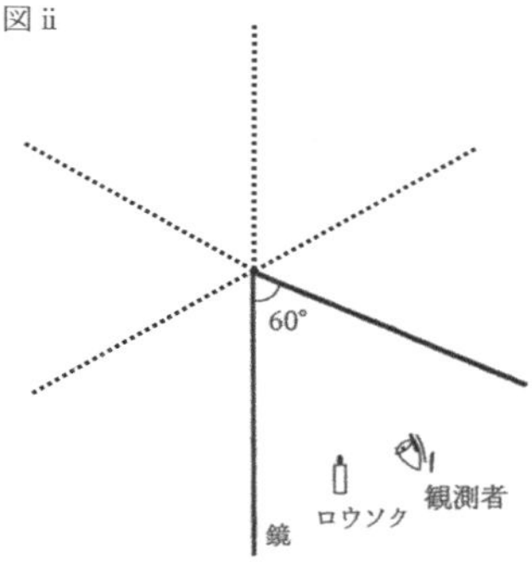

⑸　光がおう面鏡にあたったときでも反射の法則は成り立つ。反射の法則が成り立っているのはアである。このように反射することで，図５の２本の光と平行に入ってきた光はすべてある１点を通る。この点を焦点《しょうてん》という。

【３】

⑵　物質が溶《と》ける重さは水の重さに比例する。40℃のとき，硝酸《しょうさん》カリウムは水100ｇに39ｇまで溶けるので，水の重さが100ｇの２倍の200ｇになれば，39×２＝78(ｇ)まで溶ける。

⑶　⑵解説と同様に考えると，20℃のとき，食塩は水100ｇに26.4ｇまで溶けるので，水300ｇには$26.4\times\frac{300}{100}=79.2$(ｇ)まで溶ける。よって，あと79.2－40＝39.2(ｇ)溶かすことができる。

⑷　溶けるだけ溶かしたときの濃《こ》さは，水の重さにかかわらず一定なので，水の重さが100ｇのときで考えればよい。ホウ酸は60℃の水100ｇに13.0ｇまで溶けるので，〔水溶液《すいようえき》の濃さ(%)＝$\frac{\text{溶かした物質の重さ(g)}}{\text{水溶液の重さ(g)}}\times 100$〕より，$\frac{13.0}{100+13.0}\times 100=11.50\cdots\rightarrow 11.5$%となる。

⑸　このような問題では，水の重さが100ｇの水溶液と比べるとよい。硝酸カリウムは80℃の水100ｇに62.8ｇまで溶けるので，溶けるだけ溶かした水溶液の重さは100＋62.8＝162.8(ｇ)になる。これを20℃まで冷やすと，62.8－24＝38.8(ｇ)の硝酸カリウムが溶けきれずに出てくる。よって，325.6ｇの水溶液で同様の操作を行えば，$38.8\times\frac{325.6}{162.8}=77.6$(ｇ)の硝酸カリウムが出てくる。

⑹　⑸と同様に考えると，80℃の水に硝酸カリウムを溶けるだけ溶かした407ｇの水溶液を20℃まで冷やすと，$38.8\times\frac{407}{162.8}=97$(ｇ)の硝酸カリウムが出てくるから，20℃まで冷やしたときに出てきたホウ酸は130.25－97＝33.25(ｇ)である。また，80℃の水に硝酸カリウムを溶けるだけ溶かした407ｇの水溶液には，$100\times\frac{407}{162.8}=250$(ｇ)の水がふくまれているから，20℃まで冷やしたときに溶けているホウ酸の重さは$4.7\times\frac{250}{100}=11.75$(ｇ)である。よって，溶かしたホウ酸の重さＸは33.25＋11.75＝45(ｇ)である。

【４】

⑴　金属と塩酸が反応したときに発生する気体は水素である。

⑵　チョークの粉と塩酸が反応したときに発生する気体は二酸化炭素である。アでは気体が発生せず，イでは二酸

化炭素が発生し，ウとエでは水素が発生する。

⑶　③で発生する気体は酸素である。酸素のように水に溶けにくい気体は水上置換《ちかん》法で集めるとよい。

⑷　下線部の操作をしたとき，ペットボトルの形が変化するのは，気体が水に溶けるためである(このときペットボトルはへこむ)。よって，水に溶けにくい気体が発生する①(水素)と③(酸素)ではペットボトルの形がほとんど変化せず，水に溶ける気体が発生する②⑤(二酸化炭素)と④(アンモニア)ではペットボトルがへこむ。

⑸　赤色リトマス紙は，アルカリ性の水溶液によって青色に変化する。水に溶けてアルカリ性を示す気体が発生するのは④(アンモニア)である。なお，二酸化炭素の水溶液(炭酸水)は酸性であり，青色リトマス紙を赤色に変化させる。

【5】

⑵　表より，水の減少量は，①が300－260＝40(mL)，②が290－260＝30(mL)，③が310－295＝15(mL)，④が305－297＝8(mL)，⑤が300－295＝5(mL)である。④と⑤では，どちらも蒸散が起こるのは茎《くき》だけだから，植物による水の蒸散量は等しい。よって，④の水の減少量が⑤と比べて8－5＝3(mL)多くなったのは，④では油を水面にはるのを忘れたことで，水面から水が蒸発したためだと考えられる。

⑶　水面に油をはるか，はらないかの条件だけを変えて，その結果を比べる必要がある。前日と次の日では，気温や湿度などの条件が異なる可能性があるため，前日の油をはっていない実験と次の日の油をはった実験を比べても，油による実験結果のちがいを正しく調べることができない。

⑷　蒸散は気孔《きこう》という小さな穴で起こるため，ワセリンをぬったところでは気孔がふさがれて蒸散が起こらなくなる。蒸散が起こる場所は，①が葉の表側と裏側と茎，②が葉の裏側と茎，③が葉の表側と茎，⑤が茎である。よって，②と③の水の減少量の差が，葉の表側と裏側の蒸散量の差になるから，⑴解説より，葉の裏側の方が30－15＝15(mL)多い。

⑹　3×4＝12(㎠)の厚紙の重さが6gだから，9gの厚紙の面積(実験に使った葉の面積)は$12\times\frac{9}{6}=18$(㎠)である。

【6】

⑴　①太陽，月，地球の順に一直線上に並ぶとき，太陽が月によって隠《かく》される現象を日食という。太陽が完全に隠されているときを皆既《かいき》日食，月の方が見た目の大きさがわずかに小さいため太陽が輪のように見えるときを金環《きんかん》日食，金環日食以外で太陽の一部が隠されているときを部分日食という。

⑵　太陽，月，地球の順に一直線上に並ぶときが日食だから，月がオの位置にあるときである。このときの月は新月である。また，太陽，地球，月の順に一直線上に並ぶときが月食だから，月がアの位置にあるときである。このときの月は満月である。

⑶　イ×…⑵解説より，日食が起こる可能性があるのは新月のときであり，満月のときに日食が起こることは絶対にない。

⑷　④地球面上に月の影《かげ》がうつって見える。　⑤太陽が地球によって隠される現象が起こる。

⑸　太陽と月の直径の比が，太陽と月の地球からのきょりの比とほぼ等しいため，地球から見て太陽と月はほぼ同じ大きさに見える。

⑹　表面温度が高い順に並べると，青白＞白＞黄＞オレンジ＞赤となる。

《2024　1次前期　社会　解説》

≪1≫

⑴　①＝ウ　②＝ア　③＝カ　④＝エ　　①「越後」は新潟県，「越中」は富山県，「越前」は福井県の旧国名である。②秋田竿燈まつり・青森ねぶた祭・仙台七夕まつりは東北三大祭りと呼ばれる。③いぐさは畳の原料で，日本では約９割が熊本県で生産されている。④日本で一番大きい古墳である大仙古墳は大阪府堺市にある。イは宮城県，オは奈良県。

⑵　沖合　　Xは鳥取県である。まきあみ漁法では，大型の網を円形に広げて魚の群れを取り囲み，すばやく底をしぼって大量に魚を引き上げる。

≪2≫

⑴　いちご　　「紅ほっぺ」や「とちおとめ」はいちごの品種名である。生産量の上位が，栃木県や福岡県であることからも確認できる。

⑵　ア　　長野県松本市は，１年を通して降水量が少なく冬に冷え込む内陸の気候なので，アを選ぶ。イは冬の降水量が多い日本海側の気候の石川県金沢市，ウは冬の冷え込みが厳しく，梅雨がない北海道の気候の北海道札幌市，エは１年を通して降水量が少なく，比較的温暖な瀬戸内の気候の香川県高松市。

⑶　扇状地　　扇状地は，水はけがよいため，果樹園や畑に利用されることが多い。

⑷　エ　　ア．誤り。2020 年の自動車の輸出額は 684005×0.14≒95761(億円)だから，1960 年の輸出総額の 14596(億円)よりも多い。イ．誤り。鉄鋼の輸出額は，1960 年が 14596×0.096≒1401(億円)，2020 年が 684005×0.038≒25992(億円)だから，増加している。ウ．誤り。機械類は 1960 年，2020 年ともに，輸出額の方が輸入額より多い。

⑸　エ　　福岡県には，福岡市と北九州市の２つの政令指定都市がある。

≪3≫

⑴　①＝エ　②＝ア　③＝ウ　④＝イ　　第三次産業の割合が最も高い①は沖縄県，第一次産業の割合が最も高い②は青森県，第二次産業の割合が最も高い③は静岡県，第一次産業の割合が最も低い④は神奈川県と判断する。

⑵　ウ　　1960 年代は軽工業が盛んでせんいの生産が多かったが，自動車を中心とした機械類の生産が盛んになるにつれて，せんいの生産量は減っていった。①は金属，②は機械，③は化学。

≪4≫

⑴　A＝最澄　B＝足利尊氏　C＝徳川吉宗　　A．最澄は中国で密教を学んで帰国し，天台宗を開いて比叡山に延暦寺を建てた。真言宗を開いて高野山に金剛峯寺を建てた空海と間違えないようにしよう。B．後醍醐天皇による建武の新政に反対し，兵を挙げた足利尊氏が京都に新たな天皇を立て，後醍醐天皇は吉野(奈良県)に逃れて南朝を開いたことで，朝廷が南北朝に分かれることとなった。C．江戸幕府８代将軍徳川吉宗は，享保の改革を進め，目安箱の設置や公事方御定書の制定などを行った。

⑶　ア　　平城京ではなく平安京である。平城京は奈良につくられた。

⑷　ウ　　ア．誤り。松前藩ではなく対馬藩。イ．誤り。対馬藩ではなく松前藩。エ．誤り。江戸ではなく大阪。江戸は「将軍のおひざもと」と呼ばれた。

⑸　ア　　イは松平定信による寛政の改革，ウとエは水野忠邦による天保の改革で行われた。

⑹　ウ　　Ⅱ(３代将軍徳川家光　1635 年)→Ⅰ(５代将軍徳川綱吉　1685 年)→Ⅲ(15 代将軍徳川慶喜　1867 年)

≪5≫

⑴　あ＝承久　い＝国際連盟　　あ．後鳥羽上皇は，源氏の将軍が三代で途絶えたことを契機として，政権を奪回しようと，当時の執権北条義時打倒を掲げて挙兵した。北条政子が源頼朝の御恩を説いて集まった関東の御家人によって，幕府側が勝利し，後鳥羽上皇は隠岐に流され，朝廷の監視と西国の武士の統制のために，京都に六波羅探題が設置された。い．国際連盟は第一次世界大戦後に設立された。1931 年，柳条湖事件をきっかけに満州事変が起こり，翌年満州国が建国された。中国側がこれを国際連盟に訴えると，国際連盟はリットンを団長とする調査団を派遣した。リットン調査団の報告にもとづき，「満州における日本の権益は認めるが，満州国は独立国と認められず，日本軍は占領地から撤退するように」という勧告を国際連盟が可決すると，日本はこれを受け入れず，国際連盟脱退を通告し，２年後に正式脱退した。

⑵　エ　　X．誤り。飛鳥時代のできごと。Y．誤り。藤原氏による摂関政治は平安時代のできごと。

⑶　イ　　ア．誤り。長州藩ではなく薩摩藩。ウ．誤り。イタリア軍ではなくアメリカ軍。エ．誤り。沖縄が日本に復帰したのは，1971 年の沖縄返還協定調印後の 1972 年。1951 年のサンフランシスコ平和条約で日本は独立を回復したが，沖縄・奄美群島・小笠原諸島は引き続きアメリカの統治下に置かれた。

⑸　ウ　　日韓基本条約は，佐藤栄作内閣において 1965 年に締結された。

⑹　①＝ア　②＝ク　③＝カ　　坂上田村麻呂が征夷大将軍に任命されたのは 797 年，ベルリンの壁が崩壊したのは 1989 年，ポーツマス条約が結ばれたのは 1905 年のことである。

≪6≫

⑴　エ　　ア．誤り。日本国憲法は 1946 年 11 月３日に公布され，1947 年５月３日に施行された。イ．誤り。日本国憲法に明記されている義務は，普通教育を受けさせる義務，勤労の義務，納税の義務である。ウ．誤り。国民の名で天皇が公布した。

⑵　イ　　アは参政権，ウとエは経済活動の自由にあたる。

⑶　全国水平社　　全国水平社は 1922 年に西光万吉らによって結成された。京都で開かれた創立大会で「水平社宣言」が読み上げられた。

⑸　ウ　　請求権には，裁判を受ける権利・刑事補償請求権・国家賠償請求権などがある。

⑺　環境権　　新しい人権には環境権のほか，プライバシーの権利，知る権利，自己決定権などがある。

≪7≫

⑵　〇　　1992 年に国際平和協力法（ＰＫＯ法）が成立し，カンボジアに自衛隊が派遣された。自衛隊はその後も数多くの平和維持活動に参加している。

⑶　三重県　　四大公害については右表を参照。

公害名	原因	発生地域
水俣病	水質汚濁 （メチル水銀）	八代海沿岸 （熊本県・鹿児島県）
新潟水俣病	水質汚濁 （メチル水銀）	阿賀野川流域 （新潟県）
イタイイタイ病	水質汚濁 （カドミウム）	神通川流域 （富山県）
四日市ぜんそく	大気汚染 （硫黄酸化物など）	四日市市 （三重県）

⑷　〇　　男女雇用機会均等法は，性別を理由として，雇用・昇進などの面で男女間に差をつけることを禁じた法律である。1999 年，男女双方の人権を尊重し，責任をともに分かちあうことを目的として制定された，男女共同参画社会基本法と間違えないようにしよう。

《2024　１次後期Ａ　国語　解説》

一　**問二**　「これ」が指すのは、「なにかできごとが起きると、個人の体験でも次はもうちょっとましにするよう行動します」の部分。よって、エが適する。

問四　――部②の後に「なにしろ歴史は実験ができません」とあり、「どうやったら戦争が避《さ》けられたのか」確認するために、「クローン東條《とうじょう》をつくって、もう一度実験するなんてことはできません。もう一回、連合艦隊《かんたい》を編制して真珠湾攻撃《しんじゅわんこうげき》を実験するわけにもいきません」とある。つまり、歴史的な出来事を実験して確認することはできないので、その出来事の原因を理科の実験のように確かめたり、証明したりすることはできないのである。よって、エが適する。

問五　再現性とは、同じ条件や手順の下で、同じ現象がくり返し起こること。特に科学の実験の場合は、その結果の一致《いっち》の近さのこと。

問六　直後に挙げられている、新しい技術の開発と貧富の差の変化の関係や、成金の権力者が子どもを徹底《てってい》して甘《あま》やかした場合どうなるかというのは、一つひとつはまったく別の歴史現象である。しかし、「人間性とは、生きものとして似ているものですから、ある程度、似たようなことになるのです」とあるように、条件が似ていれば似たような現象が起きやすいのである。――部④ではこのことを説明しているので、アが適する。

問七　ここより前に、「歴史は参考程度にはなるそれなりの教訓を含《ふく》むと見るべきです」「歴史的にものを考えると、前より安全に世のなかが歩けます。歴史はむしろ実用品であって、靴《くつ》に近いものではないか」とあり、歴史の教訓性や有用性について説明している。

問八　メガネをかけると、そのレンズを通して世の中を見ることになる。直前に「歴史の視点の問題について考えましょう。<u>だれの視点からモノを見るか</u>、ということです」とあり、直後に、「歴史には『客観性』の問題があって<u>人によって同じものを見ても見かたにちがいが生じます</u>」とある。後の方に書かれている真珠湾攻撃や明治維新《いしん》に対する視点や解釈《かいしゃく》、評価のちがいは、この具体例である。――部⑥は、歴史とは、ある特定の視点から過去の出来事を見て評価するものだということを言っている。よって、ウが適する。

問十　歴史における「他者理解」について、この直後で「なるべく自分から離《はな》れて異時空を生きた人びとの了見《りょうけん》をも理解しようとしたほうが、情報が多くなり、客観性が増し、歴史認識が深まります」と述べている。また、ここより前で、「いろんな視点から見れば、理解がだんだん深まっていきます」「史実はひとつなんだけど、見る視点や見る人による解釈は人それぞれです」「双方《そうほう》の利害、複数の視点で物事は見なくてはなりません」などと述べている。これらをふまえて考えると、歴史として史実を扱《あつか》う際には、なるべく自分の視点や解釈から離れて、異時空を生きた人びとの考えを理解しようとし、いろんな視点から過去の出来事を見ることが必要だということになる。よって、ウが適する。

二　著作権上の都合により文章を掲載《けいさい》しておりませんので、解説も掲載しておりません。ご不便をおかけし、誠に申し訳ございません。

《2024　１次後期Ａ　算数　解説》

1　(1)　与式＝$0.57\times1.5\times2+1.43\times3=0.57\times3+1.43\times3=(0.57+1.43)\times3=2\times3=\mathbf{6}$

(2)　与式＝$\frac{6}{5}\times(\frac{3}{6}-\frac{2}{6})+\frac{16}{9}\times\frac{5}{12}=\frac{6}{5}\times\frac{1}{6}+\frac{20}{27}=\frac{1}{5}+\frac{20}{27}=\frac{27}{135}+\frac{100}{135}=\mathbf{\frac{127}{135}}$

(3)　与式$=\frac{1}{6}\times 1+\frac{1}{6}\times\frac{1}{4}-\frac{1}{6}\times\frac{1}{4}\times\frac{1}{5}=\frac{1}{6}\times(1+\frac{1}{4}-\frac{1}{4}\times\frac{1}{5})=\frac{1}{6}\times(1+\frac{5}{20}-\frac{1}{20})=\frac{1}{6}\times 1\frac{4}{20}=\frac{1}{6}\times\frac{24}{20}=\mathbf{\frac{1}{5}}$

(4)　与式より，$\frac{7}{8}-(\frac{25}{4}-\frac{10}{4})\div\square\times\frac{3}{2}=\frac{1}{4}$　　$\frac{7}{8}-\frac{15}{4}\div\square\times\frac{3}{2}=\frac{1}{4}$　　$\frac{15}{4}\div\square\times\frac{3}{2}=\frac{7}{8}-\frac{1}{4}$

$\frac{15}{4}\div\square=\frac{5}{8}\div\frac{3}{2}$　　$\frac{15}{4}\div\square=\frac{5}{8}\times\frac{2}{3}$　　$\square=\frac{15}{4}\div(\frac{5}{8}\times\frac{2}{3})=\frac{15}{4}\div\frac{5}{12}=\frac{15}{4}\times\frac{12}{5}=\mathbf{9}$

(5)　与式より，$\{(\frac{2}{3}+\frac{3}{4})\times\frac{8}{3}\}\div(1-\square)+\frac{2}{3}=10$　　$\{(\frac{8}{12}+\frac{9}{12})\times\frac{8}{3}\}\div(1-\square)=10-\frac{2}{3}$

$(\frac{17}{12}\times\frac{8}{3})\div(1-\square)=\frac{28}{3}$　　$\frac{34}{9}\div(1-\square)=\frac{28}{3}$　　$1-\square=\frac{34}{9}\div\frac{28}{3}$　　$1-\square=\frac{34}{9}\times\frac{3}{28}$　　$\square=1-\frac{17}{42}=\mathbf{\frac{25}{42}}$

2　(1)　$\frac{2}{13}=2\div 13=0.15384615\cdots$のように，小数点以下は１，５，３，８，４，６という６つの数がくり返される。小数第2024位の数字は，2024÷６＝337あまり２より，６つの数が337回くり返されたあとの２つ目の数字だから，**５**である。

(2)　１人に少なくとも１個は配るから，A，B，Cに１個ずつ配り，残り７－３＝４(個)の分け方を考える。４個を３人にわける配り方は，右表のように15通りあるから，７個のりんごの配り方は**15**通りである。

A	B	C
4	0	0
3	1	0
3	0	1
2	2	0
2	1	1
2	0	2
1	3	0
1	2	1
1	1	2
1	0	3
0	4	0
0	3	1
0	2	2
0	1	3
0	0	4

(3)　**【解き方】三角形の１つの外角は，これととなりあわない２つの内角の和に等しいことを利用する。**

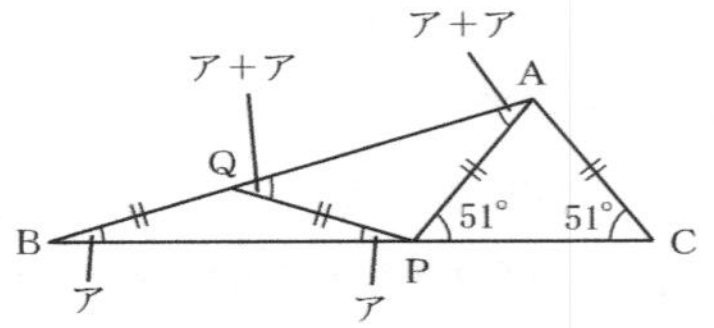

三角形ＱＢＰは二等辺三角形で，角ＱＰＢ＝角ＱＢＰ＝アだから，角ＡＱＰ＝角ＱＢＰ＋角ＱＰＢ＝ア＋ア

三角形ＰＡＱも二等辺三角形で，角ＰＡＱ＝角ＰＱＡ＝ア＋アだから，三角形ＰＡＢについて，角ＡＰＣ＝角ＰＡＢ＋角ＰＢＡ＝ア＋ア＋ア

三角形ＡＰＣは二等辺三角形で，角ＡＰＣ＝角ＡＣＰ＝51°だから，角ア＝51°÷３＝**17°**である。

(4)　**【解き方】右図のように，辺ＡＣ，辺ＢＣに平行な直線で三角形ＡＢＣをわける。**

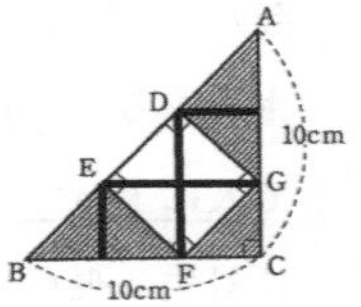

三角形ＡＢＣは合同な三角形が９個にわけられ，斜線部分は合同な三角形５個分の面積だから，求める面積は，三角形ＡＢＣの面積の$\frac{5}{9}$で，$10\times 10\div 2\times\frac{5}{9}=\frac{250}{9}=\mathbf{27\frac{7}{9}}$(㎠)

(5)　**【解き方】食塩水の問題は，うでの長さを濃度《のうど》，おもりを食塩水の重さとしたてんびん図で考えて，うでの長さの比とおもりの重さの比がたがいに逆比になることを利用する。**

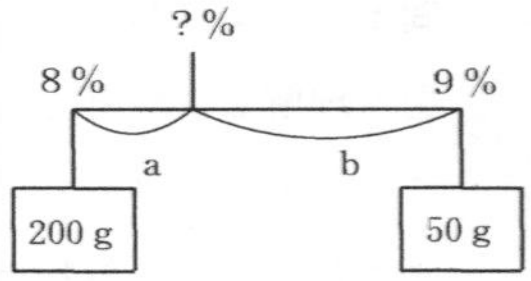

容器Ｂに含《ふく》まれる食塩は$150\times\frac{6}{100}=9$(ｇ)だから，水を50ｇ蒸発させると，９÷(150－50)×100＝９(%)になる。容器Ａの食塩水200ｇに水を蒸発させた容器Ｂの食塩水Ｂ50ｇを加えるので，右のようなてんびん図がかける。ａ：ｂは，食塩水の量の比である200：50＝４：１の逆比になるので，ａ：ｂ＝１：４となる。これより，ａ：(ａ＋ｂ)＝１：５となるから，$a=(9-8)\times\frac{1}{5}=0.2$(%)なので，求める濃度は，８＋0.2＝**8.2**(%)である。

(6)　製品Ａ４個と製品Ｂ３個を合わせた重さは，2.1×７＝14.7(kg)　　製品Ｂ３個を製品Ａ３個にかえると0.7×３＝2.1(kg)重くなるから，製品Ａ７個の重さは，14.7＋2.1＝16.8(kg)である。

よって，製品Ａ１個の重さは，16.8÷７＝**2.4**(kg)である。

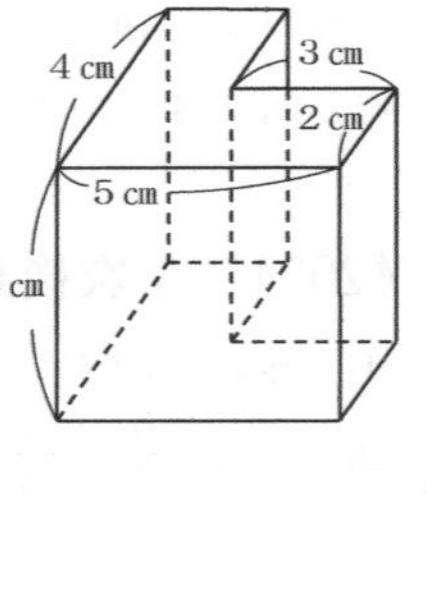

3　(1)　底面の面積が３×４÷２＝６(㎠)で，高さが４㎝の三角柱だから，体積は，６×４＝**24**(㎤)

(2)　**【解き方】図２は右図の立体を正面と真上から見た図である。**

底面の面積が４×(５－３)＋２×３＝14(㎠)，高さが４㎝の角柱だから，体積は，14×４＝**56**(㎤)

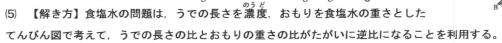

⑶　円すいの展開図は右図のようになる。おうぎ形の曲線部分の長さは底面の円周の長さに等しく，(3×2×3.14)cm　　半径5cmの円周の長さは，(5×2×3.14)cmだから，おうぎ形の面積は，半径5cmの円の面積の$\frac{3\times2\times3.14}{5\times2\times3.14}=\frac{3}{5}$で，

$5\times5\times3.14\times\frac{3}{5}=47.1$(cm²)

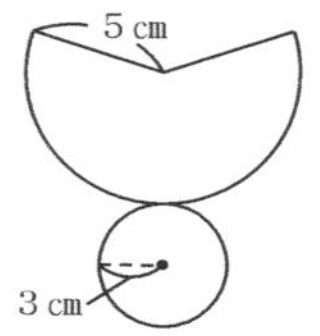

なお，円すいの側面積は，(底面の半径)×(母線の長さ)×(円周率)で求めることができるので，側面積は，3×5×3.14＝47.1(cm²)と求めることもできる。

底面積は3×3×3.14＝28.26(cm²)だから，表面積は，47.1＋28.26＝**75.36**(cm²)

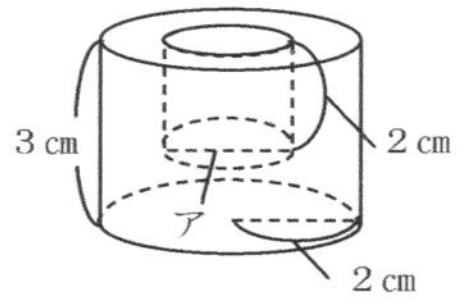

⑷　**【解き方】立体は底面の半径が4÷2＝2(cm)で高さが3cmの円柱から，底面の直径がアcmで高さが2cmの円柱をくり抜《ぬ》いた形である。**

底面の半径が2cmで高さが3cmの円柱の体積は，2×2×3.14×3＝37.68(cm³)だから，くり抜く円柱の体積は，37.68－31.4＝6.28(cm³)で，底面積は6.28÷2＝3.14(cm²)である。ア÷2＝□とすると，□×□×3.14＝3.14より，□＝1だから，ア＝1×2＝**2**(cm)である。

4　⑴　2024÷7＝289あまり1より，〈2024〉＝**1**である。

⑵　**【解き方】〈1〉＝1，〈2〉＝2，〈3〉＝3，〈4〉＝4，〈5〉＝5，〈6〉＝6，〈7〉＝0，〈8〉＝1，…のように，記号〈　〉の中は，1，2，3，4，5，6，0という7つの数をくり返す。**

2000÷7＝285あまり5より，〈2000〉＝5だから，〈2000〉から〈2024〉までの25個の数は，25÷7＝3あまり4より，5，6，0，1，2，3，4を3回くり返したあと，5，6，0，1になる。よって，求める和は，(5＋6＋0＋1＋2＋3＋4)×3＋5＋6＋0＋1＝21×3＋12＝63＋12＝**75**である。

⑶　⑵より，2000から2024の数を7で割ったあまりを足すと75になるから，2000＋2001＋…＋2024は，7の倍数に75を足した数である。75÷7＝10あまり5だから，2000＋2001＋…＋2024を7で割るとあまりは5になる。よって，〈2000＋2001＋…＋2024〉＝**5**である。

⑷　**【解き方】⑵，⑶より，〈4＋5＋…＋2024〉＝〈〈4〉＋〈5〉＋…〈2024〉〉とわかる。**

〈4〉＝4から〈2024〉までの2024－3＝2021(個)の数は，2021÷7＝288あまり5より，4，5，6，0，1，2，3を288回くり返したあと，4，5，6，0，1となる。よって，〈4〉＋〈5〉＋…＋〈2024〉＝(4＋5＋6＋0＋1＋2＋3)×288＋4＋5＋6＋0＋1＝21×288＋16＝6064　　6064÷7＝866あまり2より，〈4＋5＋…＋2024〉＝〈6064〉＝**2**である。

5　⑴　Pさんは，A→<u>B</u>→D→<u>C</u>→<u>A</u>→Eと動くから，下線の**3**回休けいする。

⑵　**【解き方】同じ時間だけ進むとき，速さの比と進む道のりの比は等しい。**

1回目に2人が出会うまで，2人とも10秒間休けいして，Pさんは100＋(100－20)＝180(m)，Qさんは100＋20＝120(m)進む。よって，PさんとQさんの速さの比は180：120＝3：2で，Pさんの速さはQさんの速さの，3÷2＝**1.5**(倍)である。

⑶　点Dから点Eまで，Pさんは2回休けいして，20＋100＋(100－46)＝174(m)進み，Qさんは1回休けいして，(100－20)＋46＝126(m)進む。⑵より，同じ時間でPさんが進む道のりはQさんが進む道のりの1.5倍になるから，Pさんの休けいが1回だと，Pさんの進む道のりは126×1.5＝189(m)になる。したがって，Pさんは189－174＝15(m)進むのに10秒＝$\frac{1}{6}$分かかるとわかるから，Pさんの速さは毎分$(15\div\frac{1}{6})$m＝毎分**90m**である。

⑷　2人が2回目にすれちがってから3回目に辺AC上ですれちがうまで，Pさんは2回，Qさんは1回休けいするので，かかる時間は1回目にすれちがってから2回目にすれちがうまでの時間と等しい。よって，2人がそれぞ

れ進む道のりも１回目にすれちがってから２回目にすれちがうまでに進む道のりに等しく，求める地点は，Ｐさんが点Ｅから174ｍ進んだ，点Ｃから174－100－46＝**28**(ｍ)の地点である。

《2024　１次後期Ａ　理科　解説》

【１】

⑴　周期は糸の長さによって決まっているから，糸の長さを変えなければ，手をはなす高さを変えても周期は変化せず，Ａとしょうとつするまでの時間(４分の１往復するのにかかる時間)も変化しない。

⑵　Ｘ．表より，Ａの速さは手をはなす高さによって決まり，手をはなす高さが(２×２＝)４倍になると，Ａの速さは２倍になることがわかる。よって，手をはなす高さを①の(３×３＝)９倍にした⑥や⑦では，Ａの速さが①の３倍になると考えられるので，Ｘにあてはまる数値は70×３＝210である。　Ｙ．表より，Ａの速さと水平きょりには比例の関係があることがわかる。よって，Ａの速さが④や⑤の２倍の⑧では，水平きょりも④や⑤の２倍になると考えられるので，Ｙにあてはまる数値は56×２＝112である。

⑶　⑵解説より，比例のグラフ(原点を通る直線のグラフ)をかけばよい。グラフのかたむきは解答例と同じでなくてもよい。

⑷　水平方向へ進むきょりはＡの速さによって異なるが，垂直方向へ進むきょりはＡの速さにかかわらず台の高さで一定だから，台をはなれてからゆかに落下するまでの時間は一定である。グラフの高さは解答例と同じでなくてもよい。

⑸　Ａのゆかからの高さが高くなると，台をはなれてからゆかに落下するまでの時間は長くなる。Ａの落下する速さが一定であれば，高さと時間は比例の関係になるが，ここではＡの落下する速さが速くなっていくので，高さの増え方に対して時間の増え方が小さくなる。

⑹　Ｃの方が重ければ，Ｃの方が下向きにはたらく重力が大きくなるため，水平きょりが短くなる。ただし，このときＡとＣで，ゆかに落下するまでの時間は同じである。

【２】

⑴　ＡとＢが並列つなぎになり，どちらも点灯する。

⑵　スイッチ１をＯＮにすると，電球がつながっていないスイッチ１をつないだ導線にだけ電流が流れるようになる。電球がつながっている部分は電流が流れにくくなっているため，電球がつながっている部分と電球がつながっていない部分が分かれ道になるときには，電球がつながっていない部分にだけ電流が流れていく。

⑶　スイッチ２のみＯＮにすると，Ｂを流れた電流がＣとＤに分かれて流れる。

⑷　スイッチ３のみＯＮにすると，Ｂを流れた電流は，⑵解説と同様の理由で，Ｄがつながった部分には流れず，スイッチ３がつながった部分にだけ流れる。

⑸　スイッチ２，３をＯＮにすると，Ｂを流れた電流は，⑵解説と同様の理由で，ＣやＤがつながった部分には流れず，スイッチ３がつながった部分にだけ流れる。

⑹　スイッチ２，３，４をＯＮにすると，電池から流れた電流は，ＡとＢがつながった部分に分かれて流れ，その後，⑵解説と同様の理由で，ＣやＤがつながった部分には流れず，スイッチ３がつながった部分にだけ流れる。

【３】

⑵　物質が溶《と》ける重さは水の重さに比例する。20℃のとき，硝酸《しょうさん》カリウムは水100ｇに24ｇまで溶けるので，水の重さが100ｇの５倍の500ｇになれば，24×５＝120(ｇ)まで溶ける。

(3)　(2)解説と同様に考えると，40℃のとき，食塩は水100 gに26.7 gまで溶けるので，水350 gには$26.7\times\frac{350}{100}=$ 93.45(g)まで溶ける。よって，あと93.45−35＝58.45(g)溶かすことができる。

(4)　60℃のとき，ホウ酸は水100 gに13.0 gまで溶けるので，87.75 gのホウ酸を溶かすのに必要な水は$100\times\frac{87.75}{13.0}$ ＝675(g)である。

(5)①　溶けるだけ溶かしたときの濃《こ》さは，水の重さにかかわらず一定なので，水の重さが100 gのときで考えればよい。硝酸カリウムは40℃の水100 gに39 gまで溶けるので，〔水溶液《すいようえき》の濃さ(%)＝$\frac{溶かした物質の重さ(g)}{水溶液の重さ(g)}\times$ 100〕より，$\frac{39}{100+39}\times100=28.05\cdots\rightarrow28.1$%となる。　②　①解説より，40℃で硝酸カリウムを溶けるだけ溶かした水溶液100＋39＝139(g)に，水が100 gふくまれているから，166.8 gの水溶液には$100\times\frac{166.8}{139}=120$(g)の水がふくまれている。食塩と硝酸カリウムを同じ水に溶かすとき，溶ける重さがたがいに影響《えいきょう》を受けることはないので，40℃の水120 gに溶ける食塩の重さを求めればよい。40℃のとき，食塩は水100 gに26.7 gまで溶けるから，水120 gには$26.7\times\frac{120}{100}=32.04$(g)まで溶ける。

(6)　水100 gで濃さが10%のホウ酸水溶液をつくるとき，水の重さは全体の100−10＝90(%)だから，水溶液の重さは100÷0.9＝111.1…(g)になる。よって，水100 gに対してホウ酸が約111.1−100＝11.1(g)以上溶けなければならないので，表の温度では，少なくとも60℃以上にする必要がある。

【4】

(1)　実験1より，黒くこげた物質が残ったDが，有機物である砂糖が溶けている砂糖水である。また，白い物質が残ったAとEは食塩水か水酸化ナトリウム水溶液，何も残らなかったBとCはうすい塩酸かアンモニア水である。実験2より，フェノールフタレイン溶液が赤色に変化したBとEはアルカリ性のアンモニア水か水酸化ナトリウム水溶液だから，実験1の結果と合わせると，Aが食塩水，Bがアンモニア水，Cがうすい塩酸，Eが水酸化ナトリウム水溶液だとわかる。

(2)　空気よりも軽い気体は上方置換《ちかん》法で集めることができる。気体が溶けている水溶液は，塩化水素が溶けているうすい塩酸とアンモニアが溶けているアンモニア水である。塩化水素は空気よりも重く，アンモニアは空気よりも軽い。

(3)　うすい塩酸と金属が反応したときに発生する気体は水素である。

(4)　マグネシウムは水酸化ナトリウム水溶液と反応しないが，アルミニウムは水酸化ナトリウム水溶液と反応する。なお，このとき発生する気体は，うすい塩酸とアルミニウムが反応したときに発生する気体と同様に水素である。

【5】

(1)　塩化コバルト紙は水に反応して青色から赤色に変化する。植物は根から吸い上げた水を葉に多くある気孔《きこう》から水蒸気として放出する。このはたらきを蒸散という。

(2)　色がより濃く変化するのは，水蒸気の放出量が多い葉の裏側である。気孔はふつう，葉の表側よりも裏側に多くある。

(3)　ワセリンをぬったところでは気孔がふさがれて蒸散が起こらなくなる。蒸散が起こる場所は，①が葉の表側と裏側と茎《くき》，②が葉の表側と茎，③が葉の裏側と茎，④が茎である。よって，(②の水の減少量)−(④の水の減少量)＝16−6＝10(mL)が葉の表側からの蒸散量であり，③には(①の水の減少量)−(葉の表側からの蒸散量)＝46−10＝36(mL)があてはまる。

(4)　光の明るさが0ルクスのとき，酸素の量は6−1＝5(mg)減少している。光が当たらず，植物が呼吸だけを行ったことで，酸素の量が減少した。

(6)　植物に光が当たると，二酸化炭素と水を材料にしてでんぷんと酸素をつくり出す光合成が行われる。表２の光を当てた後の酸素の量は，呼吸による酸素の吸収量と光合成による酸素の放出量の差によって変化する。例えば，2000ルクスのとき，酸素の量は６－５＝１(mg)減少している。呼吸による酸素の吸収量は(4)解説の５mgで一定だから，光合成による酸素の放出量は５－１＝４(mg)であったことがわかる。同様に考えて，それぞれの光の明るさのときの光合成による酸素の放出量をまとめると表ｉのようになる。表ｉより，光の明るさが8000ルクスになるまでは2000ルクス大きくなるごとに酸素の放出量が４mg増加することと，酸素の放出量は最大で17.5mgであることがわかる。　ア×…2000ルクスのときに酸素の量は減少しているので，それよりも小さい1000ルクスのときに酸素の量が増加することはない。　イ○…2500ルクスのとき，酸素の放出量は$4\times\frac{2500}{2000}=5$(mg)になる。これは呼吸による酸素の吸収量と等しいので，酸素の量は変化しない。　ウ×…4000ルクスのときに酸素の量は増加しているので，それよりも大きい5000ルクスのときに酸素の量が減少することはない。　エ×…光の明るさを大きくしても，光合成による酸素の放出量は17.5mg(容器内の酸素の量は18.5mg)が限界である。

表ｉ

光の明るさ(ルクス)	0	2000	4000	6000	8000	10000	12000
酸素の放出量(mg)	0	4	8	12	16	17.5	17.5

【６】

(1)　図２において，北極側の地軸《ちじく》が太陽の方向に傾《かたむ》いているイが夏至の日(６月20日ごろ)の地球であり，そこから反時計回りに公転するから，エが秋分の日(９月20日ごろ)，ウが冬至の日(12月20日ごろ)，アが春分の日(３月20日ごろ)の地球の位置である。

(2)　日の出は太陽が地平線から出てくる瞬間《しゅんかん》(イ)，日の入りは太陽が地平線の下に完全にしずんだ瞬間(イ)である。

(3)　春分や秋分の日では，太陽が日の出(東の空で(2)のイになったとき)から西の空で(2)のエの位置に移動するまでの時間がちょうど12時間である。よって，西の空で(2)のエの位置からイの位置(日の入りの位置)に太陽が移動するまでに少し時間がかかるので，日の出から日の入りまでの時間は12時間よりも少し長くなる。

(4)①　明け六つが７時の30分前の６時30分，暮れ六つが16時50分の30分後の17時20分だから，この日の昼は６時30分から17時20分までの10時間50分である。よって，10時間50分→650分を６等分した650÷６＝108.3…(分)が昼の一刻だから，イが適当である。　②　昼の時間が10時間50分だから，夜の時間は13時間10分→790分であり，夜の一刻は790÷６＝131.6…(分)である。　③　昼の時間と夜の時間の長さの差が大きいほど，一刻の長さの差も大きくなる。Ｘは冬至の日に近く，一年で最も昼の時間が短いころで，昼の時間と夜の時間の長さの差が大きくなっている。よって，Ｙのほうが昼と夜の一刻の長さの差が小さい。

(5)　①○…昼と夜で一刻の長さが同じ日では，一刻の長さは１日を12等分することになるので，24÷12＝２(時間)となる。　②○…明け六つは太陽が東の地平線から出てくるときで，そこから六刻たった暮れ六つは太陽が西の地平線にしずむときだから，明け六つから三刻たてば，太陽は東と西の真ん中の真南に位置する。　③×…昼の一刻の長さのほうが短い日は，昼の時間が夜の時間よりも短い日だから，秋分の日から春分の日までの間である。日の出・日の入りの位置は，春分の日が真東・真西で，そこから北側に動き，夏至の日に最も北寄りになる。その後，南側に動いていくと，秋分の日に再び真東・真西になり，さらに南側に動き，冬至の日に最も南寄りになる。

《2024　１次後期Ａ　社会　解説》

≪１≫

⑴　①＝イ　②＝オ　③＝カ　④＝エ　　①東西に流れる河川が多い東北地方で，北上川は岩手県北部から宮城県北部にかけて南北に流れる河川である。②1988 年に開通した瀬戸大橋は，倉敷市児島（岡山県）と坂出市（香川県）を結んでいる。本州四国連絡橋は瀬戸大橋のほか，瀬戸内しまなみ海道（尾道－今治ルート），明石海峡大橋・大鳴門橋（神戸－鳴門ルート）がある。③日本三景は，宮島（広島県），松島（宮城県），天橋立（京都府）である。④焼津港（静岡県）は，カツオとマグロの遠洋漁業の基地として知られる。アは秋田県，ウは千葉県。

⑵　イ　　アはたまねぎ，ウは米，エはてんさい。てんさいは「砂糖大根」とも呼ばれ，砂糖の原料となる。

≪２≫

⑴　長崎県　　雲仙岳は長崎県の島原半島にある火山である。また，長崎県には，「長崎と天草地方の潜伏キリシタン関連遺産」「明治日本の産業革命遺産　製鉄・製鋼，造船，石炭産業」がある。

⑵　ウ　　ア．誤り。2018 年における食料品の製造品出荷額等上位５都道府県の出荷額の合計は，300366×0.313≒94015（億円）で，2018 年における北海道の製造品出荷額等の 64136 億円の２倍より少ない。イ．誤り。2018 年における山形県の食料品の製造品出荷額等は，28880×0.115≒3321（億円）で，2018 年における千葉県の食料品の製造品出荷額等は，300366×0.055≒16520（億円）なので，10 分の１より多い。エ．誤り。その他を除く，資料Ⅰ中の関東地方に位置する都道府県（埼玉県・千葉県）の食料品の製造品出荷額等の合計は，300366×（0.068＋0.055）≒36945（億円）で，資料Ⅱ中の北海道の製造品出荷額等の 64136 億円の半分より多い。

⑶　ア　　イは滋賀県，ウは大阪府，エは和歌山県。

⑷　ア　　八郎潟は秋田県にある。

≪３≫

⑴　①＝ア　②＝エ　③＝ウ　④＝イ　　スキー場は降雪量が多い地域で設置されると考えられるから，①②は北海道か長野県のどちらかである。①②のうち，水族館の設置数が多い①は，内陸県の長野県ではなく北海道である。②は長野県。テーマパーク・レジャーランドは都市部または観光業が盛んなところに設置されると考えられるから，③は千葉県である。④は鹿児島県。

⑵　ウ　　65 歳以上の割合が最も高いウを選ぶ。2024 年現在の日本は，高齢化率が 29％程度の超高齢社会である。アは中国，イはインドネシア，エはアメリカ。

≪４≫

⑴　Ａ＝推古天皇　Ｂ＝雪舟　Ｃ＝吉野作造　　Ａ．初の女性天皇である推古天皇は，甥である摂政の厩戸王（聖徳太子）や蘇我馬子とともに政治を進めた。Ｂ．雪舟は，『秋冬山水図』『天橋立図』などの水墨画で知られる画僧。Ｃ．大日本帝国憲法下において，日本の元首は天皇であり，主権は天皇にあった。そのため，「国家の主権は人民にある」という考え方の民主主義は国の実情に合わなかったので，吉野作造は「主権在君のもとで，政治は民衆の利益や幸福，意向を重んじる」という考え方の民本主義を主張した。

⑵　エ　　墾田永年私財法は，奈良時代の 743 年に聖武天皇によって定められた。

⑶　ウ　　Ｘ．誤り。足利義政ではなく足利義満。足利義満は将軍を辞した後，明の皇帝から「日本国王源道義」として朝貢形式での日明貿易を許された。Ｙ．正しい。正式な貿易船と倭寇を区別するために勘合と呼ばれた合い札を利用したために，日明貿易は勘合貿易ともいう。

⑷　イ　　狩野永徳の「唐獅子図屏風」は，安土桃山時代の桃山文化の作品。

⑸　治安維持法　　1925 年，普通選挙法で満 25 歳以上のすべての男子に選挙権が与えられるようになり，有権者の数は全人口の約 20%になった。日本とソ連の国交が樹立したことや，普通選挙法が制定されることによって今後活発化する可能性がある社会主義者の活動を取り締まるために，普通選挙法制定に前もって治安維持法が制定された。

⑹　ウ　　Ⅱ(日露戦争直後　1905 年)→Ⅰ(第一次世界大戦直前　1914 年)→Ⅲ(第一次世界大戦中　1915 年)

≪５≫

⑴　あ＝保元　い＝王政復古　　あ．保元の乱は，後白河天皇と崇徳上皇の争いで，平清盛と源義朝がついた後白河天皇が勝利した。い．第15代将軍徳川慶喜が，政権返上後も新たな政権の中で権力を維持しようと考え，大政奉還を行うと，天皇中心の政治に戻すことを宣言する王政復古の大号令が出され，新しい政府がつくられた。

⑵　エ　　Ｘ．誤り。集団戦法や火薬兵器などを用いて戦ったのは元軍である。Ｙ．誤り。７年後，元軍が再び日本へ襲来した(弘安の役)。

⑶　ウ　　ア．誤り。山城の国一揆は，室町時代後期(戦国時代)の1485年に起こった。イ．誤り。豊臣秀吉は２度にわたって朝鮮出兵を行った。エ．誤り。一国一城令は江戸時代の 1615 年に出された。

⑷　ア　　イ．誤り。三・一独立運動ではなく五・四運動。ウ．誤り。五・四運動ではなく三・一独立運動。エ．誤り。フランス革命ではなくロシア革命。

⑸　警察予備隊　　1950 年に朝鮮戦争が起きると，ＧＨＱの指令により日本に警察予備隊が新設された。警察予備隊は保安隊を経て，1954 年に自衛隊となった。

⑹　①＝キ　②＝ウ　③＝オ　　①1929 年，ニューヨークのウォール街で株価が大暴落したことをきっかけに，世界恐慌が起こった。②元寇の後，元寇が防衛戦であったため恩賞が与えられなかったこと，分割相続が続いて御家人の領地が細分化していたことから困窮する御家人が出てきたため，幕府は 1297 年に永仁の徳政令を出した。③近松門左衛門は江戸時代の元禄文化を代表する脚本家である。

≪６≫

⑵　エ　　直接請求については，右表を参照。

	必要な署名数	請求先
条例の制定・改廃請求	有権者の 50 分の１以上	首長
監査請求		監査委員
議会の解散請求 首長・議会の議員の解職請求	※有権者の ３分の１以上	選挙管理委員会
副知事・副市長村長・選挙管理委員・公安委員・監査委員の解職請求		首長

※有権者数が 40 万人以下の場合。

議会と首長・議会の議員については，住民投票を行い，その結果，有効投票の過半数の同意があれば解散または解職される。

⑷　エ　　高等裁判所・地方裁判所・家庭裁判所・簡易裁判所をまとめて下級裁判所と呼ぶ。地方裁判所の運営は地方公共団体と関係がない。

⑸　イ　　国から支給される依存財源のうち，使い道を指定されるのが国庫支出金，使い道を指定されないのが地方交付税交付金である。

⑹　ウ　　条例は法律の範囲内で制定される。条例の制定は，地方議会が行う。

≪７≫

⑴　社会保険　　社会保障の４つの柱は，社会福祉・社会保険・公衆衛生・公的扶助である。

⑵　○　　ＳＤＧｓ(持続可能な開発目標)は，17 の目標と 169 のターゲットからなる。

⑶　○　　最高裁判所長官は，内閣が指名し，天皇が任命する。

⑷　通常国会　　右表を参照。

国会の種類	召集
常会 (通常国会)	毎年１月中に召集され会期は 150 日間
臨時会 (臨時国会)	内閣が必要と認めたとき，またはいずれかの議院の総議員の４分の１以上の要求があったとき
特別会 (特別国会)	衆議院解散による衆議院議員総選挙が行われた日から 30 日以内
参議院の 緊急集会	衆議院の解散中に，緊急の必要がある場合

開明中学校【1次前期】【1次後期A】

《1次前期　国語》

一　問一．ⅰ．善意　ⅱ．方針　ⅲ．移　ⅳ．賛成　ⅴ．統一　問二．1．ウ　2．エ　3．イ　4．ア
問三．さまざまな問題について「客観的で正しい答えがある」という考え方　問四．イ　問五．利点
問六．イ　問七．権力者の主張を押し付け、異なる意見を無視することの正当性を示す根拠となるから。
問八．ウ　問九．A．×　B．〇　C．〇　D．〇　E．×　問十．エ

二　問一．ⅰ．ちょうほう　ⅱ．こうちょう　ⅲ．ぶあつ　問二．1．ア　2．エ　3．イ　4．ウ
問三．Ⅰ．手　Ⅱ．首　Ⅲ．目　Ⅳ．鼻　問四．①エ　⑥イ　問五．ア　問六．ア　問七．身体と心の性が一致　問八．イ　問九．ウ　問十．それも自身の個性だと前向きに捉えて、自分らしく生きていこう

《1次前期　算数》

1　(1)1332　(2)1　(3) $2\frac{6}{7}$　(4) $\frac{5}{12}$　(5) $\frac{20}{23}$

2　(1)30　(2)1300　(3)23　(4)7　(5)12　(6)48

3　(1)2：3　(2)Aさん毎分…100　Bさん毎分…150　(3)7

4　(1)20100　(2)①2550　②495550

5　(1)108　(2)25　(3)401　(4)5

《1次前期　理科》

【1】(1)D　(2)E　(3)H　(4)C，G　(5)イ　(6)エ　(7)ア

【2】(1)ア．40　イ．60　(2)10　(3)ウ．30　エ．30　(4)189　(5)22.5　(6)10，14

【3】(1)濃さ…20　密度…1.25　(2)14　(3)200　(4)26.8　(5)100　(6)18　(7)浮力が大きくなる

【4】(1)固体A…二酸化マンガン　気体C…酸素　(2)ウ　(3)気体D…ちっ素　気体E…二酸化炭素
(4)(固体)A

【5】(1)デンプン　(2)①ヨウ素　②青むらさき　(3)水　(4)ウ　(5)イ　(6)気こう　(7)エ

【6】(1)①イ　②ア　③ウ　(2)ア　(3)ウ　(4)オ

《1次前期　社会》

《1》(1)①イ　②ア　③カ　④オ　(2)ア

《2》(1)イ　(2)秋田県　(3)クリーク　(4)ア　(5)筑紫平野

《3》(1)①ウ　②ア　③イ　④エ　(2)ウ

《4》(1)A．桓武天皇　B．杉田玄白　C．板垣退助　(2)ウ　(3)エ　(4)西南戦争　(5)エ　(6)ウ

《5》(1)あ．藤原頼通　い．小村寿太郎　(2)ウ　(3)ウ　(4)千歯こき　(5)ア　(6)①キ　②エ　③イ

《6》(1)①9　②長崎　③非核三原則　(2)ア　(3)健康　(4)ウ　(5)公共の福祉　(6)イ

《7》(1)〇　(2)イギリス　(3)国庫支出金　(4)30

《１次後期Ａ　国語》

一　問一．ⅰ．放題　ⅱ．察知　ⅲ．仕組　ⅳ．高潔　ⅴ．簡素　問二．１．ウ　２．エ　３．イ　４．ア
問三．旅　問四．①ア　⑦エ　問五．ア　問六．ウ　問七．Ⅰ．似ている　Ⅱ．「社会的不確実性」
Ⅲ．相反する　問八．自分がひどい目にあうリスクを認識しつつも、相手を信頼しているわけではないから
問九．エ　問十．複雑なプロセスを短縮し、コストを削減する

二　問一．ⅰ．そ　ⅱ．かっきてき　ⅲ．しゃじ　問二．水　問三．１．ア　２．ウ　３．エ　４．イ
問四．エ　問五．エ　問六．ア，エ　問七．単刀直入　問八．ア　問九．イ　問十．厳しく辛い道の先にある後悔することのない清く正しい生き方と捉えている。

《１次後期Ａ　算数》

1　(1)41　(2)$1\frac{5}{17}$　(3)$\frac{11}{21}$　(4)$\frac{1}{12}$　(5)$\frac{2}{3}$

2　(1)10　(2)10006　(3)15　(4)8400　(5)26　(6)69.08

3　(1)３　(2)12　(3)20

4　(1)19　(2)1729　(3)32　(4)12

5　(1)514　(2)×，≡，≡，×　(3)136391

《１次後期Ａ　理科》

【１】(1)120　(2)あ．60　い．24　う．60　(3)480　(4)165　(5)え．キ　お．③　(6)210

【２】(1)エ　(2)イ，オ　(3)イ　(4)Ｃ　(5)ア　(6)Ａ，Ｃ

【３】(1)うすい硫酸…無色　石灰水…赤　(2)アルカリ　(3)ア．13.6　イ．20　ウ．20　(4)①10.88　②0.8
③16.32

【４】(1)水素　(2)イ，エ　(3)記号…ウ　理由…水に溶けにくい　(4)エ

【５】(1)①１　②３　③イ　(2)④光　⑤イ　⑥ウ　⑦空気　(3)⑧ヨウ素　⑨青むらさき　⑩デンプン

【６】(1)北極星　(2)35　(3)①ア　②７　③８

《１次後期Ａ　社会》

《１》(1)①イ　②ア　③ウ　④カ　(2)佐渡

《２》(1)エ　(2)最上川　(3)愛媛県　(4)イ　(5)イ

《３》(1)①ウ　②エ　③イ　④ア　(2)ア

《４》(1)Ａ．松平定信　Ｂ．伊藤博文　Ｃ．レーニン　(2)ウ　(3)ア　(4)エ　(5)サラエヴォ事件　(6)イ

《５》(1)あ．平治　い．シャクシャイン　(2)ウ　(3)エ　(4)五箇条の(御)誓文　(5)ウ　(6)①ウ　②カ　③ア

《６》(1)①普通　②平等　③秘密　(2)比例代表　(3)エ　(4)エ　(5)イ　(6)両院協議会

《７》(1)団結権　(2)○　(3)与党　(4)○

《2023　１次前期　国語　解説》

一　**問三**　── 部①は「相対主義」の考え方である。これとは反対の「普遍《ふへん》主義」の考え方について説明した部分を抜き出せばよい。

問四　── 部⑤の後に、「納得《なっとく》できない人とは話し合っても無駄《むだ》だから権力で強制するしかない」「『正しさは人それぞれ』や『みんなちがってみんないい』といった主張は、多様性を尊重するどころか、異なる見解を、権力者の主観によって力任せに切り捨てることを正当化することにつながってしまうのです」とある。よって、イが適する。

問六　── 部④が指す内容は、直前の段落に書かれている。「『みんなちがってみんないい』というわけにはいか」ず、「両立しない意見の中から、どうにかして一つに決めなければならない」ときなので、イが適する。

問七　少し後に「『みんなちがってみんないい』のであれば～選択《せんたく》は力任せに行うしかない～納得できない人とは話し合っても無駄だから権力で強制するしかない。こういうことになってしまいます～『正しさは人それぞれ』や『みんなちがってみんないい』といった主張は、多様性を尊重するどころか、異なる見解を、権力者の主観によって力任せに切り捨てることを正当化することにつながってしまうのです」とある。つまり、「『正しさは人それぞれだ』とか『みんなちがってみんないい』など」という主張は、権力者の主張に基づく決定を、権力を用いて強制し、それとは異なる意見を無視することを正当化することにつながるのである。

問八　［ 4 ］の少し後に、科学は、「客観的に正しい『答え』を教えてくれると多くの人は考えています」とある。しかし、例えば現在の物理学では、相対性理論と量子力学を統一する理論が探求されているが、まだ合意がなされていない。こうした「合意が形成されて」いないもの、「まさしく今現在問題になっていること」については、科学者それぞれが「自分が正しいと考える答え」を持っている。つまり、合意が形成されるまでは、科学者それぞれが自分の考えを持っている。このことを「科学は人それぞれ」と表現している。よって、ウが適する。

問九　筆者は、「いわば共同作業によって『正しさ』というものが作られていく」と考えている。最後から２～３段落目に、「ともに『正しさ』を作っていくということ」は、意見を異にする人と話し合い、わかりあえないと思たときに、「正しさは人それぞれ」だと言って対話を終了するのではなく、そこで「踏《ふ》みとどまり、とことん相手と付き合うという面倒《めんどう》な作業です。相手の言い分を受け入れて自分の考えを変えなければならないこともあるでしょう」とある。よって、Ａの「自分の方が『正しい』と理解してもらうことが大切」は誤り。また、最後の段落に「学び成長するとは、今の自分を否定して、今の自分でないものになるということ」とあるが、Ｅの「すぐに相手の考えを受け入れて、自分の考えを変える姿勢が大切」という内容は読み取れない。よって、ＡとＥが×。

問十　２段落目や ── 部④をふくむ段落、── 部⑥の次の段落などで、「具体的な事象を検証し、浮《う》かび上がる新たな疑問」が書かれている。本文では、それらの疑問について検証していくことを繰《く》り返しながら、より深い考察へと進んでいる。よって、エが適する。

二　**問五**　直前の一文に、両親は「自分と悠希が生まれたときにも、二人はこんな顔をしていたのではないかとふと思う」とある。両親の愛情のこもった眼差《まなざ》しを見て、自分と悠希が生まれたときからずっと愛情をもって育て続けてくれたのだろうと思ったのである。すると、傍線部②の「くすぐったさ」とは、嬉《うれ》しさや気恥《きは》ずかしさだと考えられる。よって、アが適する。

問六　直前に「日常生活をスムーズに送るために」とある。「戸籍《こせき》上の性別と、自認している性別とのあいだにずれがある」二人は、外では戸籍上の性別にそぐわない言動を避《さ》けることで、スムーズな日常生活を送ろうとしているのである。よって、アが適する。

問七　少し後の「女みたいだと～限らないこと」という１文に、「身体と心の性が一致」しないことで両親が経験したつらいことが書かれている。

問八　前後の悠希の発言から、就活(＝就職活動)の厳しさを認識していることが読み取れる。また、「私は本気で志望している企業《きぎょう》にしか行かないつもり」という発言や、それらの発言を受けた「センスさえ見てもらえたら受かると言わんばかりの自信に真澄は呆《あき》れたが」という部分から、自分のセンスを発揮《はっき》できる仕事に就きたいという強い思いが読み取れる。よって、イが適する。

問九　直前に「こうしなければ本当の男じゃないと考える」とあるので、「性別の型」とは、男性の型や男性らしい言動を意味する。そこに「自分をねじ込」むというのは、自分を無理やりそこにはめることである。よって、ウが適する。

問十　真澄が「なにに対しても中途半端《ちゅうとはんぱ》」でいることは「格好《かっこう》悪い」と言ったことに対して、寛子は「全然格好悪くないよ」と言った。そして、自分の生き方は「おいしいとこ取り」で中途半端だと考えたこともあったが、今は考え方が変わり、「いまだに自分が父親か母親かはよく分からないけど～僕の人生は最高だよ」と続けた。つまり中途半端だからこそ自分の人生は最高だと言っているのである。それを聞いた真澄が目を向けたバラは、ひとつの花が雄でもあり、雌でもある両性花であり、その中途半端さゆえに真澄は「両性花が好きだった」ことが書かれている。また、――線⑧で「複雑かつ豪華な味わいを」堪能《たんのう》しているティラミスは、甘さとほろ苦さの両方があるという中途半端さによって「複雑かつ豪華な味わい」が生まれ、評判が高いのである。こうした描写から、真澄の考え方が変わり、中途半端であることを前向きにとらえ、中途半端であることをあえて選んで自分らしく生きていこうと考えていることが読み取れる。

《2023　１次前期　算数　解説》

1　(1)　与式$=37\times20+37\times2\times21+37\times3\times22-37\times4\times23=37\times(20+42+66-92)=37\times36=\mathbf{1332}$

(2)　与式$=\frac{1}{2}\times(\frac{18}{5}-\frac{7}{5})\times\frac{1}{3}\div(\frac{10}{30}-\frac{5}{30}+\frac{6}{30})=\frac{1}{2}\times\frac{11}{5}\times\frac{1}{3}\div\frac{11}{30}=\frac{11}{30}\times\frac{30}{11}=\mathbf{1}$

(3)　与式$=(\frac{7}{8}-\frac{2}{8})\times(\frac{32}{5}\div\frac{1}{5}-16)\div(\frac{11}{3}-\frac{1}{6})=\frac{5}{8}\times(\frac{32}{5}\times5-16)\div(\frac{22}{6}-\frac{1}{6})=\frac{5}{8}\times(32-16)\div\frac{21}{6}=\frac{5}{8}\times16\times\frac{6}{21}=\frac{20}{7}=\mathbf{2\frac{6}{7}}$

(4)　与式より，$6-5\times\frac{1}{4}\div\square=1+2$　　$\frac{5}{4}\div\square=6-3$　　$\square=\frac{5}{4}\div3=\mathbf{\frac{5}{12}}$

(5)　与式より，$(\square+\frac{3}{23})\times\frac{25}{51}+\frac{5}{17}\times\frac{5}{2}=\frac{125}{102}$　　$(\square+\frac{3}{23})\times\frac{25}{51}=\frac{125}{102}-\frac{25}{34}$　　$(\square+\frac{3}{23})\times\frac{25}{51}=\frac{125}{102}-\frac{75}{102}$

$\square+\frac{3}{23}=\frac{50}{102}\times\frac{51}{25}$　　$\square=1-\frac{3}{23}=\mathbf{\frac{20}{23}}$

2　(1)　40オーストラリアドルは96×40＝3840(円)だから，3840÷128＝**30**(ユーロ)である。

(2)　ＡさんはＣさんよりも200＋300＝500(円)多く所持金を持っているから，Ａさんの所持金の３倍は，3200＋200＋500＝3900(円)となる。よって，Ａさんの所持金は，3900÷３＝**1300**(円)

(3)　**【解き方】10円玉を３枚合わせても50円玉１枚分にならず，50円玉１枚だけでは当然100円玉１枚分にならない。つまり，金額が小さい硬貨《こうか》をより大きい硬貨に両替《りょうがえ》できるような組み合わせは作ることができないので，３種類の硬貨をそれぞれ何枚ずつ使うかという組み合わせの数を考えればよい。**

10円玉を使う枚数は０～３枚の４通り，50円玉を使う枚数は０～１枚の２通り，100円玉を使う枚数は０～２枚の３通りだから，枚数の組み合わせは全部で，４×２×３＝24(通り)できる。この中にはすべてが０枚の場合の０円がふくまれているので，できる金額は全部で24－１＝**23**(通り)ある。

⑷　**【解き方】混ぜ合わせたら同じ濃《こ》さになるのだから，求める濃さは，２つの食塩水をすべて混ぜ合わせてできた濃さと同じである。食塩水の問題は，うでの長さを濃さ，おもりを食塩水の重さとしたてんびん図で考えて，うでの長さの比とおもりの重さの比がたがいに逆比になることを利用する。**

右のようなてんびん図がかける。ａ：ｂは，食塩水の量の比である720：480＝３：２の逆比に等しくなるので，ａ：ｂ＝２：３となる。

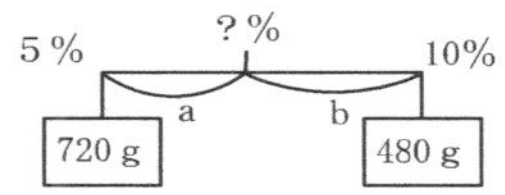

これより，ａ：(ａ＋ｂ)＝２：５となるから，ａ＝(10－５)×$\frac{2}{5}$＝２(％)なので，

求める濃さは，５＋２＝**７**(％)

⑸　**【解き方】右のように作図する。**

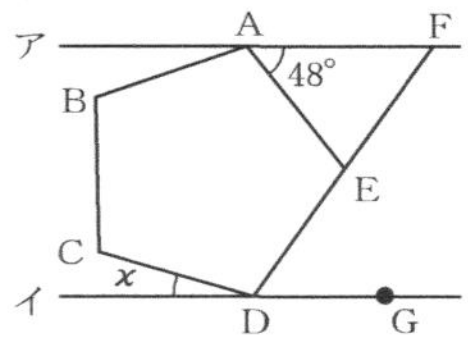

正五角形の１つの内角の大きさは，180°×(５－２)÷５＝108°である。

三角形ＡＥＦについて，外角の性質より，角ＡＦＥ＝108°－48°＝60°

平行線の錯角は等しいから，角ＧＤＥ＝角ＡＦＥ＝60°

よって，角x＝180°－108°－60°＝**12°**

⑹　**【解き方】切断した立体を右図の太線のように２つの立体にわけ，それぞれの面積を求める。**

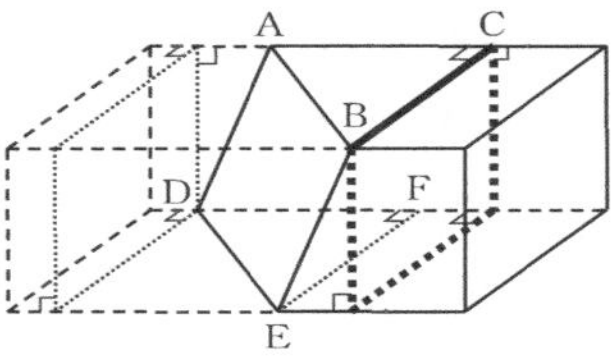

わけた立体のうち，直方体の立体の体積は，４×２×３＝24(㎤)

向かい合う面の切り口は平行なので，ＡＢとＤＥは平行である。

また，ＢＣ＝ＥＦだから，三角形ＡＢＣと三角形ＤＥＦは合同である。

よって，ＤＦ＝ＡＣ＝５－２＝３(㎝)

したがって，わけた立体のうち，直方体でない方の立体の体積は，たてが４㎝，横が３＋３－２＝４(㎝)，高さが３㎝の直方体の体積の半分なので，４×４×３÷２＝24(㎤)

以上より，求める体積は，24＋24＝**48**(㎤)

３　⑴　**【解き方】反対向きに同時に走り始め，始めて同じ位置で出会ったとき，ＡさんとＢさんの進んだ道のりの和は，池１周の長さに等しい。同じ向きに走り始め，ＡさんがＢさんに初めて追い抜かされるとき，ＡさんとＢさんの進んだ道のりの差は，池１周の長さに等しい。**

Ａさんの速さをａ，Ｂさんの速さをｂとする。反対向きに走り始めたとき，３分12秒後＝$3\frac{12}{60}$分後＝3.2分後に初めて出会うので，池１周の長さは，ａ×3.2＋ｂ×3.2と表せる。

同じ向きに走り始めたとき，16分後にＡさんはＢさんに初めて追い抜かされるので，池１周の長さは，ｂ×16－ａ×16と表せる。下線の２つは同じ長さを表すから，ａ×3.2＋ａ×16＝ａ×19.2とｂ×16－ｂ×3.2＝ｂ×12.8は同じ長さを表すとわかる。よって，ａ：ｂは，19.2：12.8＝３：２の逆比の**２：３**である。

⑵　⑴をふまえる。ＡさんとＢさんは3.2分で合わせて800ｍ(池１周)進むから，２人の速さの和は，毎分(800÷3.2)ｍ＝毎分250ｍである。よって，Ａさんの速さは，毎分(250×$\frac{2}{2+3}$)ｍ＝毎分**100ｍ**，Ｂさんの速さは，毎分(250－100)ｍ＝毎分**150ｍ**である。

⑶　**【解き方】２人が合わせて池の周りを１周するごとに，２人は１回出会う。**

ＡさんとＢさんが同じ時間で進む道のりの比は，速さの比に等しく２：３だから，Ａさんが３周する間に，Ｂさんは３×$\frac{3}{2}$＝$\frac{9}{2}$＝$4\frac{1}{2}$(周)する。よって，２人は合わせて池の周りを３＋$4\frac{1}{2}$＝$7\frac{1}{2}$(周)するので，**７**回出会う。

４　⑴　できる長方形は，縦に200個，横に１＋200＝201(個)のタイルが並ぶ。

よって，１＋２＋３＋…＋199＋200＝$\frac{200\times201}{2}$＝**20100**

⑵① 2から100までの連続する偶数は，100÷2＝50(個)ある。よって，できる長方形は，縦に50個，横に2＋100＝102(個)のタイルが並ぶ，したがって，2＋3＋6＋…＋98＋100＝$\frac{50\times102}{2}$＝**2550**

② 100から1000までの連続する整数は，1000－100＋1＝901(個)ある。よって，できる長方形は，縦に910個，横に100＋1000＝1100(個)のタイルが並ぶ。したがって，100＋101＋102＋…＋999＋1000＝$\frac{901\times1100}{2}$＝**495550**

5 ⑴ あふれ出る水の体積は，おもり(ろ)の体積に等しく，(3×3×3)×4＝**108**(㎤)

⑵ あふれ出る水の体積は，おもり(は)の体積に等しく，(5×5÷2)×2＝**25**(㎤)

⑶ **【解き方】水面が水そうの底面から5㎝のところにあるので，おもり(ろ)が水につかっているのは，右図の太線より下の部分となる。**

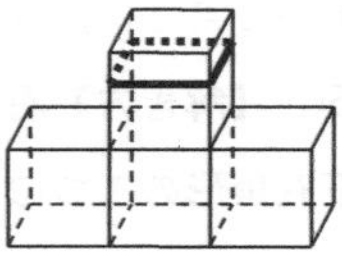

太線より上の部分の立体の体積は，3×3×(3＋3－5)＝9(㎤)だから，

おもり(ろ)の水につかっている部分の体積は，108－9＝99(㎤)

おもり(ろ)の水につかっている部分と水の体積の和は，縦10㎝，横10㎝，高さ5㎝の直方体の体積に等しく，10×10×5＝500(㎤)　　よって，入れた水の体積は，500－99＝**401**(㎤)

⑷ **【解き方】⑶ときに入れた水の体積が401㎤であることを利用して考える。**

⑶のときに入れた水と⑷で入れる水の体積の差は，401－376＝25(㎤)

これはおもり(は)の体積と同じで，おもり(は)は水面が水そうの底面から5㎝のときは，水にすべてつかっている状態になる。よって，⑷は⑶の状態から，水を25㎤だけとり，おもり(は)を入れた状態なので，水面は水そうの底面から5㎝のところにある(⑶のときと変わらない)。

《2023　1次前期　理科　解説》

【1】

⑴ Dは2個の電池の向きが反対だから，回路に電流が流れず，豆電球がまったく光らない。

⑵ 直列につなぐ電池の数が多いほど，豆電球に流れる電流は大きくなって，豆電球が明るくなる。よって，電池3個が直列つなぎになっているEの豆電球が一番明るく光る。

⑶ 豆電球2個を直列につなぐと，豆電球が1個のときよりも暗くなるので，Hの豆電球が一番暗く光る。

⑷ 電池2個を並列につないでも，豆電球に流れる電流は電池1個のときと変わらない。また，豆電球2個を並列につないでも，それぞれの豆電球に流れる電流は豆電球1個のときと変わらない。よって，電池が2個並列つなぎになっているCと豆電球が2個並列つなぎになっているGである。

⑸ 豆電球の明るさは，明るい方からE，BとF，AとCとG，Hの順となる。Fでは，(い)と(う)が並列つなぎになっているので，電池2個を直列につないでいるBと同じ豆電球の明るさになる。

⑹ (あ)の電池を取りのぞくと，回路がつながらなくなるので，豆電球は消える。

⑺ (い)の電池を取りのぞくと，(あ)と(う)の直列つなぎの回路になるので，⑸解説より，豆電球は元のFの回路と同じ明るさで光る。

【2】

⑴ 表1の床からの高さが20㎝のとき，斜面を上る高さがすべて床からの高さと同じになっているので，アは40，イは60となる。

⑵ 斜面1を上る高さは，hと同じ10㎝である。

⑶ 表2の1回目に斜面1を上る高さは，1回目に斜面2を上る高さの$\frac{15}{20}$＝$\frac{3}{4}$(倍)になっているので，ウは40×$\frac{3}{4}$

＝30(cm)となる。また，２回目に斜面２を上る高さは，１回目に斜面１を上る高さの$\frac{10}{15}=\frac{2}{3}$(倍)になっているので，エは$45\times\frac{2}{3}=30$(cm)となる。

(4)　表２の１回目に斜面２を上る高さは，床からの高さの$\frac{20}{45}=\frac{4}{9}$(倍)になっているので，(3)解説と合わせて，$42\div\frac{2}{3}\div\frac{3}{4}\div\frac{4}{9}=189$(cm)となる。

(5)　表３より，床の長さ(Ｌ)が 10 cmのとき，ザラザラな床を通るたびに斜面を上る高さが５cmずつ低くなり，Ｌが 20 cmのとき，10 cmずつ低くなるので，Ｌが１cm長くなると，ザラザラな床を通るたびに斜面を上る高さが$(10-5)\div(20-10)=0.5$(cm)ずつ低くなる。よって，Ｌを 15 cmにすると，ザラザラな床を通るたびに斜面を上る高さが$0.5\times15=7.5$(cm)ずつ低くなり，$30-7.5=22.5$(cm)となる。

(6)　斜面２を上る回数が３回になるとき，ザラザラな床を通る回数は５回より多く７回以下である。ザラザラな床を通る回数がちょうど５回のとき，１回通るたびに高さが$35\div5=7$(cm)ずつ減るので，Ｌは$7\div0.5=14$(cm)となる。また，ザラザラな床を通る回数がちょうど７回のとき，１回通るたびに高さが$35\div7=5$(cm)ずつ減るので，Ｌは 10 cmとなる。よって，Ｌは 10 cmより長く，14 cmより短くすればよい。

【３】

(1)　〔濃《こ》さ(%)＝$\frac{\text{とけているものの重さ(g)}}{\text{水よう液の重さ(g)}}\times100$〕より，濃さは$\frac{10}{50}\times100=20$(%)，〔密度(g/cm^3)＝$\frac{\text{質量(g)}}{\text{体積(cm}^3\text{)}}$〕より，密度は$\frac{50}{40}=1.25$(g/cm^3)となる。

(2)　20%の食塩水 80 gにふくまれる食塩の重さは$80\times0.2=16$(g)，10%の食塩水 100 gにふくまれる食塩の重さは$100\times0.1=10$(g)だから，合計で$80+100=180$(g)の食塩水に$16+10=26$(g)の食塩がとけている。よって，濃さは$\frac{26}{180}\times100=14.4\cdots\to14$%である。

(3)　20%と 10%の食塩水を混ぜ合わせて 12%の食塩水を作るとき，混ぜ合わせる 20%の食塩水と 10%の食塩水の重さの比は，12%との濃度の差の逆比になるので，20%の食塩水と 10%の食塩水の重さの比は，$(12-10):(20-12)=1:4$となる。よって，10%の食塩水は$50\times4=200$(g)必要である。

(4)　20%の食塩水 50 gにふくまれる食塩の重さは$50\times0.2=10$(g)，10%の食塩水 100 gにふくまれる食塩の重さは$100\times0.1=10$(g)だから，合計で$50+100=150$(g)の食塩水に$10+10=20$(g)の食塩がとけている。よって，水は$150-20=130$(g)だから，食塩は$36\times\frac{130}{100}=46.8$(g)とかすことができ，あと$46.8-20=26.8$(g)とかすことができる。

(5)　$120\div1.2=100$(cm^3)

(6)　密度 1.2 g/cm^{3}の食塩水 120 gの体積は(5)より 100 cm^{3}だから，とけている食塩の重さは$120-100=20$(g)である。また，20%の食塩水 100 gにとけている食塩の重さは$100\times0.2=20$(g)だから，合計で$120+100=220$(g)の食塩水に$20+20=40$(g)の食塩がとけている。よって，濃さは$\frac{40}{220}\times100=18.1\cdots\to18$%となる。

(7)　浮力は水に入ったものが押しのけた液体の重さと等しいので，液体の密度が大きくなるほど，浮力も大きくなる。

【４】

(1)(2)　二酸化マンガンに過酸化水素水を加えると，酸素が発生する。酸素は物が燃えるのを助けるはたらきをもつ。よって，Ａは二酸化マンガン，Ｂは過酸化水素水，Ｃは酸素である。

(3)　Ｄは空気中にふくまれる割合が最も大きいのでちっ素である。また，Ｅは空気中に 0.03%ふくまれる気体だから二酸化炭素である。

⑷　実験３より，実験１で酸素が発生したあと，Ａは残っているが，Ｂはなくなったことがわかる。よって，変化せずに残っている触媒《しょくばい》はＡである。

【５】

⑷　アサガオの花びらは根元のほうでくっついている。このような花を合弁花《ごうべんか》という。

⑸　アサガオは双子葉類である。双子葉類の茎は水や養分が通る管が輪状《りんじょう》に分布している。それぞれの管が集まった部分の内側が根から吸い上げた水や養分が通る管(道管)，外側が葉で作られた養分が通る管(師管)である。

⑺　顕微鏡《けんびきょう》では，実物と上下左右が反対に見えるので，左上に見えているものを中央に動かすには，プレパラートを左上に動かせばよい。

【６】

⑴　日食は太陽，月，地球の順に一直線にならぶ新月のときに，地球が月の影《かげ》に入ると起こり，月食は太陽，地球，月の順に一直線にならぶ満月のときに，月が地球の影に入ると起こる。

⑵　Ｐでは月によって太陽が全部かくされて見えなくなる。このような現象を皆既《かいき》日食という。

⑶　皆既月食では，月が全部地球の影に入るので，ウが正答となる。

⑷　地球から太陽までの距離は地球から月までの距離の１億５千万÷38 万＝394.7…(倍)である。地球から見る月と太陽はほぼ同じ大きさに見えることから，太陽の直径は月の直径のおよそ 400 倍である。

《2023　１次前期　社会　解説》

≪１≫

⑴　①＝イ　②＝ア　③＝カ　④＝オ　　①会津から福島県と判断する。②庄内平野は山形県に広がる平野である。③境港は，鳥取県の西部に位置する。④法隆寺は，奈良県の斑鳩にある。ウは石川県，エは静岡県。

⑵　ア　　日本で面積が最大の半島は，渡島半島(北海道)ではなく紀伊半島(近畿地方)である。

≪２≫

⑴　イ　　木曽山脈は，中央アルプスであり，飛騨山脈(北アルプス)，赤石山脈(南アルプス)と合わせて日本アルプスと呼ばれる。

⑵　秋田県　　秋田県の米の生産量の順位は，長い間変わっていない。ブランド米として「あきたこまち」が知られている。

⑶　クリーク　　九州北部に広がる佐賀平野や筑紫平野につくられた水路をクリークという。

⑷　ア　　イは熊本県，ウは鹿児島県や宮崎県，エは大分県。

≪３≫

⑴　①＝ウ　②＝ア　③＝イ　④＝エ　　金沢市(石川県)は日本海側の気候，高松市(香川県)は瀬戸内の気候，高知市(高知県)は太平洋側の気候，那覇市(沖縄県)は南西諸島の気候に属する。まず，冬の気温が最も高い④を南西諸島の気候の那覇市と判断する。①～③を比べた場合，①は８月の降水量が多いから，太平洋側の気候の高知市である。②は１月の降水量が多いから日本海側の気候の金沢市である。③は１月も８月も降水量が少ないから瀬戸内の気候の高松市である。

⑵　ウ　　ア．千島海流(親潮)は寒流だから誤り。イ．日本の夏の季節風は海側からの南東の風が吹くから誤り。エ．日本の緯度の差はおよそ 25 度だから誤り。

≪4≫

⑴　A＝桓武天皇　B＝杉田玄白　C＝板垣退助　　A．桓武天皇は，奈良の仏教勢力を政治から切り離すために，都を平城京から長岡京，平安京へと移した。B．杉田玄白と前野良沢は，オランダ語で書かれた解剖書『ターヘル・アナトミア』をもとにして『解体新書』を著した。C．征韓論…鎖国体制を続ける朝鮮を，武力を行使してでも開国させようとする考え方。征韓論をめぐって，ヨーロッパの視察から帰ってきた大久保利通らと対立した板垣退助と西郷隆盛は，政府を離れ地元に戻り，板垣退助は言論を通じて自由民権運動を展開し，西郷隆盛は武力をもって西南戦争を引き起こした。

⑵　ウ　　X．十二単は女性の正装だから誤り。Y．正しい。

⑶　エ　　モリソン号事件を『戊戌夢物語』で批判した高野長英が，『慎機論』で批判した渡辺崋山らとともに処罰されたのが蛮社の獄である。平賀源内は，エレキテル・万歩計・寒暖計などを発明した人物。緒方洪庵は適塾を開いた蘭学者。本居宣長は，『古事記伝』を著した国学者。

⑸　エ　　ウ(1874年)→ア(1881年)→エ(1882年)→イ(1884年)

⑹　ウ　　Ⅱ(1902年)→Ⅰ(1918年)→Ⅲ(1932年)

≪5≫

⑴　あ＝藤原頼通　い＝小村寿太郎　　末法思想が広がる中，阿弥陀仏にすがって念仏を唱えれば，死後に極楽浄土によみがえることができるとする浄土の教えが流行した。藤原頼通が建てた平等院鳳凰堂の中央には，黄金に輝く阿弥陀如来像が置かれている。1911年，アメリカとの間で関税自主権の回復に成功した小村寿太郎は，日露戦争の講和条約であるポーツマス条約を締結する際の全権大使でもあった。

⑵　ウ　　X．三内丸山遺跡は縄文時代の遺跡だから誤り。Y．正しい。

⑶　ウ　　アは織田信長，イは後鳥羽上皇，エは北条泰時。

⑷　千歯こき　　江戸時代に，千歯こき・備中ぐわ・唐箕・千石通しなどが開発されたことで，作業の効率がよくなり，収穫量が増えた。

⑸　ア　　富山県ではイタイイタイ病，熊本県では水俣病，新潟県では新潟水俣病が発生した。

⑹　①＝キ　②＝エ　③＝イ　　二十一か条の要求は1915年，関ヶ原の戦いは1600年，墾田永年私財法の制定は743年のことである。

≪6≫

⑴　①＝9　②＝長崎　③＝非核三原則　　①日本国憲法第9条では，戦争の放棄・戦力不保持・交戦権の否認などが定められている。　②1945年8月6日午前8時15分に広島，同年8月9日午前11時2分に長崎に原子爆弾が投下された。　③非核三原則を提唱した佐藤栄作首相は，のちにノーベル平和賞を受賞した。

⑵　ア　　イ．拷問等禁止条約によって，すべての拷問・残虐な刑罰は認められない。ウ．労働基準法によって，児童労働(満15歳未満の労働)は，原則として認められない。エ．公務員が国民に損害を与えた場合，国家賠償請求の対象となる。

⑶　健康　　「健康で文化的な最低限度の生活を営む権利」を生存権という。

⑷　ウ　　私生活をみだりに公開されない権利は，プライバシーの権利である。

⑸　公共の福祉　　公共の福祉によって，国民の自由権が制限される場合があることは覚えておきたい。

⑹　イ　　X．正しい。Y．自衛隊は，朝鮮戦争をきっかけに創設された警察予備隊を前身とする。その後に，保安隊から自衛隊と改称された。

≪7≫

(1) ○　　バリアフリーには物理的なものと精神的なもの(心のバリアフリー)がある。

(2) イギリス　　安全保障理事会には，非改選の常任理事国と２年に１度改選される非常任理事国があり，常任理事国には拒否権がある。

(3) 国庫支出金　　地方公共団体間の収入の格差を是正するために国から給付される財源には，使い道を指定されない地方交付税交付金と，使い道を指定される国庫支出金がある。

(4) 30　　参議院議員の被選挙権は満30歳以上，衆議院議員の被選挙権は満25歳以上である。

《2023　1次後期A　国語　解説》

一　**問五**　同じ段落で、親が子を心配する気持ちは分かるとしながらも、次の段落で、子供の成長を思って自分が感じている不安を抑《おさ》えなければならない時もあると述べている。つまり、親が「この女子学生」を心配しすぎることが、「この女子学生」の成長を妨《さまた》げてしまうのではないかと感じているのである。よって、アが適する。

問六　冒険《ぼうけん》とは、危険《きけん》に満ちたことをあえて行うことである。一人で電車に乗る、一人で料理をするというのは、小さな子供にとってはリスクを伴《ともな》う行為《こうい》である。よって、ウが適する。

問七　1～2行後に「二つの言葉(＝「信頼《しんらい》」と「安心」)は似ているように思われますが～見方によっては相反するものなのです」とある。よって、(　Ⅰ　)には「似ている」、(　Ⅲ　)には「相反する」が入る。この一文の「見方によっては相反する」の部分が、 4 の1～3行後でまとめられている。「信頼」は「社会的不確実性」が存在すること、「安心」は「社会的不確実性」が存在しないことを意味する。つまり、「社会的不確実性」の有無という観点では、「信頼」と「安心」は相反するものなのである。よって、(　Ⅱ　)には「社会的不確実性」が入る。

問八　ここでの「信頼」とは、2段落後にあるように、「社会的不確実性」がある状況《じょうきょう》で、相手がひどいことをしないだろうと期待することであり、さらに2段落後にあるように、「相手のせいで自分がひどい目にあう」可能性を自覚したうえでひどい目にあわない方に賭《か》けることである。このことをふまえて――部⑤について考えると、「針千本マシン」によって相手が嘘《うそ》をつかないという確信があると、「相手のせいで自分がひどい目にあう」可能性がないと確信できるので、信頼がないのである。

問九　「この逆説」のポイントは、直前にあるように「社会的不確実性」がある「にもかかわらず」信じるという部分である。「相手のせいで自分がひどい目にあう」可能性を自覚している「にもかかわらず」信じることが求められるため、逆説といえるのである。よって、エが適する。

問十　――部⑧の「どこまでもシステムを複雑化してしまう無限後退」というのは、合理化とは正反対である。――部⑥の1～2行後に「信頼はものごとを合理化する」とあり、「信頼は複雑なプロセスを短縮し、コストを削減《さくげん》する効果を持っています」と、合理化の内容が説明されている。

二　**問四**　5～6行後に「会場の雰囲気《ふんいき》はたしかに和《なご》やかで楽しいものではなくなっていた」とある。喜嶋先生の質問は、場をしらけさせたのである。よって、エが適する。

問五　2段落後に、主催《しゅさい》者側の人間である喜嶋先生が「場の雰囲気を壊《こわ》すような発言をされたことが、たぶんエキセントリックだと揶揄《やゆ》されるところかもしれない」とある。ここでの「場の雰囲気を壊すような発言」とは、仮説の不備を指摘する発言であり、喜嶋先生のことをエキセントリックだと揶揄した人物は、この行為を発表者への敬意に欠けるものだととらえたのである。よって、エが適する。

問六　直後の段落に「その理由は二つある」とあり、一つ目の理由が説明されている。「僕」は「多くの人」が攻撃的で相手を非難しているととらえた喜嶋先生の発言の「その意味する内容」に注目している。そして、喜嶋先生が、周囲から批判的に見られることを承知の上で論文の問題点を指摘《してき》したことを、凄《すご》いと思っている。よって、アが適する。さらに次の段落に「もう一つの理由は」とあり、自分がぼんやりと感じていた論文の問題点を、喜嶋先生がしっかりと言葉にして指摘したことを凄いと思っている。よって、エも適する。

問八　喜嶋先生が仮説の不備を指摘した翌年、同じ研究者が発表した論文は、喜嶋先生の指摘に沿う形で修正され、さらに喜嶋先生の論文が三つも引用されていた。論文の完成度は一年前の発表時よりもずっと高くなっていて、喜嶋先生の指摘は、研究者がよりよい研究結果を残すことに役立ったと考えられる。このことと、「尊敬しているって、本人に伝えたら、喜ばれますよ」という「僕」の言葉に対して、喜嶋先生が「人を喜ばせるために研究をしているわけではない」と言ったことを合わせて考えると、喜嶋先生は、言葉で相手の研究者を称《たた》えるのではなく、よりよい研究成果を残せるようにすることで「誠意」をみせていることがわかる。よって、アが適する。

問九　「僕」は喜嶋先生に、エキセントリックとはどういう意味かをたずね、喜嶋先生は「王道を外れている」という意味だと答えた。喜嶋先生は「学問には王道しかない」と考えており、それは、喜嶋先生の学問に対する姿勢を表すものである。喜嶋先生は、「僕」が学問に対する姿勢の極めて重要な部分を問う質問をしてきたので、うれしくなったのである。よって、イが適する。

問十　喜嶋先生は「学問には王道しかない」と考えており、この言葉は喜嶋先生の生き方を象徴している。――⑦の４行前に、「この王道が意味するところは～勇者が歩くべき清く正しい本道のことだと」あり、「学問には王道しかない」という言葉は、「人間の美しい生き方を言い表している」と「僕」は思っている。最後の段落には、「王道」とは、「おおむね～厳しく辛《つら》い道の方だった」とあり、そちらを選んでおけば「絶対に後悔《こうかい》することがない、ということを喜嶋先生は教えてくれた」と感じている。

《2023　１次後期Ａ　算数　解説》

1　(1)　与式$=95-3\times(35-3\times4)+15=95-3\times(35-12)+15=95-3\times23+15=95-69+15=\mathbf{41}$

(2)　与式$=(\frac{3}{2}+\frac{25}{3}\div\frac{25}{12})\div(5-\frac{33}{20}\times\frac{5}{11})=(\frac{3}{2}+\frac{25}{3}\times\frac{12}{25})\div(5-\frac{3}{4})=(\frac{3}{2}+4)\div4\frac{1}{4}=4\frac{3}{2}\div\frac{17}{4}=\frac{11}{2}\times\frac{4}{17}=\frac{22}{17}=\mathbf{1\frac{5}{17}}$

(3)　与式$=\{(\frac{5}{7}+\frac{2}{5})\times1\frac{2}{3}-\frac{5}{12}\}\div2.75=\{(\frac{25}{35}+\frac{14}{35})\times\frac{5}{3}-\frac{5}{12}\}\div2\frac{3}{4}=(\frac{39}{35}\times\frac{5}{3}-\frac{5}{12})\div\frac{11}{4}=(\frac{39}{21}-\frac{5}{12})\times\frac{4}{11}=$
$(\frac{156}{84}-\frac{35}{84})\times\frac{4}{11}=\frac{121}{84}\times\frac{4}{11}=\mathbf{\frac{11}{21}}$

(4)　与式より，$\{2-\frac{1}{4}\div(\frac{5}{6}-\square)\}\div10=\frac{1}{2}-\frac{1}{3}$　　$\{2-\frac{1}{4}\div(\frac{5}{6}-\square)\}\div10=\frac{3}{6}-\frac{2}{6}$　　$2-\frac{1}{4}\div(\frac{5}{6}-\square)=\frac{1}{6}\times10$
$\frac{1}{4}\div(\frac{5}{6}-\square)=2-\frac{5}{3}$　　$\frac{5}{6}-\square=\frac{1}{4}\div\frac{1}{3}$　　$\frac{5}{6}-\square=\frac{1}{4}\times3$　　$\square=\frac{5}{6}-\frac{3}{4}=\frac{10}{12}-\frac{9}{12}=\mathbf{\frac{1}{12}}$

(5)　与式より，$\{\frac{3}{4}+(2-\square)\div\frac{8}{3}\}\times\frac{8}{100}=\frac{2}{10}-\frac{1}{10}$　　$\frac{3}{4}+(2-\square)\div\frac{8}{3}=\frac{1}{10}\times\frac{100}{8}$　　$(2-\square)\div\frac{8}{3}=\frac{5}{4}-\frac{3}{4}$
$2-\square=\frac{2}{4}\times\frac{8}{3}$　　$\square=2-\frac{4}{3}=\mathbf{\frac{2}{3}}$

2　(1)　**【解き方】全体の仕事の量を，18 と 21 の最小公倍数である 126 とすると，１日あたりの仕事の量は，兄が 126÷18＝７，弟が 126÷21＝６となる。**

２人の１日あたりの仕事の量の合計は７＋６＝13 だから，求める日数は，126÷13＝９余り９より，**10** 日である。

(2)　３で割ると１余る数は，１，４，７，10，13，16，19，22，25，28，31…

５で割ると１余る数は，１，６，11，16，21，26，31，…　　７で割ると３余る数は，３，10，17，24，31，…

よって，㋐３で割ると１余り，５で割ると１余り，７で割ると３余る整数のうち最も小さい数は 31 で，３と５と７の最小公倍数は 105 だから，㋐は 31＋105×Ａと表せる（Ａは整数）。10000－31＝9969，9969÷105＝94 余り 99 だから，10000 に近い数は，31＋105×94＝9901，9901＋105＝10006 で，10006 の方が近いから，求める数は **10006** である。

(3)　地図上の６㎝は，実際は６×250000＝1500000（㎝），つまり，1500000÷1000÷100＝15（㎞）である。

よって，求める時間は，15÷60＝0.25（時間），つまり，0.25×60＝**15**（分）

(4)　**【解き方】２人の持っているお金の合計は変わらないので，比の数の和をそろえる。**

㋐兄が妹に 400 円をあげる前の兄と妹の所持金の比は７：５で，比の数の和は，７＋５＝12

㋑兄が妹に400円をあげた後の兄と妹の所持金の比は５：４で，比の数の和は，５＋４＝９

比の数の和を12と９の最小公倍数である36に合わせると，36÷12＝３より，㋐の比は，（７×３）：（５×３）＝21：15，36÷９＝４より，㋑の比は，（５×４）：（４×４）＝20：16

この比の数の差の21－20＝１が400円にあたるので，はじめに兄が持っていたお金は，400×21＝**8400**(円)

⑸　**【解き方】ある点への行き方の数は，その点の左側の点までの行き方の数と，その点の下側の点までの行き方の数の和に等しくなる。**

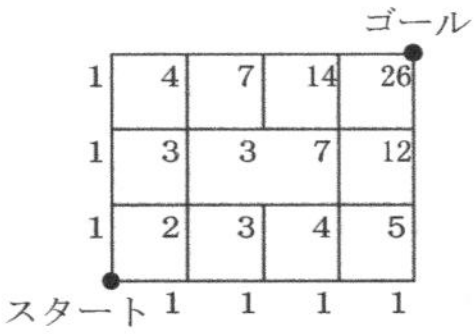

それぞれの点への行き方の数は右図のようになるから，ゴールへの行き方は全部で**26**通りある。

⑹　**【解き方】右のように作図すると，太線の三角形は１辺の長さが24÷４＝６(cm)の正三角形だとわかる。**

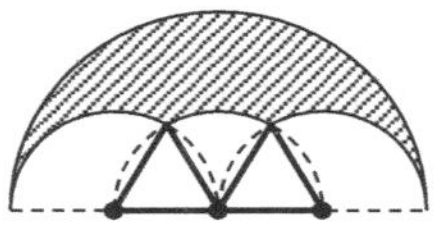

求める長さは，直径が24cmの半円の曲線部分の長さと，半径が６cmで中心角が60°のおうぎ形の曲線部分の長さと，半径が６cmで中心角が180°－60°＝120°のおうぎ形の曲線部分の長さの２倍を足せばよいので，$24\times3.14\div2+6\times2\times3.14\times\frac{60°}{360°}+6\times2\times3.14\times\frac{120°}{360°}\times2=(12+2+8)\times3.14=$ **69.08**(cm)

3　⑴　バスと歩きの同じ道のりを進むのにかかる時間の比は，速さの比である６：１の逆比の１：６となる。

この比の差の６－１＝５が15分にあたるので，求める時間は，15÷５＝**3**(分)

⑵　バスは道のりの全体の$1-\frac{3}{4}=\frac{1}{4}$を３分で進むので，求める時間は，$3\div\frac{1}{4}=$**12**(分)

⑶　⑴より，道のりの全体の$\frac{1}{4}$を歩くと，いつもより15分おくれて学校に着く。

道のりの全体の$1-\frac{2}{3}=\frac{1}{3}$を歩いたので，求める時間は，$15\times(\frac{1}{3}\div\frac{1}{4})=$**20**(分)

4　**【解き方】各段に並べるカードの枚数は，１段目が１枚で，ここから１段大きくなるごとに２枚多くなるから，Ｎ段目に並べるカードの枚数は，{１＋２×(Ｎ－１)}枚となる。**

また，各段の一番右のカードの数字は，１段目が１＝１×１，２段目が４＝２×２，３段目が９＝３×３，…となるので，Ｎ段目の一番右のカードの数字は，Ｎ×Ｎとなる。

⑴　10段目に並べるカードの枚数は，１＋２×(10－１)＝**19**(枚)

⑵　９段目と10段目の一番右のカードの数字はそれぞれ，９×９＝81と10×10＝100だから，10段目には82から100までの19枚のカードが並ぶ。82から100までの連続する整数の列を２つ使って右のような筆算が書けるから，求める数の和は，$\frac{182\times19}{2}=$**1729**

```
   82＋ 83＋ 84＋……＋100
＋)100＋ 99＋ 98＋……＋ 82
  182＋182＋182＋……＋182
```

⑶　Ｎ×Ｎが初めて1000をこえるようなＮの値を探す。

31×31＝961，32×32＝1024より，31段目と32段目の一番右のカードの数字はそれぞれ，961と1024となる。

よって，1000が記入されたカードは**32**段目になる。

⑷　⑵をふまえる。11段目には101から11×11＝121までの19＋２＝21(枚)のカードが並ぶから，11段目に並べたカードの和は，$\frac{(101+121)\times21}{2}=2331$である。12段目には122から12×12＝144までの21＋２＝23(枚)のカードが並ぶから，12段目に並べたカードの和は，$\frac{(122+144)\times23}{2}=3059$である。

よって，カードの和がはじめて3000をこえるのは，**12**段目である。

5　⑴　与式＝71×７＋17＝497＋17＝**514**

⑵　171×(整数)の形になればよいので，７×171×７の形をつくるために，解答例のように記号をいれる。

⑶　**【解き方】71×(整数)になる記号の入れ方を考える。7171＝71×101より，7171は71の倍数であることに注意する。**

考えられる記号の入れ方は，「７⊜１⊜７⊜１⊗７」「７⊜１⊗７⊜１⊜７」「７⊜１⊗７⊜１⊗７」「７⊜１⊕７⊜１⊗７」「７⊜１⊗７⊗１⊜７」「７⊜１⊗７⊗１⊗７」「７⊗１⊗７⊜１⊗７」の７通り。これらはそれぞれ，7171×７，71×717，71×71×７，71＋71×７，71×７×17，71×７×１×７，７×１×71×７を表すので，大きいものから３つを足すと，7171×７＋71×717＋71×71×７＝71×101×７＋71×717＋71×497＝71×(707＋717＋497)＝71×1921＝**136391**

《2023　１次後期Ａ　理科　解説》

【１】

⑴　てこを左右にかたむけるはたらき〔おもりの重さ(ｇ)×支点からの距離《きょり》(㎝)〕が等しくなるときにつり合う。表１のイより，てこを右にかたむけるはたらきは40×30＝1200だから，てこを左にかたむけるはたらきも1200になるようなＡの重さは1200÷10＝120(ｇ)となる。

⑵　⑴解説より，てこを左にかたむけるはたらきは1200だから，てこを右にかたむけるはたらきも1200になるように，(あ)は1200÷20＝60(ｇ)，(い)は1200÷50＝24(ｇ)となる。また，実験オではひもの位置を②にしたので，てこを左にかたむけるはたらきは２倍の1200×２＝2400となる。てこを右にかたむけるはたらきも2400になるような(う)は2400÷40＝60(ｇ)となる。

⑶　表２のカより，てこを右にかたむけるはたらきは300×10＋36×50＝4800だから，てこを左にかたむけるはたらきも4800になるようなＢの重さは4800÷10＝480(ｇ)となる。

⑷　ひもを②の位置にすると，てこを左にかたむけるはたらきは２倍の4800×２＝9600になる。300ｇのおもりを③につり下げると，てこを右にかたむけるはたらきは300×10＝3000だから，⑥につり下げるおもりの重さは(9600－3000)÷40＝165(ｇ)となる。

⑸　２つ目のおもりが60ｇであることから，表２の実験キに着目する。鉄の棒の重さはすべて棒の中央(③)の位置にかかる。

⑹　ひもを②の位置にかえると，てこを左にかたむけるはたらきは9600になる。鉄の棒の重さがてこを右にかたむけるはたらきは120×10＝1200だから，⑥につり下げるおもりの重さは(9600－1200)÷40＝210(ｇ)となる。

【２】

⑴　エでは電池の＋極から導線がつながっていないので，回路ができず，豆電球は光らない。

⑵　鉄くぎ，10円玉，アルミニウムはくは金属でできていて電流を通しやすいので，豆電球が光る。わりばし，ガラスのコップは電流を通さないので，豆電球がまったく光らない。

⑶　直列につなぐ電池の数が多いほど，豆電球に流れる電流は大きくなるが，電池を並列にいくつつないでも，豆電球に流れる電流の大きさは電池１個のときと変わらない。

⑷　豆電球を２個直列につなぐと，豆電球が１個のときよりも暗くなるが，豆電球を２個並列につないでも，豆電球が１個のときと明るさは変わらない。また，電池を２個直列につなぐと豆電球は電池１個のときよりも明るくなるが，電池を２個並列につないでも，豆電球の明るさは電池１個のときと変わらない。よって，Ａの明るさは電池１個，豆電球１個のときと変わらず，直列つなぎの電池と豆電球の数が同じときの豆電球の明るさは電池１個，豆電球１個のときと変わらないので，明るさが同じものはＣである。

⑸　①を流れる電流は並列つなぎの②と③の電流の和と等しいので，①がもっとも明るく，②と③は同じ明るさである。

(6)　(5)解説より，②を流れる電流は①の半分だから，豆電球にＤの半分の電流が流れるものを選ぶ。Ｄは電池２個が直列つなぎになっているので，(4)解説より，電池１個，豆電球１個のときの明るさのＡとＣである。

【３】

(1)　フェノールフタレイン液はアルカリ性の水溶液に加えると赤色になる。うすい硫酸は酸性，石灰水はアルカリ性である。

(2)　酸性のうすい硫酸とアルカリ性の石灰水を混ぜると，互いの性質を打ち消し合う中和が起こる。表より，石灰水が１㎤反応すると，硫酸カルシウムが 2.72 ㎎できるので，実験３では石灰水が 13.6÷2.72＝５(㎤)反応し，石灰水が残って水溶液はアルカリ性を示す。

(3)　(2)解説より，うすい硫酸 10 ㎤と石灰水５㎤がちょうど中和することがわかる。よって，実験４では硫酸 10 ㎤と石灰水５㎤がちょうど中和してアには実験３と同じ 13.6 が入り，実験５ではＢＴＢ液は酸性で黄色，中性で緑色，アルカリ性で青色を示すことから，イには石灰水 10 ㎤に対して２倍の 20 が入る。また，実験６の硫酸カルシウムの重さは実験５と同じだから，反応した石灰水は(20 ㎤のうち)10 ㎤であり，ウには 20 が入る。

(4)①　石灰水４㎤がすべて反応し，2.72×４＝10.88(㎎)の硫酸カルシウムができる。　②　①より，石灰水４㎤が反応したので，Ｃ10 ㎤は４×２＝８(㎤)のＡと同じ量の石灰水と反応する。よって，Ｃの濃《こ》さはＡの８÷10＝0.8(倍)である。　③　石灰水６㎤がすべて反応するので，硫酸カルシウムは 2.72×６＝16.32(㎎)できる。

【４】

(1)　試験管の口にマッチの火を近づけると，ポンと音をたてて燃える気体は水素である。

(2)　ア，ウ，オは気体が発生しない。

(3)　アは上方置換《ちかん》法，イは下方置換法，ウは水上置換法である。

(4)　試験管の口をゴム栓《せん》でふさぐと，発生した気体が外に出なくなるので，試験管の中の圧力が大きくなって危険である。

【５】

(1)　ダイズの種子の発芽に必要なのは，水，空気，適当な温度である。よって，適当な温度がある条件１と条件３で発芽する。また，アは空気，ウは水が不足しており，発芽が見られるのはイである。

(2)　条件１と条件３で異なるのは光の条件であり，どちらも発芽するので，発芽には光は必要ないことがわかる。また，(1)解説より，イとウを比べると発芽には水が必要だとわかり，アとイを比べると発芽には空気が必要だとわかる。

(3)　ヨウ素液はデンプンにつけると青むらさき色に変化する。

【６】

(2)　北極星の高度はその地点での緯度と等しいので，35 度である。

(3)①　上弦の月は午後６時ごろに真南の空に見え，満月は真夜中(午前０時)ごろに真南の空に見えるので，午後９時ごろに真南の空に見える月は上弦の月と満月の間の月である。　②　北の空の星は，北極星を中心に 24 時間で 360 度反時計回りに回転し，ほぼもとの位置に戻るので，１時間で 360÷24＝15(度)反時計回りに回転する。よって，Ａから 30 度時計回りに回転したＢの位置に見えたのは，２時間前の午後７時である。　③　同じ時刻に北の空の星を観察すると，地球の公転によって１年で 360 度反時計回りに回転し，ほぼもとの位置に戻るので，１か月後の同じ時刻には約 30 度反時計回りに回転した位置に見える。よって，16 日目の午後９時には 15 度反時計回りに回転した位置に見えるので，②解説より，１時間前の午後８時ごろには 15 度時計回りに回転して同じ位置に見える。

《2023　１次後期Ａ　社会　解説》

≪１≫

⑴　①＝イ　②＝ア　③＝ウ　④＝カ　　①岐阜県の白川郷と，富山県の五箇山にある合掌造り集落は，世界文化遺産に登録されている。②霞ヶ浦は茨城県にある。③牧ノ原台地は静岡県にある。④水島地区は岡山県にある。エは愛知県，オは和歌山県。

⑵　佐渡島　　佐渡は，金山があることや江戸時代の流刑地であったことで知られている。

≪２≫

⑴　エ　　アはインド，イはオーストラリア，ウはフランス。

⑵　最上川　　松尾芭蕉の「五月雨を　集めてはやし　最上川」には，梅雨の雨水が集まり急流となった最上川の激しさがよく表れている。

⑶　愛媛県　　愛媛県の西部にある宇和島市が，真珠の養殖で知られている。

⑷　イ　　アは機械類，ウは液化ガス，エは医薬品

⑸　イ　　アの図書館，ウの畑，エの消防署は文章中に出てくるが，イの寺院は出てこない。

≪３≫

⑴　①＝ウ　②＝エ　③＝イ　④＝ア　　①人口密度が極端に高いことから首都圏の千葉県である。②果実の出荷額が最も多いことからみかんなどのかんきつ類の栽培がさかんな愛媛県である。③耕地面積に占める畑の割合が最も低いことから，田の割合が最も高いと考えて，水田単作地帯の秋田県と判断する。④人口密度が最も低く，耕地面積に占める畑の割合が最も高いことから北海道である。

⑵　ア　　イは船舶輸送，ウは鉄道輸送，エは航空輸送。

≪４≫

⑴　Ａ＝松平定信　Ｂ＝伊藤博文　Ｃ＝レーニン　　Ａ．松平定信の寛政の改革では，寛政異学の禁・旧里帰農令・棄捐令・囲い米などが行われた。Ｂ．伊藤博文は，君主権の強い憲法を学ぶためにドイツに渡った。Ｃ．1917 年にロシア革命が起き，世界で初めての社会主義体制が確立された。

⑵　ウ　　Ｘ．江戸幕府で朝廷の監視にあたったのは京都所司代だから誤り。Ｙ．正しい。

⑶　ア　　囲い米の説明として正しい。イは徳川吉宗の享保の改革，ウは徳川家光の政治，エは水野忠邦の天保の改革の説明である。

⑷　エ　　八幡製鉄所は，筑豊炭田からの石炭輸送と，中国からの鉄鉱石の輸入に便利な北九州につくられた。

⑸　サラエヴォ事件　　事件の起きたバルカン半島は，ヨーロッパの火薬庫と呼ばれるほど，人種・主義・思想などの対立が激しい地域であった。

⑹　イ　　Ⅰ(1543 年)→Ⅲ(1549 年)→Ⅱ(1582 年)

≪５≫

⑴　あ＝平治　い＝シャクシャイン　　あ．保元の乱・平治の乱に連勝した平清盛は，後白河上皇の保護を受けて権力を手に入れていった。い．アイヌの人々は松前藩への不満から，シャクシャインを中心として反乱をおこしたが敗れ，松前藩が交易の主導権をにぎるようになった。

(2) ウ　X．九州北部を警備するのは雑徭ではなく防人だから誤り。Y．正しい。

(3) エ　正長の土一揆は1428年に発生した。

(4) 五箇条の御誓文　江戸幕府の第15代将軍である徳川慶喜は，政権を朝廷に返しても，新しい政権のなかで地位を確保することは可能と考えて大政奉還を行った。大政奉還を受けて，政治の実権が朝廷に戻ったことを宣言する王政復古の大号令が発せられ，徳川の勢力は政治の中心から追い出された。五箇条の御誓文では，明治天皇が神に誓う形式で，明治政府の新しい政治方針が発表された。

(5) ウ　ア．ポーツマス条約は，アメリカの仲介で結ばれたから誤り。イ．日露戦争は，戦費も被害も日清戦争より多かったのに，ポーツマス条約で賠償金を得ることはできなかったから誤り。エ．三国干渉は，日清戦争の講和条約である下関条約のあとに起きたから誤り。

(6) ①＝ウ　②＝カ　③＝ア　①建武の新政は，鎌倉幕府を倒した後醍醐天皇が行った，わずか2年あまりの政治である。②岩倉使節団は，幕末に結んだ不平等条約の改正交渉の準備をするために明治時代初頭に派遣された。③蘇我氏を滅ぼした内乱を乙巳の変といい，この後に続く一連の政治改革をまとめて大化の改新と呼んだ。

≪6≫

(1) ①＝普通　②＝平等　③＝秘密　年齢以外に選挙権が限定される選挙を制限選挙という。

(2) 比例代表制　わが国の比例代表制では，ドント式による議席配分が行われる。

(3) エ　X．参議院議員の任期は6年だから誤り。任期が4年であるのは衆議院議員である。Y．国民審査で辞めさせられる可能性があるのは最高裁判所の裁判官だから誤り。

(4) エ　国政調査権は，衆・参両院が対等にもつ権限だから誤り。

(5) イ　X．正しい。日本国憲法第41条の内容である。Y．原則1月に召集される国会は，常会である。臨時会は，内閣が必要と認めた場合，または，どちらかの総議員の4分の1以上が召集を求めた場合に開かれる。

(6) 両院協議会　両院協議会は，予算の議決・内閣総理大臣の指名・条約の締結の承認において，衆議院と参議院で異なる議決や指名が行われた場合に必ず開かれる。

≪7≫

(1) 団結権　労働者には，労働組合を組織する団結権，使用者と労働条件について話し合う団体交渉権，交渉がまとまらなかった時にストライキなどを行う団体行動権がある。

(2) ○　現在の日本の合計特殊出生率は1.3～1.4程度である。

(3) 与党　政権を担当する与党と，それに対抗する野党に分かれる。2023年2月現在の与党は，自由民主党と公明党である。

(4) ○　国際連合の本部はニューヨークにあるが，国連機関の中には本部をヨーロッパに設けているものも多い。

2022 解答例 令和4年度 開明中学校【1次前期】【1次後期A】

《1次前期　国語》

一　問一．ⅰ．願望　ⅱ．過言　ⅲ．提示　ⅳ．判明　ⅴ．興奮　問二．1．ウ　2．ア　3．エ　4．イ
問三．ウ　問四．自分の叶えたい夢を見つけ、その実現の手段として勉強が必要だと気づいたとき。
問五．ア　問六．楽しくなる「方法」　問七．エ　問八．ア　問九．⑦エ　⑨ウ　問十．ア　問十一．ウ

二　問一．ⅰ．した　ⅱ．けんとう　ⅲ．せんせんふこく　問二．1．エ　2．ウ　3．ア　4．イ　問三．ア
問四．②エ　④イ　問五．B　問六．借りては駄目な本だったのかと不安になっている。　問七．Ⅰ．イ
Ⅱ．イ　問八．自分の不器用な言葉がきっかけで、彼女を深く傷つけてしまった　問九．イ　問十．ウ

《1次前期　算数》

1　(1)115　(2)$\frac{2}{3}$　(3)1100　(4)$8\frac{1}{6}$　(5)$\frac{7}{12}$

2　(1)8　(2)$\frac{35}{41}$　(3)24　(4)1650　(5)14　(6)628

3　(1)2340　(2)36　(3)65

4　(1)15　(2)5　(3)2487

5　(1)1　(2)オ．1　ケ．8　シ．9　(3)1　(4)ウ．2　エ．9

《1次前期　理科》

【1】　(1)1.4　(2)ウ　(3)⑤　(4)②，④　(5)エ　(6)ウ

【2】　(1)①9　②9　③810　(2)540　(3)1350　(4)④280　⑤648　⑥368　(5)1242　(6)400

【3】　(1)水素　(2)0.9　(3)5.04　(4)(あ)512.48　(い)11.424　(5)13.44

【4】　(1)A．食塩　B．ほう酸　C．木炭　D．消石灰　E．鉄　F．砂糖　(2)気体の名前…二酸化炭素／D
(3)酸化鉄　(4)赤色

【5】　(1)(あ)ア　(い)イ　(2)(ⅰ)ヨウ素液　(ⅱ)①，⑤　(3)イ　(4)①18　②84　③15　④117　⑤3.9　⑥2
(5)エ

【6】　(1)イ　(2)エ　(3)Q　(4)P　(5)ア

《1次前期　社会》

《1》　(1)①イ　②オ　③ウ　④エ　(2)エ

《2》　(1)ア　(2)鹿児島県　(3)エ　(4)もも　(5)ウ

《3》　(1)①イ　②ウ　③エ　④ア　(2)エ

《4》　(1)A．鴨長明　B．陸奥宗光　C．池田勇人　(2)ア　(3)義和団事件　(4)エ　(5)エ　(6)イ

《5》　(1)あ．坂上田村麻呂　い．徳川慶喜　(2)イ　(3)エ　(4)ア　(5)日ソ共同宣言　(6)①イ　②ウ　③キ

《6》　(1)①国会　②象徴　③内閣　(2)ア　(3)25　(4)エ　(5)ア　(6)選挙管理委員会

《7》　(1)環境省　(2)〇　(3)団結権　(4)リコール

《１次後期Ａ　国語》

一　問一．ⅰ．特定　ⅱ．従者　ⅲ．規制　ⅳ．保険　ⅴ．登録　問二．１．イ　２．ウ　３．ア　４．エ
問三．場合に応じて折衷案を用いたり、両者を使い分けたりすること。　問四．Ⅰ．戸籍　Ⅱ．徴兵
Ⅲ．徴税（Ⅱ・Ⅲは順不同）Ⅳ．国家〔別解〕政府　Ⅴ．国民　問五．③エ　⑦ア　問六．ウ　問七．エ
問八．⑴B　⑵A　問九．イ　問十．15　問十一．イ

二　問一．ⅰ．みはか　ⅱ．ゆげ　ⅲ．よわね　問二．１．エ　２．ウ　３．ア　４．イ　問三．①エ　⑤ア
問四．Ⅰ．好きなように　Ⅱ．楽になって　問五．ア　問六．弾けるような郁ちゃんの笑顔に気後れした
問七．A．イ　B．ア　C．エ　D．ウ　問八．私と郁ちゃんとでは物事を見る視点と深さが大きく違っていることに衝撃を受けている。　問九．死／生　問十．イ

《１次後期Ａ　算数》

1　⑴1768　⑵$\frac{3}{13}$　⑶18　⑷$1\frac{1}{28}$　⑸25

2　⑴６　⑵133　⑶４　⑷195　⑸$708\frac{1}{3}$　⑹48.56

3　⑴402　⑵E　⑶15

4　⑴$7\frac{1}{2}$　⑵$17\frac{1}{2}$　⑶85　⑷$\frac{3}{4}$，$1\frac{3}{4}$

5　⑴64　⑵32　⑶６　⑷９

《１次後期Ａ　理科》

【１】　⑴ア．1.2　イ．560　ウ．６　⑵５　⑶２　⑷５　⑸４　⑹0.35

【２】　⑴①ア　②エ　③ウ　④ウ　⑤ウ　⑵①ウ　②ウ　③ウ　④ア

【３】　⑴硝酸カリウム…イ　食塩…ウ　⑵24　⑶21.6　⑷①16　②99　⑸34.3

【４】　⑴A．炭酸カルシウム　B．デンプン　C．アルミニウム　⑵水素
⑶ウ／理由…(水素は)水に溶けにくい気体だから　⑷緑

【５】　⑴ア，ウ　⑵エ　⑶A．関節　B．けん　⑷イ　⑸エ　⑹ア

【６】　⑴イ　⑵ケ　⑶ウ　⑷A．南　B．南　⑸③

《１次後期Ａ　社会》

《１》　⑴①ア　②エ　③イ　④オ　⑵ウ

《２》　⑴イ　⑵兵庫県　⑶ウ　⑷宮崎県　⑸ウ

《３》　⑴①ウ　②ア　③エ　④イ　⑵エ

《４》　⑴A．鑑真　B．田沼意次　C．原敬　⑵ウ　⑶天保　⑷富山県　⑸エ　⑹イ

《５》　⑴あ．平将門　い．ラクスマン　⑵エ　⑶イ　⑷ウ　⑸エ　⑹①ア　②カ　③ウ

《６》　⑴①行政　②議院内閣　③不信任　⑵ア　⑶閣議　⑷ア　⑸ウ　⑹三権分立

《７》　⑴財務省　⑵平等　⑶〇　⑷30

←解答例は前のページにありますので，そちらをご覧ください。

《2022　1次前期　国語　解説》

一　**問三**　「正直者」とは、うそやいつわりのない態度をとる人である。筆者は、「『勉強の価値』を～大学の四年生になるまで知らなかった」ので、「嫌《いや》なことはしない」という自分の気持ちに正直に、「適当にサボることにしていた」のだ。よってウが適する。

問四　最後から２段落目に「『勉強の価値』とは、前記のような条件下で生じるものである」とあることから、「勉強の価値」が「どのようなときに見出されるか」は、――部②のあと、最後から２段落目の前までに説明されていることが分かる。まず「勉強というのは、その行為《こうい》に目的があるのではない、という点が重要なのだ。なにか、ほかに目的がある。そして、そのための過程が『勉強』と呼ばれているだけである」を押《お》さえておく。次に「金槌《かなづち》で釘《くぎ》を打つこと」を例に挙げて、「『勉強』というものの本質」について説明している。「自分が作りたいものがまずあって、そのためには、どうしても釘を打たなければならないことが判明する。だから、釘の打ち方を勉強したい。そうなって初めて、その勉強に意味が浮上《ふじょう》し、価値が生じるのである」。つまり、「『勉強』が楽しくなるのは、そうすることで夢が叶《かな》うという目的が明確にある場合」とあるように、夢の実現の手段として勉強が必要だと気づいたときに「勉強の価値」は見出される。

問五　「この本の結論は、『勉強はした方が良い』ということ」で、「その理由として、人に勝つためでもなく、また社会的な成功へ自分を導くためでもなく、最も単純な個人的な願望に焦点《しょうてん》を当てる、という点で、これまでにない視点を読者にもたらすかもしれない」と述べている。つまり、「個人的な願望」を叶えるための手段として勉強が必要ということは、「自分がしたいからするのだという考え方」である。よってアが適する。

問六　本文の――部④の直後の文に「何故役に立たないかといえば～楽しくなる『方法』を求めているからだ」と理由が述べられている。

問七　筆者が「どうでも良いことだといっても過言ではない」と言っているのは、「その過程（＝勉強）を楽しめるかどうか、という問題」である。その理由は、勉強は「そもそも楽しさを求める行為でもない」し、「勉強というのは、その行為に目的があるのではない」からである。つまり、勉強というのは目的を達成するための「手段」に過ぎないからである。よってエが適する。

問八　直前の「この状況《じょうきょう》」とは、「『楽しく勉強しましょう』という『不思議な』現代の教育法」が平然と行われて、勉強することの「本質を見失っているし～子供を騙《だま》しているといえる」状況である。よってアが適する。

問十　具体的に述べられているのは「『どうすれば釘の打ち方を効率良く学べるでしょうか？』という質問も、意味がないとまではいえないものの、本質から外れた問題だとご理解いただけると思う」の部分である。勉強することの本質を考えるのをやめてしまっている（＝思考停止）から、「効率の良い勉強法などということを考えるようになるのだ。

問十一　直前に明美さんが発言した「作りたいものが違《ちが》えば、そのために必要な作業も違ってくるわね」が理由となって、「だから勉強の楽しさは、人それぞれだということになるよね」と続く。よってウが適する。

二　**問三**　４～10 行後の「先生は最後のページを開いていた～『あおちゃん（＝佐竹《さたけ》さん）、趣味《しゅみ》が合いそうじゃない？』～しおり先生は、だいたい図書委員の読書傾向《けいこう》を把握《はあく》していて、あたしがどんな本が好きなのかも知っていた。これは、あたしが答えるのに最適な質問だろう」とある。『おすすめおしえてノート』は、すでに図書室の利用者と図書委員やしおり先生によって、「秘《ひそ》やかに文字だけの交流がそこで繰《く》り広《ひろ》げられている」。しおり先生は、最後のページに書きこんだ質問者と佐竹さんの間にも、交流が生まれるかもしれないと思ったのだ。よってアが適する。

問五　── 部③にある「こういうわけのわからないこと」は、佐竹さんが「あたし、結末がはっきりしないお話って苦手なんだと思う～ハッピーエンドなのかもしれないし、バッドエンドなのかもしれなくて、そういう、丸投げされてる感じが苦手」と言ったことに対して、しおり先生が「どんな結末を描《えが》くのかは読み手の自由～すべて読み手の価値観に委《ゆだ》ねられていて、わたしたちの心を試《ため》しているような感じがする」「物語の主人公を幸せにできるかどうかは、わたしたちの心しだい～わたしたち自身を幸せにできるかどうかも、わたしたちしだい」と言ったことを指している。この内容を踏《ふ》まえたＢさんの発言が適する。

問六　佐竹さんの視点で書かれている【文章１】では、── 部⑤の直後に三崎《みさき》さんは、佐竹さんが持っている本に眼をやって「借りられない？」と質問している。三崎さんの視点で書かれている【文章２】では、同じ場面で「わたし(＝三崎さん)は不安になってしまう～借りては駄目《だめ》な本だったとかだろうか」という気持ちが書かれている。

問七　【文章１】には「ついに宣戦布告にでもやって来たの？」とあり、【文章２】には「自分(＝三崎さん)の不器用な言葉がきっかけで、彼女《かのじょ》(＝佐竹さん)を深く傷つけてしまった」とあるように、ふたりは気まずい関係である。しかし、佐竹さんは気まずかった三崎さんに本を渡《わた》すときに、「よかったら、感想、聞かせて」と伝えた。そのときの三崎さんは「心なしか、その口元が笑っているように見えた」。佐竹さんは、「心臓の鼓動《こどう》がうるさく音を立てて、耳の奥《おく》にまで響《ひび》いている。どきどき、していた～胸が苦しくなり、頬《ほお》が熱くなる」状態になった。佐竹さんは気まずかった三崎さんと、この本をきっかけとして、改めて仲良くなれるのではないかと期待して胸を高鳴らせているのだ。よってⅠとⅡには、それぞれイが入る。

問八　直後の３行から理由を読み取ってまとめよう。

問九　三崎さんは「自分の不器用な言葉がきっかけで、彼女を深く傷つけてしまった」と思っている。「不器用な言葉」とあることから、三崎さんは佐竹さんを傷つけるつもりはなかったことが分かる。しかし、結果的に傷つけてしまったことに申し訳なかったと罪悪感を抱《いだ》いていたのである。アは、「周りの友達から非難されて」以下の内容が本文にはない。ウは、「『わたし』は全く悪くないのに佐竹さんが勝手に誤解したせいで」とあるが、本文には三崎さんが自分を正当化して佐竹さんを責めるような内容はない。エは、「同じくらい」以下の内容が本文にはない。

問十　──部⑨にある「そのチャンス」とは、直前の内容で、「ごめんなさいと言える機会」である。借りた本をきっかけにして、佐竹さんに「あのときのこと」を謝り、再び佐竹さんと話せるようになって、仲良くなれたらいいと三崎さんは考えたのである。

―《2022　１次前期　算数　解説》―

1　(1)　与式$=2\times52+(8+\frac{6}{4}\times2)=104+(8+3)=104+11=115$

(2)　与式$=\{\frac{6}{18}-(\frac{3}{18}-\frac{2}{18})\}\div\{\frac{6}{12}-(\frac{3}{12}-\frac{2}{12})\}=(\frac{6}{18}-\frac{1}{18})\div(\frac{6}{12}-\frac{1}{12})=\frac{5}{18}\div\frac{5}{12}=\frac{5}{18}\times\frac{12}{5}=\frac{2}{3}$

(3)　与式$=99\div\frac{2}{10}\div\frac{3}{10}-66\div\frac{2}{10}\div\frac{4}{10}+33\div\frac{3}{10}\div\frac{4}{10}=99\times\frac{10}{2}\times\frac{10}{3}-66\times\frac{10}{2}\times\frac{10}{4}+33\times\frac{10}{3}\times\frac{10}{4}=$

$33\times10\times10\times(\frac{1}{2}-\frac{1}{4}+\frac{1}{12})=3300\times(\frac{6}{12}-\frac{3}{12}+\frac{1}{12})=3300\times\frac{4}{12}=1100$

(4)　与式より，$\frac{2}{3}+(\frac{1}{7}\times\square)-\frac{1}{2}=\frac{1}{3}\div\frac{1}{4}$　　$\frac{2}{3}+(\frac{1}{7}\times\square)-\frac{1}{2}=\frac{1}{3}\times4$　　$\frac{2}{3}+(\frac{1}{7}\times\square)=\frac{4}{3}+\frac{1}{2}$

$\frac{1}{7}\times\square=\frac{11}{6}-\frac{2}{3}$　　$\square=\frac{7}{6}\div\frac{1}{7}=\frac{7}{6}\times7=\frac{49}{6}=8\frac{1}{6}$

(5)　与式より，$\{\frac{2}{5}-(\square-\frac{1}{3})\div\frac{5}{6}\}\div\frac{3}{7}=0.9-\frac{2}{3}$　　$\{\frac{2}{5}-(\square-\frac{1}{3})\div\frac{5}{6}\}\div\frac{3}{7}=\frac{27}{30}-\frac{20}{30}$

$\frac{2}{5}-(\square-\frac{1}{3})\div\frac{5}{6}=\frac{7}{30}\times\frac{3}{7}$　　$(\square-\frac{1}{3})\div\frac{5}{6}=\frac{2}{5}-\frac{1}{10}$　　$\square-\frac{1}{3}=\frac{3}{10}\times\frac{5}{6}$　　$\square=\frac{1}{4}+\frac{1}{3}=\frac{7}{12}$

2　(1)　求める値は，(４×５－２×１)－(３×４－２×１)＝(20－２)－(12－２)＝18－10＝８

(2)　$\frac{5}{6}=\frac{35}{42}$，$\frac{7}{8}=\frac{35}{40}$だから，求める分数は，$\frac{35}{42}$より大きくて$\frac{35}{40}$より小さい，$\frac{35}{41}$である。

(3)　**【解き方】１から 100 までの整数をすべてかけた数を素数のかけ算で表したときにふくまれる５の個数が，５で割り切れる回数である。例えば 25＝５×５だから，25 は５で２回割り切れる。**

１から 100 までの整数に５の倍数は，100÷５＝20(個)あり，５，10，15，20，25 のように，このうちの５個に１個が 25 の倍数だから，25 の倍数は 20÷５＝４(個)ある。20 個の５の倍数を１回ずつ５で割ることで，５で割った回数は 20 回となる。割った結果できた数のうち４個の数(もとは 25 の倍数)はさらに５で割ることができるので，５で割った回数はさらに４回増える。５×５×５＝125 の倍数はないので，求める回数は，20＋４＝24(回)

(4)　**【解き方】２人が使った金額《きんがく》は同じなので，兄と弟の所持金の差は最初から変わらないことに注目する。**

兄の最初の所持金を⑪，弟の最初の所持金を⑨，お菓子を買った後の兄の所持金を[29]，弟の所持金を[23]とする。所持金の差は変わらないから，⑪－⑨＝②と，[29]－[23]＝[6]は等しい。②＝[6]より，①＝[6]÷２＝[3]だから，最初の所持金の比は，⑪：⑨＝[33]：[27]と表すことができる。[33]－[29]＝[4]が 200 円にあたるから，兄の最初の所持金は，$200\times\frac{33}{4}=1650$(円)

(5)　１×１のマス目の正方形は９個，２×２のマス目の正方形が４個，３×３のマス目の正方形が１個できるから，求める個数は，全部で，９＋４＋１＝14(個)

(6)　円柱から切りとられた部分と残っている立体は合同だから，求める側面積は円柱の側面積の半分になる。
(柱体の側面積)＝(底面の周の長さ)×(高さ)なので，求める側面積は，10×２×3.14×20÷２＝628(㎠)

3　(1)　**【解き方】同じ道のりを進むのにかかる時間の比は，速さの逆比に等しい。**

毎分 78m で歩くときと毎分 60m で歩くときのかかる時間の比は 60：78＝10：13 である。かかる時間の差は６＋３＝９(分)だから，比の数の差である 13－10＝３が９分にあたる。よって，毎分 78m で歩いたときにかかる時間は $9\times\frac{10}{3}=30$(分)なので，求める道のりは，78×30＝2340(m)

(2)　(1)より，毎分 78m で歩くと 30 分かかるから，求める予定の時間は，30＋６＝36(分)

(3)　2340m を 36 分で歩けばよいから，求める速さは，毎分(2340÷36)m＝毎分 65m

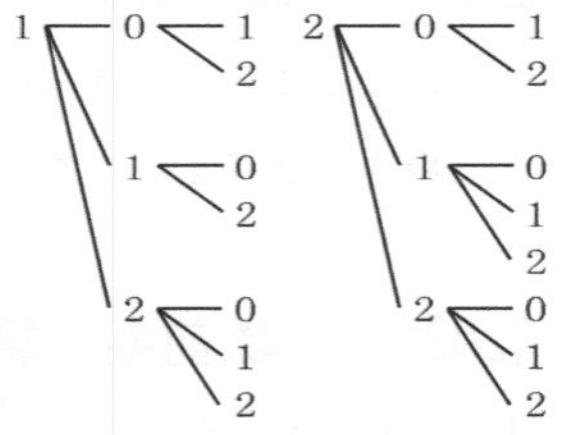

4　(1)　百の位の数が１になるときと２になるときで考える。

右図より，できる３けたの数は，全部で，７＋８＝15(個)

(2)　各位の数の和が３で割り切れる数は３の倍数だから，作ることができる３の倍数は，102，120，201，210，222 の５個である。

(3)　(1)の図を利用して，15 個の３けたの数の和を求める。

百の位の数が１になる７個の数の和は，100×７＋10×２＋20×３＋１＋２＋２＋１＋２＝788

百の位の数が２になる８個の数の和は，200×８＋10×３＋20×３＋１＋２＋１＋２＋１＋２＝1699

よって，求める和は，788＋1699＝2487

5　(1)　ア×８が２けたになるとケコサが４けたになるから，ア×８は１けたになる。よって，ア＝１である。

(2)　ア＝１だから，ケは８か９になる。オは１以上でオ＋ケが１けたになるから，オ＝１，ケ＝８，くり上がりがないから，シ＝１＋８＝９である。

(3)　ケ＝８より，イ×８はくり上がりがない（１けたになる）から，イは０か１である。イ＝０とすると，アイウ＝１０ウに最も大きい９をかけても４けたにはならないから，イ＝１である。

(4)　イウ×８＝１ウ×８が２けたになるから，ウは１か２である。ウ＝１とすると，アイウ×エは４けたにならないから，ウ＝２である。アイウ＝１１２で，アイウ×エが４けたになるようなエは９だけである。

《2022　１次前期　理科　解説》

【１】

(1)　(14.16＋13.91＋14.21)÷３÷10＝1.40…→1.4回

(3)～(5)　ふりこが１往復する時間は，おもりの重さやふりこのふれはばによって変化せず，ふりこの長さによってのみ変わる。ふりこの長さが長いほど１往復する時間は長くなる。よって，１往復する時間が最も長いのは，ふりこの長さが最も長い⑤，１往復する時間がほぼ等しいのは，ふりこの長さが同じ②と④である。

(6)　ふりこの長さが同じ④がふれる。このような現象を共振《きょうしん》という。

【２】

(1)　①３＋６＝９(㎝)　②１×９＝９(g/㎠)　③９×90＝810(g)

(2)　(1)と同じように，Ｐの上の面が水から受ける力の大きさを求める。１×３＝３(g/㎠)より，３×90＝270(g)となる。浮力《ふりょく》は上の面が受ける力と下の面が受ける力の差だから，810－270＝540(g)である。

(3)　Ｐの体積は90×６＝540(㎤)だから，重さは3.5×540＝1890(g)である。糸が水中にあるＰを支える力は，Ｐの重さよりも浮力の分だけ小さくなるから，1890－540＝1350(g)である。

(4)　④Ｑの下の面の面積はＰと同じ90㎠だから，奥ゆきは90÷(２＋５＋２)＝10(㎝)である。したがって，上の面について，深さが３㎝の面の面積は５×10＝50(㎠)で，受ける力の大きさは0.8×３×50＝120(g)，深さが３＋２＝５(㎝)の面の面積は90－50＝40(㎠)で，受ける力の大きさは0.8×５×40＝160(g)である。よって，上の面が油から受ける力の大きさは120＋160＝280(g)である。　⑤0.8×９×90＝648(g)　⑥648－280＝368(g)

(5)　(4)④解説より，Ｑの体積は(９×４＋５×２)×10＝460(㎤)だから，Ｑの重さは3.5×460＝1610(g)である。よって，糸がＱを支える力は1610－368＝1242(g)である。

(6)　Ｒの重さが0.6×10×10×10＝600(g)だから，浮力の大きさも600gである。このとき，上の面は水中にないので，下の面が水から受ける力の大きさが600gということであり，底面積が10×10＝100(㎠)だから，下の面が水から受ける圧力は600÷100＝６(g/㎠)である。よって，下の面の液面からの深さは６÷１＝６(㎝)，水面から上に出る部分の高さは10－６＝４(㎝)だから，体積は100×４＝400(㎤)である。

【３】

(2)　表より，入れたアルミニウムの重さが8.1gになるまでは，アルミニウムが2.7g増えるごとに発生する気体の体積は3.36L増える。したがって，1.12Lの気体が発生したとき入れたアルミニウムは$2.7\times\frac{1.12}{3.36}=0.9$(g)である。

(3)　(2)解説より，$3.36\times\frac{4.05}{2.7}=5.04$(L)である。

(4)　表より，入れたアルミニウムの重さが8.1gより2.7g多い10.8gのとき，発生した気体の体積は11.424－10.08＝1.344(L)しか増えないことから，うすい塩酸500gとちょうど反応するアルミニウムの重さは8.1gから10.8gの間とわかる。したがって，入れたアルミニウムが13.5gのときは，うすい塩酸500gがすべて反応し(アルミニウムが残り)，11.424Lの気体が発生する。また，全体の重さは，入れたアルミニウムの重さが10.8gのときより増えたアルミニウムの重さの分だけ重くなるから，509.78＋2.7＝512.48(g)となる。

⑸　うすい塩酸の濃《こ》さが２倍になると，反応するアルミニウムの重さは２倍になるから，濃さが２倍の塩酸500ｇとちょうど反応するアルミニウムは8.1×２＝16.2(ｇ)より多い。したがって，アルミニウム10.8ｇがすべて反応するので，発生した気体は$3.36\times\frac{10.8}{2.7}=13.44$(Ｌ)となる。

【４】

⑴⑷　実験１～５の結果をまとめると右表のようになる。ＢＴＢ液は酸性で黄色，中性で緑色，アルカリ性で青色を示し，フェノールフタレイン液はアルカリ性で赤色に変化する。水に溶《と》けないＣとＥは，木炭か鉄であり，燃やしたときに気体が発生するＣが木炭，黒い物質ができるＥが鉄である。水に溶けて電気を通さないＦは砂糖とわかり，水に溶けて電気を通すもののうち，水溶液《すいようえき》が中性のＡが食塩，酸性のＢがほう酸，アルカリ性のＤが消石灰(水酸化カルシウム)である(消石灰の水溶液は石灰水である)。

	A	B	C	D	E	F
水に溶けるか	溶ける	溶ける	溶けない	溶ける	溶けない	溶ける
水溶液は電気を通すか	通す	通す	－	通す	－	通さない
水溶液にＢＴＢ液を加える	緑色になる(中性)	黄色になる(酸性)	－	－	－	－
固体を燃やす	－	－	気体が発生	－	黒い物質ができた	黒い物質ができた
水溶液にフェノールフタレイン液を加える	変化なし	変化なし	－	色が変わる(アルカリ性)	－	変化なし

⑵　木炭には炭素がふくまれていて，燃やすと空気中の酸素と結びついて二酸化炭素が発生する。二酸化炭素を石灰水に通すと白くにごる。

⑶　鉄(スチールウール)を燃やすと空気中の酸素と結びついて酸化鉄ができる。また，砂糖には炭素がふくまれているので，燃やすと黒くこげる。

【５】

⑵(ｉ)　ヨウ素液はデンプンに反応して，青むらさき色になる。　(ii)　トウモロコシの種子は①のはいにゅうと呼ばれる部分に栄養をたくわえている。インゲンマメの種子は⑤の子葉と呼ばれる部分に栄養をたくわえている。なお，マツやカキの種子ははいにゅうに栄養をたくわえている。

⑶　トウモロコシは子葉が１枚の単子葉《たんしよう》類で，根はひげ根になっている。

⑷　①６×３＝18　②21×４＝84　③３×５＝15　④18＋84＋15＝117　⑤(発芽数×日数)÷(発芽数)＝117÷30＝3.9　⑥60÷30＝２

⑸　⑷より，平均発芽日数が最も短いのは温度が25℃のときだから，月別平均気温が25℃に近い７月～８月ごろに種をまくと発芽までの日数が最も短くなると考えられる。

【６】

⑴　南を向いたとき，右手側が西，左手側が東になる。

⑵　満月が南の空で最も高くなるのは，真夜中である。

⑶　月は太陽と同じように，東の地平線からのぼり，西の地平線にしずむ。満月が東の地平線からのぼるのが真夜中の約６時間前の夕方だから，真夜中の３時間前には南東の方角にある。

⑷⑸　満月の１週間後に見える月は，南の空で左半分が光る下弦《かげん》の月である。下弦の月は，真夜中に東の地平線からのぼり，朝に南の空で最も高くなり，正午に西の地平線にしずむ。なお，月は，満月→下弦の月→新月→上弦の月→次の満月のように，約29.5日の周期で形が変わる。

《2022　1次前期　社会　解説》

《1》

(1)　①は石川県なのでイ，②は香川県なのでオ，③は静岡県なのでウ，④は島根県なのでエを選ぶ。アは千葉県，カは宮崎県。

(2)　高知市は太平洋側の気候なので，エが正しい。アは内陸の気候・瀬戸内の気候，イは日本海側の気候，ウは南西諸島の気候。

《2》

(1)　ア．沖縄県では，台風による強風に備えるため，屋根を低くしたり，瓦をしっくいで固めたりしている。

(2)　活火山の桜島や，九州新幹線終点の鹿児島中央駅があることから，鹿児島県と判断する。

(3)　エが正しい。イタイイタイ病は四大公害病の一つで，骨が病変して折れやすくなる病気である。鉱山廃水中のカドミウムが原因であった。アは愛知県，イは福井県，ウは長野県。

(4)　福島県の生産量が多いことから，ももと判断する。山梨県の甲府盆地の扇状地は，日照時間が長く水はけがよいので，水が少なくても育つ果樹栽培が盛んである。

(5)　ウが正しい。一人っ子政策(漢族の夫婦が持てる子を原則として一人に限定する政策)は，急速に少子高齢化が進んだことを理由に，2016年1月1日より廃止された。アは韓国，イはフランス。エについて，国土面積世界一はロシア連邦，人口世界一は中国。

《3》

(1)　①は鉱産資源が多いのでイ，②はぶどう酒(ワイン)が多いのでウ，③は衣類が多いのでエ，④は原油が多いのでアと判断する。

(2)　重量の重い自動車や石油は海上輸送が利用されるから，イかエである。自動車・自動車関連部品の輸出が盛んなことから，関東内陸工業地域などで生産された自動車の輸出港である横浜港と判断し，エを選ぶ。

《4》

(1)A　鴨長明の『方丈記』は鎌倉時代の随筆で，清少納言の『枕草子』(平安時代)，兼好法師の『徒然草』(鎌倉時代)と合わせて三代随筆と言われる。　B　治外法権(領事裁判権)の撤廃は，1894年に外務大臣陸奥宗光がイギリスとの間で成功した。また，不平等条約の改正として，1911年に外務大臣小村寿太郎がアメリカとの間で関税自主権の完全回復に成功したことも覚えておこう。　C　所得倍増計画は，1961年度から1970年度までの10年間で，国民所得を２倍にしようという計画。これをきっかけに企業の生産は拡大し，日本は高い経済成長率をほこった。

(3)　1900年，中国植民地化に反抗した義和団が，扶清滅洋(清を助け，ヨーロッパの勢力を滅ぼす)をかかげて起こした外国人排斥運動を義和団事件と言い，日露戦争のきっかけとなった。

(4)　日米修好通商条約の締結で開かれた５港は，横浜(関東地方)・函館(北海道地方)・長崎(九州地方)・新潟(中部地方)・神戸(近畿地方)なので，エが誤り。

(5)　高度経済成長期は1950年代後半～1973年なので，1949年のエが誤り。アは1971年，イは1960年代，ウは1970年。

(6)　イ．Ⅰ．東西ドイツの統一(1990年)→Ⅲ．ＥＵの発足(1993年)→Ⅱ．イラク戦争の開始(2003年)

《5》

(1)(あ)　平安時代始め，征夷大将軍の坂上田村麻呂は蝦夷を平定して，東北地方の支配を固めた。

(い)　江戸時代末期，15代将軍徳川慶喜が京都の二条城で朝廷に政権を返したことを大政奉還と言う。

(2)　Ｙのみ誤りだからイを選ぶ。はにわは古墳時代の出土品である。

(3)　エが正しい。元・高麗の連合軍の１度目の襲来を文永の役，２度目の襲来を弘安の役といい，これら２つを合わせて元寇という。文永の役で火器や集団戦法に苦戦した鎌倉幕府は，北九州に石塁を築き２度目の襲来に備えた。ア．元の都は大都(現在の北京)に置かれた。　イ．防衛戦であったため，幕府は十分な恩賞を御家人に与えることができなかった。　ウ．「北条義時」ではなく「北条時宗」である。

(4)　アが正しい。室町時代，寄り合いを開いて村のおきてを定めた自治的な村を「惣(惣村)」と呼んだ。
イ．「二期作」ではなく「二毛作」である。　ウ．江戸時代の記述である。　エ．明治時代の記述である。

(5)　日本が国際連合への加盟を認められなかったのは，ソ連が安全保障理事会で拒否権を発動していたためである。1956 年に日ソ共同宣言に署名，批准してソ連と国交を回復したことで，日本の国際連合加盟にソ連の反対がなくなり，日本は国際連合への加盟を果たすことができた。

(6)　①は 710 年なのでイ，②は 1159 年なのでウ，③は 1886 年なのでキを選ぶ。

《６》

(1)(①)　主権者である国民が国会議員を選挙で選び，その国会議員が政治を行っているため，民意が政治に反映しやすい(間接民主制)。また，国会は「唯一の立法機関」であると日本国憲法で定められているので，国会以外の機関は法律を制定することができない。

(2)　アが正しい。　イ．法律案は衆議院と参議院のどちらへ先に提出してもよいことになっている。　ウ．「裁判所」ではなく「国会」である。　エ．憲法改正の際に行われる国民投票は，法律改正の際には行われない。

(3)　右表参照

	衆議院議員	参議院議員
被選挙権	満 25 歳以上	満 30 歳以上
任期	４年	６年 （３年ごとに半数ずつ改選）
解散	あり	なし

(4)　エは内閣の持つ権限なので誤り。

《７》

(1)　誤り。国土交通省は，道路や公園などの整備・国土の利用や開発に関する業務を担当する。

(2)　正しい。所得を公平に分配するため，租税制度などを通じて所得を移すことを「所得の再分配」という。累進課税制度なども再分配の機能を持つ。

(3)　誤り。生存権については，日本国憲法第 25 条の「健康で文化的な最低限度の生活」という文言を覚えておきたい。労働三権や生存権は，20 世紀に生まれた，より人間らしく生きる権利である「社会権」に含まれる。

(4)　誤り。オンブズマン(オンブズパーソン)は行政監督専門員制度である。

←解答例は前のページにありますので，そちらをご覧ください。

《2022　１次後期Ａ　国語　解説》

一　**問三**　――部①の中の「この二つの考え方」は、１～２行前の「ひとつは～もうひとつは」に着目する。一つ目の考え方は、伝統的な「名は体を表す、名前はその人そのものであるという『名実一体観』」で、二つ目の考え方は、明治以降の「名前は人物を特定する符号《ふごう》に過ぎないという『名前符号観』」である。「現代の私たちは名前に関して名実一体観と名前符号観の両方をあわせもつにいたったのだ」（13段落)、「名実一体観と名前符号観が混在している地域では、人の変化と名前の間に二つの関係を想定することができる」（17段落）とあるように、日本では場合に応じて両者のよいところを取り入れて組み合わせたり使い分けたりしているということである。

問四　明治政府の意図は10・11段落に説明されている。「明治政府にとっては、国民を把握《はあく》してしっかり徴《ちょう》兵《へい》・徴税《ちょうぜい》することが重要であった。そのためには、国民が名前を変えたり、同じ人が複数の名前を使っていたのでは困る。そこで、一人がひとつの名前を使って戸籍《こせき》を編製するように定めたのだ」「『一人にひとつの名前』が生まれた背景には、国家が国民を管理する目的があった」から、適語を抜《ぬ》き出す。

問六　――部②によると、明治五年に明治政府から改名禁止令と複名禁止令が発布されて、「改名するためには、国に届けて承認《しょうにん》してもらわなければならなくなった」ため、改名は容易にはできなくなった。その結果、「一人にひとつの名前」は「私たちにとって当たり前になっている」。しかし、改名禁止令以前に行われていた「出家をすれば俗名《ぞくみょう》から戒名《かいみょう》（＝「仏壇《ぶつだん》の中の位牌《いはい》に書いてある名前」）へ」の改名は、現代でも行われているということ。よってウが適する。「機能している」とは、働きをなしているという意味。

問七　――部⑤は、日本特有の命名方法に起因する。　ア．14・15段落の内容より、同じ名前を持つ人に親近感を持つことが多い理由と言える。　イ．2・3段落に述べられているように、名実一体観は古代から重んじられており、「名前はその人そのものである」という考え方なので、同じ名前を持つ人に親近感を持つことが多い理由と言える。よって適当である。　ウ．14段落に「日本では、漢字やひらがなの意味や音、字画を意識して組み合わせることで、新しい名前を作ることが多い」とある。これより、「同じ名前、しかも、漢字まで同じ」という確率は高いものではなく、同じ名前を持つ人に親近感を持つことが多い理由と言える。　エ．23段落に「(親は、子どもに)こうなってほしいという願いを名前に託《たく》す」とあるが、名前の漢字が同じだと「親の願いまで一致《いっち》している」とは限らない。　よってエが正解。

問八(1)　19段落の「人物はまだ変身していないのに、先に名前を変えることによって」「自分も変化しようとするという関係」。ここでは「人物」ではなく、「地名」である。「坂」の字は縁起《えんぎ》が悪いということで、「阪」に変えて、大阪の発展・飛躍を願ったもの。よってＢが適する。　**(2)**　18段落の「人が変化したから名前を変えるという関係」。「出家して」とあるため、平清盛の立場がこれまでと変わったことで改名している。よってＡが適する。

問九　22段落に「名前を変えることによって、名前を付けられたものも変更《へんこう》してしまうという現象」について、建物の名前を例に挙げて、商品名が重要な理由を述べている。さらに23段落では、親が子どもに「こうなってほしいという願いを名前に託《たく》す」ことによって、時として、「名前という『ことば』には」、それにふさわしい人格を形成する力があることを述べている。よってイが適する。

問十　15段落に「同じ名前、しかも、漢字まで同じだと、その人に親近感を持つことが多い」とある。抜けている文は、この具体例と言える。さらに、16段落初めの「先日、出会った人は、もっと徹底《てってい》していて、自分と同じ名前の人の会を作ったそうだ」とある。これは、親近感を持ってハガキを出した人より、もっと徹底している例として紹介《しょうかい》されているので、抜けている文につながる。

問十一　直前に明美さんが発言した「人の変化と名前の関係性」は、17～23段落に、「二つの関係（＝「人が変化したから名前を変えるという関係」と、「名前を変えることで、自分も変化しようとするという関係」）を想定することができる」と述べられている。19～23段落によると、二つ目の関係について具体例が述べられていて、現代日本では、後者の側面の方が大きいことが読み取れる。よってイが適する。

二　**問四Ⅰ**　第１段落を読み、「青空マーケット」にいる人々の「行動の様子」を表す言葉を抜き出す。あすわは人々の様子を見て、「ひとのことなんか気にしていない」「好きなようにしていい」「自分のしたいことをしていればいい」と感じ取った。指定字数に合う「好きなように」が入る。　　Ⅱ　「ふさぎ込《こ》んでいた気分が Ⅱ 、ニヤニヤしてしまっている」は、青空マーケットに来て、好きなように行動している人々を見ているうちに、あすわの気持ちが変化した様子を表す。６行目の「だんだん気が楽になっていく」より、指定字数の「楽になって」が入る。

問五　「同僚《どうりょう》の郁ちゃんであるはずなのに、いつもの彼女《かのじょ》とは雰囲気が違《ちが》う」「普段《ふだん》がたんぽぽなら今日はひまわりみたいな笑顔」とある。これより、普段の笑顔は会社で見ている笑顔で、イメージで言うと控《ひか》えめなたんぽぽ、今はイメージで言うと明るく快活なひまわりである。よってアが適する。

問六　「どうして隠《かく》れなきゃならないのかと思いながら。弾《はじ》けるような郁ちゃんの笑顔に気後《きおく》れしたのだとは認めたくなかった」とある。「声をかけそびれ」たり「隠れ」たりした理由を、自分で考えてみて、本当の理由を自分自身で分かっているが、それを認めたくなかったのだ。

問七Ａ　直前の一文に「郁ちゃんは一瞬《いっしゅん》驚《おどろ》いた顔をし、それから～笑顔になった」とあることから、「びっくりした―」が適する。　　Ｂ　郁ちゃんの「あすわも来てたんだ」に続くので、「うん～お客としてだけど」が適する。　　Ｃ・Ｄ　ウとエの順番は、「（豆に）かわいい名前をつけてるんだねえ」に対して、「私（＝郁ちゃん）がつけたんじゃなくて」の順番となる。よって、ＣにはエがＤにはウが適する。

問八　解答欄《かいとうらん》にあらかじめ入っている「休日にいきいきと活動する郁ちゃんのプライベートを全然知らなかったことに気づいたのに加え」は、――部⑥の直前の段落の１～２行目の内容から読み取れる。それに加えて、同じ段落の最後の２行の「郁ちゃんと私（＝あすわ）は、一粒《つぶ》の豆を見て考えることの深さがこんなに違っていた～郁ちゃんと私とでは視点が違っていたのかもしれなかった」から読み取れるように、物事を見る深さや視点が違っていたことに気づいたために、ショックを受けて黙《だま》ってしまったあすわの心情が読み取れる。

問十　「黙ってしまった私（＝あすわ）に、郁ちゃんはいつも通りの明るい声で話しかけてきた。彼女の気遣《きづか》いに違いなかった」「郁ちゃんが私に弱音を吐《は》いてくれた。その厚意《こうい》をしっかり受けとめたい」「郁ちゃんが望んでいるのが氷ではないとしても、今の私に返せる答はこれだ」「とにかく郁ちゃんを応援《おうえん》したい。あの豆スープをなんとかしたい一心だった」から、――部⑦の行動の理由が読み取れる。郁ちゃんの気持ちを自分への励《はげ》ましと理解した「私」の、それに応えようとする心情を元に説明しているイが適する。

《2022　１次後期Ａ　算数　解説》

1　(1)　与式＝$(19+21)\times20+(21+23)\times22=40\times20+44\times22=800+968=1768$

(2)　与式＝$\frac{1}{4}\times\frac{42}{5}\div(10.5-1.4)=\frac{21}{10}\div9.1=\frac{21}{10}\div\frac{91}{10}=\frac{21}{10}\times\frac{10}{91}=\frac{3}{13}$

(3)　与式＝$\frac{18}{5}\times\frac{5}{3}\times\frac{7}{2}-(\frac{111}{100}\times\frac{100}{33}-\frac{4}{11})=21-(\frac{111}{33}-\frac{12}{33})=21-3=18$

(4)　与式より，$\frac{15}{2}\div\frac{3}{5}\div(\square-\frac{3}{4})=\frac{175}{4}$　　$\frac{15}{2}\times\frac{5}{3}\div(\square-\frac{3}{4})=\frac{175}{4}$　　$\frac{25}{2}\div(\square-\frac{3}{4})=\frac{175}{4}$　　$\square-\frac{3}{4}=\frac{25}{2}\div\frac{175}{4}$

$\square=\frac{25}{2}\times\frac{4}{175}+\frac{3}{4}=\frac{2}{7}+\frac{3}{4}=\frac{29}{28}=1\frac{1}{28}$

(5)　与式より，$13\div3\times(\square-16)-30=9$　　$\frac{13}{3}\times(\square-16)=9+30$　　$\square-16=39\div\frac{13}{3}$　　$\square=39\times\frac{3}{13}+16=25$

2　(1)　男子３人をＡ，Ｂ，Ｃ，女子２人をＤ，Ｅとして，女子１人，男子２人の選び方を考える。女子にＤを選ぶと，２人の男子の選び方は，ＡとＢ，ＡとＣ，ＢとＣの３通りである。女子にＥを選んだときも同じように３通りの選び方があるから，求める選び方は，全部で，３×２＝６(通り)

(2)　１分で長針は$\frac{360}{60}=6$(度)，短針は$\frac{30}{60}=0.5$(度)進む。７時の長針と短針の間の大きい方の角度は30×７＝210(度)で，ここから７時14分まで長針と短針の間の角度は１分で６－0.5＝5.5(度)ずつ小さくなっていく。よって，７時14分の長針と短針の間の角度は，210－5.5×14＝133(度)

(3)　**【解き方】十の位までを考えればいいので，７を何回かかけあわせていくとき，計算結果の下２けただけに７をかけることをくり返し，数の変化を調べる。**

下２けたの数は，07→７×７＝49→49×７＝343→43×７＝301→１×７＝07→…，と変化するので，07，49，43，01という４種類のくり返しになる。2022回かけると，2022÷４＝504あまり２より，07，49，43，01が504回くり返されたあとの２番目だから，下２けたの数は49で，十の位の数は４になっている。

(4)　１脚に座る人数が７－６＝１(人)増えると，全部の長いすに座れる人数は，15＋７×２＋１＝30(人)増えるから，長いすの数は，30÷１＝30(脚)で，生徒の人数は，６×30＋15＝195(人)

(5)　**【解き方】立方体の体積から小さい方の立体の体積をひいて，大きい方の立体の体積を求める。**

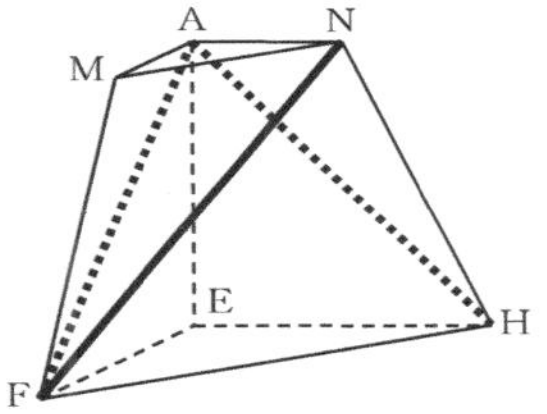

ＡＢ，ＡＤの真ん中の点をそれぞれM，Ｎとする。小さい方の立体を三角すいＡ－ＥＦＨ，三角すいＦ－AMN，三角すいＦ－ＡＮＨの３つの三角すいにわける。３つの三角すいは，底面をそれぞれ三角形ＥＦＨ，三角形AMN，三角形ＡＮＨとみたときの高さが10㎝である。三角すいの体積は，(底面積)×(高さ)÷３で求められるから，３つの三角すいの体積の和は，

$10\times10\div2\times10\div3+5\times5\div2\times10\div3+5\times10\div2\times10\div3=\frac{875}{3}$(㎤)

よって，求める大きい方の体積は，$10\times10\times10-\frac{875}{3}=\frac{2125}{3}=708\frac{1}{3}$(㎤)

(6)　**【解き方】円が通過する部分は，右図の色つき部分ように，半径が１×２＝２(㎝)のおうぎ形と長方形を組み合わせた形になる。**

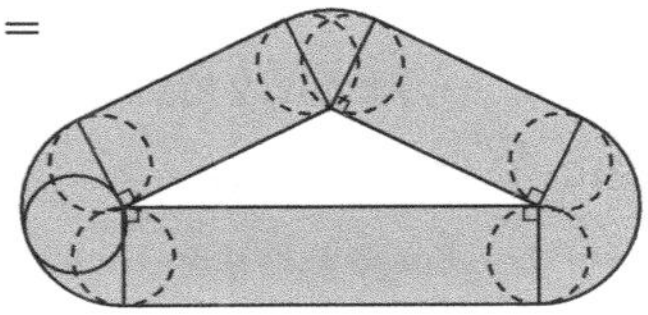

３つのおうぎ形の部分を合わせると，半径２㎝の円になるから，面積は

２×２×3.14＝12.56(㎠)　　３つの長方形の部分の面積は合わせて，

２×５＋２×５＋２×８＝36(㎠)　　よって，求める面積は，12.56＋36＝48.56(㎠)

3　(1)　Ｃの組は７で割って３余る数だから，７の倍数より３大きい数である。

400÷７＝57あまり１より，400に近い７の倍数は７×57＝399である。399＋３＝402，402－７＝355より，400にいちばん近いＣの組の数は，402である。

(2)　**【解き方】７で割るとａ余る数Mと，７で割るとｂ余る数Ｎがあるとき，M×Ｎを７で割った余りは，右の面積図より，ａ×ｂを７で割った余りと等しくなることがわかる。**

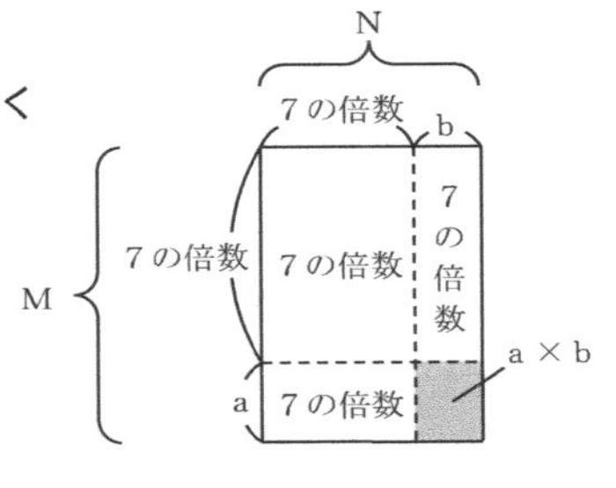

Ｂの組の数は７で割ると２余り，Ｆの組の数は７で割ると６余る数だから，Ｂの組の数とＦの組の数をかけた数を７で割った余りは，２×６＝12を７で割った余りと等しく，５となる。よって，Ｂの組の数とＦの組の数をかける

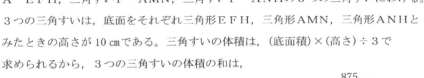

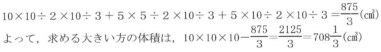

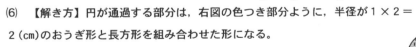

と，Ｅの組の数になる。

(3)　510＝２×３×５×17だから，510を２けたの数が含まれる２つの数のかけ算で表すと，６×85，10×51，15×34，17×30となる。このうち，７で割った余りが６になる２けたの数は34だから，求める数は，15である。

4　(1)　点Ｑが点Ｐに追いつく時間を考えればよい。点Ｑは点ＰよりもＡＤ＋ＤＣ＋ＢＣ＝５×３＝15(cm)多く進むと，点Ｐに追いつく。点Ｑは点Ｐより１秒ごとに３－１＝２(cm)多く進むから，求める時間は，$15\div 2=\frac{15}{2}=7\frac{1}{2}$(秒後)

(2)　**【解き方】２点が２回目に重なるのは，(1)のあと，点Ｑが点Ｐより１周分多く進むときである。**

１周分多く進むのにかかる時間は，（５×４）÷２＝10(秒)　よって，求める時間は，$7\frac{1}{2}+10=17\frac{1}{2}$(秒後)

(3)　**【解き方】２点がはじめて重なる時間，その後何秒ごとに重なるのか，重なる位置はどうなるかを考える。**

点Ｐと点Ｑがはじめて重なるのは，15÷（４－１）＝５(秒後)で，点Ｐが１×５＝５(cm)進んだ位置だから，２点は点Ｂ上にある。ここから，２点は$20\div(4-1)=\frac{20}{3}$(秒)ごとに重なり，重なる位置は，進行方向に$1\times\frac{20}{3}=\frac{20}{3}$(cm)ずつずれる。$20\div\frac{20}{3}=3$(回)ずれると再び点Ｂで重なるから，はじめて点Ｂで重なってから，$\frac{20}{3}\times 3=20$(秒)ごとに，点Ｂで重なることになる。よって，２点が５回目に点Ｂで重なるのは，５＋（５－１）×20＝85(秒後)

(4)　**【解き方】点Ｑの速さが点Ｐより遅い場合と速い場合の２通り考えられる。**

点Ｐが１周するのにかかる時間は，５×４÷１＝20(秒)である。点Ｑの速さが点Ｐより遅い場合，点Ｑは20秒で点Ｂ→点Ｃ→点Ｄ→点Ａと進むから，速さは，毎秒（５×３÷20）cm＝毎秒$\frac{3}{4}$cm

点Ｑの速さが点Ｐより速い場合，点Ｑは20秒で点Ｂ→点Ｃ→点Ｄ→点Ａ→点Ｂ→点Ｃ→点Ｄ→点Ａと進むから，速さは，毎秒（５×７÷20）cm＝毎秒$1\frac{3}{4}$cm

5　(1)　２回目の分割でできた４×４＝16(個)の正方形１つ１つを４つに分割するから，求める個数は，４×16＝64(個)

(2)　２回目の分割でできた正方形の１辺の長さは$1\times\frac{1}{2}\times\frac{1}{2}=\frac{1}{4}$(cm)だから，３回目の分割でできた正方形の１辺の長さは，$\frac{1}{4}\times\frac{1}{2}=\frac{1}{8}$(cm)　よって，64個の正方形の周の長さの総和は，$\frac{1}{8}\times 4\times 64=32$(cm)

(3)　できる正方形の数は１回目の分割から順に，４個，16個，64個，…のように４倍に増えるから，４回目で64×４＝256(個)，５回目で256×４＝1024(個)，６回目で1024×４＝4096(個)となる。よって，2022個をこえるのは６回目の分割である。

(4)　正方形の周の長さの総和は１回目の分割から順に，$\frac{1}{2}\times 4\times 4=8$(cm)，$\frac{1}{4}\times 4\times 16=16$(cm)，$\frac{1}{8}\times 4\times 64=32$(cm)，…のように２倍に増えるから，４回目で32×２＝64(cm)，５回目で64×２＝128(cm)，６回目で128×２＝256(cm)，７回目で256×２＝512(cm)，８回目で512×２＝1024(cm)，９回目で1024×２＝2048(cm)となる。

よって，周の長さの総和が2022cmをこえるのは９回目の分割である。

《2022　１次後期Ａ　理科　解説》

【１】

(1)　ばねのかたさが１のＡに100ｇのおもりをつりさげると，ばねの伸《の》びは１cmとなり，ばねのかたさが３のＢに100ｇのおもりをつりさげると，ばねの伸びは$2\times\frac{100}{600}=\frac{1}{3}$(cm)となることから，ばねに100ｇのおもりをつりさげたときのばねの伸びとばねのかたさは反比例し，〔(ばねの伸び)×(ばねのかたさ)＝１〕となることがわかる。したがって，ばねのかたさが４のＣに100ｇのおもりをつりさげると，ばねの伸びは$\frac{1}{4}$cmになるから，（ア）は$\frac{1}{4}\times\frac{480}{100}=1.2$(cm)となる。ここまでの関係から，さらに，〔(ばねの伸び)×(ばねのかたさ)×100＝(おもりの重さ)〕となるから，（イ）は0.8×７×100＝560(ｇ)，（ウ）は240÷0.4÷100＝６となる。

(2)　(1)解説より，ばねの伸びが１cm，おもりの重さが500ｇだから，ばねのかたさは500÷１÷100＝５となる。

(3)　(1)解説より，ばねの伸びが1.5cm，おもりの重さが300ｇだから，ばねのかたさは300÷1.5÷100＝２となる。

(4)　(2)より，２つのばねを並列につないだとき，ばねのかたさはそれぞれのばねのかたさの和になると考えられるから，ＣとＥを並列につないだばねのかたさは４＋６＝10，ＢとＤを並列につないだばねのかたさは３＋７＝10である。ここで，ばねのかたさが10のばねに100ｇのおもりをつりさげたときのばねの伸びは，100÷10÷100＝0.1(cm)だから，図３に100ｇのおもりをつりさげると，全体の伸びは0.1×２＝0.2(cm)になる。よって，ばねの伸びが0.2cm，おもりの重さが100ｇのときのばねのかたさは100÷0.2÷100＝５となる。

(5)　２つの同じばねを直列つなぎにすると，２つのばねが同じだけ伸びる(伸びが１つのときの２倍になる)から，１つのばねを半分に切ったそれぞれは，同じ重さでのばねの伸びが半分になる。つまり，ばねのかたさは２倍になるということだから，Ａを半分に切ったそれぞれのばねのかたさは２になり，それらを並列つなぎにすると，全体のばねのかたさは２＋２＝４になる。

(6)　(5)解説より，Ｄを半分に切ったばねのかたさは７×２＝14，Ｅを半分に切ったばねのかたさは６×２＝12となるから，それらを並列つなぎにすると，全体のばねのかたさは14＋12＝26になる。よって，ばねのかたさが26，おもりの重さが910ｇのときのばねの伸びは910÷26÷100＝0.35(cm)となる。

【２】

(1)　直列つなぎの電池の数が増えるとモーターに流れる電流は強くなり，並列つなぎの電池が数が増えてもモーターに流れる電流の強さは変化しない。①は２個の電池が並列つなぎになっているから速さは変化しない。②は２個の電池をつなぐ向きが反対だから電流が流れない。③は２個の電池が直列つなぎになっていて，④と⑤も２個の電池が直列つなぎになっていることと同じだから，速く走る。

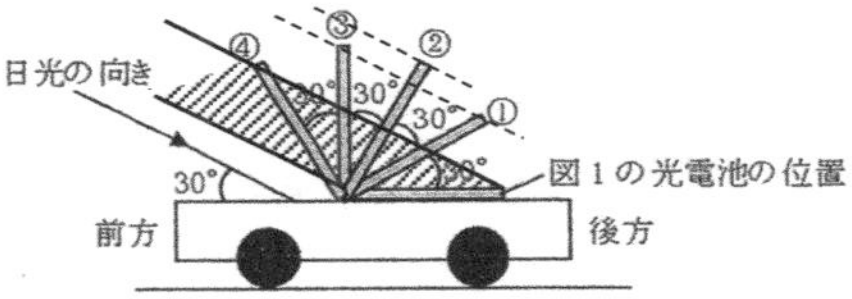

(2)　光電池に当たる日光の量が多いほど，模型自動車はより速く走る。図１の光電池の位置では，右図のしゃ線部分の日光が当たる。したがって，図１のときより日光が多く当たる①～③では速く走り，図１のときと日光が当たる量が同じ④では速さは変化しない。なお，日光が光電池に垂直に当たる②で最も速く走る。

【３】

(2)　硝酸カリウムは，20℃の水100ｇに32ｇまで溶《と》けるから，〔水溶液《すいようえき》の濃《こ》さ(%)＝$\frac{\text{溶けている物質の重さ(g)}}{\text{水溶液の重さ(g)}}$×100〕より，$\frac{32}{100+32}$×100＝24.2…→24%である。

(3)　溶かすことのできる物質の重さは，溶かす水の量に比例するから，80℃の水120ｇに溶ける塩化カルシウムは60×$\frac{120}{100}$＝72(ｇ)，20℃の水120ｇに溶ける塩化カルシウムは42×$\frac{120}{100}$＝50.4(ｇ)である。よって，出てくる塩化カルシウムは，72－50.4＝21.6(ｇ)である。

(4)①　濃さ20%の食塩水150ｇには150×0.2＝30(ｇ)の食塩が，濃さ10%の食塩水100ｇには100×0.1＝10(ｇ)の食塩が溶けているから，混ぜた食塩水150＋100＝250(ｇ)には，食塩が30＋10＝40(ｇ)溶けている。よって，濃さは$\frac{40}{250}$×100＝16(%)である。　②　物質を溶けるだけ溶かした水溶液を飽和《ほうわ》水溶液という。食塩は40℃の水100ｇに36ｇまで溶けるから，136ｇの飽和水溶液になる。よって，40ｇの食塩が溶けている飽和水溶液は136×$\frac{40}{36}$＝151.11…→151.1ｇだから，250－151.1＝98.9→99ｇ以上の水が蒸発すると，食塩が溶けきれずに出てくる。

(5)　80℃の水100ｇに塩化カルシウムは60ｇまで溶けて160ｇの飽和水溶液ができるから，128ｇの飽和水溶液には60×$\frac{128}{160}$＝48(ｇ)の塩化カルシウムが溶けている。また，20℃の水100ｇに塩化カルシウムは42ｇまで溶けて142ｇの飽和水溶液ができるから，20℃で塩化カルシウム48ｇが溶けている飽和水溶液は142×$\frac{48}{42}$＝162.285…→162.29ｇである。よって，必要な水は162.29－128＝34.29→34.3ｇである。

【４】

⑴　塩酸を加えると二酸化炭素が発生したＡは炭酸カルシウム，加熱すると黒くこげたＢはデンプンであり，炭酸カルシウムとデンプン以外で，においがなく，水に溶けないＣはアルミニウムである。また，水に溶けるＤは食塩，特有のにおいがしたＥはナフタレンである。

⑵　アルミニウムや鉄などの金属に塩酸を加えると水素が発生する。

⑷　食塩水は中性だからＢＴＢ液を加えると緑色になる。なお，ＢＴＢ液は酸性で黄色，アルカリ性で青色になる。

【５】

⑴　背骨を持つ動物（イ，エ，オ）をセキツイ動物，背骨を持たない動物（ア，ウ）を無セキツイ動物という。

⑵　エ×…頭の骨は，脳を守っている。

⑸　関節の中心が支点，けんと骨がつながっている点が力点，おもりを持つ手が作用点である。おもりの重さと筋肉が骨を引く力の大きさの比は，支点からの長さの逆比と等しいから，３：30＝１：10となる。よって，筋肉が骨を引く力の大きさは$10\times\frac{10}{1}=100$(kg)である。

⑹　イ×…顔には多くの筋肉があり，これにより目や口や鼻などを動かせる。　ウ×…⑸の場合には，作用点ではたらく力の10倍の筋力が必要である。　エ×…筋肉や骨のない動物もいる。　オ×…上腕《じょうわん》二頭筋と上腕三頭筋が同時に縮んだ場合，橈骨《とうこつ》と尺骨《しゃっこつ》の両方が引かれるので，どちらにも曲がらない。

【６】

⑴　昼の長さ（日の出から日の入りまでの時間）が最も短いアが冬至の日，最も長いウが夏至の日である。したがって，冬至の日から夏至の日になる間のイが春分の日である。

⑵　南中のとき（太陽が真南にきたとき）の太陽の高さ（南中高度）が最も低いカが冬至の日，最も高いクが夏至の日である。したがって，夏至の日から次の冬至の日になる間のケが秋分の日である。

⑶　図３のとき，北極には１日中太陽の光が当たるから，北半球の季節は昼の長さが長い夏である。

⑷　春分の日と秋分の日の日の出・日の入りは，真東・真西になる。カの冬至の日の日の出や日の入りは，真東・真西よりも南寄りになり，夏至の日の日の出や日の入りは，真東・真西よりも北寄りになる。

⑸　１年の中で太陽の高度が最も高くなるのは，ウの夏至の日に太陽が南中する正午である。太陽の高度が最も高いときの影《かげ》の長さは最も短いので，影の先たんの位置は棒に最も近くなる。よって，棒に最も近い点を通る③が夏至の日の記録である。なお，①は冬至の日，②は春分の日と秋分の日である。

《2022　１次後期Ａ　社会　解説》

《１》

⑴　①は北海道なのでア，②は岡山県なのでエ，③は秋田県なのでイ，④は三重県なのでオを選ぶ。ウは宮城県，カは島根県。

⑵　ウが誤り。オゾン層破壊の原因はフロンガスである。

《２》

⑴　イが誤り。推測されやすいパスワードに設定すると他人が不正アクセスしやすくなるので，誕生日などをパスワードに設定してはいけない。

⑵　兵庫県の淡路島でたまねぎの生産が盛んである。

⑶　ウが正しい。竿燈祭は豊作への願いを込める祭りである。　ア．南部鉄器は岩手県の伝統工芸品である。

イ．秋田県の県庁所在地は秋田市である。　エ．秋田県には秋田新幹線が開通している。

⑷　宮崎県や鹿児島県では，火山灰土のシラス台地で畜産が盛んなため，肉用若鶏(ブロイラー)の飼育数が多い。

⑸　かきの養殖は広島県で盛んなので，ウを選ぶ。アはぶり類，イはのり類，エは真珠。

《３》

⑴①　ウ．人口が最多であり，面積が２番目に小さく，農業産出額が少ないので大阪と判断する。

②　ア．面積が最小であり，人口が１番少ないので香川県と判断する。　③　エ．海面漁業漁獲量が圧倒的に多いので，長崎県と判断する。　④　イ．農業産出額が最も高く，人口が２番目に多いので愛知県と判断する。

⑵　エが正しい。間伐によって，木を間引いてゆとりをつけ，太い木が育つようにしている。風で倒れやすい細い木が増えると，大雨の際に土砂災害が発生する恐れがある。　ア．日本三大美林は「秋田県の天然秋田スギ」「青森県の青森ヒバ」「長野県の木曽ヒノキ」である。　イ．日本の森林面積は国土全体の約 68%で，３分の２を占めている。　ウ．「タイ」ではなく「カナダ」である。

《４》

⑴A　鑑真は，遣唐使に請われて何度も航海に失敗しながらついに来日を果たし，正式な僧になるために必要な戒律を授けるための戒壇も設けた。　B　老中田沼意次は，株仲間の結成を奨励してわいろが横行したことでも知られる。　C　原敬内閣は，陸軍・海軍・外務以外の大臣すべてを衆議院の第一党である立憲政友会の党員から選んだ，初の本格的な政党内閣であった。

⑵　Xのみ誤りだからウを選ぶ。平安時代始め，桓武天皇が坂上田村麻呂を征夷大将軍に任命し，蝦夷を平定させて東北地方の支配を固めた。

⑶　老中水野忠邦の天保の改革では，株仲間の解散の他，人返し令，江戸や大阪周辺を直轄地にしようとする上知令も出された。

⑷　米騒動は1918年に富山県の漁村での暴動から全国に発展した。日本ではシベリア出兵を見こした大商人らが米を買い占めたため，国内で米不足が起こって米価が高騰した。

⑸　エ．⑴Cの解説の下線部参照。

⑹　イ．Ⅰ．伊藤博文の暗殺(1909 年)→Ⅲ．韓国併合・朝鮮総督府の設置(1910 年)→Ⅱ．関東大震災(1923 年)

《５》

⑴(あ)　平安時代，下総国の平将門が自らを新皇と称し，関東で反乱を起こした。同時期に，伊予国の国司であった藤原純友も瀬戸内海で海賊を率いて反乱を起こした。　(い)　ラクスマンは江戸時代中期に訪れ，通商を求めたが実現しなかった。

⑵　両方とも誤りだからエを選ぶ。　X．「ポーツマス条約(日露戦争の講和条約)」ではなく「下関条約(日清戦争の講和条約)である。　Y．「毛沢東」ではなく「蔣介石」である。毛沢東は中華人民共和国を建国した。

⑶　イが正しい。平治の乱に勝利した平清盛は，一族の者を朝廷の高い位につけ，自らは太政大臣の地位に就いて，西日本を中心として政治の実権をにぎった。　ア．「広島県」ではなく「兵庫県」である。　ウ．「平清盛」ではなく「奥州藤原氏(藤原清衡)」である。　ウ．平清盛が行った日宋貿易では宋銭が輸入された。日明貿易(勘合貿易)は室町時代に足利義満によって始められた。

⑷　ウが正しい。検見法では一年ごとに収穫高を調査して課税したが，定免法では収穫高に左右されず過去の収穫高をもとに年貢率を一定にして課税した。　ア．弥生時代の記述である。　イ．鎌倉時代の記述である。　エ．「備中ぐわ」ではなく「唐箕」である。備中ぐわは田起こしのための農具である。

⑸　エが誤り。二・二六事件は1936年2月26日，陸軍の青年将校らによって大臣が殺傷された事件である。アは1940年，イは1956年，ウは1945年。

⑹　①は8世紀始めなのでア，②は19世紀後半なのでカ，③は1615年なのでウを選ぶ。

《6》

⑵　日本の歳出は，社会保障関係費＞国債費＞地方交付税交付金なので，アを選ぶ。少子高齢化が進行しているため，社会保険料を納める働く世代が減少する一方，年金や医療保険給付を受ける高齢者が増えている。そのため，社会保障関係費と国債の返済費用である国債費が増加している。

⑶　閣議は内閣総理大臣と国務大臣で構成されており，議決は原則全会一致である。

⑷　アが誤り。憲法改正の発議は各議院の総議員の3分の2以上の賛成を得て行われ，両議院の立場は対等である。

⑸　Xのみ誤りだからウを選ぶ。内閣総理大臣は国会議員の中から選ばれ，衆議院に限定されていない。

⑹　日本では，内閣が行政権，国会が立法権，裁判所が司法権を持っており，権力の集中やらん用を防いでいる。

《7》

⑴　誤り。外務省は，外交に関する業務を担当している。

⑵　誤り。一人一票とする平等選挙，誰が誰に投票したかを明らかにする必要がない秘密選挙，満18歳以上の国民に選挙権が与えられる普通選挙，有権者が候補者に対して直接投票する直接選挙の4原則がある。

⑷　誤り。国会の種類については右表参照。

国会の種類	召集	主な議題
常会 (通常国会)	毎年1月中に召集され会期は150日間	翌年度の予算の議決
臨時会 (臨時国会)	内閣が必要と認めたとき，またはいずれかの議院の総議員の4分の1以上の要求があったとき	臨時の議題の議決
特別会 (特別国会)	衆議院の解散による衆議院議員総選挙が行われた日から30日以内	内閣総理大臣の指名
参議院の 緊急集会	衆議院の解散中に，緊急の必要がある場合	緊急を要する議題の議決

2021 解答例 令和３年度　開明中学校【１次前期】【１次後期】

《１次前期　国語》

一　問一．ⅰ．人知〔別解〕人智　ⅱ．先延　ⅲ．深刻　ⅳ．厳格　ⅴ．空論　問二．１．イ　２．ウ　３．エ　４．ア　問三．①ウ　⑤エ　問四．イ　問五．脱原発　問六．Ⅰ．放射性廃棄物　Ⅱ．避難計画　問七．エ　問八．市場が広が～なっていく　問九．ア　問十．固定価格買取制度を有効活用し、日本の総発電量に占める再エネ比率を基幹電源といえる比率まで高めること。

二　問一．ⅰ．まんめん　ⅱ．けんとう　ⅲ．あず　問二．１．ア　２．エ　３．イ　４．ウ　問三．ア　問四．母親なら子供の気持ちがわかるはずだと言った自分に愛想を尽かしたから。　問五．言／道　問六．④イ　⑤ア　問七．ア　問八．ウ　問九．仕事や家事・育児でつかれ果てている様子。　問十．エ　問十一．バアバは自身の子育ての嫌なことばかり思い出し、その後悔から赤ん坊を甘やかしてしまうため。

《１次前期　算数》

1　(1)5　(2)39　(3)$1\frac{1}{5}$　(4)14　(5)76

2　(1)136　(2)107　(3)6　(4)108　(5)4，12〔別解〕4，33　(6)94.2

3　(1)100　(2)10，30　(3)$6\frac{1}{4}$

4　(1)30　(2)15　(3)285　(4)3630

5　(1)①あ　②い　(2)①20　②5

《１次前期　理科》

【1】　(1)(い)カ　(ろ)25　(2)37.5　(3)サ　(4)75　(5)50，175

【2】　(1)北　(2)イ　(3)N　(4)イ　(5)ア　(6)ア

【3】　(1)40.5　(2)1.7　(3)イ　(4)3.1　(5)結果…大きい　理由…表面にさびができているから。／酸化されているから。などから１つ　(6)ウ

【4】　(1)C．過酸化水素水　E．アンモニア水　(2)赤／アルカリ　(3)水素　(4)B．二酸化炭素　D．塩化水素　(5)A，B

【5】　(1)血液の逆流を防ぐ役割。　(2)ア　(3)1　(4)ウ　(5)A．8064　B．1613

【6】　(1)A．マグマ　B．地震　(2)溶岩　(3)火山灰　(4)エ　(5)ア

《１次前期　社会》

《1》　(1)①イ　②ウ　③ア　④エ　(2)イ

《2》　(1)ア　(2)ウ　(3)栽培　(4)ウ　(5)沖縄県

《3》　(1)A．ウ　B．エ　C．ア　D．イ　(2)米

《4》　(1)A．蘇我馬子　B．明智光秀　C．坂本竜馬　(2)ウ　(3)京都府　(4)板垣退助　(5)イ　(6)カ

《5》　(1)あ．遣唐使　い．徳川家光　(2)ウ　(3)イ　(4)エ　(5)イ　(6)①オ　②ウ　③ク

《6》　(1)①平等　②基本的人権　③公共／福祉　(2)エ　(3)ウ　(4)エ　(5)イ　(6)ア

《7》　(1)黙秘権　(2)特別国会　(3)10　(4)○

《１次後期　国語》

一　問一．ⅰ．**整然**　ⅱ．**強要**　ⅲ．**輸送**　ⅳ．**健在**　ⅴ．**同義**　問二．１．ア　２．ウ　３．イ　４．エ　問三．エ　問四．イ　問五．ア　問六．出産や子育てのために有能な女性が仕事を辞めざるを得なくなり　問七．Ⅰ．地球温暖化　Ⅱ．通勤の距離　Ⅲ．二〇世紀の産業資本主義システム　問八．ウ　問九．ア　問十．誰もがアクセスできる空間　問十一．イ

二　問一．ⅰ．さっ　ⅱ．ささ　ⅲ．ひとすじ　問二．１．イ　２．ウ　３．エ　４．ア　問三．Ⅰ．自分の意識から消えていった　Ⅱ．ウ　問四．②ア　⑥エ　問五．イ　問六．イ，オ　問七．新を激しく嫌悪し、失うことや奪われることの苦しみを味わわせたいと再び思った。　問八．イ　問九．ウ　問十．エ

《１次後期　算数》

1　(1)400　(2)0.4　(3)0　(4)$\frac{3}{4}$　(5)7

2　(1)24000　(2)$\frac{3}{5}$　(3)12　(4)7　(5)200　(6)180

3　(1)5：18　(2)5　(3)1：2

4　(1)10，30　(2)5　(3)4　(4)16

5　(1)18　(2)20　(3)3　(4)12

《１次後期　理科》

【1】　(1)300　(2)ア　(3)イ　(4)180　(5)ウ　(6)67.5

【2】　(1)①0.3　②0.6　③2　④1　(2)ウ　(3)0.9　(4)5

【3】　(1)1.6　(2)水…48.4　二酸化マンガン…1　(3)253.4　(4)6.8　(5)2.55

【4】　(1)ちっ素　(2)水　(3)アンモニア　(4)塩酸　(5)二酸化炭素　(6)酸素　(7)A．オ　B．イ

【5】　(1)蒸散　(2)35　(3)18　(4)裏／13　(5)裏面　(6)25　(7)47

【6】　(1)北極星　(2)E　(3)C　(4)エ　(5)イ

《１次後期　社会》

《1》　(1)①エ　②ア　③イ　④ウ　(2)ロシア連邦

《2》　(1)エ　(2)イ　(3)宮城県　(4)イ　(5)エ

《3》　(1)A．エ　B．イ　C．ウ　D．ア　(2)ウ

《4》　(1)A．藤原頼通　B．徳川綱吉　C．津田梅子　(2)ウ　(3)京都府　(4)近松門左衛門　(5)ウ　(6)オ

《5》　(1)あ．家康　い．日清　(2)ウ　(3)ウ　(4)ウ　(5)エ　(6)①キ　②オ　③イ

《6》　(1)ウ　(2)ア　(3)平和主義　(4)作らず　(5)ア　(6)ウ　(7)エ　(8)公職選挙法

《7》　(1)控訴　(2)高齢社会　(3)〇　(4)ユニセフ

←解答例は前のページにありますので，そちらをご覧ください。

《2021　1次前期　国語　解説》

一　**問四**　直前の「そのような」が指す内容を読みとる。「アメリカのスリーマイル島～チェルノブイリ原発事故～などの先例があった」、つまり、日本でも大事故が起きる可能性があったのに、「原発を推進する政府や科学者は『日本では～起きない』と主張し、私たちもそれを信じてしまった」とある。このことを「安全神話」(＝実態は明らかでないのに、絶対に安全だと信じられていることがら)だったと言っているので、イが適する。

問五　──部③のある一文の最初の「これ」が指す内容を読みとる。それは、直前の段落で述べた、震災《しんさい》の翌年に野田政権が掲《かか》げた「『二〇三〇年代に原発稼働《かどう》ゼロ』の方針」を指す。つまり、原発を廃止《はいし》していく方向性のこと。このことを三字で言い表したのは、「脱原発《だつげんぱつ》」(──部③の７行後)。

問六　──部④の直前に「こうして多くの問題が未解決」とあることに着目する。その直前で、「[Ｉ]の処理方法」と「万一事故が起きた際の[Ⅱ]」にあたる問題が具体的に述べられている。よって、「原発を動かすと、Ｉ<u>放射性廃棄物《はいきぶつ》</u>が出ます～どのように処分するかは未解決のまま」「Ⅱ<u>避難《ひなん》計画</u>は一応つくられましたが、それでうまく行くか～本当に事故が起きた場合、計画は『机上《きじょう》の空論』と化す恐《おそ》れもあります」より、下線部を抜《ぬ》き出《だ》す。

問七　──部⑥の直後で述べている「再エネを～一定の価格で電力会社が買い取り、その買取費用を電力消費者が『再エネ賦課金《ふかきん》』という形で、電気料金に加えて負担する」ということを説明した図である。よって、エが適する。図の中の、右側(上向き)の矢印がお金の流れを、左側(下向き)の矢印が電気の流れを示している。

問八　──部⑦が直接受けているのは直前の段落の内容だが、指定の字数に合わない。ここで言いたいことのポイントをまとめます、という意味で「ここが重要なポイントです」と明言したのだと考え、読み進める。すると、批判的な意見があることを示して「短期的にはそうかもしれません」と認めたうえで、その後で「しかし」と、筆者の言いたいことを述べる流れになっている。よって「<u>市場が広が</u>ることで～費用が下がり、長期的には既存《きそん》の電源より費用が安く<u>なっていく</u>のです」より、下線部を抜き出す。

問九　【　　】の直前に「再生可能エネルギー固定価格買取制度が二〇一二年七月に導入されました」とあるので、「上のグラフ」の「12 年度」に着目すると、そこから「年平均伸《の》び率 33%」と、急激に上がっている。何による発電が伸びたのか、内訳を見ると、「太陽光」発電が大きく増えたことがわかる。よって、アが適する。

問十　「チャレンジングな課題」とは、日本が「原発にも化石燃料にも頼《たよ》らない」電力を実現すること。「<u>それ</u>に成功すれば」展望が開けるだろうと述べているから、その直前の内容に着目する。「これ(＝総発電量に占《し》める再エネ比率)を基幹電源といえる比率にまで育てていけるか否《いな》かは、この固定価格買取制度を大切に取《と》り扱《あつか》い、これを有効に活用していけるか否かにかかっています」から、筆者が必要だと考えていることが読みとれる。つまり、固定価格買取制度を有効に活用して、総発電量に占める再エネ比率を基幹電源といえる比率に上げていくことが必要だということ。

二　**問三**　「俺《おれ》」は「漣《れん》が泣いているのを無視してテレビを見て」いたのであり、帰ってきた麻衣《まい》に「漣はどうして～泣くんだ？」「母親ならわかるはずだよ」と言っている。つまり、よく泣く漣が自分の手に負えなくなり、母親なら泣き止ませられるだろうと思っているのである。よって、アが適する。

問四　「能面のようになり」は、無表情になったということ。それまで「怒《いか》りを抑《おさ》え込《こ》んだような目つき」で、「俺」の言うことに「私は漣じゃないからわかりません」「それはそうかもしれません。でも～お義父さんにはわかるんですか」などと反論していた麻衣が、「俺」が「アンタは母親だろ。母親なら子供の気持ちがわかるはずだ。母性とはそういうものだろ」と言ったとたん、言葉も表情も失ったのである。それを見た「俺」は、「話の途中《とちゅう》で女が急に黙《だま》ったとしたら～諦《あきら》めたんだってさ」という荒木の言葉を思い出し、「俺という人間に愛想《あいそ》を尽《つ》かしたのか」と思っている。

問五　麻衣にあきれられた「俺」は、「もう失敗はしたくない」と思い、仕事をしていたころの要領で「相手の言葉に耳を傾《かたむ》けて本音を引き出す」「常に笑顔《えがお》でいる」という対応をしようとしている。つまり、一方的に「注意するなんて」もってのほかだということ。よって、「言語道断《ごんごどうだん》」。

問七　――部⑥の２行前の麻衣の言葉から読みとる。「母性神話とか三歳児《さんさいじ》神話をいまだに信じている」人を「バカ」だと批判しているのである。「母性神話とか三歳児神話」とは、母親は子育てに専念するものであり、せめて三歳ぐらいまでは母親は自分の手で子供を育てることに専念すべきだという考えのこと。よって、アが適する。合理的な根拠《こんきょ》がないのに広まってしまったものなので「神話」と表現されている。

問八　古い考えをおしつけていた上司を批判して言っている。「化石」というたとえには、消滅《しょうめつ》したはずの古いものがまだ残っている、という意味がこめられる。よって、ウが適する。

問九　――部⑧の様子と、その直前に「息つく暇《ひま》もない」とあることから考える。帰ってきてひと休みする間もなくいそがしく動いているので、とても疲《つか》れているのだと読みとれる。

問十　麻衣が「今日も本当にありがとうございました」と言ったのを、「俺」は「そろそろ帰ってほしいという合図だ。夫の親がいたら寛《くつろ》げないのだろう」と解釈《かいしゃく》している。それを受けて「じゃあ～帰るよ」と言うと、――部⑨のような表情になったのである。麻衣は、「俺」が漣の汚《よご》れ物《もの》を浸《つ》けておいたことを「お義父さん、本当に助かりますっ」と喜んでいるとおり、子守《こも》りをしてくれたことに感謝しているものの、やはり義父がいると気をつかうので、帰ってくれるとほっとするということ。よって、エが適する。直後の「それでも～見送りには出てくる」も参照。内心早く帰ってほしいと思っていることが顔に出ていても、礼儀《れいぎ》はわきまえているのである。

問十一　「うちの母が言うには～泣かさないようについつい甘《あま》やかしてしまうらしいんです」とあり、その理由として、「うちの母は～自分が子育てした遠い昔のことをまざまざと思い出してしまうと言ってました」「嫌《いや》なことばかり思い出すらしいんです～慚愧《ざんき》の至りでいたたまれなくなるようでした」「あのときああしてやればよかった～後悔《こうかい》を死ぬまで引きずるらしいです」とあることからまとめる。

―《2021　１次前期　算数　解説》―

1　(1)　与式$=(\frac{5}{6}\times4-\frac{5}{9})\times\frac{9}{5}=(\frac{10}{3}-\frac{5}{9})\times\frac{9}{5}=\frac{10}{3}\times\frac{9}{5}-\frac{5}{9}\times\frac{9}{5}=6-1=5$

(2)　与式$=77\div11\times35-(35\times6-68\div17)=7\times35-(210-4)=245-206=39$

(3)　与式$=\frac{4}{5}\times1\frac{3}{4}\div\{\frac{5}{2}-(\frac{8}{6}-\frac{3}{6})\times\frac{8}{5}\}=\frac{4}{5}\times\frac{7}{4}\div(\frac{5}{2}-\frac{5}{6}\times\frac{8}{5})=\frac{7}{5}\div(\frac{15}{6}-\frac{8}{6})=\frac{7}{5}\div\frac{7}{6}=\frac{7}{5}\times\frac{6}{7}=\frac{6}{5}=1\frac{1}{5}$

(4)　与式より，$(18-\square)\times9=42-6$　　$18-\square=36\div9$　　$\square=18-4=14$

(5)　与式より，$\{\square-8\times(15-7\times2)\}\div4=26-9$　　$\square-8\times(15-14)=17\times4$　　$\square-8\times1=68$

$\square=68+8=76$

2　(1)　**【解き方】11 で割ると４余る数は 11 の倍数より 11－４＝７小さい数であり，13 で割ると６余る数は 13 の倍数より 13－６＝７小さい数である。**

求める数は，11 と 13 の公倍数より７小さい数のうち最小の数だから，最小公倍数である 11×13＝143 より７小さい，143－７＝136

(2)　C君は前から数えて86＋(42－1)＋(38－1)＝164(番目)である。したがって，C君の後ろには270－164＝106(人)いるから，C君は後ろから数えて106＋1＝107(番目)である。

(3)　リンゴを3個，1個，1個のせるとき，3個のせる皿の選び方が3通りあるから，分け方は3通りある。
リンゴを2個，2個，1個のせるとき，1個のせる皿の選び方が3通りあるから，分け方は3通りある。
よって，全部で，3＋3＝6(通り)

(4)　**【解き方】まず，○＋×の大きさが何度かを求める。**

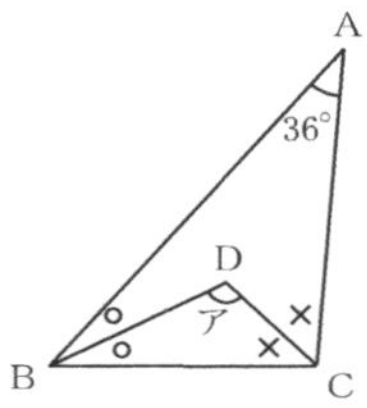

右のように作図する。三角形ABCの内角の和より，○＋○＋×＋×＋36°＝180°
(○＋×)×2＝180°－36°　　○＋×＝144°÷2＝72°
三角形DBCの内角の和より，角ア＝180°－(○＋×)＝180°－72°＝108°

(5)　5.2m＝520㎝を40㎝ずつに分けると，520÷40＝13(本)になる。したがって，1本の杉は13－1＝12(回)切るから，切る回数の合計は，12×3＝36(回)である。
よって，求める時間は，7×36＝252(分)，252÷60＝4余り12より，4時間12分である。
なお，以上の考えは最初に3本の杉の材木があると考えた場合であり，3本の杉が地面から生えていると考えると，切る回数はあと3回増える。よって，4時間12分＋7分×3＝4時間33分も正解である。

(6)　**【解き方】右のように作図すると，三角形OBCはすべての辺が15㎝の正三角形となる。**

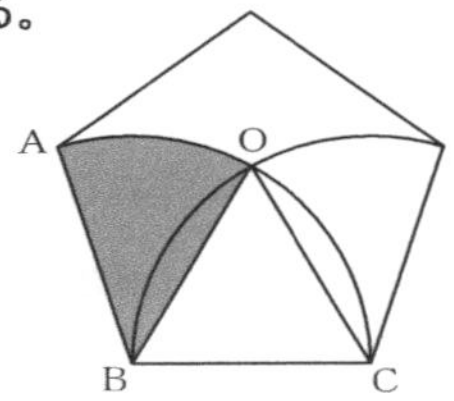

五角形の内角の和は，180°×(5－2)＝540°だから，角ABC＝540°÷5＝108°
角OBC＝60°だから，角ABO＝108°－60°＝48°なので，求める面積は，
$15\times15\times3.14\times\frac{48°}{360°}$＝30×3.14＝94.2(㎠)

3　(1)　特急列車は30分＝$\frac{30}{60}$時間＝$\frac{1}{2}$時間で50㎞進んでいるから，速さは，
時速$(50\div\frac{1}{2})$㎞＝時速100㎞

(2)　急行列車は50分＝$\frac{50}{60}$時間＝$\frac{5}{6}$時間で50㎞進んでいるから，速さは，時速$(50\div\frac{5}{6})$㎞＝時速60㎞
よって，特急列車と急行列車の移動距離の差がはじめて7㎞になるのは，$\frac{7}{100-60}=\frac{7}{40}$(時間後)，つまり，
$(\frac{7}{40}\times60)$分後＝$\frac{21}{2}$分後＝$10\frac{1}{2}$分後＝10分$(\frac{1}{2}\times60)$秒後＝10分30秒後

(3)　**【解き方1】特急列車がB駅を出発したときの2台の列車の間の道のり→2台の列車が出会う時間→特急列車がB駅から進んだ道のり，の順に計算していく。**
特急列車がB駅を出発したのは30＋10＝40(分後)だから，急行列車はAB間の道のりの$\frac{40}{50}=\frac{4}{5}$を進んでいるので，
2台の列車は$50-50\times\frac{4}{5}$＝10(㎞)はなれている。このあと2台の列車は，$\frac{10}{100+60}=\frac{1}{16}$(時間後)にすれちがう。
特急列車は$\frac{1}{16}$時間で$100\times\frac{1}{16}=\frac{25}{4}=6\frac{1}{4}$(㎞)進み，これが求める道のりである。

【解き方2】グラフに右のように作図すると，三角形CDEと三角形GFEが同じ形の三角形になることを利用する。

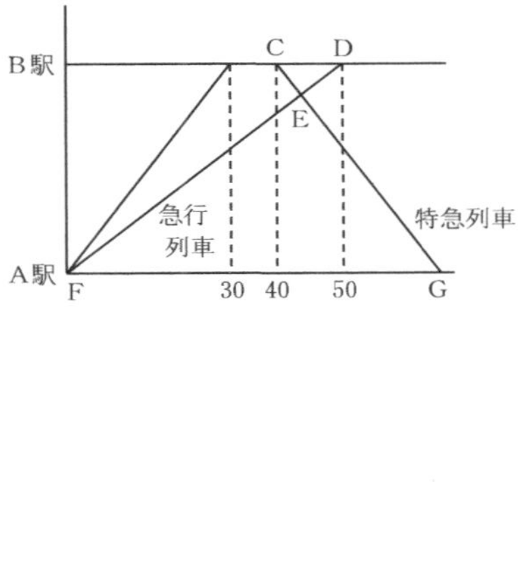

特急列車がA駅にもどるのは，40＋30＝70(分後)だから，
CD：GF＝(50－40)：70＝1：7
したがって，CE：GE＝1：7だから，CからEまでに特急列車が進んだ道のりは，CからGまでの道のりの$\frac{1}{1+7}=\frac{1}{8}$である。

よって，求める道のりは，$50\times\frac{1}{8}=\frac{25}{4}=6\frac{1}{4}$(km)

4 ⑴ **【解き方】各行にふくまれる数の個数の規則性に注目する。**

各行にふくまれる数の個数は，１行目が３個，２行目が５個，３行目が７個と，３から連続する奇数になっている。したがって，４行目は９個，５行目は11個だから，４行目の最後の数までに，３＋５＋７＋９＝24(個)の１から連続する整数が並ぶ。よって，５行目は25から24＋11＝35までが並ぶので，５行目の左から６番目の数は，24＋６＝30

⑵ ⑴より，６行目は13個，７行目は15個である。

⑶ **【解き方】各行の一番左の数の規則性に注目する。**

各行の一番左の数は，１行目が１＝１×１，２行目が４＝２×２，３行目が９＝３×３となっていて，行の数を２回かけた数になっていることがわかる。よって，求める総和は，

１＋４＋９＋４×４＋５×５＋６×６＋７×７＋８×８＋９×９＝１＋４＋９＋16＋25＋36＋49＋64＋81＝285

⑷ **【解き方】どの行も「＝」の左右で和が等しくなっているから，１から，10行目の最後の数までの総和を，２で割ればよい。**

⑴，⑶より，11行目の最初の数は11×11＝121だから，10行目までに１から120が並ぶ。１から120までの連続する整数の和の２倍は，右の筆算より，121×120となるから，１から120までの連続する整数の和は，$\frac{121\times120}{2}$＝7260

よって，求める総和は，7260÷２＝3630

　　１＋　２＋　３＋……＋120
＋)　120＋119＋118＋……＋　１
　　121＋121＋121＋……＋121

5 ⑴①② **【解き方】【あ】～【う】それぞれについて，立方体Ｂの表面積のうちその立方体を取り除くことでなくなる表面積と，その立方体を取り除くことで新たに増える表面積を考える。**

【あ】を取り除くと，立方体Ａの面３つ分の表面積がなくなり，面３つ分の表面積が増えるから，表面積は変わらない。

【い】を取り除くと，立方体Ａの面１つ分の表面積がなくなり，面５つ分の表面積が増えるから，表面積は面４つ分増える。

【う】を取り除くと，立方体Ａの面２つ分の表面積がなくなり，面４つ分の表面積が増えるから，表面積は面２つ分増える。

よって，表面積が最小になるのは【あ】を取り除いたとき，表面積が最大になるのは【い】を取り除いたときである。

⑵① **【解き方】立方体Ｂの体積からくり抜いた立方体Ａの体積を引けばよいが，立方体Ｂの中心に位置する立方体Ａの体積を重複して数えないように注意する。**

斜線位置から反対側の面に向けてまっすぐにくり抜くことを１回行うと，立方体Ａが３個取り除かれる。立方体Ａの体積は１×１×１＝１(㎤)だから，体積は１×３＝３(㎤)減る。これを３回くり返すことで体積が３×３＝９(㎤)減ると計算すると，３回の操作《そうさ》で重複している部分である，立方体Ｂの中心に位置する立方体Ａの体積を２回余分に引くことになってしまう。立方体Ｂの体積は，１×27＝27(㎤)だから，求める体積は，

27－９＋１×２＝20(㎤)

② **【解き方】立方体Ｂをア，イ，ウを通る面で切断してから，斜線位置の立方体Ａ(が切断されたもの)を取り除いたと考えればよい。切断されたあとは右図のようになる。**

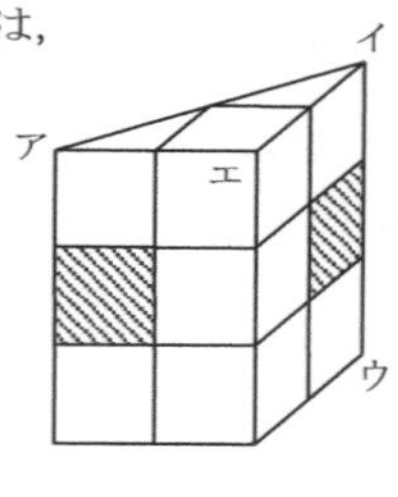

斜線部分の立体２つを切断面で合わせると立方体Ａができるから，体積の合計は１㎤である。

よって，三角形アイエを底面とする高さが３㎝の三角柱の体積から１㎤を引けばよいので，

求める体積は，（２×２÷２）×３－１＝５（㎤）

《2021　１次前期　理科　解説》

【１】

⑴　重心は棒の中央のカにある。てこをかたむけるはたらき〔おもりの重さ(ｇ)×支点からの位置〕が左右で等しくなるときにつり合う。カに100ｇの重さがかかることから，てこを左にかたむけるはたらきは100×１＝100となり，右にかたむけるはたらきも100になるときにつり合うので，Ａは100÷４＝25(ｇ)となる。

⑵　図３のようにア(支点から８の位置)をばねばかりで引っぱると，てこを右にかたむけるはたらきが増える。棒の重さによるてこを左にかたむけるはたらきは 100×３＝300 だから，右にかたむけるはたらきも 300 になるように，ばねばかりを300÷８＝37.5(ｇ)の力で引っぱる。

⑶　図４で，100ｇのおもりはアとエに50ｇずつ，つまりアとエの真ん中であるイとウの真ん中(支点から3.5の位置)に100ｇの重さがかかると考えることができる。したがって，棒を左にかたむけるはたらきは100×3.5＝350だから，棒を右にかたむけるはたらきも350になるように，Ｂを支点から右に350÷70＝５の位置(サ)につるす。

⑷　図５で，てこを右にかたむけるはたらきは 100×４＝400 だから，てこを左にかたむけるはたらきも 400 になるようにする。棒の重さによるてこを左にかたむけるはたらきは 100×１＝100 である。残りの 400－100＝300 のてこを左にかたむけるはたらきについて，⑶と同様に考えて，Ｃの重さはアとオの中央のウ(支点から左に４の位置)にかかると考えることができるので，300÷４＝75(ｇ)となる。

⑸　棒を直方体の台に乗せるような場合には，２つの支点(オとキ)で考えて，おもりの重さの範囲を求める。オを支点とすると，てこを右にかたむけるはたらきは 100×６＋100×１＝700 だから，てこを左にかたむけるはたらきも700になるように，Ｄは700÷４＝175(ｇ)となる。同様にキを支点とすると，てこを右にかたむけるはたらきは100×４＝400，棒の重さがてこを左にかたむけるはたらきが 100×１＝100 だから，残りの 400－100＝300 のてこを左にかたむけるはたらきについて，300÷６＝50(ｇ)となる。したがって，Ｄの範囲は50ｇから175ｇである。

【２】

⑴⑵　地球の北極側がＳ極，南極側がＮ極の巨大な磁石になっているので，磁石の影響がない場所では，方位磁針のＮ極は北を指す。

⑶　実験１で方位磁針のＮ極が引かれているコイルの左端はＳ極だから，コイルの右端はＮ極である。

⑷　イ○…実験２では，豆電球と電磁石を直列につないだので，コイルに流れる電流は実験１のときよりも小さくなる。コイルに流れる電流が大きいほど電磁石の力は強くなるので，実験２の電磁石の力は弱くなる。

⑸　ア○…実験３では乾電池を２個，直列につないだので，回路を流れる電流は実験２のときよりも大きくなる。したがって，実験２のときよりも電磁石の力は強くなり，豆電球は明るくなる。

⑹　ア○…実験４では，豆電球を電磁石に対して並列につないだので，豆電球と電磁石にそれぞれに電池を１個つないだ回路と同じ大きさの電流が流れる。したがって，実験２のときと比べて，電磁石の力は強くなる(実験１のときと同じ強さ)。

【３】

⑴　2.7×15＝40.5(ｇ)

⑵　15÷９＝1.66…→1.7㎤

⑶　イ○…１辺が２㎝の立方体の体積は２×２×２＝８(㎤)だから，密度は 62.8÷８＝7.85(ｇ/㎤)となる。したがって，表より，鉄だとわかる。

⑷　５㎤のアルミニウムの重さは 2.7×５＝13.5(ｇ)，3.6ｇのクロムの体積は 3.6÷7.2＝0.5(㎤)だから，全体の重さは 13.5＋3.6＝17.1(ｇ)，全体の体積は５＋0.5＝5.5(㎤)である。したがって，17.1÷5.5＝3.10…→3.1ｇ/㎤となる。

⑸　古い10円玉は，さびついて(酸素が結びついて)重くなっていると考えられるので，密度は大きくなっている。

⑹　ウ○…ステンレスの密度は鉄の密度よりも小さいので，鉄よりも密度が小さい金属(アルミニウムかクロム)がふくまれている。鉄は 100－12＝88(%)ふくまれているので，アルミニウムが 12%ふくまれているとすると，合金の密度は 7.9×0.88＋2.7×0.12＝6.952＋0.324＝7.276(ｇ/㎤)，クロムが 12%ふくまれているとすると，合金の密度は 7.9×0.88＋7.2×0.12＝6.952＋0.864＝7.816(ｇ/㎤)となる。したがって，クロムである。

【４】

⑴　特徴１より，ＡとＢは無臭《むしゅう》だから石灰水か炭酸水，ＤとＥは塩酸かアンモニア水であり，残ったＣはわずかににおいがある過酸化水素水である。特徴２より，ＡとＥはアルカリ性のアンモニア水か石灰水だから，Ｅはアンモニア水(Ｄは塩酸，Ａは石灰水，Ｂは炭酸水)である。

⑵　フェノールフタレイン液はアルカリ性の水溶液に加えると赤色になる。

⑶　Ｄ(塩酸)にマグネシウムを加えると水素が発生する。

⑷　Ｂ(炭酸水)は二酸化炭素の水溶液，塩酸は塩化水素の水溶液である。水溶液を加熱すると，これらの気体が出てくる。

⑸　石灰水と炭酸水(二酸化炭素)を混ぜると白くにごる。

【５】

⑴　弁は心臓や静脈に見られるつくりである。

⑵　ア○…ホニュウ類や鳥類は，ヒトと同じつくりの心臓を持つ。ホニュウ類のイルカを選ぶ。なお，ウシガエル，イモリ，サンショウウオは両生類，メダカは魚類である。

⑶　１は赤血球，２は血小板，３は白血球，４は血しょうである。

⑷　ウ○…血しょうは血液の中の液体成分で，養分や不要物を運ぶ。なお，赤血球には酸素を運ぶはたらき，血小板には血液を固めるはたらき，白血球には血液に入った細菌を死滅させるはたらきがある。

⑸(Ａ)　１日→24 時間→1440 分より，１日あたり 70×1440＝100800(回)はく動し，1000㎖→１Ｌより，0.08×100800＝8064(Ｌ)の血液を送り出している。　(Ｂ)　血液１Ｌあたり，0.3－0.1＝0.2(ｇ)の酸素を全身にとり入れているので，0.2×8064＝1612.8→1613Ｌとなる。

【６】

⑷　エ×…火山灰が固まってできた岩石(凝灰岩《ぎょうかいがん》)にうすい塩酸をかけても気体は発生しない。なお，石灰岩にうすい塩酸をかけると二酸化炭素が発生する。

⑸　ア○…マグマが地下深くでゆっくり冷えて固まると，図１のように大きな結晶だけからなる等粒状組織をもつ深成岩ができる。一方，マグマが地表や地表付近で急に冷えて固まると，図２のように，小さな結晶やガラス質か

らなる部分(石基)のところどころに大きな結晶(斑晶)が見られる斑状組織をもつ火山岩ができる。ミョウバンの飽和水溶液を使った実験では，水溶液がゆっくり冷えるほど，図1のような大きな結晶ができる。

《2021　1次前期　社会　解説》

《1》

(1)　①は兵庫県のイ，②は島根県のウ，③は福井県のア，④は大分県のエを選ぶ。

(2)　ラムサール条約の正式名称は，「特に水鳥の生息地として国際的に重要な湿地に関する条約」だからイが正しい。アは世界文化遺産，ウはレッドリスト，エはジオパークについての記述である。

《2》

(1)　アを選ぶ。鹿児島県や宮崎県では，火山灰土のシラス台地で畜産が盛んなため，豚の飼育頭数が多い。イは採卵鶏，ウは肉用牛，エは肉用若鶏の飼育頭数割合である。

(2)　ウ．日本の小麦の輸入額割合は，アメリカ合衆国が最も高く，次いでカナダ，オーストラリアが高い。

(3)　「育てる漁業」には栽培漁業の他，大きくなるまで人の手で育てる養殖漁業もある。

(4)　ウ．沖縄県には大きな河川がなく，降雨量も梅雨期と台風期に集中するため，水不足になりやすい。そのため，家の屋根の上に貯水用タンクがおかれている。

《3》

(1)B　エ．キャベツの生産は愛知県と群馬県で盛んであり，群馬県では夏の涼しい気候を生かした高冷地農業による抑制栽培が行われている。近年は1位群馬県，2位愛知県となっている。　C　ア．ピーマンの生産は茨城県と宮崎県で盛んであり，宮崎県では近くを流れる黒潮(暖流)の影響で冬でも暖かいため，夏野菜のピーマンを時期をずらして栽培する促成栽培が行われている。

(2)　「ひとめぼれ」は宮城県，「ななつぼし」は北海道，「ヒノヒカリ」は宮崎県で品種改良されたブランド米である。

《4》

(1)A　蘇我馬子は，物部守屋との権力争いに勝利し，聖徳太子と協力して天皇中心の政治を目指した。　B　明智光秀は，本能寺の変の直後，山崎の戦いで豊臣(羽柴)秀吉に滅ぼされた。　C　坂本竜馬は，敵対していた薩摩藩と長州藩の間を取り持ち，薩長同盟を締結させたことでも知られている。

(2)　Xのみ誤りだからウを選ぶ。「推古天皇」ではなく「聖武天皇」が，仏教の力で世の中を安定させようとして国分寺・国分尼寺を全国につくり，奈良の都に東大寺と大仏をつくった。

(4)　1874年，板垣退助らが民撰議院設立の建白書を提出したことから自由民権運動が始まった。板垣退助は立志社をつくるなどして自由民権運動を広めていき，1881年に国会開設の勅諭が出されると，自由党を結成し，国会の開設に備えた。

(5)　イが正しい。「五箇条の御誓文」は明治天皇が神に誓う形式であらわされた。アは聖徳太子が制定した十七条の憲法，ウは北条泰時が制定した御成敗式目，エは大日本帝国憲法である。

(6)　カ．Ⅲ．ペリー来航～日米和親条約の締結(1853～1854年)→Ⅱ．安政の大獄(1858～1859年)→Ⅰ．王政復古の大号令の発令～明治政府設立の宣言(1867～1868年)

《５》

⑴(あ)　藤原氏の策略で長らく派遣されていなかった遣唐使に選ばれた菅原道真が，唐の衰退と航海の危険を理由に遣唐使の派遣の停止を宇多天皇に意見し，これが聞き入れられた。　(い)　参勤交代は，徳川家光が武家諸法度に追加した法令で，大名を江戸と領地に１年おきに住まわせる制度である。

⑵　Ｘのみ誤りだからウを選ぶ。仏教を信じることに賛成する蘇我氏（《４》⑴Ａの解説参照）と反対する物部氏が対立した。その後，蘇我氏が勝ったことで仏教を信じることが国の方針になった。

⑶　イが正しい。足利尊氏は室町幕府初代将軍である。　ア．「平将門」ではなく「徳川家康」である。　ウ．織田信長は右大臣に就任したが，征夷大将軍には就任しておらず，幕府も開いていない。　エ．豊臣秀吉は関白や太政大臣に就任したが，征夷大将軍には就任しておらず，幕府も開いていない。

⑷　エが誤り。「アメリカ」ではなく「オランダ」である。江戸幕府は，キリスト教の布教を行わないオランダの商館を出島に移し，長崎での貿易を認めた。オランダには，ヨーロッパの情勢を報告することが義務づけられた(オランダ風説書)。

⑸　イが誤り。島原・天草一揆がおきたのは 1637 年で，徳川家光が将軍のときである。アは 1869 年，ウは 1873 年，エは 1872 年

⑹①　オ．応仁の乱は，1467 年，室町幕府８代将軍足利義政の跡継ぎ争いに，有力守護の勢力争いが複雑にからみあっておこった。　②　ウ．保元の乱は，1156 年，後白河天皇と崇徳上皇の対立に藤原氏一族や源氏平氏の争いが結びついておこった。　③　ク．西南戦争は，1877 年，不平士族らにかつぎあげられた西郷隆盛がおこした。

《６》

⑴②　日本国憲法の三大原則は，「基本的人権の尊重」「国民主権」「平和主義」である。　③　自由権，特に経済活動の自由は公共の福祉によって制限されることがある。例えば，財産権の不可侵は土地収用法によって制限される。

⑵　エを選ぶ。エは「勤労の義務」「勤労の権利」，アは参政権，イは納税の義務である。ウについて，保護者は，子どもに教育を受けさせる義務をもつ。子どもは，教育を受ける権利をもつ。

⑶　ウが正しい。アとイは経済活動の自由，エは精神の自由にあたる。

⑷　エが誤り。労働基本権については右表参照。

団結権	労働組合をつくる権利
団体交渉権	賃金等について，労働組合が使用者と交渉する権利
団体行動権	労働条件の改善をめざし，労働組合がストライキなどを行う権利

⑸　Ｙのみ誤りだからイを選ぶ。国民審査は，「参議院選挙」ではなく「衆議院選挙」と同時に行われ，有効投票の過半数が罷免を可とした場合，その裁判官は罷免される。また，被選挙権年齢は，参議院議員が満 30 歳以上，衆議院議員が満 25 歳以上である。

⑹　アのプライバシーの権利が正しい。イとウとエは自由権として日本国憲法に定められている。

《７》

⑵　国会の種類については右表参照。

国会の種類	主な議題
通常国会	翌年度の予算の議決
臨時国会	臨時の議題の議決
特別国会	内閣総理大臣の指名
参議院の緊急集会	緊急を要する議題の議決

⑶　議院内閣制に基づいて，衆議院で内閣不信任決議案が可決されると，10 日以内に衆議院を解散するか，内閣は総辞職しなければならない。

⑷　地方財政の格差を是正するために国から交付される依存財源には，国が使い道を限定する「国庫支出金」と，使い道を限定しない「地方交付税交付金」がある。

《2021　１次後期　国語　解説》

一　**問三**　次の段落以降で、筆者は「ハコからの脱却《だっきゃく》」を主張している。その上で、最後から３つ目の段落にあるように、東京には「誰《だれ》もがアクセスできる空間」がほとんどないと感じたと述べ、誰もがアクセスできる空間が「ネットワーク上につながって、都市の主役となっているローマを、うらやましく感じた」と続けている。つまり、「誰もがアクセスできる空間」を増やし、それらが「ネットワーク上につながって」いる都市や建築を作るべきだと考えているのである。よって、エが適する。

問四　直前に「そのハコ(＝大きなオフィスビルや大工場)に出勤し、帰宅するために」とあるので、――部②は通勤時の移動手段であることがわかる。すると、答えはアかイにしぼられるが、直後に「密を強要された」とあるので、密になることは考えにくいアは適さない。よって、イが適する。

問五　――部③の「やればできたもの」とは、テレワークにすることである。つまり「やればできたものを、やらないままにいた」というのは、アの前半にある「職場に出勤して働くというスタイル以外を認めてこなかった」ということ。「今回のコロナ騒動《そうどう》」は突然《とつぜん》降りかかってきた非常事態であった。テレワークなどのスタイルを取り入れてこなかったことで、この非常事態への対応が遅《おく》れたのである。よって、アが適する。

問七Ⅰ・Ⅱ　２～３行前の「地球温暖化にも歯止めがきかない。オフィスの近くに住んで、通勤の距離《きょり》を縮めようというのが、コンパクトシティの考えである」に着目する。通勤の距離を短縮することで、通勤に使われる車や電車などが使用するエネルギーなどを減らし、地球温暖化の防止につなげようとしているのである。　**Ⅲ**「その利益共同体」と、――部⑤の少し前にある「二〇世紀の産業資本システム」は同じような意味である。

問八　――部④の１～７行後の「歩くことで体調を整え～むしろ普段《ふだん》は思いつかない新鮮《しんせん》な発想も生まれた。歩くとは、人との距離を自由に選べるということでもある～自由であるということである」より、ウが適する。

問十　直前に「ノリの地図では白い場所だったはずの街路が」とある。「ノリの地図」の「白い場所」は「誰もがアクセスできる空間」を表している。それが「黒く」なるということは、街路が「誰もがアクセスできる空間」ではなくなるということを表している。

問十一　２～３行前に「室内で人間が過ごす時間は驚《おどろ》くほどに短かった」とある。この話の流れで、「ノリの地図」をとりあげ、当時のローマでは「誰もがアクセスできる空間」が都市の主役であったと述べているということは、イにあるように、当時もまだ室外は重要な生活空間であったことを示したいのだとわかる。よって、イが適する。

二　**問三Ⅰ**　空欄《くうらん》の前にある「気づかないふりをしているうちに」に着目する。――部①の 12 行後に「気づかないふりをしているうちに～自分の意識から消えていった」とある。　**Ⅱ**　この場面で、朔《さく》は「自分の意識から消えていった」気持ち、気づかないふりをしていたものを思い出している。それは「自分が傷つかないよう、汚《よご》れないよう」に気づかないふりをしてきたものであり、そこに意識を向けたことで、心が疼《うず》いているのである。よって、ウが適する。

問五　直後に「だけど、このまま気づかないふりをして～その先になにがあるんだろう」とあり、これ以降、朔は新《あき》に自分の本当の思いを語っている。つまり、――部③の時点では、本当のことを打ち明けることにためらいがあり、言うかどうか迷っているのである。よって、イが適する。

問六　――部③の１～２行後に「このまま気づかないふりをして～その先になにがあるんだろう。あるのは、たぶん、きっと、後悔《こうかい》だ」とあり、――部④の１～２行後に「いまじゃなかったらオレは話せていない。また気づかないふりをしてしまう」とある。よって、イが適する。また「このまま気づかないふりをして、新を縛《しば》って、その先になにがあるんだろう」「おまえに伴走を頼んだのは～オレと一緒に走ることで、新が苦しむことがわかっていたからだ」「新を傷つけてやりたかった」より、オも適する。

問七　――部⑤は、過去へともどる、つまりここでは以前と同じ「新を傷つけてやりた」いという思いを再びいだくようになったということ。具体的には、５～７行目にある「弟を、あのとき激しく嫌悪《けんお》した～失うことの、奪われることの苦しさはそんなものではない。それを味わわせたい」という思いをいだくようになったということ。

問八　一つ目の空欄の直後の「どんなに苦しくても、辛《つら》くても、誰かに助けてもらえるものではない」や、少し後の「ふたりで走っていても、伴走者が支えるわけじゃない～代わりに走るわけでもない」より、イが適する。

問九　２行後の「オレ、走りたい。走るよ、逃げないで走る。で、強くなる」より考える。新は、「やっぱりオレは、オレのために走ってた。朔と走ることは朔のためじゃなくてオレのためだった」「オレ、やっぱり走ることが好きだ」と言っている。新は、朔と走り始めたことで、自分の中にある「走りたい」という気持ちに気づかされたのである。よって、ウが適する。

問十　朔は、これまで言えなかった自分の本心を新に打ち明けることができた。そして、新の「走りたい」という思いを聞いて、弟が前に向かって歩み始めたことを知った。朔は、これまでの「ゴールが見えない」ような生き方をやめて、自分も弟と同じように、前に向かって進もうと決意している。よって、エが適する。

―《2021　１次後期　算数　解説》―

1　(1)　与式$=16\times8\times14-16\times4\times13-16\times2\times12-16\times11=16\times(112-52-24-11)=16\times25=400$

(2)　与式$=(1.6-0.84)\div1.9=0.76\div1.9=0.4$

(3)　与式$=(\frac{24}{20}-\frac{15}{20})\div\frac{27}{5}-\frac{12}{5}\times\frac{5}{144}=\frac{9}{20}\times\frac{5}{27}-\frac{1}{12}=\frac{1}{12}-\frac{1}{12}=0$

(4)　与式より，$6.3-\frac{18}{5}\div\square=1\frac{2}{3}-\frac{1}{6}$　　$6.3-\frac{18}{5}\div\square=\frac{3}{2}$　　$\frac{18}{5}\div\square=\frac{63}{10}-\frac{3}{2}$　　$\frac{18}{5}\div\square=\frac{24}{5}$　　$\square=\frac{18}{5}\div\frac{24}{5}=\frac{3}{4}$

(5)　「＝」の左側を整理すると，$0.6\div0.1+\frac{1}{4}\times(\square-2)+\frac{9}{20}\times\frac{5}{3}\times\frac{1}{3}=6+\frac{1}{4}\times(\square-2)+\frac{1}{4}=$
$6+\frac{1}{4}\times\{(\square-2)+1\}=6+\frac{1}{4}\times(\square-2+1)=6+\frac{1}{4}\times(\square-1)$
よって，$6+\frac{1}{4}\times(\square-1)=7.5$　　$\frac{1}{4}\times(\square-1)=7.5-6$　　$\square-1=1.5\div\frac{1}{4}$　　$\square=6+1=7$

2　(1)　**【解き方】はじめに持っていたお金を１とすると，その25%は$\frac{25}{100}=\frac{1}{4}$である。**

商品Ａを仕入れた残りははじめに持っていたお金の$1-\frac{1}{4}=\frac{3}{4}$(倍)，商品Ｂを仕入れた残りはさらに$1-\frac{2}{5}=\frac{3}{5}$(倍)だから，商品Ｃを仕入れた残りは，$1\times\frac{3}{4}\times\frac{3}{5}-4800$円$=\frac{9}{20}-4800$円である。これが$\frac{1}{4}$と等しいので，$\frac{9}{20}-\frac{1}{4}=\frac{1}{5}$が4800円にあたる。よって，はじめに持っていたお金は，$4800\div\frac{1}{5}=24000$(円)

(2)　**【解き方】12と３と５の最小公倍数が60だから，分母を60にして考える。**

$\frac{7}{12}=\frac{35}{60}$，$\frac{2}{3}=\frac{40}{60}$だから，分母が60で分子が35より大きく40より小さい分数のうち，約分して分母が５になる分数を求める。$60=5\times12$より，分子が12の倍数ならばよいので，求める分数は，$\frac{36}{60}=\frac{3}{5}$

(3)　**【解き方】３人の男子をＡ，Ｂ，Ｃ，２人の女子をａ，ｂとして区別し，第１走者から順に決め方が何通りあるかを考える。**

第１走者の決め方はＡ，Ｂ，Ｃの３通りあり，その１通りごとに第２走者の決め方はａ，ｂの２通りあり，その１通りごとに第３走者の決め方はＡ，Ｂ，Ｃのうちの残りの２通りあり，ここまで決まれば第４走者と第５走者はそれぞれ１通りに決まる。よって，走る順番の決め方は，$3\times2\times2\times1\times1=12$(通り)

(4)　**【解き方】一の位の数だけを考えればいいので，７を何回かかけあわせていくとき，計算結果の一の位だけ**

に7をかけることをくり返し，一の位の数の変化を調べる。

一の位の数は，7→7×7＝49→9×7＝63→3×7＝21→1×7＝7→…，と変化するので，7，9，3，1という4つの数がくり返される。2021回かけると，2021÷4＝505余り1より，7，9，3，1が505回くり返されたあとの1つ目の数の7になる。

⑸　**【解き方1】ふくまれる食塩の量を変えずに濃度を$\frac{8}{12}=\frac{2}{3}$(倍)にするのだから，食塩水の重さをこの逆数の$\frac{3}{2}$倍にすればよい。**

食塩水の重さを400×$\frac{3}{2}$＝600(g)にすればよいのだから，入れる水の量は，600－400＝200(g)

【解き方2】食塩水の問題は，うでの長さを濃度，おもりを食塩水の重さとしたてんびん図で考えて，うでの長さの比とおもりの重さの比がたがいに逆比になることを利用する。水は濃度が0％の食塩水と考える。

右のてんびん図において，a：b＝8：(12－8)＝2：1だから，加える水と食塩水の重さの比は1：2になる。よって，求める重さは，400×$\frac{1}{2}$＝200(g)

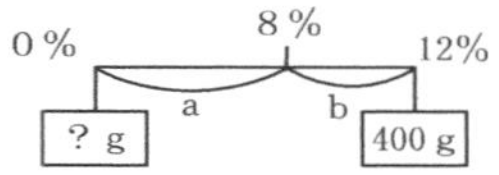

⑹　**【解き方】切り取った8個の立体は，すべて合同な三角すいである。**

切り取った立体は，底面積が3×3÷2＝$\frac{9}{2}$(cm²)で高さが3cmの三角すいだから，体積は，$\frac{9}{2}$×3÷3＝$\frac{9}{2}$(cm³)

よって，求める体積は，6×6×6－$\frac{9}{2}$×8＝180(cm³)

3　⑴　**【解き方】速さの比は，同じ道のりを進むのにかかる時間の比の逆比と等しい。**

歩きでかかる時間と自転車でかかる時間の比が54：15＝18：5だから，速さの比は5：18である。

⑵　**【解き方】1分間歩いたときに進む道のりを$\boxed{5}$，1分間自転車をこいだときに進む道のりを$\boxed{18}$とすると，家から公園までの道のりは，$\boxed{5}$×54＝$\boxed{270}$と表せる。あとはつるかめ算を利用する。**

41分歩くと$\boxed{5}$×41＝$\boxed{205}$進むので，$\boxed{270}$－$\boxed{205}$＝$\boxed{65}$足りない。1分間歩くのを1分間自転車をこぐことに置きかえると，進む道のりは$\boxed{18}$－$\boxed{5}$＝$\boxed{13}$長くなる。よって，自転車に乗っていた時間は，$\boxed{65}$÷$\boxed{13}$＝5(分間)

⑶　⑵より，歩いた時間は41－5＝36(分間)だから，($\boxed{18}$×5)：($\boxed{5}$×36)＝1：2

4　⑴　**【解き方】6と9と15の最小公倍数と同じ時間がたつごとに，3つの列車は同時に出発する。**

3つ以上の数の最小公倍数を求めるときは，右のような筆算を利用する。3つの数のうち2つ以上を割り切れる素数で次々に割っていき(割れない数はそのまま下におろす)，割った数と割られた結果残った数をすべてかけあわせれば，最小公倍数となる。

3) 6　9　15
　 2　3　5

6と9と15の最小公倍数は，3×2×3×5＝90　したがって，3つの列車は90分ごとに同時に出発するから，求める時刻は，午前9時＋90分＝午前10時30分

⑵　⑴より，3つの列車は90分ごとに同時に出発する。午前9時から午後3時10分までの時間は，6時間10分＝370分だから，370÷90＝4余り10より，午前9時のあとでは4回同時に出発する。

よって，求める回数は，1＋4＝5(回)

⑶　**【解き方】普通列車と急行列車が同時に出発した回数から，3つの列車が同時に出発した回数を引く。**

6と9の最小公倍数は18だから，普通列車と急行列車は18分ごとに同時に出発する。午前9時から午前10時40分までの1時間40分＝100分の間に普通列車と急行列車が同時に出発するのは，100÷18＝5余り10より，午前9時を除いて5回である。このうち1回は⑴で求めた3つの列車が同時に出発するときだから，求める回数は，5－1＝4(回)

⑷　**【解き方】（急行列車が出発する回数）－（普通列車と急行列車が同時に出発する回数）－（急行列車と特急列車が同時に出発する回数）＋（３つの列車が同時に出発する回数），で求める。午前９時ちょうどは除いて考え，ここまでの解説をふまえる。**

午前９時から午後３時までは６時間＝360 分である。したがって，（急行列車が出発する回数）＝360÷９＝40（回）

（普通列車と急行列車が同時に出発する回数）＝360÷18＝20（回）

９と 15 の最小公倍数は 45 だから，急行列車と特急列車は 45 分ごとに同時に出発するので，

（急行列車と特急列車が同時に出発する回数）＝360÷45＝８（回）

（３つの列車が同時に出発する回数）＝360÷90＝４（回）

よって，求める回数は，40－20－８＋４＝16（回）

5　⑴　△＝２，○＝３のとき右図①のようになるから，⧅＝２×３＋３×４＝18

図①

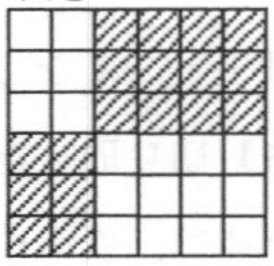

図②

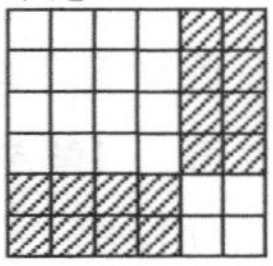

⑵　△＝４，○＝４のとき右図②のようになるから，⧅＝４×４＋２×２＝20

⑶　**【解き方】例えば，△＝４，○＝４のときは，右図③の直線ｍと直線ｎで分けられた４つの場所のうち，左上と右下が白に，左下と右上が黒になる。直線ｎの位置によって，⧅がどのように変化するのかを考える。**

図③

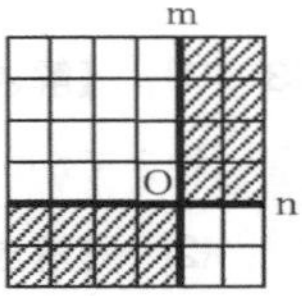

直線ｍが図③の位置のままのとき，直線ｎを１つ上にあげるごとに，⧅は４－２＝２減る。

⧅と⧄が等しくなるのは，⧅＝６×６÷２＝18 のときだから，直線ｎを（20－18）÷２＝１（つ）上にあげると，⧅と⧄が等しくなる。直線ｎがこの位置になるのは，○＝３のときである。

⑷　**【解き方】⑶の図の直線ｍと直線ｎが交わる点であるＯの位置によって，⧅がどう変化するのかを考える。**

△の値によって直線ｍの位置が決まり，○の値によって直線ｎの位置が決まる。

Ｏが右図④の位置にあるとき，⧅＝⧄となる。また，図④において，直線ｍを固定して直線ｎを動かしても，直線ｎを固定して直線ｍを動かしても，⧅＝⧄のままである。このように考えていくと，Ｏが図⑤の○の位置にあるときは⧅の方が大きく，●の位置にあるときは⧄の方が大きくなるとわかる。

図④

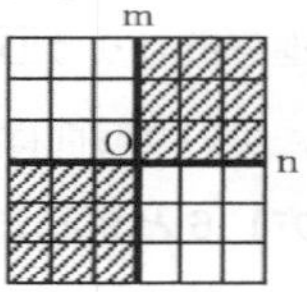

図⑤

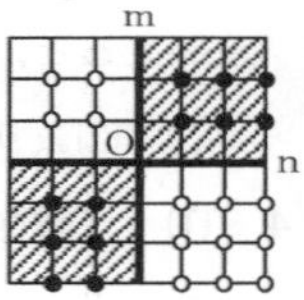

よって，⧄の方が大きくなる（△，○）の組み合わせは，●の個数と同じく，12 通りある。

《2021　１次後期　理科　解説》

【１】

⑴　表１より，ばねの縮みが３cmのとき，ＡＢ（60cm）を進むのにかかった時間は 0.2 秒だから，速さは 60÷0.2＝300（cm/秒）となる。

⑵　ア○…表１より，ばねの縮みが１cmから２cmへ２倍になると，ＡＢを進むのにかかった時間は$(\frac{0.3}{0.6}=)\frac{1}{2}$倍で速さは２倍，ばねの縮みが１cmから３cmへ３倍になると，ＡＢを進むのにかかった時間は$(\frac{0.2}{0.6}=)\frac{1}{3}$倍で速さは３倍，ばねの縮みが１cmから４cmへ４倍になると，ＡＢを進むのにかかった時間は$(\frac{0.15}{0.6}=)\frac{1}{4}$倍で速さは４倍になっていることがわかる。

⑶　イ○…表１より，ばねの縮みが１cmから２cmへ２倍になると，おもりが上がった高さは$(\frac{20}{5}=)$４倍，ばねの縮みが１cmから３cmへ３倍になると，おもりが上がった高さは$(\frac{45}{5}=)$９倍，ばねの縮みが１cmから４cmへ４倍になると，おもりが上がった高さは$(\frac{80}{5}=)$16 倍になっていることがわかる。

⑷　ばねの縮みの６cmは３cmの２倍だから，おもりが上がった高さはばねの縮みが３cmのときの４倍の 45×４＝180（cm）となる。

⑸　ウ○…表２より，おもりの重さが５ｇから 10ｇへ２倍になると，おもりが上がった高さは($\frac{45}{90}$=)$\frac{1}{2}$倍，おもりの重さが５ｇから 15ｇへ３倍になると，おもりが上がった高さは($\frac{30}{90}$=)$\frac{1}{3}$倍，おもりの重さが５ｇから 20ｇへ４倍になると，おもりが上がった高さは($\frac{22.5}{90}$=)$\frac{1}{4}$倍になっていることがわかる。

⑹　表２でおもりの重さが 20ｇ(ばねの縮みは３㎝)のときを基準にして考える。⑸解説より，おもりの重さを 20ｇの３倍の 60ｇにすると，おもりが上がった高さは$\frac{1}{3}$倍になり，⑶解説より，ばねの縮みを３㎝の３倍の９㎝にすると，おもりが上がった高さは９倍になるので，$22.5\times\frac{1}{3}\times 9=67.5$(㎝)となる。

【２】

⑴　①②２個の金属棒を並列つなぎにすると，それぞれに流れる電流の大きさは同じであり，図６より，電池の数が１個のとき，電流計の値は 0.6Ａだとわかるので，金属棒にはそれぞれ $0.6\div 2=0.3$(Ａ)の電流が流れる。

③図６より，２個の金属棒を直列つなぎにすると，電池の数が２個のとき，電流計の値は 0.3Ａになることがわかる。　④図２より，電池と１個の金属棒の回路では，金属棒に 0.3Ａの電流が流れることから，１個の金属棒に流れる電流の大きさは電池１個分である。

⑵　ウ○…実験１より，豆電球と金属棒をそれぞれ電池１個につないだときの電流の大きさは 0.3Ａで同じである。また，⑴①②解説より，実験３で豆電球と金属棒を並列つなぎにしても，それぞれに電池１個のときと同じ大きさの電流が流れると考えられる。したがって，豆電球の明るさは図１のときと変わらない。

⑶　⑵解説より，２個の金属棒と豆電球それぞれに 0.3Ａの電流が流れるので，電流計の値はその合計の
$0.3\times 3=0.9$(Ａ)となる。

⑷　図８の金属棒のつなぎ方は，図４と図５の金属棒を直列につないだものだから，図４と図５のそれぞれの回路に 0.6Ａが流れるときの電池の数をたし合わせた個数になる。図６より，$1+4=5$(個)となる。

【３】

⑴　全体の重さの減少した分が，発生した酸素の重さだから，表１より，$251-249.4=1.6$(ｇ)となる。

⑵　二酸化マンガンは過酸化水素水の反応を進めるためのもの(しょくばいという)で，反応の前後で重さが変わらないので，１ｇである。また，過酸化水素がすべて反応したと考えると，水は $249.4-(200+1)=48.4$(ｇ)である。

⑶　二酸化マンガンの量を５ｇに増やしても，過酸化水素の重さが変わらなければ，発生する酸素の重さは変わらない。したがって，二酸化マンガンの重さが４ｇ増えて，$249.4+4=253.4$(ｇ)となる。

⑷　⑵解説より，50ｇの過酸化水素水が充分に反応すると，48.4ｇの水が残ったので，発生した酸素は $50-48.4=1.6$(ｇ)である。表２より，反応した過酸化水素の重さと発生した酸素の重さは比例の関係にあることがわかるので，酸素が 1.6ｇ発生するときに反応した(50ｇの過酸化水素水に溶けていた)過酸化水素の重さは $1.7\times\frac{1.6}{0.8}=3.4$(ｇ)である。したがって，〔濃さ(%)=$\frac{\text{溶けているものの重さ(g)}}{\text{水溶液の重さ(g)}}\times 100$〕より，$\frac{3.4}{50}\times 100=6.8$(%)となる。

⑸　表１で，全体の重さが $251-250.6=0.4$(ｇ)減ったことがわかり，充分時間が経過すると 1.6ｇ減ることから，酸素をあと $1.6-0.4=1.2$(ｇ)発生させる過酸化水素が溶けている。したがって，$3.4\times\frac{1.2}{1.6}=2.55$(ｇ)となる。

【４】

⑴　空気にもっとも多く含まれる気体はちっ素である。空気のおよそ 78%はちっ素である。

⑵　火をつけるとポンッと音を立てて燃える気体は水素である。水素が燃えると水ができる。

⑶　ＢＴＢ溶液は酸性で黄色，中性で緑色，アルカリ性で青色に変化する。鼻をさすようなにおいがあり，水溶液

がアルカリ性を示す気体はアンモニアである。

⑷　鼻をさすようなにおいがある気体はアンモニアと塩化水素である。⑶でアンモニアを選んだので，この気体は塩化水素である。塩化水素の水溶液は塩酸である。

⑸　石灰石を塩酸に入れると発生する気体は二酸化炭素である。

⑹　助燃性がある気体は酸素である。

⑺　Ａに当てはまる気体はちっ素，水素，アンモニア，Ｂに当てはまる気体はアンモニア，塩化水素，二酸化炭素である。Ａの気体はすべて空気より軽く，Ｂの気体はすべて水にとける。

【５】

⑵　ワセリンをぬった部分からは蒸散が起こらないので，①と④の水の重さの差が，葉から出ていった水の重さである。したがって，275－240＝35(ｇ)となる。

⑶　⑤では，水に油を浮かべたことで，水面からの水の蒸発を防ぐことができるので，植物の体から出ていった水の重さは 300－247＝53(ｇ)である。⑵より，葉から出ていった水は 35ｇだから，植物の体から出ていった水のうち，葉以外の部分から出ていった水は 53－35＝18(ｇ)となる。

⑷　③と④を比べると，葉の裏面から 264－240＝24(ｇ)，②と④を比べると，葉の表面から 251－240＝11(ｇ)出ていったことがわかる。したがって，出ていった水は葉の裏面の方が 24－11＝13(ｇ)多い。

⑸　出ていった水が多い葉の裏面の方が，気孔の数が多いと考えられる。

⑹　5×10＝50(㎠)の厚紙の重さは４ｇで，葉の形に切りぬいた厚紙の重さは２ｇだから，面積は $50\times\frac{2}{4}$＝25(㎠)である。

⑺　５日間で葉から 35ｇの水が出ていったから，１日に 35÷５＝７(ｇ)→7000 ㎎である。葉は６枚だから，葉の面積は 25×６＝150(㎠)であり，葉１㎠あたり $\frac{7000}{150}$＝46.6…→47 ㎎の水が出ていったことになる。

【６】

⑴　Ａの星は星座早見盤の中心にある動かない星(北極星)である。

⑵　北極星(Ａ)のある方角が北だから，Ｅが北である。

⑶　星座早見盤を使って星を見るときは，星座早見盤の見たい方角の文字を下にして持ち，真上にかざして見るので，南北に対する東西の方角が反対になる。したがって，西の方角はＣである。

⑷　エ○…東の方角(Ｂ)が下になっているエを選ぶ。

⑸　イ○…星座早見の中を星は東(Ｂ)から西(Ｃ)へ移動するので，１ヶ月後，同じ場所の同じ時刻に見る星の位置は西に動く。

《2021　1次後期　社会　解説》

《１》

⑴　①は薩摩半島(鹿児島県)のエ，②は知床半島(北海道)のア，③は房総半島(千葉県)のイ，④は紀伊半島(和歌山県)のウを選ぶ。

⑵　Ａの択捉島，色丹島，歯舞群島，国後島は北方領土と呼ばれており，日本は占拠するロシア連邦に対して返還を要求し続けているが，実現には至っていない。

《２》

⑴　エが正しい。アは京都府，イは秋田県，ウは山形県の祭である。

⑵　イが正しい。アは静岡県，ウは鳥取県，エは千葉県にある。

(3)　「仙台市の牛タン焼き」から宮城県と判断する。

(4)　イが正しい。南部鉄器は岩手県の伝統的工芸品である。アは佐賀県(九州地方)，ウは京都府(近畿地方)，エは石川県(中部地方)の伝統的工芸品である。

(5)　エが正しい。1945 年８月６日に広島市に原子爆弾が投下された。　ア．「瀬戸大橋」ではなく「瀬戸内しまなみ海道」である。瀬戸大橋は岡山県と香川県を結ぶ。　イ．四万十川は四国地方の高知県を流れる。広島県で有名な河川は，三角州が広がる太田川である。　ウ．島根県についての記述である。

《３》

(1)C　ウ．オーストラリアは鉱産資源が豊富であり，東部では石炭，北西部では鉄鉱石が採掘されている。

(2)　ウを選ぶ。小型軽量な輸出品が多い①と④が空港であり，輸出額の多い①を成田国際空港，④を関西国際空港と判断する。名古屋港は自動車や自動車部品の輸出が盛んで，輸出額が最も高い②と判断する。①は成田国際空港，③は東京港である。

《４》

(1)A　藤原氏は摂関政治(娘を天皇のきさきとし，生まれた子を次の天皇に立て，自らは天皇の外戚として摂政や関白となって実権をにぎる政治)によって勢力をのばした貴族で，藤原道長・頼通親子の頃に最も栄えた。

B　徳川綱吉は，金含有量を減らした元禄小判を発行したことでも知られている。その結果，貨幣の価値が下がり，物価上昇が引き起こされた。　C　津田梅子が設立した女子英学塾は，現在の津田塾大学である。

(2)　Xのみ誤りだからウを選ぶ。聖徳太子は，摂政としておばの推古天皇に代わって政治を行った。

(3)　平等院鳳凰堂は，京都府宇治市にある阿弥陀堂である。

(4)　人形浄瑠璃の脚本家の近松門左衛門の他，浮世草子を書いた小説家の井原西鶴，「紅白梅図屏風」「燕子花図屏風」で知られる画家の尾形光琳なども元禄期(元禄文化)に活躍した。

(5)　ウが誤り。領事裁判権(治外法権)の撤廃は，日清戦争直前の 1894 年に外務大臣陸奥宗光の手で実現された。井上馨は，鹿鳴館を利用した欧化政策で知られる外務大臣である。

(6)　オ．Ⅲ．民撰議院設立建白書の提出(1874 年)→Ⅰ．西南戦争の開始(1877 年)→Ⅱ．日英同盟の締結(1902 年)

《５》

(1)(あ)　関ヶ原の戦いで，石田三成を中心とする西軍に勝利した徳川家康は，1603 年に征夷大将軍となって江戸幕府を開いた。　(い)　日清戦争後の下関条約で得た賠償金の一部で八幡製鉄所が建設されたが，日本に割譲されることとなった遼東半島はロシア・フランス・ドイツの三国干渉によって清に返還された。

(2)　Xのみ誤りだからウを選ぶ。内裏がある平城宮は，平城京の北に設置された。

(3)　ウが正しい。室町幕府８代将軍足利義政の跡継ぎ争いに有力守護の勢力争いが複雑にからみあって，応仁の乱が始まった。　ア．「執権」ではなく「管領」である。執権は鎌倉幕府でおかれた。　イ．「足利尊氏」ではなく「足利義満」である。足利尊氏は京都に北朝を建て，室町幕府を開いた。　エ．足利義満は，将軍や太政大臣を辞した後に，明と勘合貿易を行った。

(5)　エが誤り。大日本帝国憲法の制定は 1889 年である。アは 1949 年，イは 1956 年，ウは 1945 年。

(6)①　キ．学制が 1872 年に公布され，義務教育の制度が制定された。　②　オ．老中松平定信は，寛政の改革

(1787～1793 年)で，朱子学以外を禁じる寛政異学の禁や，米を備蓄させる囲い米の制を制定した。

③　イ．壇ノ浦の戦いは，1185 年に壇ノ浦(山口県下関市)の海上で行われた源氏・平氏の最後の戦いである。

《６》

⑴　ウが正しい。イは日本国憲法が公布された年月日と，祝日の組み合わせである。

⑵　両方とも正しいからアを選ぶ。　Ｙ．違憲審査権が行使され，裁判所によって法律の条文などが違憲と判断されるとその条文が効力を失うのは，憲法が最高法規であるという規定に基づいている。

⑶　日本国憲法の三大原則は，「平和主義」「基本的人権の尊重」「国民主権」である。

⑷　「非核三原則」は 1971 年に国会で決議された。日本は，唯一の被爆国として核兵器を持たない立場を明らかにしている。非核三原則を発表した佐藤栄作首相は，後にノーベル平和賞を受賞した。

⑸　アが誤り。安全保障理事会の常任理事国はアメリカ・イギリス・フランス・ロシア・中国であり，大国一致の原則によって，常任理事国が１国でも反対すればその議案は否決される。また，核拡散防止条約によって核兵器の保有を認められているのも常任理事国だけである。

⑹　ウが正しい。　ア．憲法改正に先議権はなく，議院の立場は対等である。　イ．「出席議員」ではなく「総議員」である。　エ．天皇が国民の名で改正された憲法を公布する。

⑺　エが正しい。　ア・イ．満 18 歳以上のすべての国民に選挙権が保障されている。　ウ．内閣総理大臣は国民が選んだ国会議員の中から，国会議員による間接選挙で選出される。

⑻　公職選挙法は，衆議院議員・参議院議員・地方議会議員・地方公共団体の首長の選挙に関する法律である。

《７》

⑴　三審制により，第二審を求める「控訴」，第三審を求める「上告」が認められている。

⑵　総人口にしめる 65 歳以上(高齢者)の割合が，21％以上であれば「超高齢社会」，14％～20％であれば「高齢社会」，７％～13％であれば「高齢化社会」と呼ばれる。日本は，2007 年に全体に占める高齢者の割合が 21％以上となり，超高齢社会に突入した。

⑷　ユニセフ(国連児童基金)は，世界の子どもたちが平和で健康な生活を送れるように，食料や医薬品を届けたり，予防接種を受けられるようにするための募金活動を行ったりしている。ユネスコは国連教育科学文化機関の略称である。

■ ご使用にあたってのお願い・ご注意

（１）問題文等の非掲載

著作権上の都合により，問題文や図表などの一部を掲載できない場合があります。

誠に申し訳ございませんが，ご了承くださいますようお願いいたします。

（２）過去問における時事性

過去問題集は，学習指導要領の改訂や社会状況の変化，新たな発見などにより，現在とは異なる表記や解説になっている場合があります。過去問の特性上，出題当時のままで出版していますので，あらかじめご了承ください。

（３）配点

学校等から配点が公表されている場合は，記載しています。公表されていない場合は，記載していません。

独自の予想配点は，出題者の意図と異なる場合があり，お客様が学習するうえで誤った判断をしてしまう恐れがあるため記載していません。

（４）無断複製等の禁止

購入された個人のお客様が，ご家庭でご自身またはご家族の学習のためにコピーをすることは可能ですが，それ以外の目的でコピー，スキャン，転載（ブログ，ＳＮＳなどでの公開を含みます）などをすることは法律により禁止されています。学校や学習塾などで，児童生徒のためにコピーをして使用することも法律により禁止されています。

ご不明な点や，違法な疑いのある行為を確認された場合は，弊社までご連絡ください。

（５）けがに注意

この問題集は針を外して使用します。針を外すときは，けがをしないように注意してください。また，表紙カバーや問題用紙の端で手指を傷つけないように十分注意してください。

（６）正誤

制作には万全を期しておりますが，万が一誤りなどがございましたら，弊社までご連絡ください。

なお，誤りが判明した場合は，弊社ウェブサイトの「ご購入者様のページ」に掲載しておりますので，そちらもご確認ください。

■ お問い合わせ

解答例，解説，印刷，製本など，問題集発行におけるすべての責任は弊社にあります。

ご不明な点がございましたら，弊社ウェブサイトの「お問い合わせ」フォームよりご連絡ください。迅速に対応いたしますが，営業日の都合で回答に数日を要する場合があります。

ご入力いただいたメールアドレス宛に自動返信メールをお送りしています。自動返信メールが届かない場合は，「よくある質問」の「メールの問い合わせに対し返信がありません。」の項目をご確認ください。

また弊社営業日（平日）は，午前９時から午後５時まで，電話でのお問い合わせも受け付けています。

2025 春

株式会社教英出版
〒422-8054　静岡県静岡市駿河区南安倍３丁目 12-28
TEL　054-288-2131　　FAX　054-288-2133
URL　https://kyoei-syuppan.net/
MAIL siteform@kyoei-syuppan.net

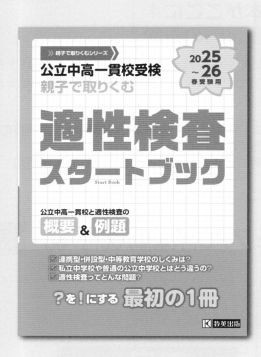

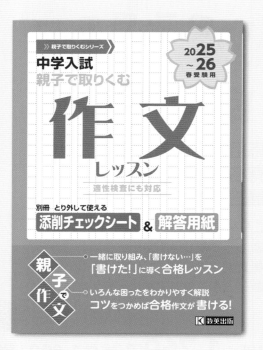

神奈川県

① [県立] 相模原中等教育学校
　　　　 平塚中等教育学校
② [市立] 南高等学校附属中学校
③ [市立] 横浜サイエンスフロンティア高等学校附属中学校
④ [市立] 川崎高等学校附属中学校
✿⑤聖光学院中学校
✿⑥浅野中学校
⑦洗足学園中学校
⑧法政大学第二中学校
⑨逗子開成中学校（1次）
⑩逗子開成中学校（2·3次）
⑪神奈川大学附属中学校（第1回）
⑫神奈川大学附属中学校（第2·3回）
⑬栄光学園中学校
⑭フェリス女学院中学校

新潟県

① [県立] 村上中等教育学校
　　　　 柏崎翔洋中等教育学校
　　　　 燕中等教育学校
　　　　 津南中等教育学校
　　　　 直江津中等教育学校
　　　　 佐渡中等教育学校
② [市立] 高志中等教育学校
③新潟第一中学校
④新潟明訓中学校

石川県

① [県立] 金沢錦丘中学校
②星稜中学校

福井県

① [県立] 高志中学校

山梨県

①山梨英和中学校
②山梨学院中学校
③駿台甲府中学校

長野県

① [県立] 屋代高等学校附属中学校
　　　　 諏訪清陵高等学校附属中学校
② [市立] 長野中学校

岐阜県

①岐阜東中学校
②鶯谷中学校
③岐阜聖徳学園大学附属中学校

静岡県

① [国立] 静岡大学教育学部附属中学校
　　　　（静岡·島田·浜松）
② [県立] 清水南高等学校中等部
　 [県立] 浜松西高等学校中等部
　 [市立] 沼津高等学校中等部
③不二聖心女子学院中学校
④日本大学三島中学校
⑤加藤学園暁秀中学校
⑥星陵中学校
⑦東海大学付属静岡翔洋高等学校中等部
⑧静岡サレジオ中学校
⑨静岡英和女学院中学校
⑩静岡雙葉中学校
⑪静岡聖光学院中学校
⑫静岡学園中学校
⑬静岡大成中学校
⑭城南静岡中学校
⑮静岡北中学校
⑯常葉大学附属常葉中学校
　常葉大学附属橘中学校
　常葉大学附属菊川中学校
⑰藤枝明誠中学校
⑱浜松開誠館中学校
⑲静岡県西遠女子学園中学校
⑳浜松日体中学校
㉑浜松学芸中学校

愛知県

① [国立] 愛知教育大学附属名古屋中学校
②愛知淑徳中学校
③名古屋経済大学市邨中学校
　名古屋経済大学高蔵中学校
④金城学院中学校
⑤椙山女学園中学校
⑥東海中学校
⑦南山中学校男子部
⑧南山中学校女子部
⑨聖霊中学校
⑩滝中学校
⑪名古屋中学校
⑫大成中学校
⑬愛知中学校
⑭星城中学校
⑮名古屋葵大学中学校
　（名古屋女子大学中学校）
⑯愛知工業大学名電中学校
⑰海陽中等教育学校（特別給費生）
⑱海陽中等教育学校（I·II）
⑲中部大学春日丘中学校
新刊⑳名古屋国際中学校

三重県

① [国立] 三重大学教育学部附属中学校
②暁中学校
③海星中学校
④四日市メリノール学院中学校
⑤高田中学校
⑥セントヨゼフ女子学園中学校
⑦三重中学校
⑧皇學館中学校
⑨鈴鹿中等教育学校
⑩津田学園中学校

滋賀県

① [国立] 滋賀大学教育学部附属中学校
② [県立] 河瀬中学校
　　　　 守山中学校
　　　　 水口東中学校

京都府

① [国立] 京都教育大学附属桃山中学校
② [府立] 洛北高等学校附属中学校
③ [府立] 園部高等学校附属中学校
④ [府立] 福知山高等学校附属中学校
⑤ [府立] 南陽高等学校附属中学校
⑥ [市立] 西京高等学校附属中学校
⑦同志社中学校
⑧洛星中学校
⑨洛南高等学校附属中学校
⑩立命館中学校
⑪同志社国際中学校
⑫同志社女子中学校（前期日程）
⑬同志社女子中学校（後期日程）

大阪府

① [国立] 大阪教育大学附属天王寺中学校
② [国立] 大阪教育大学附属平野中学校
③ [国立] 大阪教育大学附属池田中学校

④[府立]富田林中学校
⑤[府立]咲くやこの花中学校
⑥[府立]水都国際中学校
⑦清風中学校
⑧高槻中学校（A日程）
⑨高槻中学校（B日程）
⑩明星中学校
⑪大阪女学院中学校
⑫大谷中学校
⑬四天王寺中学校
⑭帝塚山学院中学校
⑮大阪国際中学校
⑯大阪桐蔭中学校
⑰開明中学校
⑱関西大学第一中学校
⑲近畿大学附属中学校
⑳金蘭千里中学校
㉑金光八尾中学校
㉒清風南海中学校
㉓帝塚山学院泉ヶ丘中学校
㉔同志社香里中学校
㉕初芝立命館中学校
㉖関西大学中等部
㉗大阪星光学院中学校

兵庫県

①[国立]神戸大学附属中等教育学校
②[県立]兵庫県立大学附属中学校
③雲雀丘学園中学校
④関西学院中学部
⑤神戸女学院中学部
⑥甲陽学院中学校
⑦甲南中学校
⑧甲南女子中学校
⑨灘中学校
⑩親和中学校
⑪神戸海星女子学院中学校
⑫滝川中学校
⑬啓明学院中学校
⑭三田学園中学校
⑮淳心学院中学校
⑯仁川学院中学校
⑰六甲学院中学校
⑱須磨学園中学校(第1回入試)
⑲須磨学園中学校(第2回入試)
⑳須磨学園中学校(第3回入試)
㉑白陵中学校
㉒夙川中学校

奈良県

①[国立]奈良女子大学附属中等教育学校
②[国立]奈良教育大学附属中学校
③[県立]
- 国際中学校
- 青翔中学校

④[市立]一条高等学校附属中学校
⑤帝塚山中学校
⑥東大寺学園中学校
⑦奈良学園中学校
⑧西大和学園中学校

和歌山県

①[県立]
- 古佐田丘中学校
- 向陽中学校
- 桐蔭中学校
- 日高高等学校附属中学校
- 田辺中学校

②智辯学園和歌山中学校
③近畿大学附属和歌山中学校
④開智中学校

岡山県

①[県立]岡山操山中学校
②[県立]倉敷天城中学校
③[県立]岡山大安寺中等教育学校
④[県立]津山中学校
⑤岡山中学校
⑥清心中学校
⑦岡山白陵中学校
⑧金光学園中学校
⑨就実中学校
⑩岡山理科大学附属中学校
⑪山陽学園中学校

広島県

①[国立]広島大学附属中学校
②[国立]広島大学附属福山中学校
③[県立]広島中学校
④[県立]三次中学校
⑤[県立]広島叡智学園中学校
⑥[市立]広島中等教育学校
⑦[市立]福山中学校
⑧広島学院中学校
⑨広島女学院中学校
⑩修道中学校
⑪崇徳中学校
⑫比治山女子中学校
⑬福山暁の星女子中学校
⑭安田女子中学校
⑮広島なぎさ中学校
⑯広島城北中学校
⑰近畿大学附属広島中学校福山校
⑱盈進中学校
⑲如水館中学校
⑳ノートルダム清心中学校
㉑銀河学院中学校
㉒近畿大学附属広島中学校東広島校
㉓AICJ中学校
㉔広島国際学院中学校
㉕広島修道大学ひろしま協創中学校

山口県

①[県立]
- 下関中等教育学校
- 高森みどり中学校

②野田学園中学校

徳島県

①[県立]
- 富岡東中学校
- 川島中学校
- 城ノ内中等教育学校

②徳島文理中学校

香川県

①大手前丸亀中学校
②香川誠陵中学校

愛媛県

①[県立]
- 今治東中等教育学校
- 松山西中等教育学校

②愛光中学校
③済美平成中等教育学校
④新田青雲中等教育学校

高知県

①[県立]
- 安芸中学校
- 高知国際中学校
- 中村中学校

福岡県

①[国立]福岡教育大学附属中学校（福岡·小倉·久留米）

②[県立]
- 育徳館中学校
- 門司学園中学校
- 宗像中学校
- 嘉穂高等学校附属中学校
- 輝翔館中等教育学校

③西南学院中学校
④上智福岡中学校
⑤福岡女学院中学校
⑥福岡雙葉中学校
⑦照曜館中学校
⑧筑紫女学園中学校
⑨敬愛中学校
⑩久留米大学附設中学校
⑪飯塚日新館中学校
⑫明治学園中学校
⑬小倉日新館中学校
⑭久留米信愛中学校
⑮中村学園女子中学校
⑯福岡大学附属大濠中学校
⑰筑陽学園中学校
⑱九州国際大学付属中学校
⑲博多女子中学校
⑳東福岡自彊館中学校
㉑八女学院中学校

佐賀県

①[県立]
- 香楠中学校
- 致遠館中学校
- 唐津東中学校
- 武雄青陵中学校

②弘学館中学校
③東明館中学校
④佐賀清和中学校
⑤成穎中学校
⑥早稲田佐賀中学校

長崎県

①[県立]
- 長崎東中学校
- 佐世保北中学校
- 諫早高等学校附属中学校

②青雲中学校
③長崎南山中学校
④長崎日本大学中学校
⑤海星中学校

熊本県

①[県立]
- 玉名高等学校附属中学校
- 宇土中学校
- 八代中学校

②真和中学校
③九州学院中学校
④ルーテル学院中学校
⑤熊本信愛女学院中学校
⑥熊本マリスト学園中学校
⑦熊本学園大学付属中学校

大分県

①[県立]大分豊府中学校
②岩田中学校

宮崎県

①[県立]五ヶ瀬中等教育学校

②[県立]
- 宮崎西高等学校附属中学校
- 都城泉ヶ丘高等学校附属中学校

③宮崎日本大学中学校
④日向学院中学校
⑤宮崎第一中学校

鹿児島県

①[県立]楠隼中学校
②[市立]鹿児島玉龍中学校
③鹿児島修学館中学校
④ラ・サール中学校
⑤志學館中等部

沖縄県

①[県立]
- 与勝緑が丘中学校
- 開邦中学校
- 球陽中学校
- 名護高等学校附属桜中学校

もっと過去問シリーズ

北海道

北嶺中学校
7年分(算数・理科・社会)

静岡県

静岡大学教育学部附属中学校
(静岡·島田·浜松)
10年分(算数)

愛知県

愛知淑徳中学校
7年分(算数・理科・社会)
東海中学校
7年分(算数・理科・社会)
南山中学校男子部
7年分(算数・理科・社会)
南山中学校女子部
7年分(算数・理科・社会)
滝中学校
7年分(算数・理科・社会)
名古屋中学校
7年分(算数・理科・社会)

岡山県

岡山白陵中学校
7年分(算数・理科)

広島県

広島大学附属中学校
7年分(算数・理科・社会)
広島大学附属福山中学校
7年分(算数・理科・社会)
広島学院中学校
7年分(算数・理科・社会)
広島女学院中学校
7年分(算数・理科・社会)
修道中学校
7年分(算数・理科・社会)
ノートルダム清心中学校
7年分(算数・理科・社会)

愛媛県

愛光中学校
7年分(算数・理科・社会)

福岡県

福岡教育大学附属中学校
(福岡·小倉·久留米)
7年分(算数・理科・社会)
西南学院中学校
7年分(算数・理科・社会)
久留米大学附設中学校
7年分(算数・理科・社会)
福岡大学附属大濠中学校
7年分(算数・理科・社会)

佐賀県

早稲田佐賀中学校
7年分(算数・理科・社会)

長崎県

青雲中学校
7年分(算数・理科・社会)

鹿児島県

ラ·サール中学校
7年分(算数・理科・社会)

※もっと過去問シリーズは
国語の収録はありません。

教英出版
〒422-8054
静岡県静岡市駿河区南安倍3丁目12−28
TEL 054-288-2131
FAX 054-288-2133
詳しくは教英出版で検索
教英出版 検索
URL https://kyoei-syuppan.net/

２０２４年　開明中学校　入学試験問題

１次前期

国語

（60分）

【問題冊子】

（注意）

１．問題冊子および解答用紙は監督者《かんとくしゃ》の指示があるまで開かないこと。

２．問題は全部で２題である。

３．試験開始後、解答用紙の所定箇所《かしょ》に受験番号をはっきりと記入し、マークを正しく塗《ぬ》りつぶすこと。

４．解答は解答用紙の指定された箇所に書くこと。

５．字数制限のある問いは符号や句読点も一字と数えるものとする。

６．試験終了の合図で解答はやめて、筆記用具を置き、手はひざにおくこと。

７．試験終了後、解答用紙を回収した後、問題冊子も回収をする。

一　次の文章を読んであとの問いに答えなさい。

①複数の家族を含むコミュニティー（共同体）は、サルや類人猿には見られない人間だけの特徴だ。ゴリラは人間の家族と似た小集団をつくるが、それらが集まってコミュニティーをつくることはない。チンパンジーには家族的な集団がなく、複数のオスとメスがコミュニティーのような大きな集団をつくるだけだ。

なぜ類人猿は家族とコミュニティーを組み合わせた社会をつくれないのか。その理由は、家族とコミュニティーはそもそも維持《いじ》される原理が違《ちが》うからだ。家族は見返りを求めない援助《えんじょ》と協力によって、コミュニティーは集まることで利益を得られるような※1互酬性《ごしゅうせい》やⅰキソクによって、それぞれ成り立っている。しばしばこの二つの原理は※2拮抗《きっこう》する。地域社会の厄介者《やっかいもの》が家族では最良の父親という場合や、ある組織ではみんなの尊敬を集めるリーダーが家族のなかでは嫌《きら》われ者という場合があるのだ。その矛盾《むじゅん》に耐《た》えられないから、②サルや類人猿はどちらかの原理により強く依存して群れをつくる。

[1]なぜ、人間だけが家族を温存したコミュニティーをつくったのか。いや、つくることができたのか。その背景には文化的な理由より、生物学的な要因が大きく関与《かんよ》していたと私は考えている。

最近、オランウータン、ゴリラ、チンパンジーといった類人猿の野生における成長や繁殖《はんしょく》の特徴が明らかになって、人間の生活史の不思議な側面が浮《う》かび上がってきた。人間は多産であるにもかかわらず、子どもの成長が遅《おそ》いのだ。

類人猿の赤ちゃんは人間より長い期間母乳を吸って育つので、その間は母親が妊娠《にんしん》できない。ゴリラは３～４年、チンパンジーは５年、オランウータンはなんと７年も母乳を吸って育つ。だから出産間隔《かんかく》が長く、生涯《しょうがい》に数頭しか子どもを産めないし、大人になる子どもは２頭前後である。そのため、数は増えず、今は絶滅《ぜつめつ》の危機に瀕《ひん》している。

[2]、人間の赤ちゃんは２年足らずで離乳《りにゅう》し、母親は年子《としご》を産むことも可能だ。生涯に１０人以上の子どもを育てることもできる。

この特徴は遠い昔、人間の祖先が類人猿のすむ熱帯雨林から離《はな》れて、大型の捕食《ほしょく》動物が多い草原へと進出した時代に獲得《かくとく》したと考えられる。逃《に》げこむ樹木のない草原は危険だし、無防備な幼児がよく犠牲《ぎせい》になるのだ。

肉食獣《にくしょくじゅう》の餌食《えじき》になりやすい動物は生涯にたくさんの子どもを産む。その方法は二つある。一つはイノシシのように一度に何頭も子どもを産む方法だ。もう一つはシカのように、一産一子だが子どもの成長は早く、毎年子どもを産む方法だ。人間の祖先も、捕食によって高まる子どもの死亡率を補うために多産になったと考えられる。サルや類人猿の仲間である人間は、一度にたくさんの子どもを産むのではなく、出産間隔を短くして何度も産む方法を選んだのだ。森林性と草原性のサルを比べると、草原性のほうが多産だし、子どもの成長も早い。

しかし、人間は多産なのに、子どもの成長は類人猿よりずっと遅い。それは脳を大きくしたためである。

人間の進化史で、最も早く現れる人間らしい特徴は直立二足歩行だ。これは長い距離《きょり》をゆっくり歩くのに適した様式で、自由になった手で物を運べる利点がある。おそらく、（　Ａ　）範囲《はんい》で食物を探し、それを安全な場所に運んで食べたのだ。もちろん、肉食獣にねらわれやすい子どもたちに運んだと思われる。

その数百万年後、脳が大きくなりはじめた。ところが、二足歩行によって骨盤《こつばん》が皿状にⅱヘンケイし、産道の大きさが制限されて（　Ｂ　）頭の赤ちゃんが産めない。［３］人間は、類人猿とあまり変わらない頭の大きさの赤ちゃんを産み、類人猿の2倍以上の時間をかけて子どもの脳を大きくすることにしたのである。

ゴリラやチンパンジーの子どもの脳は、4歳《さい》ほどでおとなの大きさに達する。しかし、人間の子どもの脳は１２～１６歳まで成長を続けて、ゴリラの脳の3倍になる。とくに生後1年間はゴリラの4倍のスピードで脳が成長し、5歳までにおとなの脳の９０%に達する。脳は③コストの高いⅲキカンで、成人でも体重の2%しかないのに摂取《せっしゅ》エネルギーの２０%をⅳツイやしている。成長期の子どもの脳は４５～８０%の摂取エネルギーを必要とする。そこで人間は、身体の成長を後回しにして、脳の発達を優先するように成長期をのばした。おかげで、頭でっかちで手のかかる子どもをたくさんもつことになったのだ。

これが、家族とコミュニティーの必要になった原因である。母親の手だけでは子どもを育てられないから、共同の育児が必要になる。複数の家族が集まり、子育てを優先問題にしてさまざまな協力体制を整えたのだ。

　類人猿の赤ちゃんはとても静かだ。ゴリラのお母さんは後1年間、片時も赤ちゃんを腕《うで》から離さない。赤ちゃんはずっと母親にしがみついているから、泣いて自己主張する必要がない。④人間の赤ちゃんは、けたたましい声で泣く。これは、産まれ落ちてすぐに母親以外の手に渡《わた》されて育てられるからである。

　人間の赤ちゃんはお母さんにつかまれないほどひ弱である。しかし、体重はゴリラの赤ちゃんの2倍近くある。それは、人間の赤ちゃんが分厚い脂肪《しぼう》に包まれて産まれてくるからだ。脳を急速に成長させるためには過大なエネルギーが必要である。脂肪はそのエネルギーの不足を補うｖヤクワリを果たす。だから、人間のお母さんは重くてひ弱な赤ちゃんを抱《だ》き続けることができず、置くか、だれかに渡すことになる。そこで、赤ちゃんはけたたましく泣いて自分の不具合や不満を訴《うった》えるのである。泣くのは赤ちゃんの自己主張なのだ。

　その赤ちゃんを泣きやませようとして、多くの人々が共同で働きかけ、食物をもち寄っていっしょに食べ、子守歌《こもりうた》が生まれ、音楽で人々の気持ちを一つにするコミュニケーションが発達した。まだ言葉がしゃべれない赤ちゃんは、いくらしゃべりかけてもその意味がわからない。でも、赤ちゃんに語りかける声は世界各国共通で、トーンが高く、くり返しが多いという特徴をもっているという。赤ちゃんは言葉の意味ではなく、音の高さと抑揚《よくよう》を聞いているのである。⑤ある仮説によれば、それがいつしかおとなの間にも普及《ふきゅう》し、音楽として用いられるようになったという。

　共食と音楽は、言葉が登場する以前から人間に備わった、類人猿にはほとんど見られない特徴である。これらのコミュニケーションによって発達したのが、他者を思いやる心の働きだ。音楽には、お母さんと赤ちゃんのように一体化して、世界を共有させる働きがある。それを人間は言葉によって高めた。自分が体験していないことを言葉によって他者と分かち合い、多くの人と交流できるようになった。

　しかし今、多くの人と共感を人間はだんだん失おうとしている。コミュニケーションの方法が変化したからだ。インターネットや携帯《けいたい》電話で、近くにいる人より見えない場所にいる人を優先する社会が出現した。この方法では、家族とコミュニティーの異なる原理を併用《へいよう》することができない。自己を重んじ、自分を中心に他者と付き合う傾向《けいこう》が⑥肥大しつつある。※3逆説的だが、それは人間としての自分を失うことに通じる。［4］、人間は自分で自分を定義できず、信頼《しんらい》できる人たちの期待によって自分をつくる必要があるからだ。その信頼の輪が家族と共同体だったのだ。

今、家族の危機といわれて久しい。こう見てくると、⑦家族の崩壊は※4自己アイデンティティーの危機なのである。

（山極寿一『ゴリラからの警告「人間社会、ここがおかしい」』による）

※1「互酬性」――個人ないし集団間で、物品などを贈《おく》り合うこと。
※2「拮抗」――互《たが》いに張り合っていること。
※3「逆説」――一見、真理に背《そむ》いているように見えて、実は一面の真理を表していること。
※4「自己アイデンティティー」――自分が自分であること。自分が何者であるか理解していること。

問一 ＝＝＝部ｉ～ｖのカタカナを漢字に直しなさい。

問二 ［1］～［4］を補《おぎな》うのに、最も適当なものを次の中からそれぞれ一つ選び、記号で答えなさい。ただし、同じ記号は二度使わないものとする。

ア なぜなら
イ ところが
ウ では
エ そこで

問三　――部①「複数の家族を含《ふく》むコミュニティー（共同体）は、サルや類人猿《るいじんえん》には見られない人間だけの特徴《とくちょう》だ」とあるが、人間だけが複数の家族を含むコミュニティーを作った理由を筆者はどのように考えているか。その説明として、最も適当なものを次の中から一つ選び、記号で答えなさい。

ア　成長が遅い上たくさんいる子どもたちを育てるためには、複数の家族に協力してもらう必要があったから。
イ　大型の捕食動物が多く、危険な草原で子どもたちを守っていくためには、他の家族と連携《れんけい》する必要があったから。
ウ　エネルギー消費の激しい赤ちゃんに十分な食料を提供するためには、複数の家族が集まることが必要だったから。
エ　人間の生物学的な特徴を活《い》かして独自の生存戦略を練るためには、他の家族と議論することが必要だったから。

問四　――部②「サルや類人猿はどちらかの原理により強く依存《いそん》して群れをつくる」とあるが、ゴリラはどのような原理に基《もと》づいて、どのような集団を作るのか。四十字以内で説明しなさい。

問五　（　A　）・（　B　）を補うのに、最も適当な組み合わせを次の中から一つ選び、記号で答えなさい。

ア　A狭《せま》い　B大きな
イ　A狭い　B小さな
ウ　A広い　B大きな
エ　A広い　B小さな

問六　——部③「コスト」・⑥「肥大し」の本文中の意味として、最も適当なものを次の中からそれぞれ一つずつ選び、記号で答えなさい。

③「コスト」

ア　容積に対する重量
イ　機能に対する代償《だいしょう》
ウ　成長に対する損失
エ　行為《こうい》に対する成果

⑥「肥大し」

ア　極度に好まれ
イ　最大限に優先され
ウ　過剰《かじょう》に誇示《こじ》され
エ　必要以上に増幅《ぞうふく》され

問七　——部④「人間の赤ちゃんは、けたたましい声で泣く」とあるが、それはなぜか。その理由の説明として、最も適当なものを次の中から一つ選び、記号で答えなさい。

ア　母乳の量が不十分で命が危険にさらされていると周囲に示すため。
イ　母親がそばにいないことに対して自分の不平を伝えるため。
ウ　力が弱く母親につかまることができない不快感を訴えるため。
エ　大人たちと言葉でのやりとりを通して共通認識《にんしき》を深めていくため。

問八　——部⑤「ある仮説」とはどのようなものか。その説明として、最も適当なものを次の中から一つ選び、記号で答えなさい。

ア　トーンが高くてくり返しも多い音楽ほど、演奏者の意図を確実に伝えることができるという仮説。
イ　音の高さと抑揚を通して気持ちを一つにするコミュニケーションが、音楽につながっているという仮説。
ウ　音楽は昔から日常的に存在しており、共食とともに人間社会を根底から支えてきたという仮説。
エ　言葉では表現できない大切なことを伝え、人類全体を結び付ける可能性を音楽は秘めているという仮説。

問九　——部⑦「家族の崩壊《ほうかい》は自己アイデンティティーの危機なのである」とあるが、どういうことか。その説明として、最も適当なものを次の中から一つ選び、記号で答えなさい。

ア　オンラインでのコミュニケーションが優先されるようになって、目の前に存在しない人への想像力は増したが、他人を尊重しているように見えても実際は自己中心的になり、生きがいを感じられなくなった。

イ　自分の自由な時間は増え、充実《じゅうじつ》した生活を満喫《まんきつ》しているように見えても、食事や音楽、言葉を家族と共有する経験が少なくなり、他者と喜びを分かち合う能力を失い、充実感を得られなくなった。

ウ　情報通信技術の発展によりコミュニケーションの方法が変化した結果、家族よりも見えない他者を優先し、近くにいる家族からの信頼に応えようとする自分を形成できず、自分を見失ってしまうようになった。

エ　他者よりも自分や家族を第一に考える風潮が広がった結果、家族の結びつきは深まっているが、その家族を支える地域の伝統的なコミュニティーが崩壊していくことで、家族にもしわ寄せが来るようになった。

問十　本文全体に関わる内容の説明として、最も適当なものを次の中から一つ選び、記号で答えなさい。

ア　科学的な知見に基づき動物と人間を比較《ひかく》しながら、人間のコミュニケーションの本質を説明し、現代に潜《ひそ》む危《あや》うさを指摘《してき》している。

イ　動物に対する人間の圧倒的《あっとうてき》な優位性を論理的に説明しながら、人間が今おちいっている諸問題について考察している。

ウ　社会性という観点から人間と動物の共通点と差異を考察しながら、現代の流れに逆らって人間が自然へ回帰する必要性を論じている。

エ　人間の成長に見られる文化的な特徴に触《ふ》れながら、これからの社会で生き抜いていくための人間のあるべき姿を示唆《しさ》している。

二　七十歳で亡くなった「巣立《すだち》」の遺言《ゆいごん》から高校時代以来応援団《おうえんだん》（シャイニング）を再結成した巣立の同級生「引間《ひきま》さん」「板垣《いたがき》さん」「宮瀬《みやせ》さん」とともに、巣立の孫「わたし（希）」は、仲たがいしたままの父（「光助」）と祖父の関係を修復しようとする。次の文章を読んで、あとの問いに答えなさい。

お詫び

著作権上の都合により、文章は掲載しておりません。
ご不便をおかけし、誠に申し訳ございません。

教英出版

お詫び

著作権上の都合により、文章は掲載しておりません。
ご不便をおかけし、誠に申し訳ございません。

教英出版

お詫び

著作権上の都合により、文章は掲載しておりません。
ご不便をおかけし、誠に申し訳ございません。

教英出版

お詫び

著作権上の都合により、文章は掲載しておりません。
ご不便をおかけし、誠に申し訳ございません。

教英出版

お詫び

著作権上の都合により、文章は掲載しておりません。
ご不便をおかけし、誠に申し訳ございません。

教英出版

（遠末真幸『おかげで、死ぬのが楽しみになった』による）

※１「巣立湯」――巣立が経営する銭湯。

※２「陽子先輩」――巣立の妻。巣立、引間、板垣、宮瀬の高校時代の先輩でもある。

問一　＝＝部ⅰ～ⅲの漢字の読みをひらがなで答えなさい。

問二　[1]～[4]を補うのに、最も適当なものを次の中からそれぞれ一つずつ選び、記号で答えなさい。ただし同じ記号は二度使わないものとする。

ア　さすがに
イ　わざわざ
ウ　きっと
エ　どうしても

問三　――部①「引間さんが顔をしかめた」とあるが、「引間さん」が「顔をしかめた」理由として、最も適当なものを次の中から一つ選び、記号で答えなさい。

ア　的を射た非難を受けて、反論しようがなく戸惑《とまど》ったから。
イ　過去の言動を否定されて、思わず不快な思いを抱《いだ》いたから。
ウ　巣立の考えを聞き、過去の行為《こうい》を反省させられたから。
エ　巣立の行動には、友だからこそ許せない点があったから。

問四　【　Ⅰ　】・【　Ⅱ　】に補うべき、体の部位を表すことばをそれぞれ答えなさい。

問五　――部②「唸《うな》る」・⑦「目を丸くした」の本文中における意味として、最も適当なものを次の中からそれぞれ一つずつ選び、記号で答えなさい。

②「唸る」

ア　皮肉を言う

イ　感心する

ウ　悩《なや》ましく思う

エ　怒《いか》りを覚える

⑦「目を丸くした」

ア　心配した

イ　疑問に思った

ウ　うれしく思った

エ　驚《おどろ》いた

問六　――部③「オレは、こんな未来がよかったんだ」とあるが、このときの巣立の思いについての説明として、最も適当なものを次の中から一つ選び、記号で答えなさい。

ア　家族と過ごす今の生活は充実《じゅうじつ》しているが、自分の夢をあきらめたことへの名残《なごり》惜《お》しさはあり、友からその思いを見抜《みぬ》かれたことでなげやりになっている。

イ　当時の決断について他者から共感を得られないものであったとしても、夢の実現よりも今の生活を選んだことを後悔《こうかい》しておらず、誇りに思っている。

ウ　当時の決断が正しかったかどうかは今でもわからないが、家族の存在や今の生活はかけがえのないものであり、それを否定されることを拒否《きょひ》している。

エ　自分の決断に疑いの目を向ける友の意見はもっともであり、夢を失ったことへの絶望感はあるが、それを受け入れて前向きに生きようとしている。

問七 ――部④「ドーピング」とはどのようなことをたとえた表現か。最も適当なものを次の中から一つ選び、記号で答えなさい。

ア 悲しみに浸《ひた》る時でも、笑顔を作ることで前向きに気持ちを切《き》り替えることができるということ。

イ 辛《つら》く困難な状況《じょうきょう》でも、子どもの存在によって気持ちをふるい立たせることができるということ。

ウ 悩みを抱《かか》えていても、子どもが生まれたときのことを思い出すと全《すべ》てを忘れられるということ。

エ 挫折《ざせつ》しそうになっても、家族のサポートを受けることで必ず乗《の》り越《こ》えられるということ。

問八 ――部⑤「その声はいつも通り楽しげで、いつも以上に頼《たの》もしく聞こえた」とあるが、このときの巣立の様子についての説明として、最も適当なものを次の中から一つ選び、記号で答えなさい。

ア 子どもが生まれて忙《いそが》しくなっても、何事も楽しもうとする信条は変わっていない様子。

イ 自分の苦労を気遣《きづか》って優《やさ》しい言葉をかけてくれる友を、安心させようと考えている様子。

ウ 子どもをこの上なく愛し、育児への責任感や仕事に対する情熱を強く抱いている様子。

エ いつも楽しそうな人柄《ひとがら》はそのままで、家族を守ろうとする父親の自覚が感じられる様子。

問九 ――部⑥「ちゃんと言葉にしておく」に込められた「言葉」への宮瀬の考え方を二十五字以内で説明しなさい。

問十 本文全体を通した表現の特徴について説明したものとして、最も適当なものを次の中から一つ選び、記号で答えなさい。

ア 旧友の孫である「わたし」の視点から描《えが》くことで、人物の心情が客観的に表現されている。

イ 時系列順に物語を描くことで、「わたし」の考えが徐々《じょじょ》に変化していくさまが読み取れる。

ウ さまざまな「わたし」の表情の変化を描くことで、感受性豊かな人物像を表現している。

エ 旧友同士の会話からその関係の深さが読み取れ、相手を思いやる心情が描かれている。

※問題はこのページで終わりです。

２０２４年　開明中学校　入学試験問題

１次前期

算数

（60分）

【問題冊子】

（注意）

１．問題冊子および解答用紙は監督者《かんとくしゃ》の指示があるまで開かないこと。

２．大問は全部で５題である。

３．試験開始後，解答用紙の所定箇所《かしょ》に受験番号をはっきりと記入し，マークを正しく塗《ぬ》りつぶすこと。

４．解答は解答用紙の指定された箇所に書くこと。

５．試験終了の合図で解答をやめて，筆記用具を置き，手はひざにおくこと。

６．試験終了後，解答用紙を回収した後，問題冊子も回収をする。

1．次の計算をしなさい。ただし，（4）（5）は$\square$にあてはまる数を答えなさい。

（1）　$4 \times (81 - 36) \div 9 + 144 \div 8 \div 2$

（2）　$3.3 \times 47.91 \times 6 - 4.9 \times 2 \times 47.91$

（3）　$\{1 - (2 - 1.25 - 0.625) \div 0.4\} \times 3\frac{1}{5} + \frac{1}{5}$

（4）　$2\frac{1}{2} \div \frac{5}{7} - 1\frac{3}{4} \times \square \times 9 = \frac{5}{4}$

（5）　$57 \times \left\{ (9 \times 3 - 14) \div 6 + \square \right\} \div (5 \div 14) = 399$

２．次の問いに答えなさい。ただし，円周率は 3.14 とします。

（１）　箱 A にはボールが 12 個，箱 B にはボールが 42 個入っています。
箱 A と箱 B に同じ数だけボールを加えると箱 A と箱 B に入っている
ボールの個数の比が 1：2 になりました。箱 A に加えたボールは何個ですか。

（２）　ある分数に $5\frac{5}{6}$ をかけても，$\frac{7}{15}$ をかけてもその積はともに整数になります。
このような分数のうち，最も小さいものは何ですか。

（３）　A さんと B さんと C さんの 3 人を 2 つの部屋 P と Q に分けるとき，何通りの
分け方がありますか。ただし，それぞれの部屋には少なくとも 1 人以上の人を
分けることとします。

（４）　2 時から 3 時の間で，時計の長針と短針のつくる角の大きさが 180° になるのは
2 時 □ 分です。□ に入る分数は何ですか。

（５）　右の図 の長方形を，直線アを軸《じく》として
135° 回転させてできる立体の体積は
何 cm^3 ですか。

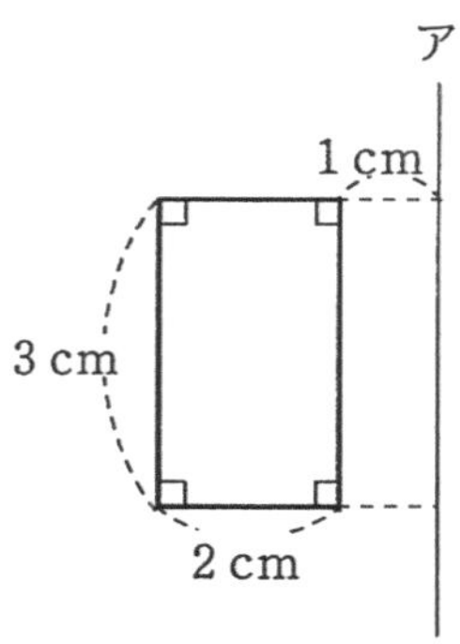

（６）　1 から 2024 までの整数の中で，2 でも 3 でも割り切ることができない整数は
何個ありますか。

3．右の図のような，三角形ABCが直角三角形の三角柱があります。点Gと点Hはそれぞれ辺ADと辺CFを二等分する点です。
このとき，次の問いに答えなさい。

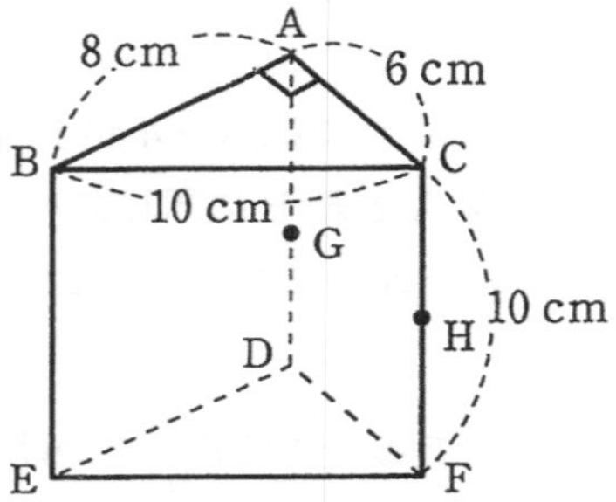

（1）　この三角柱の体積は何 cm^3 ですか。

（2）　E，G，Hを通る平面でこの三角柱を切断します。このとき，Bを含むほうの立体の体積は何 cm^3 ですか。

（3）（2）で切断した2つの立体の表面積の差は何 cm^2 ですか。

２０２４年　開明中学校　入学試験問題

１次前期

理科

（40分）

【問題冊子】

（注意）

1．問題冊子および解答用紙は監督者《かんとくしゃ》の指示があるまで開かないこと。

2．問題は全部で６題である。

3．試験開始後、解答用紙の所定箇所《かしょ》に受験番号をはっきりと記入し、マークを正しく塗《ぬ》りつぶすこと。

4．解答は解答用紙の指定された箇所に書くこと。

5．試験終了の合図で解答はやめて、筆記用具を置き、手はひざにおくこと。

6．試験終了後、解答用紙を回収した後、問題冊子も回収をする。

【１】

次の図のように、なめらかでまさつのない水平な台上に小球Aを置き、その小球Aにふりこの小球Bをしょうとつさせました。小球Bは小球Aとふりこの最下点Oの位置でしょうとつします。しょうとつ後、小球Aはしょうとつ直後と同じ速さで運動します。小球Aはそのままの速さで台から飛び出し、ゆかに落下します。糸の長さや、小球Bから手をはなす高さを変えて、しょうとつ直後の小球Aの速さと、台の側面aから小球Aが着地した点bまでのきょり（水平きょり）を測定《そくてい》すると、表のような結果になりました。ただし、ふりこと糸のまさつ、空気の抵抗《ていこう》は考えないものとします。

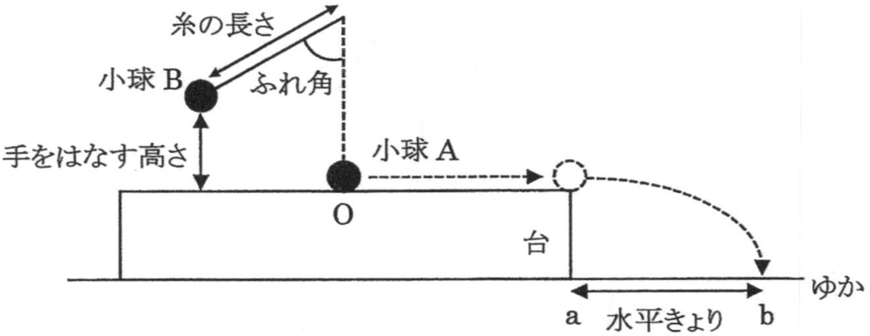

図

表

測定結果	①	②	③	④	⑤	⑥	⑦	⑧
糸の長さ〔cm〕	10	10	20	20	80	80	100	100
手をはなす高さ〔cm〕	2	4	4	8	8	18	18	32
小球Aの速さ〔cm/秒〕	60	84	84	120	120	X	X	240
水平きょり〔cm〕	24	33.6	33.6	48	48	72	72	Y

（1）次の文章中の（ あ ）～（ お ）にあてはまる数値《すうち》を答えなさい。

小球Bから手をはなしたあと、小球Aとしょうとつするまでは、ふりこが（ あ ）分の1往復するということがわかるので、その時間を（ い ）倍することで小球Bの1往復する時間（周期）になる。この周期は糸の長さによって決まることがわかっている。よって、測定結果①のときの小球Bが運動を始めてから小球Aとしょうとつするまでの時間は測定結果②のときと比べて（ う ）倍になる。

ここで、測定結果②と③を比べると、糸の長さと小球Aの速さに関係のないことがわかる。次に、測定結果の規則性について考える。測定結果①と④を比べると、手をはなす高さと小球Aの速さに関係があることがわかる。これよりXの値は（ え ）となる。また、小球Aの速さと水平きょりに関係があることもわかるので、これよりYの値は（ お ）となる。

（2）測定結果において、小球Bから手をはなすときの図のふれ角が同じになる組み合わせを①～⑧からすべて選び、次の解答例のように答えなさい。（ 解答例： ⑩と⑱ ）

（3）「水平きょり」と「台上における小球Aの速さ」の関係を表したグラフとして、最も適当なものを次のア～カから1つ選び、記号で答えなさい。ただし、縦軸を水平きょり、横軸を速さとします。

ア　イ　ウ　エ　オ　カ

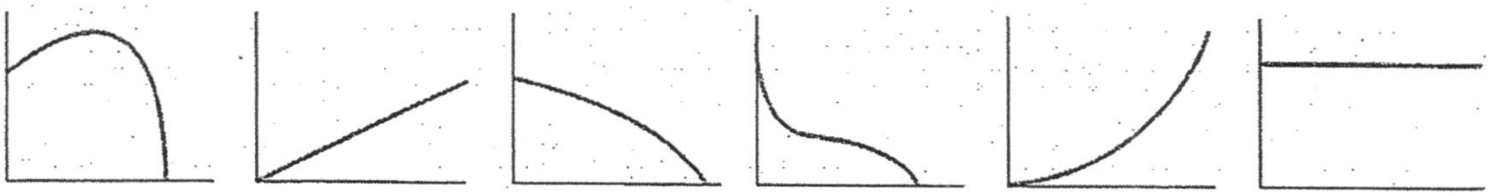

（4）「小球Aが台をはなれてからゆかに落下するまでの時間」と「台上における小球Aの速さ」の関係を表したグラフとして、最も適当なものを（3）のア～カから1つ選び、記号で答えなさい。ただし、縦軸を時間、横軸を速さとします。

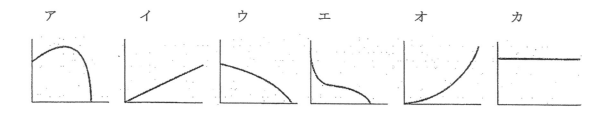

【2】

平らで大きな鏡を用いて、ロウソクの像がどのような位置に見えるか観察しました。反射の法則（鏡に入る光とはね返った光の角度が等しくなる）を用いて、以下の問いに答えなさい。

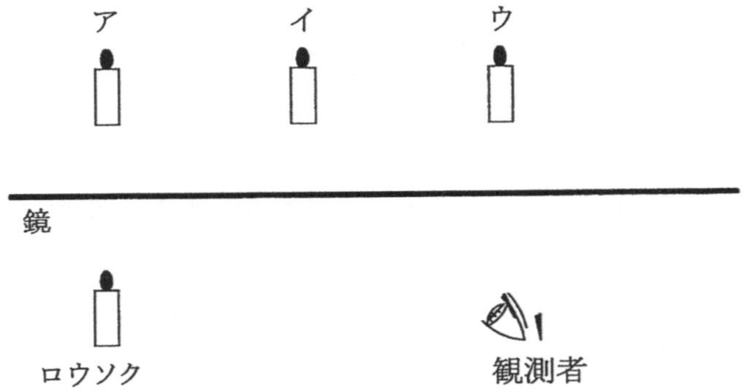

図 1

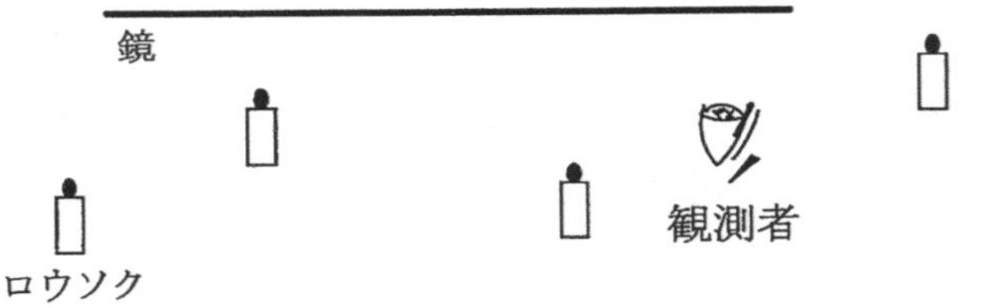

図 2

（1）図 1 で、観測者から見た鏡越《こ》しのロウソクの像の位置をア～ウから 1 つ選び、記号で答えなさい。

（2）図 2 で、複数のロウソクを観測者が鏡越しに見ようとしたとき、見えるロウソクの像の数はいくつになりますか。

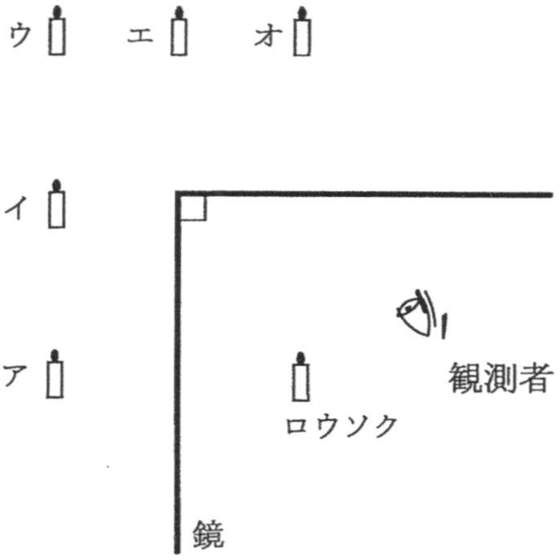

図３

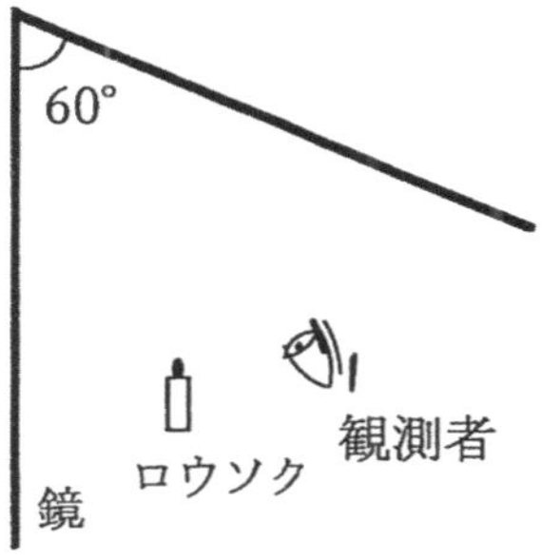

図４

（３）図３のように、平らで大きな鏡を２枚用意し、間の角度が 90°になるように合わせました。このとき観測者から見た鏡越しのロウソクの像はどの位置に見えますか。ア～オから３つ選び、記号で答えなさい。

（４）図４のように、平らで大きな鏡を２枚用意し、間の角度が 60°になるように合わせました。このとき観測者から見た鏡越しのロウソクの像はいくつ見えますか。

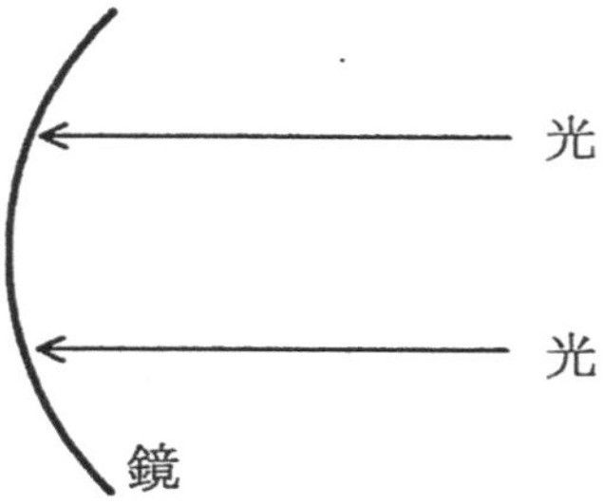

図５

（５）図５のように曲がった鏡（おう面鏡）に入る光の道すじとして最も適当なものを次のア～ウから１つ選び、記号で答えなさい。

ア

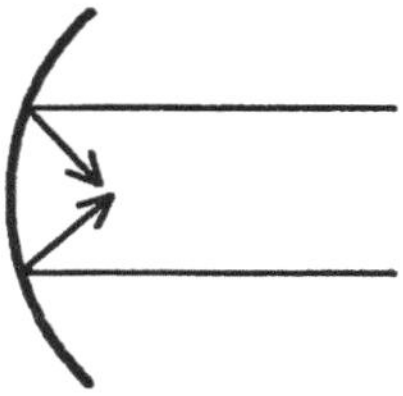

イ

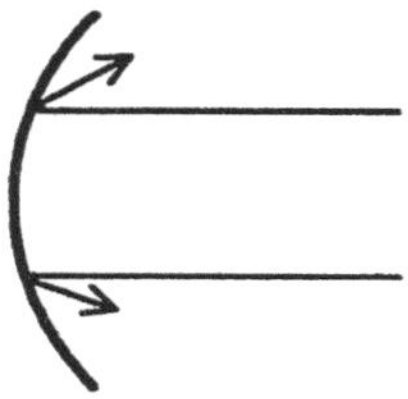

ウ

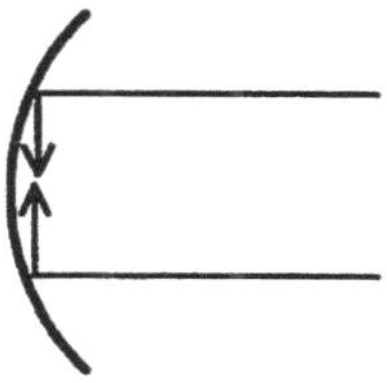

【３】

100 g の水に溶《と》かすことのできる物質の重さ〔g〕の限界のことを溶解度《ようかいど》といいます。今、3種類の物質の溶解度をいろいろな温度で調べ、その結果を下の表にまとめました。この表を参考に以下の問いに答えなさい。ただし、複数の物質が溶けた水溶液《すいようえき》において、各物質の溶解度は単独の物質が溶けた場合と変わらないものとします。

表

温度〔℃〕	0	20	40	60	80
硝《しょう》酸カリウム	11.7	24	39	52.2	62.8
食塩	26.3	26.4	26.7	27.1	27.5
ホウ酸	2.7	4.7	8.2	13.0	19.1

（１）硝酸カリウムと食塩で、温度のちがいによって溶かすことのできる重さが大きく変化するのはどちらですか。

（２）40℃の水 200 g に硝酸カリウムは何 g まで溶かすことができますか。

（３）20℃の水 300 g に食塩を 40 g 溶かしました。食塩はさらに何 g 溶かすことができますか。

（４）60℃の水にホウ酸を溶けるだけ溶かしたときの濃《こ》さは何%ですか。小数第 2 位を四捨五入し、小数第 1 位まで答えなさい。

（５）80℃の水に硝酸カリウムを溶けるだけ溶かし 325.6 g の水溶液をつくりました。この水溶液を 20℃まで冷やすと何 g の硝酸カリウムが溶けきれずに出てきますか。

（６）80℃の水に硝酸カリウムを溶けるだけ溶かした 407 g の水溶液があります。この水溶液に X〔g〕のホウ酸を溶かし、20℃まで冷やすと 130.25 g の物質が溶けきれずに出てきました。溶かしたホウ酸の重さ X〔g〕を求めなさい。

【4】

次の実験①～⑤のような方法で気体を発生させ、それぞれの気体を試験管に集めました。また、集めた気体を、水を少し入れたペットボトルにふきこみ、しっかりとふたをしてから、よくふりました。以下の問いに答えなさい。ただし、水の蒸発は考えないものとします。

＜実験＞　① 鉄にうすい塩酸を加えた。
② チョークの粉にうすい塩酸を加えた。
③ 二酸化マンガンにうすい過酸化水素水を加えた。
④ 塩化アンモニウムと水酸化カルシウムを混ぜて加熱した。
⑤ 炭酸水を加熱した。

（1）実験①で発生した気体の名前を答えなさい。

（2）実験②において、チョークの粉のかわりに用いたとき、同じ気体が発生するものはどれですか。次のア～エから1つ選び、記号で答えなさい。

ア 銅　　イ 重そう　　ウ アルミニウム　　エ マグネシウム

（3）実験③で発生した気体の集め方を何といいますか。

（4）下線部の操作をしたとき、ペットボトルの形がほとんど変化しない気体が発生したのはどの実験ですか。①～⑤からすべて選び、番号で答えなさい。

（5）水でぬらした赤色リトマス紙の色を変化させる気体が発生したのはどの実験ですか。①～⑤から1つ選び、番号で答えなさい。

（6）同じ気体が発生したのはどの実験ですか。①～⑤から2つ選び、番号で答えなさい。

【5】

太郎君は蒸散について調べることにしました。

葉の枚数や大きさが同じ植物を用意し、右図のように同じ長さで茎《くき》を切ってメスシリンダー中の水に入れました。

図

＜実験＞ メスシリンダーの水面に油をはった。その後、次の①～⑤の条件でしばらく放置した。実験前後の水量を測定した結果をまとめたものが下の表である。

① 何もしなかった。
② 葉の表側にワセリンをぬった。
③ 葉の裏側にワセリンをぬった。
④ 葉の表側、裏側の両方にワセリンをぬった。
⑤ 葉をすべて取って試験管に茎のみを入れた。

表

条件	①	②	③	④	⑤
実験前の水量〔mL〕	300	290	310	305	300
実験後の水量〔mL〕	260	260	295	297	295

表をもとに葉の表側、裏側、茎からの水の蒸散量をそれぞれ調べたところ、太郎君は①～⑤のうち１つだけ水面に油をはるのを忘れていたことに気がつきました。

（1）下線部の作業を行う理由を答えなさい。

（2）太郎君が１つだけ水面に油をはるのを忘れたことに気がついた理由について、次の文中の（あ）～（う）にあてはまる①～⑤の番号や数値を答えなさい。

条件（　あ　）の水の減少量が条件（　い　）と比べて（　う　）mL 多いから。

（３）太郎君は次の日にもう一度実験を行い、（２）の原因が本当に水面に油をはるのを忘れたことによるものかどうかを確かめることにしました。実験の方法として最も適当なものを次のア～エから１つ選び、記号で答えなさい。なお、用意した植物の葉の枚数や大きさはすべて同じであったものとします。

ア　①～⑤の条件のうち、水面に油をはるのを忘れた条件のみ水面に油をはって同じ実験行い、前日の実験結果と比べる。
イ　①～⑤の条件のうち、水面に油をはるのを忘れた条件のみ再度実験を行う際も水面に油をはらずに実験を行い、前日の実験結果と比べる。
ウ　①～⑤の条件すべてで、水面に油をはって実験を再度行い、再度行った実験結果と前日の実験結果を比べる。
エ　①～⑤の条件すべてで、水面に油をはる、はらない、の両方の条件で実験を再度行い、再度行った実験結果のみを比べる。

（４）表の結果より、葉の表側と裏側では、蒸散量はどちらが何 mL 多くなりますか。下の文中の（え）、（お）にあてはまる語句や数値を答えなさい。

葉の（　え　）側のほうが（　お　）mL 蒸散量が多かった。

（５）１個の気孔《こう》から出ていく水の量はすべて同じとした場合、（４）の結果から、この植物の葉の気孔の数に関して考えられることは何ですか。

（６）実験に使った葉の面積を求めるために、厚紙を用意しました。3cm×4cm の厚紙を切って重さを測ると、6g でした。一方、葉の形に切りぬいた厚紙の重さは 9g です。実験に使った葉の面積は何 cm^2 ですか。

【６】

2023 年に注目度が高かった天文現象としては、4 月 20 日に起こった日食があげられます。インド洋・東南アジア・オセアニアの一部地域では (あ) 金環皆既《きんかんかいき》日食が見られました。緯《い》度が少しずれた日本では、九州・四国・本州の南部で（　①　）日食として見ることができました。加えて、2023 年は（　①　）月食も見られました。10 月 29 日の未明、沈む前の低空の月がわずかに欠けるようすは、日本全国（小笠《がさ》原など一部の島を除く）から見ることができました。

2024 年に起こる天文現象としては、火星食、土星食に加えて、(い)（　②　）座の一等星のアンタレスの食や、（　③　）座の一等星のスピカの食など、月による食現象が多く起こります。2024 年は食の年と言っても過言ではないでしょう。

食現象を説明するときは、地球から見ることが多かったですが、探査機の開発により、地球外での観測も可能となっています。地球上で日食が起こっているとき、これを月面から見ると（　④　）が起こっているように見えます。また、地球上から月食が見られているとき、これを月面からみると（　⑤　）が起こっているように見えます。

（１）文章中の（　①　）～（　③　）にあてはまる語句を答えなさい。

（２）下図は地球、太陽、月の位置関係を表したものです。日食および月食が観測されるとき、月はどの位置にあると考えられますか。適当なものを図中のア～クからそれぞれ 1 つ選び、記号で答えなさい。ただし、図は地球の北極側から見たものです。また地球、太陽、月のそれぞれの大きさや、おたがいのきょりは正確ではありません。

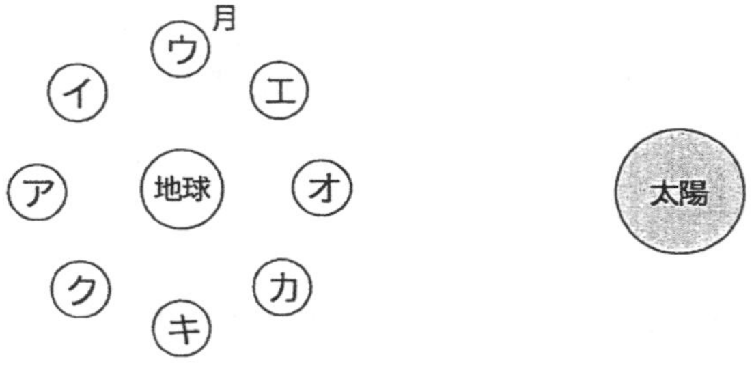

図

（３）日食や月食の特徴《ちょう》として誤っているものを次のア～エから 1 つ選び、記号で答えなさい。

ア　日食は、明け方や夕方でも起こることがある。

イ　日食は、満月のときでも起こるときと起こらないときがある。

ウ　月食は、地球の影《かげ》に月が入るため夜間に起こる。

エ　月食は、完全に地球の影に入ると月が赤っぽく見える。

（4）文章中の（　④　）（　⑤　）にあてはまるものを次のア～オからそれぞれ 1 つずつ選び、記号で答えなさい。

ア　日食

イ　月食

ウ　月面上に影による食

エ　太陽面上に影による食

オ　地球面上に影による食

（5）太陽と月はともにほぼ球形の天体で、太陽の直径は月の直径の約 400 倍です。文章中の下線部（あ）について、地球から金環皆既日食が見られることは、地球から見える太陽の大きさと月の大きさがほぼ同じであることを意味しています。このとき地球から太陽までのきょりは、地球から月までのきょりの約何倍ですか。次のア～カから 1 つ選び、記号で答えなさい。

ア　20 倍	イ　400 倍	ウ　1600 倍
エ　8000 倍	オ　40000 倍	カ　160000 倍

（6）文章中の下線部（い）の星についての説明として適当なものを次のア～カから 1 つ選び、記号で答えなさい。

ア　アンタレスは青白く、スピカは赤く輝《かがや》き、表面温度はアンタレスのほうが高い。

イ　アンタレスは青白く、スピカは黄色く輝き、表面温度はアンタレスのほうが高い。

ウ　アンタレスは赤く、スピカは青白く輝き、表面温度はアンタレスのほうが高い。

エ　アンタレスは青白く、スピカは赤く輝き、表面温度はスピカのほうが高い。

オ　アンタレスは青白く、スピカは黄色く輝き、表面温度はスピカのほうが高い。

カ　アンタレスは赤く、スピカは青白く輝き、表面温度はスピカのほうが高い。

4．地点Ａと地点Ｂは60 cm はなれています。
はじめ，点Ｐ，ＱはＡにあり，点Ｐは秒速３cm，
点Ｑは秒速２cm で同時にＡからＢに向かって
出発し，Ｂに着いたらＡに向かい，Ａに着いたら
Ｂに向かうことをくり返します。このとき，次の問いに答えなさい。

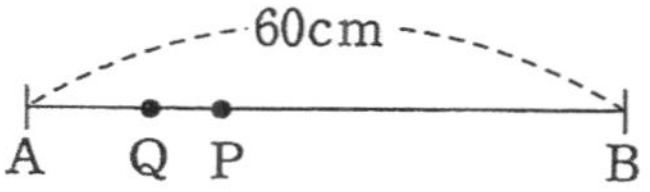

（1） ＰがＢに最初に着くのは，最初にＡを出発してから何秒後ですか。

以下の問題では一番最初にＰ，ＱがＡを出発するときは同じ位置になる回数に含まないものとします。

（2） ＰとＱが最初に同じ位置になるのは，最初にＡを出発してから何秒後ですか。

（3） ＰとＱが最初にＡで同じ位置になるのは，最初にＡを出発してから何秒後ですか。

（4） ＰとＱが最初にＡで同じ位置になってから，Ｑはすぐに動き出し，Ｐはその場で15 秒止まってから動き出すこととします。このとき，次に同じ位置になるのは２点が最初にＡで同じ位置になってから何秒後ですか。

5．　2024 から 2 まで，下のようにある規則にしたがって数が並んでいます。

2024，2018，2012，2006，2000，　………，　2

次の問いに答えなさい。

（1）　11 番目に並ぶ数は何ですか。

（2）　並んでいる数は全部で何個ですか。

（3）　はじめて 3 けたの数になるのは，何番目の数ですか。

（4）　並んでいる数のうち，3 けたで 下 2 けたが 22 である数をすべて足すといくつになりますか。

K 教英出版

２０２４年　開明中学校　入学試験問題

１次前期

社会

（40分）

【問題冊子】

（注意）

１．問題冊子および解答用紙は監督者《かんとくしゃ》の指示があるまで開かないこと。

２．問題は全部で７題である。

３．試験開始後、解答用紙の所定箇所《かしょ》に受験番号をはっきりと記入し、マークを正しく塗《ぬ》りつぶすこと。

４．解答は解答用紙の指定された箇所に書くこと。

５．解答は解答欄からはみ出さないように書くこと。

６．試験終了の合図で解答はやめて、筆記用具を置き、手はひざにおくこと。

７．試験終了後、解答用紙を回収した後、問題冊子も回収する。

《1》　次の文①～④は日本の都道府県に関する説明である。地図と文を参考にして、あとの問いに答えなさい。

① 越後山脈がある都道府県。

② 竿燈《かんとう》まつりがおこなわれている都道府県。

③ いぐさの生産がさかんな都道府県。

④ 日本で一番大きい古墳のある都道府県。

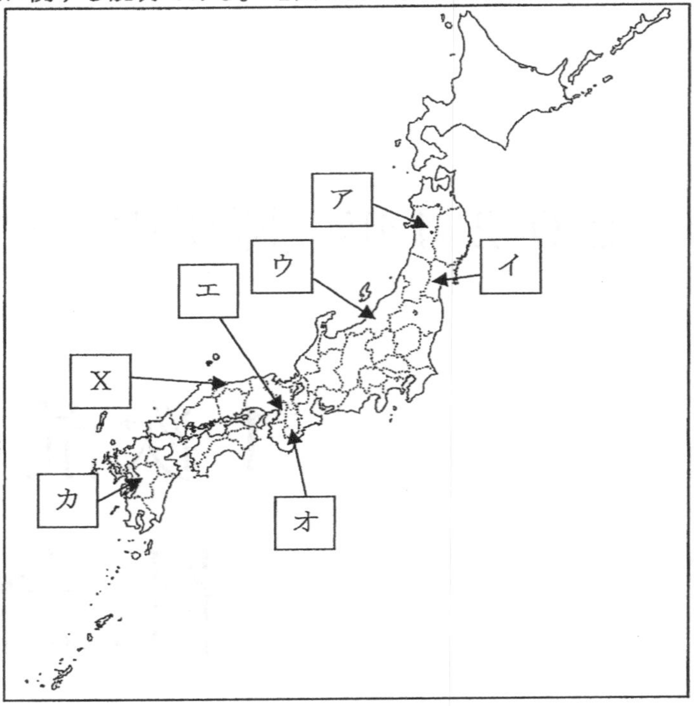

（1）上の文①～④にあてはまる都道府県を地図上のア～カから１つずつ選び、記号で答えなさい。

（2）次の文章は、地図中Xの都道府県にある境港について説明したものである。文章中の（　①　）にあてはまる語を答えなさい。

> 境港は、日本有数の漁獲量であり、（　①　）漁業がさかんである。境港の（　①　）漁業は、日本から３～10日で帰れる漁場で、85～135t くらいの漁船を使う。まきあみ漁法などを用いて、いわし、さばなどをとる。

《2》　次の会話文を読み、あとの問いに答えなさい。

　小学校６年生の一郎君は、妹のもとみさんと一緒に（ａ）ある果物（野菜）の農園を訪れ、農園の人に話を聞くことにしました。

一郎君：どんな気候で育ちやすいですか？

農園の人：生育適温は17～20℃と冷涼な（ｂ）気候を好む果物だよ。

一郎君：ということは、暑さにはあまり強くないんですよね？

農園の人：そうだね。ただし、暑い時期でも（ｃ）栽培できる「すずあかね」という品種もあるよ。もちろん１年中需要はあるから、（ｄ）輸入で手に入れる場合もあるけどね。

もとみさん：すずあかね？私が知っているのは、「紅《べに》ほっぺ」や「とちおとめ」、「さがほのか」…。

農園の人：すごいね！博士レベルだよ！では、生産量が多い都道府県がどこか知っているかな？

一郎君：ここは、僕に任せて！生産量が多いのは青森県です！

もとみさん：ちょっとお兄ちゃん、しっかりしてよ！栃木県や（ｅ）福岡県、熊本県、長崎県などが上位にきますよね？

農園の人：正解！これは、妹の方がしっかりしているようだね。

一郎君：くそー。最後にお願いがあるのですが…。この農園のものを食べてみたいのですが…。
もとみさん：やめてよ、お兄ちゃん！本当に食いしん坊なんだから！

（１）下線部（ａ）について、この農園で栽培している果物（野菜）は何か、答えなさい。

（２）下線部（ｂ）について、次のグラフは、札幌市・金沢市・松本市・高松市の気温と降水量の平年値（1991～2020 年の平均）を示したもの（矢野恒太記念会『日本国勢図会 2021／22』より作成）である。松本市にあたるものを次から１つ選び、記号で答えなさい。

ア

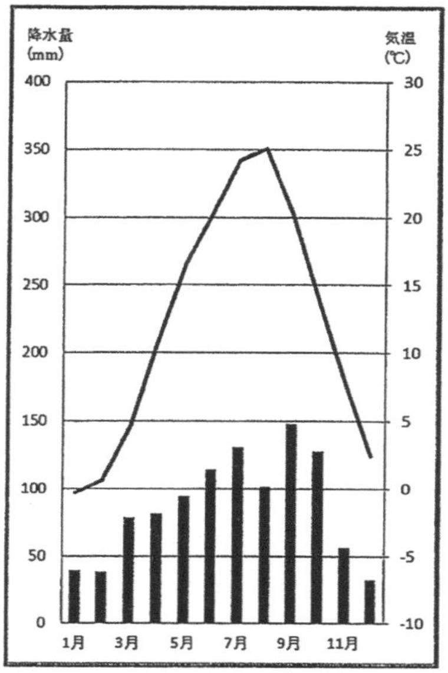

イ

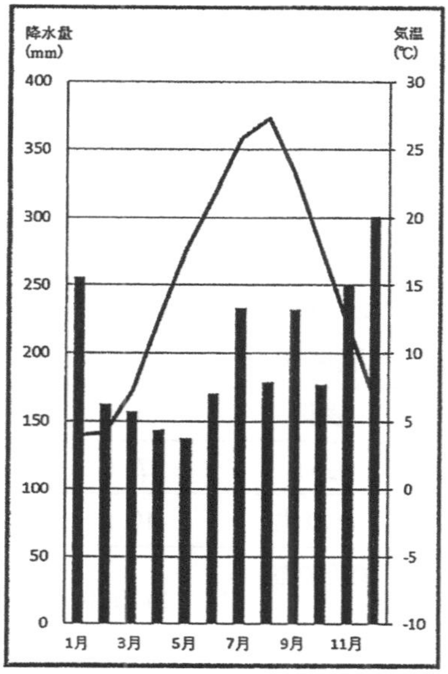

ウ

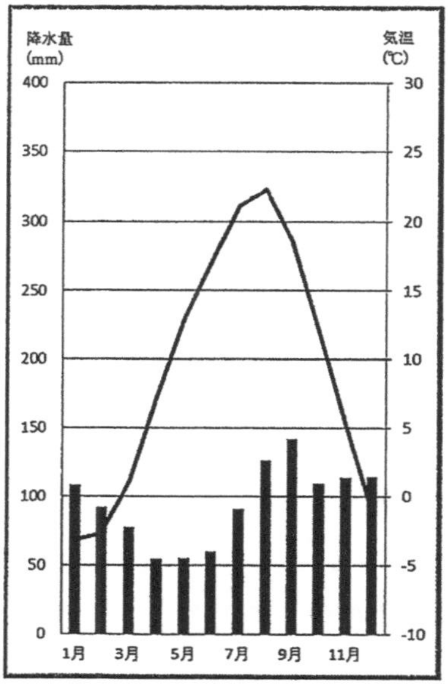

エ

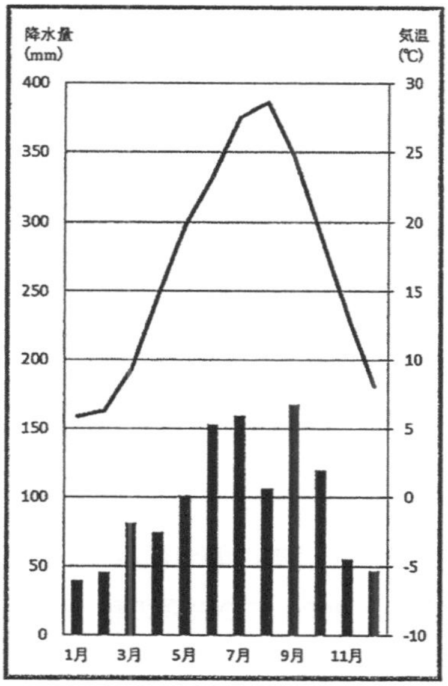

（３）下線部（ｃ）に関連して、果樹園に利用されやすい、山地を流れる河川によって運ばれてきた土砂が山のふもとに堆積《たいせき》して、半円錐《えんすい》状の形となる地形を何というか、答えなさい。

（4）下線部(d)に関連して、次の資料Ⅰ～Ⅲは、日本の輸出入に関係するもの（矢野恒太記念会『日本国勢図会 2021／22』より作成）である。資料Ⅰ～資料Ⅲから読み取れることとして正しいものを下のア～エから１つ選び、記号で答えなさい。

資料Ⅰ　日本の自動車部品の輸出先（2020 年）

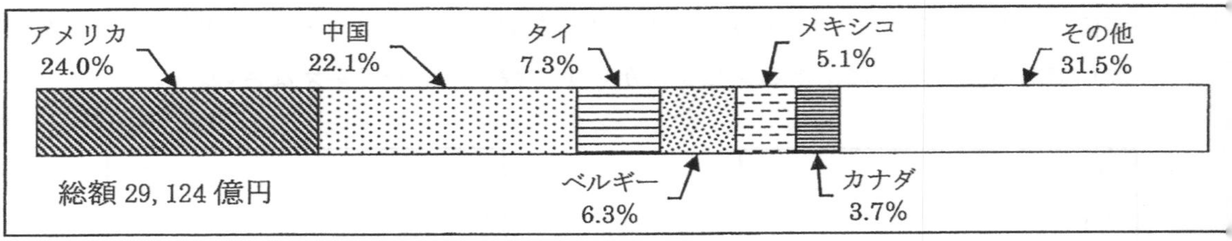

資料Ⅱ　日本の主要輸出品

1960 年		2020 年	
品目	割合（%）	品目	割合（%）
せんい品	30.2	機械類	38.0
機械類	12.2	自動車	14.0
鉄鋼	9.6	自動車部品	4.3
船舶	7.1	鉄鋼	3.8
その他	40.9	その他	39.9
輸出総額（億円）	14,596	輸出総額（億円）	684,005

資料Ⅲ　日本の主要輸入品

1960 年		2020 年	
品目	割合（%）	品目	割合（%）
せんい原料	17.6	機械類	27.1
石油	13.4	石油	8.7
機械類	7.0	液化ガス	5.4
鉄くず	5.1	医薬品	4.7
その他	56.9	その他	54.1
輸入総額（億円）	16,168	輸入総額（億円）	678,371

ア．2020 年の自動車の輸出額は、1960 年の輸出総額よりも少ない。

イ．1960 年と 2020 年の鉄鋼の輸出を比べると、割合も輸出額も減少した。

ウ．機械類は 1960 年、2020 年ともに、輸入額の方が輸出額より多い。

エ．2020 年の自動車部品の中国、タイをあわせた輸出額は 8000 億円を超える。

（5）下線部(ｅ)の都道府県について述べた文として正しいものを次から１つ選び、記号で答えなさい。

ア．促成栽培がさかんで、きゅうりの生産量の多さが全国有数である。

イ．メチル水銀を原因として、四大公害病の１つである水俣病が発生した。

ウ．日本国内のアメリカ軍基地の面積のうち、約70%が集中している。

エ．政令で指定された人口50万以上の市である政令指定都市が２つある。

《３》　次の表は、青森県・神奈川県・静岡県・沖縄県における産業ごとの就業者割合を示したもの（2015年：矢野恒太記念会『日本国勢図会 2021／22』より作成）である。表を見て、あとの問いに答えなさい。

	第一次産業（%）	第二次産業（%）	第三次産業（%）
①	4.9	15.1	80.0
②	12.4	20.4	67.2
③	3.9	33.2	62.9
④	0.9	22.4	76.7

（1）表中の①～④にあてはまる都道府県を次から１つずつ選び、記号で答えなさい。

ア．青森県　　イ．神奈川県　　ウ．静岡県　　エ．沖縄県

（2）次のグラフは、日本の製造品出荷額等構成の推移を示したもの（矢野恒太記念会『日本国勢図会 2021／22』より作成）である。グラフ上の④にあたるものを、下のア～エから１つ選び、記号で答えなさい。

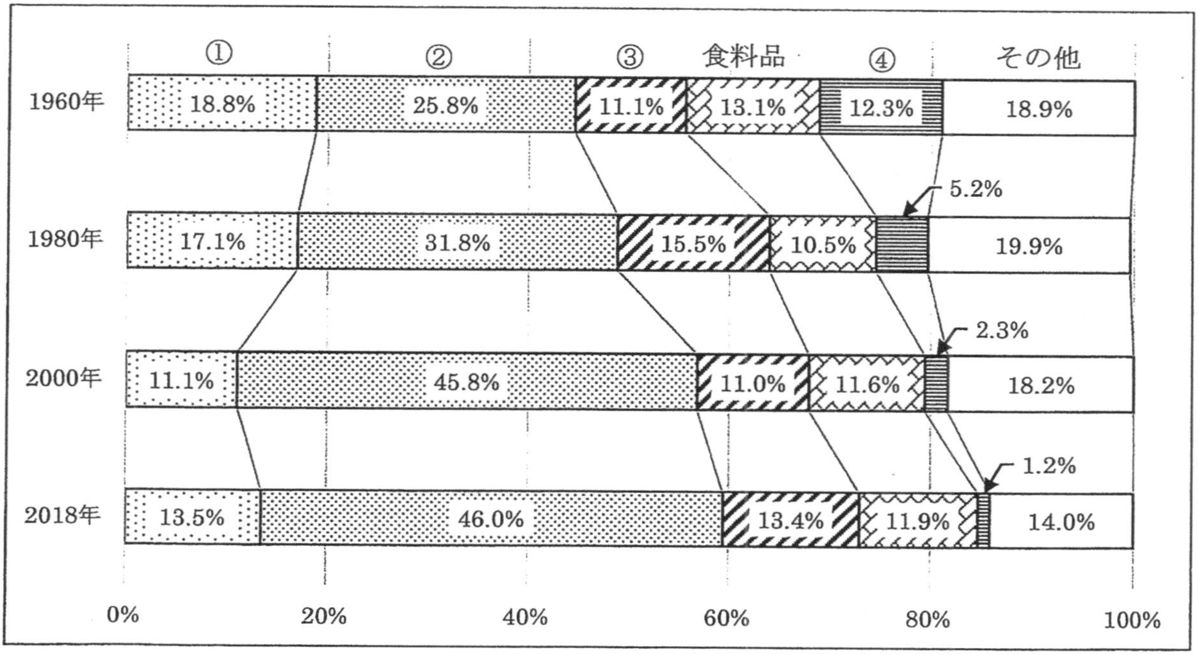

ア．金属　　イ．機械　　ウ．せんい　　エ．化学

《4》　次のＡ～Ｃの人物に関する説明を読み、あとの問いに答えなさい。

Ａ　中国に（ａ）留学僧としてわたり、帰国後、比叡山に延暦寺を建てた。

Ｂ　北朝の天皇から征夷大将軍に任じられ、（ｂ）京都に幕府を開いた。

Ｃ　紀伊藩の藩主から（ｃ）江戸幕府の８代将軍となり、（ｄ）享保の改革に取り組んだ。

（1）Ａ～Ｃの説明にあてはまる人物は誰か、**漢字で**答えなさい。

（2）下線部（ａ）に関して、日本の仏教に関連して述べた次の文Ｘ・Ｙの正誤の組み合わせとして正しいものを下のア～エから１つ選び、記号で答えなさい。

Ｘ　日蓮は、「南無妙法蓮華経」と唱えることで救われると説いた。

Ｙ　江戸幕府は寺請制度を設けて、仏教徒だと寺院に証明させた。

ア．Ｘ：正　Ｙ：正　イ．Ｘ：正　Ｙ：誤　ウ．Ｘ：誤　Ｙ：正　エ．Ｘ：誤　Ｙ：誤

（3）下線部（ｂ）の歴史について述べた文として**誤っているもの**を次から１つ選び、記号で答えなさい。

ア．当時の中国の都長安を手本として、平城京がつくられた。

イ．朝廷を監視する機関として、六波羅探題が設置された。

ウ．室町幕府の将軍後継ぎ問題を背景に、応仁の乱が発生した。

エ．地球温暖化防止会議が開かれ、温室効果ガスの削減目標を定めた。

（4）下線部（ｃ）に関連して、江戸時代のできごとについて述べた文として正しいものを次から１つ選び、記号で答えなさい。

ア．江戸幕府は、松前藩を通して朝鮮との国交を回復した。

イ．江戸幕府は、対馬藩にアイヌの人々との交易の独占権を認めた。

ウ．江戸を中心に、中山道や東海道などの五街道が整備された。

エ．江戸は「天下の台所」とよばれて、各藩の蔵屋敷が置かれた。

（5）下線部（ｄ）の改革でおこなわれた政策として正しいものを次から１つ選び、記号で答えなさい。

ア．裁判を公正におこなうために、公事方御定書を定めた。

イ．ききんに備え、大名に米を蓄えさせる囲い米をおこなった。

ウ．物価対策として、商人たちの同業者組合の解散を命じた。

エ．江戸・大坂周辺の領地を幕府領とする上知令が出された。

（6）Ｃの説明文の前後の時期のできごとⅠ～Ⅲについて、古いものから年代順に正しく配列したものを下のア～カから１つ選び、記号で答えなさい。

Ⅰ　犬をはじめとした動物を極端に保護する生類憐みの令が制定される。

Ⅱ　参勤交代が制度化され、大名は１年おきに江戸と領地を往復することとなる。

Ⅲ　大政奉還をおこない、朝廷に政権を返上する。

ア．Ⅰ－Ⅱ－Ⅲ　　イ．Ⅰ－Ⅲ－Ⅱ　　ウ．Ⅱ－Ⅰ－Ⅲ

エ．Ⅱ－Ⅲ－Ⅰ　　オ．Ⅲ－Ⅰ－Ⅱ　　カ．Ⅲ－Ⅱ－Ⅰ

二〇二四（令和六）年度　開明中学校　入学試験

一次前期　国語

※100点満点

受験番号

0	0	0	0	0	0
1	1	1	1	1	1
2	2	2	2	2	2
3	3	3	3	3	3
4	4	4	4	4	4
5	5	5	5	5	5
6	6	6	6	6	6
7	7	7	7	7	7
8	8	8	8	8	8
9	9	9	9	9	9

得点（記入しないこと）

※

一

問一	問二	問三	問四	問五	問六	問七
※	※	※	※	※	※	※
i	1				③	
ii	2				⑥	
iii	3					
iv	4					
v						

問一．１点×５
問二．２点×４
問三．４点
問四．９点
問五．４点
問六．２点×２
問七．４点
問八．４点
問九．４点
問十．４点

3	(1)	(2)	(3)
	cm^3	cm^3	cm^2

4	(1)	(2)	(3)	(4)
	秒後	秒後	秒後	秒後

5	(1)	(2)	(3)	(4)
		個	番目	

1．５点×５
2．５点×６
3．５点×３
4．(1)４点
(2)４点
(3)４点
(4)３点
5．(1)４点
(2)４点
(3)４点
(4)３点

【4】(1)1点 (2)1点 (3)1点 (4)1点 (5)1点 (6)2点

(1)		(2)		(3)	
(4)		(5)		(6)	

【5】(1)1点 (2)1点×3 (3)1点 (4)1点×2 (5)1点 (6)2点

(1)								
(2)	(あ)	(い)	(う)	(3)		(4)	(え)	(お)
(5)					(6)	cm²		

【6】 1点×10

(1)	①	②	③	(2)	日食	月食
(3)		(4)	④	⑤	(5)	
(6)						

(2)		(3)		(4)		(5)		(6)	

《5》 (1) 1点×2 (2) 1点 (3) 1点 (4) 2点 (5) 2点 (6) 1点×3

(1)	あ		い		(2)		(3)	
(4)	〔数字〕 直接国税15円以上納める満(　　　　)歳以上の男子						(5)	
(6)	①		②		③			

《6》 (1) 1点 (2) 2点 (3) 1点 (4) 2点 (5) 2点 (6) 1点 (7) 2点

(1)		(2)		(3)				
(4)	〔漢字〕	(5)		(6)		(7)		

《7》 1点×4

(1)		(2)		(3)		(4)	

※50点満点

2024（令和6）年度　開明中学校　入学試験　解答用紙

1次前期　　社会

受験番号

⓪	①	②	③	④	⑤	⑥	⑦	⑧	⑨
⓪	①	②	③	④	⑤	⑥	⑦	⑧	⑨
⓪	①	②	③	④	⑤	⑥	⑦	⑧	⑨
⓪	①	②	③	④	⑤	⑥	⑦	⑧	⑨
⓪	①	②	③	④	⑤	⑥	⑦	⑧	⑨
⓪	①	②	③	④	⑤	⑥	⑦	⑧	⑨

用紙タテ 上　こちらを上にしてください

【注意】 解答欄に〔漢字〕〔数字〕と指定されている問題については、必ず指定されたかたちで答えなさい。

《1》 1点×5

(1)	①		②		③		④		(2)	

《2》 1点×5

(1)		(2)		(3)		(4)	
(5)							

《3》 1点×5

(1)	①		②		③		④		(2)	

《4》 (1) 1点×3　(2) 1点　(3) 1点　(4) 1点　(5) 2点　(6) 1点

(1)	A	〔漢字〕	B	〔漢字〕	C	〔漢字〕

【解答用

※50点満点

2024(令和6)年度　入学試験 解答用紙

1次前期　理科　開明中学校

受験番号	
	⓪ ① ② ③ ④ ⑤ ⑥ ⑦ ⑧ ⑨
	⓪ ① ② ③ ④ ⑤ ⑥ ⑦ ⑧ ⑨
	⓪ ① ② ③ ④ ⑤ ⑥ ⑦ ⑧ ⑨
	⓪ ① ② ③ ④ ⑤ ⑥ ⑦ ⑧ ⑨
	⓪ ① ② ③ ④ ⑤ ⑥ ⑦ ⑧ ⑨
	⓪ ① ② ③ ④ ⑤ ⑥ ⑦ ⑧ ⑨

用紙タテ 上　こちらを上にしてください

【１】1点×8

(1)	あ	い	う	え	お

(2)		(3)		(4)	

【２】(1)2点　(2)2点　(3)1点　(4)1点　(5)1点

(1)		(2)	つ	(3)			
(4)	つ	(5)					

【３】(1)1点　(2)1点　(3)1点　(4)1点　(5)2点　(6)2点

(1)		(2)	g	(3)	g		
(4)		(5)		(6)			

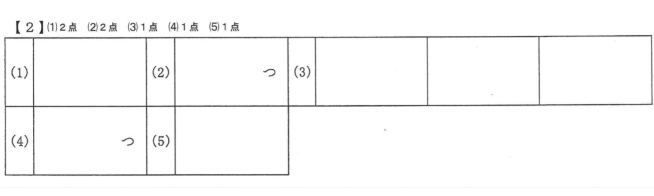

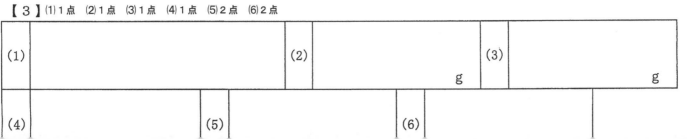

※100点満点

2024(令和6)年度　入学試験解答用紙

1次前期　算数　　開明中学校

受験番号	
	⓪①②③④⑤⑥⑦⑧⑨
	⓪①②③④⑤⑥⑦⑧⑨
	⓪①②③④⑤⑥⑦⑧⑨
	⓪①②③④⑤⑥⑦⑧⑨
	⓪①②③④⑤⑥⑦⑧⑨
	⓪①②③④⑤⑥⑦⑧⑨

用紙タテ 上　こちらを上にしてください

1	(1)	(2)	(3)
	(4)	(5)	
2	(1)	(2)	(3)
	個		通り
	(4)	(5)	(6)
		cm³	個

【解答用

問九	※	
問十	※	

二		※
問一	i ii iii	※
問二	1 2 3 4	※
問三		※
問四	Ⅰ Ⅱ	※
問五	② ⑦	※
問六		※
問七		※
問八		※
問九		※
問十		※

問一．１点×３
問二．２点×４
問三．４点
問四．３点×２
問五．２点×２
問六．４点
問七．４点
問八．４点
問九．８点
問十．５点

《５》　次の年表を見て、あとの問いに答えなさい。

（１）年表中の（　あ　）・（　い　）にあてはまる語をそれぞれ答えなさい。

年	できごと
741	国分寺建立の詔が出される………a
	ア
1051	前九年合戦がおこる
	イ
1221	（　あ　）の乱後、後鳥羽上皇が隠岐に流された
	ウ
1429	琉球王国が建国される………b
	エ
1709	正徳の治がはじまる
	オ
1890	第１回衆議院議員総選挙がおこなわれる………c
	カ
1933	日本が（　い　）からの脱退を通告する
	キ
1954	自衛隊が発足する………d
	ク
2014	ロシアがクリミア半島を併合する

（２）年表中のａに関連して、奈良時代のできごとについて述べた次の文Ｘ・Ｙの正誤の組み合わせとして正しいものを下のア～エから１つ選び、記号で答えなさい。

Ｘ　小野妹子が遣隋使として派遣された。

Ｙ　藤原氏が摂政や関白となり、政治の実権をにぎった。

ア．Ｘ：正　Ｙ：正

イ．Ｘ：正　Ｙ：誤

ウ．Ｘ：誤　Ｙ：正

エ．Ｘ：誤　Ｙ：誤

（３）年表中のｂに関連して、沖縄の歴史について述べた文として正しいものを次から１つ選び、記号で答えなさい。

ア．江戸時代に長州藩が琉球王国を攻めて、日本の属国となった。

イ．日本政府は明治時代に琉球藩を廃止して、沖縄県とした。

ウ．太平洋戦争において、イタリア軍との地上戦がおこなわれた。

エ．サンフランシスコ平和条約が結ばれたことで、日本に復帰した。

（４）年表中のｃについて、この時選挙権を与えられたのはどのような人々か、解答欄に合うように**数字で**答えなさい。

（５）年表中のｄ以前におこったできごととして**誤っているもの**を次から１つ選び、記号で答えなさい。

ア．自作農を増加させることを目的とし、農地改革がおこなわれた。

イ．巨大企業による市場の独占を防ぐため、財閥解体がおこなわれた。

ウ．日韓基本条約が結ばれ、日本は韓国との国交を正常化した。

エ．日米安全保障条約が結ばれ、国内に米軍が駐屯《ちゅうとん》することとなった。

（６）次の①～③がおこった時期を、年表中のア～クから１つずつ選び、記号で答えなさい。

①　坂上田村麻呂が征夷大将軍に任命され、東北に派遣される。

②　ドイツでベルリンの壁が崩壊する。

③　アメリカの仲介でポーツマス条約が結ばれる。

《6》　次の文章を読み、あとの問いに答えなさい。

（a）日本国憲法は、（b）自由権や（c）平等権、（d）社会権を規定し、それらの権利を守るために（e）参政権や裁判を受ける権利なども定めている。また、社会の中では、人権を守るためのさまざまな取り組みがおこなわれている。しかし、公害の発生や情報通信技術の発展などの社会の変化を背景に、憲法に明記されていない（f）新しい人権も生まれている。

（1）下線部（a）について述べた文として正しいものを次から1つ選び、記号で答えなさい。

ア．日本国憲法は、1946年11月3日に施行された。

イ．日本国憲法には、兵役の義務が明記されている。

ウ．日本国憲法は、内閣総理大臣の名で公布された。

エ．日本国憲法には、国民主権について明記されている。

（2）下線部（b）は、身体の自由、精神の自由、経済活動の自由の3つにわけることができる。精神の自由にあてはまるものとして正しいものを次から1つ選び、記号で答えなさい。

ア．請願権

イ．学問の自由

ウ．財産権の保障

エ．居住・移転および職業選択の自由

（3）下線部（c）に関連して、部落差別からの解放をめざす人々によって1922年に創立された組織を何というか、答えなさい。

（4）下線部（c）について、次の文は平等権に関する憲法の条文である。条文の（　①　）にあてはまる語を**漢字で**答えなさい。

第14条　すべて国民は、（　①　）の下に平等であつて、人種、信条、性別、社会的身分又は門地により、政治的、経済的又は社会的関係において、差別されない。

（5）下線部（d）の権利として**誤っているもの**を次から1つ選び、記号で答えなさい。

ア．生存権　　イ．団体行動権　　ウ．請求権　　エ．教育を受ける権利

（6）下線部（e）に関連して述べた次の文X・Yの正誤の組み合わせとして正しいものを下のア～エから1つ選び、記号で答えなさい。

X　選挙は原則として、無記名で投票がおこなわれる。

Y　憲法改正の国民投票は、満18歳以上に投票権が与えられる。

ア．X：正　Y：正　　イ．X：正　Y：誤　　ウ．X：誤　Y：正　　エ．X：誤　Y：誤

（7）下線部（f）のうち、良好な生活環境を求める権利を何というか、答えなさい。

《7》　次の（1）～（4）の文で、下線部が正しい場合には○、誤っている場合は正しい語を答えなさい。

（1）グローバル化とは、国境を越えて、文化的・社会的・経済的な結びつきが地球規模で広がることである。

（2）日本の自衛隊が初めてPKOで派遣された国は、カンボジアである。

（3）四大公害のうち、四日市ぜんそくは主に滋賀県の四日市市で発生した。

（4）1985年に男女間の雇用の差別をなくすため、男女雇用機会均等法が定められた。

２０２４年　開明中学校　入学試験問題

１次後期Ａ

国語

（60分）

【問題冊子】

（注意）

１．問題冊子および解答用紙は監督者《かんとくしゃ》の指示があるまで開かないこと。
２．問題は全部で２題である。
３．試験開始後、解答用紙の所定箇所《かしょ》に受験番号をはっきりと記入し、マークを正しく塗《ぬ》りつぶすこと。
４．解答は解答用紙の指定された箇所に書くこと。
５．字数制限のある問いは符号や句読点も一字と数えるものとする。
６．試験終了の合図で解答はやめて、筆記用具を置き、手はひざにおくこと。
７．試験終了後、解答用紙を回収した後、問題冊子も回収をする。

一　次の文章はある学校で著者によって行われた特別講義の内容をまとめたものである。これを読んで、あとの問いに答えなさい。

人間は、なにかできごとが起きると、個人の体験でも次はもうちょっとましにするよう行動します。これが個人単位であれば※1さっきの犬と同じで、体験です。①これを、ひとつの地域とかひとつの国とか世界の単位で共有を試みると歴史になります。それを一定の基準として学校で教えようというのが、いま、みなさんが授業や試験で接している日本史であり世界史ではないでしょうか。

だから歴史とは、じつは役に立つもので、過去に起きた事例を引き当てて、そこから次は、もうちょっとましにやったほうがいいとする、ある程度の教訓性をもっていると思います。

ところが問題はこの教訓性の前提が、「前と似たようなことが起きる」ということにあって、完全に同じ現象がふたたび起きるわけではないので**ｉコマ**るのです。「歴史はくりかえす」とはいいますが、昔とまったく同じことは二度と起きないのです。

［１］、日本とアメリカはかつて戦争しました。歴史学者は日米間にこういうことがあり、それにたいしてこうだったから戦争に突入《とつにゅう》したという説明はできます。アジア太平洋の広大な地域でこんなことがあり、最終的には日本じゅうが空《くう》襲《しゅう》にあい、二個の原子爆弾《ばくだん》を落とされ、ソ連が満州（現在の中国東北部）に攻《せ》めこんできた段階で日本は降伏《こうふく》したことについても、記録、史料を一所懸命《いっしょけんめい》に調べれば、いちおうの説明はできます。

［２］、Ｈｏｗ＝「どのように」についてはなんとかなります。どのように日本がメチャメチャになったかは、記録さえ残されていれば検証できます。

しかし、②Ｗｈｙ＝「なぜ」についてはそうはいきません。

なにしろ歴史は実験ができません。

どうやったら戦争が避《さ》けられたのか。いちおうのことは言えます。しかし、同じことは起きません。※2東條英機のDNAをどこかから手に入れて、クローン東條をつくって、もう一度実験するなんてことはできません。もう一回、連合艦隊《かんたい》を編制して真珠湾攻撃《しんじゅわんこうげき》を実験するわけにもいきません。

これが理科の実験だったら、③再現性があり、予測がつきます。

ボールが下に落ちたら、教壇《きょうだん》でおそらく一回跳《は》ねて、あなたがたの側の床《ゆか》に落ちるでしょう。(ボールを教壇に落とすと、跳ねるが床には落ちず)あれ、落ちない！(笑)

ボールは初期条件さえわかっていれば、動きの予想がつきます。しかし、これをペラペラの紙でやったら要素はもっと多く、複雑で予想がつきにくいものです。

再現性のいちばん高い現象は天体です。天体は軌道《きどう》計算ができます。日食も月食も、日の出も日の入りもⅱヨホウできます。しかし、歴史上の過去は直接に見ることもできないし、まったく同じことは起きません。

天体、たとえば太陽は明日もだいたいこの辺からのぼると予測がつきますが、人間社会の現象は必ずしも同じようにはなりません。

3、ある程度、前と似た現象が起きることは言えます。④歴史現象は一回限り性があるにもかかわらず、似たことが法則的に起きやすい面もあります。いったい、どんなことでしょうか。ちょっと考えてみてください。

たとえば、こんなことです。

新しい技術が開発されてⅲノウコウが始まるとします。織物機械が発明されて、前はみんな手で織っていたのに機械で織れるようになる。あるいは、人工知能が発明されて、前はおうちの片づけはぜんぶ手でやっていたのに、あらゆるものが自動化されるという話でもよろしいのです。

さあ、この場合、貧富の差は小さくなるか、拡大するか、考えてみてください。

みなさんは賢《かしこ》いから直感でわかりますね。過去の場合は、短期的には、新技術が社会にひろがると、たいていは貧富の差が広がっています。これが歴史の教訓です。

さらにこんな例もあるかもしれません。権力者が急にお金持ちになり、子どもを徹底《てってい》して甘《あま》やかした場合どうなるか。豊臣秀吉と秀頼とか。世界じゅうでその事例を集めて比較《ひかく》してみましょう。成金の権力者が子どもを極度に甘やかすと、たいていは滅《ほろ》びやすくなります。秀吉は、おもちゃを中国から秀頼のために取り寄せ、「秀頼の言うことをきかない※3侍女《じじょ》は折檻《せっかん》する」と、おどしています。これもなんとなくわかりますね。

人間性とは、生きものとして似ているものですから、ある程度、似たようなことになるのです。

だから歴史とは、ある程度、反復性があります。実験で再現不可能ですが、歴史は参考程度にはなるそれなりの教訓を含《ふく》むと見るべきです。

4、歴史は、しばしば好《す》き嫌《きら》いで論じられます。

ぼくもよく聞かれます。

「先生、歴史が好きですか？」

「先生、歴史上の好きな人物は？」

などと言われます。

「うちのお父さん、歴史が好きなんです。先生の本もよく読んでます」

とか言われることもあります。

好き嫌いで論じられるものは嗜好品《しこうひん》です。酒やタバコと同じです。

はたして歴史学は、好きか嫌いかで選べるものでしょうか。

どうもちがう気がします。

歴史的にものを考えると、前より安全に世のなかが歩けます。歴史はむしろ実用品であって、靴《くつ》に近いものではないか。ぼくはそんなふうに考えます。

われわれは未来を見ることは直接にはできません。しかし、たとえば（教壇上を後ずさりながら）後ろ向きに歩いていく。下は見えます。過去の経験で、ぼくは教壇の幅《はば》は二メートルか三メートル、短いところは一メートルないとわかっていますから、この辺まで来たら、そろそろ落ちるとわかる。つまり、過去を見ながら、ある程度、ここからここまでの距離《きょり》で、もうそろそろ落ちるとわかります。これがじつは歴史の教訓性であり、歴史の有用性といっていいと思います。

（中略）

⑤歴史とは、世間を歩く際に、足を保護してくれる靴といえます。

なにごとも歴史的な考えかたは大切になります。常日ごろから、時間と空間を飛び越《こ》えて、似たようなことはないかなと考えながら暮らすと成功パターンも知れ、ⅳ**キケン**が避けられ、成功しやすいのです。

そもそも、みなさんは志望校を決めるのに、赤本の合格体験記は読むでしょう。あれこそ歴史です。

歴史に学んで受験対策をしているのです。前に受験した人の体験を自分に活《い》かす歴史的試みが、合格体験記を読むことです。

人それぞれが、自分の人生にしたがって情報を集めて、どうやっていくかを考えるというのは、けっこう大事なことです。

次に歴史の視点の問題について考えましょう。だれの視点からモノを見るか、ということです。その点、⑥歴史とはメガネでもあります。

歴史には「⑦客観性」の問題があって人によって同じものを見ても見かたにちがいが生じます。非常にむずかしい面があります。

たとえばここにペットボトルがあります。みなさんから見ると完全にペットボトルですが、こっち側（底のほう）からしか見てなかったら、ただの〇にしか見えません。

物事は全部そうです。情報が少ない段階では、あるいは見ようとしない人にとっては、はじめはなんだかわからない。ペットボトルだって、四方八方からながめれば、これは〝お〜いお茶〟のボトルだとわかります。メーカーは伊藤園《いとうえん》だなと（笑）。

すなわちいろんな視点から見れば、理解がだんだん深まっていきます。

（中略）

自分の思いこみではなくて、自分が前に思っていたのと全然ちがう情報を大事にするというのが、じつは世のなかを生きていくうえで肝心《かんじん》です。

歴史学の場合もそうです。さっき言った「客観性」の問題です。

たとえば真珠湾攻撃だって、攻撃した日本の側と攻撃されたアメリカ市民の側では全然ちがうことを考えます。史実、歴史の事実、このかたちがあったとして、史実はひとつなんだけど、見る視点や見る人による解釈《かいしゃく》は人それぞれです。これは非常にむずかしい問題をわれわれに投げかけています。プロの歴史家にとってもむずかしいものです。

（中略）

自分に都合のいい史実だけを見ようとすると、見えるものが、とても少なくなってしまう点です。双方《そうほう》の利害、複数の視点で物事は見なくてはなりません。勉強でも学問でもここが⑧急所です。そしてここから先がほんとうに大事です。自分にとって有利な情報も、有利でない情報も、両方しっかり見なくてはいけません。

ペットボトルでいうと、上からも見るし、横からも見るし、下からも見る行動が非常に重要です。これは、日韓《にっかん》関係のような国民国家間の問題にかぎりません。日本国内でも歴史観の地域ｖ**タイリツ**はあります。たとえば、薩摩《さつま》や長州の人たちが語る幕末維新《いしん》の歴史と、攻められて「賊軍《ぞくぐん》」呼ばわりされた会津《あいづ》や東北の人たちから見た明治維新の歴史では、全然ちがうものになりがちです。

⑨歴史とは、けっきょく、他者理解です。なるべく自分から離《はな》れて異時空を生きた人びとの了見《りょうけん》をも理解しようとしたほうが、情報が多くなり、客観性が増し、歴史認識《にんしき》が深まります。

（磯田道史『歴史とは靴である』より）

※1「さっきの犬」――この部分の前に話題に上がった犬のことを指す。犬は、人間のように歴史を認識することはできず、各個体一匹だけの体験と記憶にもとづき行動すると説明されている。

※2「東條英機」――昭和期の軍人・政治家。一九四一年に首相となり、太平洋戦争開始の直接の責任者として参謀総長を兼務した。

※3「侍女は折檻する」――侍女とは身分の高い人のそば近くに使える女性のこと。折檻するとは、厳しく叱ること。

問一　＝＝部i～vのカタカナを漢字に直しなさい。

問二　――部①「これ」が指し示す内容として、最も適当なものを次の中から一つ選び、記号で答えなさい。

ア　犬は人間とは違って、自分の身に起こったできごとを認識できないこと。

イ　個人の体験を社会全体で共有して、思いやりをもって関わろうとすること。

ウ　学校で習うことの意義を理解しそれを活かして、社会貢献しようとすること。

エ　過去に起きたことを踏まえて、次はよりよい行動をとろうとすること。

問三　1 ～ 4 を補《おぎな》うのに、最も適当なものを次の中からそれぞれ一つ選び、記号で答えなさい。ただし、同じ記号は二度使わないものとする。

ア　つまり
イ　ところで
ウ　ところが
エ　たとえば

問四　――部②「Ｗｈｙ＝『なぜ』についてはそうはいきません」とあるが、これはどういうことか。その説明として、最も適当なものを次の中から一つ選び、記号で答えなさい。

ア　歴史はいつでも後の世の人々によって創作されるものであるため、歴史が事実であるという絶対的な根拠《こんきょ》は存在しないということ。
イ　現代においても科学技術には限界があるので、時間をさかのぼって歴史的出来事の原因を探《さぐ》ることはきわめて難しいということ。
ウ　歴史には道徳的な問題も含まれており慎重《しんちょう》な判断が必要となるため、根拠を持たせることは決して容易な作業ではないということ。
エ　歴史的出来事を何度も引き起こして確認《かくにん》することはできないので、その出来事の原因を証明することは不可能であるということ。

問五　――部③「再現性」と同じ意味で使われている語句を本文中から三字で抜《ぬ》き出して答えなさい。

問六 ――部④「歴史現象は一回限り性があるにもかかわらず、似たことが法則的に起きやすい面もあります」とあるが、これはどういうことか。その説明として、最も適当なものを次の中から一つ選び、記号で答えなさい。

ア 歴史現象は一つひとつまったくの別ものであるが、諸条件が似通っている場合は同じような現象となりやすいということ。

イ 歴史現象はすべてに通じている共通点を持っており、基本的に発生の条件にはどれも似ているところがあるということ。

ウ 歴史現象には何一つとして同じものはないはずなのに、表面的な共通点から同じ出来事だと判断されやすいということ。

エ 歴史現象にはそれぞれ違《ちが》いがあるものの、見方を変えると一見しただけではわからない規則を見つけられるということ。

問七 ――部⑤「歴史とは、世間を歩く際に、足を保護してくれる靴といえます」とあるが、これは「歴史」がどのようなものであるということか。五十字以内で説明しなさい。

問八 ――部⑥「歴史とはメガネでもあります」とあるが、「歴史」が「メガネ」であるとはどういうことか。その説明として、最も適当なものを次の中から一つ選び、記号で答えなさい。

ア 歴史とは、複数の視点から一つの事件を検証し、未来の可能性を見通そうとする作業であるということ。

イ 歴史とは、過去の経験を掘《ほ》り起こし、その経験をした当事者の判断を再現する作業であるということ。

ウ 歴史とは、ある特定のものの見方に立って、過去の出来事を評価するものであるということ。

エ 歴史とは、いかなるしがらみからも自由となり、他者の行為《こうい》を公平に裁くものであるということ。

問九　——部⑦「客観性」・⑧「急所」の語句の本文中の意味として、最も適当なものをそれぞれ次の中から一つずつ選び、記号で答えなさい。

⑦「客観性」

ア　いつ、誰がみてもそうだと納得することができる性質

イ　広い視野で物事を見ることで、制約を克服《こくふく》した性質

ウ　専門家たちのなかで共有され、利用されている性質

エ　長い時間をかけて検討され、日々洗練を続ける性質

⑧「急所」

ア　極端《きょくたん》なところ

イ　重要なところ

ウ　難しいところ

エ　弱いところ

問十　——部⑨「歴史とは、けっきょく、他者理解です」とあるが、ここで筆者が述べようとしているのはどのようなことか。その説明として、最も適当なものを次の中から一つ選び、記号で答えなさい。

ア　歴史を学ぶことで私たちが得るものは、自国民の豊かな未来だけではなく、今この時を共に生きている世界各地の人々と心を通わせるために必要な共通認識でもある。

イ　歴史学者に必要なことは、だれがどのように何を史実として捉えたかというものの見方を探究することではなく、解釈の余地のない唯一《ゆいいつ》の事実を発見することである。

ウ　歴史として史実を扱《あつか》う際には、自分とは違う時間や場所を生きた人々がどのように考え、どのように生きたかを知り、複数の視点から史実を捉《とら》え直すことが必要である。

エ　歴史上の人物について多くを知り、時空間を超《こ》えた経験を積むことで、なにものにも縛《しば》られることのない視野を手に入れることこそ、人類が歴史認識を深める意義である。

二　葬儀《そうぎ》場《じょう》である坂東会館に勤める「私」は、先輩《せんぱい》である漆原《うるしばら》の指導のもとで故人と遺族が最良の形でお別れできるよう、奮闘《ふんとう》する日々を過ごしていた。次の文章を読んで、あとの問いに答えなさい。

お詫び

著作権上の都合により、文章は掲載しておりません。

ご不便をおかけし、誠に申し訳ございません。

教英出版

お詫び

著作権上の都合により、文章は掲載しておりません。
ご不便をおかけし、誠に申し訳ございません。

教英出版

お詫び

著作権上の都合により、文章は掲載しておりません。

ご不便をおかけし、誠に申し訳ございません。

教英出版

お詫び
著作権上の都合により、文章は掲載しておりません。
ご不便をおかけし、誠に申し訳ございません。
教英出版

（長月　天音『ほどなく、お別れです　それぞれの灯火』による）

※１「里見さん」――今回の式を執り行う僧侶。
※２「会葬者」――葬儀等の式に参列する親族以外の参列者。

問一 ═線部ⅰ～ⅲの漢字の読みをひらがなで答えなさい。

問二 [1]～[4]を補うのに最も適当なものを次の中からそれぞれ一つ選び、記号で答えなさい。ただし、同じ記号は二度使わないものとする。

ア じっと
イ うっとりと
ウ ひっそりと
エ ゆっくりと

問三 ━━部①「厳《おごそ》かな雰囲気《ふんいき》」・③「白い目を向けた」の本文における意味として、最も適当なものを次の中からそれぞれ一つずつ選び、記号で答えなさい。

①「厳かな雰囲気」

ア 飾《かざ》り気《け》がなく力強い雰囲気
イ 威圧的《いあってき》で堂々としている雰囲気
ウ 重々しく心が引きしまる雰囲気
エ 礼儀正《れいぎただ》しく落ち着いている雰囲気

③「白い目を向けた」

ア 哀《あわ》れんでいた
イ 激怒《げきど》していた
ウ 心配していた
エ 非難していた

問四 ——部②「思わずため息を漏《も》らしてしゃがみ込む」とあるが、このときの「私」の説明として、適切なものに○、そうでないものには×で答えなさい。

ア 流れるような漆原の通夜の進行を目《ま》の当《あ》たりにして、自身の力不足を痛感し、式を執り行う者の重圧を感じている。

イ 通夜を執り行うタイミングや立ち居振る舞いを漆原から学ぼうと必死になっていたが、式が終わり、緊張感から解放されている。

ウ 初めて通夜の司会を執り行い緊張して疲《つか》れてはいるが、大きな失敗もなく無事に終えることができてほっと安堵《あんど》している。

エ 漆原に怒られないように、会場の準備や人の動線の整理など、通夜を円滑《えんかつ》に進めようと細部まで気を配っていたので疲弊《ひへい》し切っている。

問五 （ X ）を補うのに、最も適当なものを次の中から一つ選び、記号で答えなさい。

ア 軽妙《けいみょう》　イ 神妙《しんみょう》　ウ 絶妙《ぜつみょう》　エ 微妙《びみょう》

問六 ——部④「次は式場のほうに目を向けてみようと思った」とあるが、それはなぜか。最も適当なものを次の中から一つ選び、記号で答えなさい。

ア 素晴らしい式のためには司会だけでなく、会場スタッフの対応が適切になされているかも重要だと気づいたから。

イ 遺族や会葬者の気持ちに真摯《しんし》に向き合うことが、悔いの残らない式にするために大切だと改めて気づいたから。

ウ 漆原のように厳粛《げんしゅく》な式は行えないが、遺族や会葬者が満足するような豪勢《こうせい》な式を執り行いたいと思ったから。

エ 漆原は「悔いの残らないベストな式」というが、遺族や会葬者が本当に満足しているか確認しようと思ったから。

問七　（　Ｙ　）にあてはまる表現として、最も適当なものを次の中から一つ選び、記号で答えなさい。

ア　死後の世界は存在しない

イ　生きることは素晴らしい

ウ　死とは決別ではないのだ

エ　何事も感情的になってはいけない

問八　――部⑤「大切な人の死は受け止め方が様々だ」とあるが、漆原はどうすることで死を受け入れることができると考えているか。三十五字以内で説明しなさい。

問九　「私」は死の悲しみをどのようなものとして捉《とら》えているか。最も適当なものを次の中から一つ選び、記号で答えなさい。

ア　どんなときでも大切な人を愛しく思えば思うほど死の悲しみは耐えがたいものとなる。

イ　死の悲しみがあるからこそ、共に生きる人をより一層愛おしく大切に思えるようになる。

ウ　年老いた人の死の悲しみよりも、未来のある若者の死の方がもっと大きな悲しみとなる。

エ　自身の行いを悔やむことはなくても、その死が納得できないものであれば悲しみは深くなる。

問十　漆原の人物像として、最も適当なものを次の中から一つ選び、記号で答えなさい。

ア　自身の言動や考えを信じ、さり気ない気配りができる人物。

イ　どんな状況でも淡々と職務をこなす冷静で自己中心的な人物。

ウ　積極的に仕事に関わろうとせず、失敗を避けることを最優先する人物。

エ　完璧な式を行うためには参列者にも一切の妥協を許さない厳しい人物。

※問題はこのページで終わりです。

2024(R6) 開明中　1次後期
K 教英出版

２０２４年　開明中学校　入学試験問題

１次後期Ａ

社会

（40分）

【問題冊子】

（注意）

１．問題冊子および解答用紙は監督者《かんとくしゃ》の指示があるまで開かないこと。

２．問題は全部で７題である。

３．試験開始後、解答用紙の所定箇所《かしょ》に受験番号をはっきりと記入し、マークを正しく塗《ぬ》りつぶすこと。

４．解答は解答用紙の指定された箇所に書くこと。

５．解答は解答欄からはみ出さないように書くこと。

６．試験終了の合図で解答はやめて、筆記用具を置き、手はひざにおくこと。

７．試験終了後、解答用紙を回収した後、問題冊子も回収する。

《１》　次の文①～④は日本の都道府県に関する説明である。地図と文を参考にして、あとの問いに答えなさい。

①　北上川が流れている都道府県。

②　倉敷市との間に瀬戸大橋がかかる坂出市がある都道府県。

③　日本三景の１つである宮島がある都道府県。

④　漁獲量が日本有数である焼津港がある都道府県。

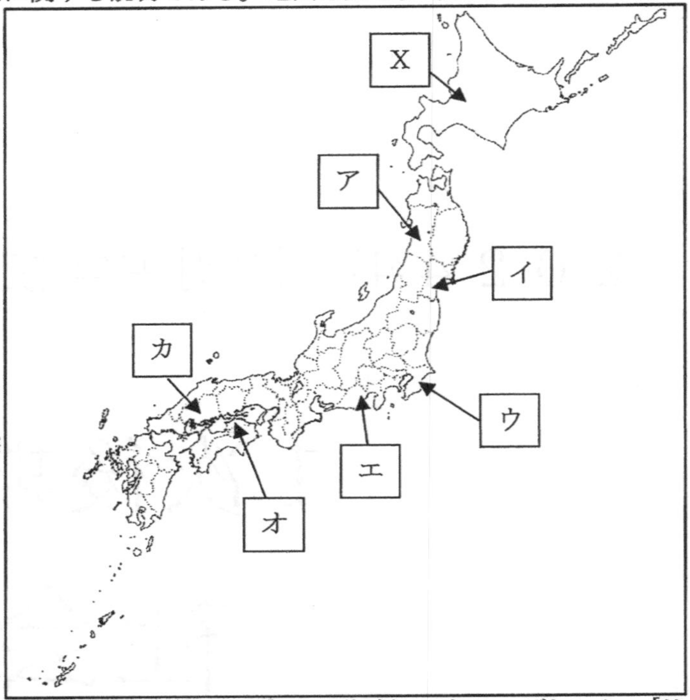

（１）上の文①～④にあてはまる都道府県を地図上のア～カから１つずつ選び、記号で答えなさい。

（２）次の表は、地図中Ｘの北海道が上位にある農作物（ばれいしょ[じゃがいも]、たまねぎ、米、てんさい）の都道府県別の収穫量割合を示したもの（2019 年：矢野恒太記念会『データでみる県勢 2021』より作成）である。ばれいしょ[じゃがいも]にあてはまるものを表のア～エから１つ選び、記号で答えなさい。

ア		イ		ウ		エ	
都道府県	%	都道府県	%	都道府県	%	都道府県	%
北海道	62.8	北海道	78.8	新潟県	8.3	北海道	100
佐賀県	10.5	鹿児島県	4.0	北海道	7.6		
兵庫県	7.6	長崎県	3.8	秋田県	6.8		
長崎県	2.7	茨城県	2.0	山形県	5.2		
愛知県	2.1	千葉県	1.2	宮城県	4.9		

《２》　次の文章を読み、あとの問いに答えなさい。

小学校６年生の一郎君が、ホームページを閲覧していると、外国人観光客が日本で訪れたい都道府県ランキングを載せているサイトを見つけました。このサイトによると、１位が（ａ）北海道、２位が沖縄県、３位が東京都、４位が（ｂ）京都府、５位が大阪府、６位が（ｃ）青森県、７位が（ｄ）広島県、８位が福岡県、９位が奈良県、10 位が（　①　）となっていました。理由を見ると、福岡県のラーメンを食べてみたいや、東京都のハチ公像を見てみたい、（　①　）で雲仙岳を見てみたい、奈良県の鹿に会いたい、などがありました。そして特に印象に残ったのが、京都府や広島県、奈良県、（　①　）などに共通する「歴史を知りたい」という理由です。確かに多くの都道府県には、世界文化遺産に登録されている歴史的な名所がありますが、外国人観光客は、その背景にある歴史を求めているようです。外国人観光客に尋ねられても答えられるように、学校での学びを大切にしたいと改めて一郎君は思いました。また、自分で現地に行くことも大切なので、（　①　）にある潜伏キリシタン関連遺産をめぐりたいとお父さんに交渉しようと思う一郎君でした。

（1）文章中の（　①　）にあてはまる都道府県を答えなさい。

（2）下線部（a）の都道府県について、次の資料Ⅰと資料Ⅱは、北海道を含む製造品出荷額等に関係するもの（2018年：矢野恒太記念会『データでみる県勢2021』より作成）である。資料Ⅰと資料Ⅱから読み取れることとして正しいものをア～エから1つ選び、記号で答えなさい。

資料Ⅰ　食料品の製造品出荷額等割合

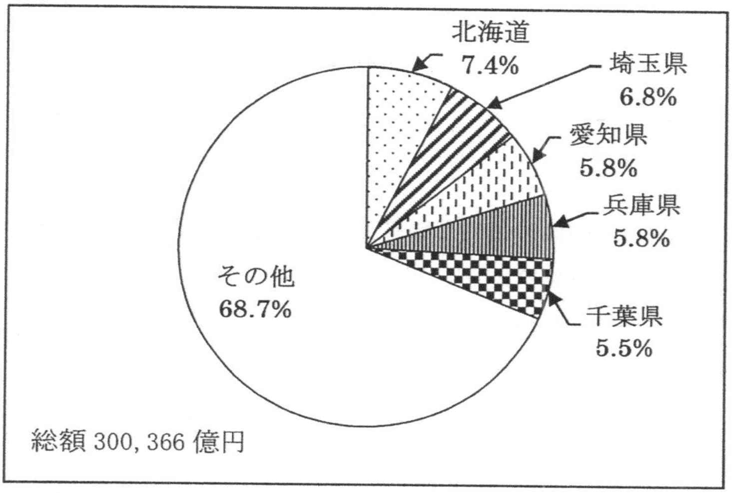

資料Ⅱ　北海道、岩手県、山形県、秋田県の製造品出荷額等とその内訳

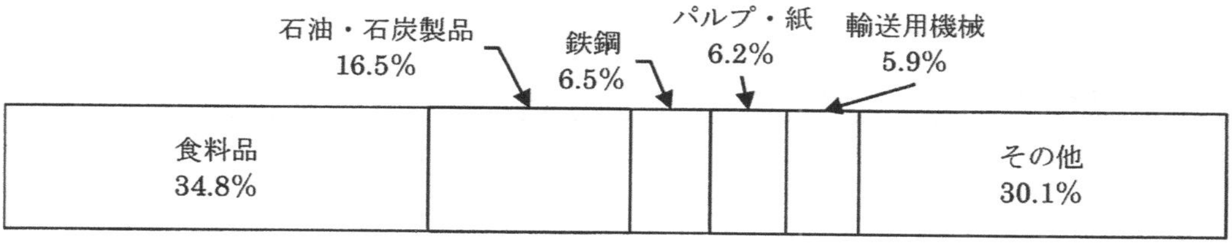

北海道　総額64,136億円

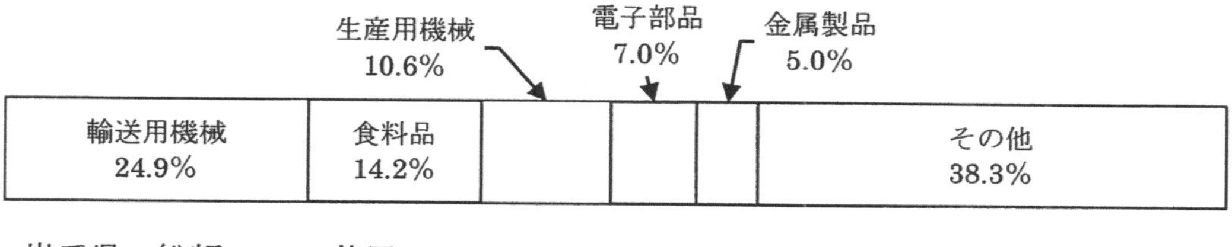

岩手県　総額27,451億円

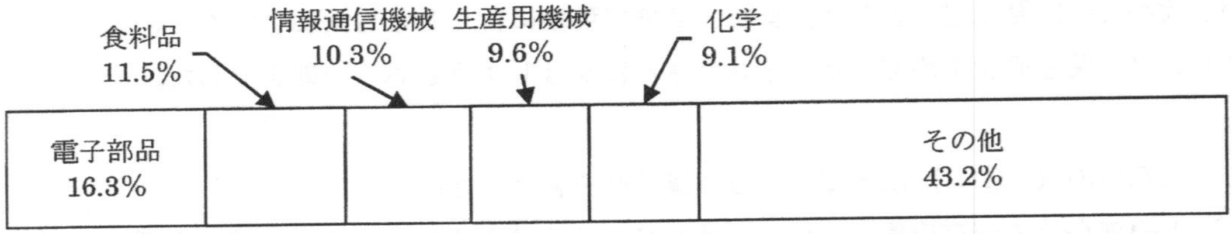

山形県　総額 28, 880 億円

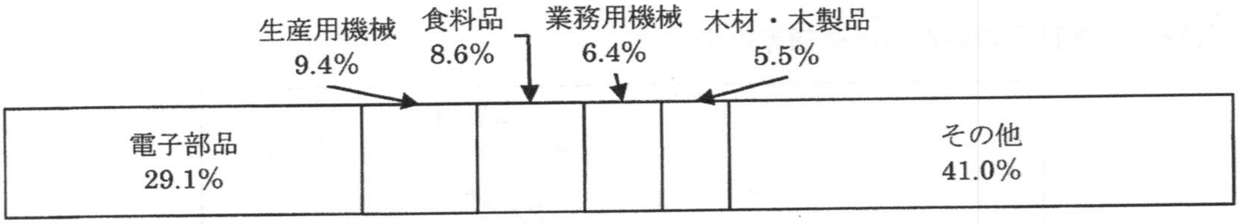

秋田県　総額 13, 496 億円

ア．2018 年における食料品の製造品出荷額等上位５都道府県の出荷額の合計は、2018 年における北海道の製造品出荷額等の２倍以上である。

イ．2018 年における山形県の食料品の製造品出荷額等は、2018 年における千葉県の食料品の製造品出荷額等の 10 分の１以下になる。

ウ．2018 年における岩手県、山形県の電子部品の製造品出荷額等の合計は、2018 年における北海道の食料品の製造品出荷額等よりも少なくなる。

エ．その他を除く、資料Ⅰ中の関東地方に位置する都道府県の食料品の製造品出荷額等の合計は、資料Ⅱ中の北海道の製造品出荷額等の半分以下である。

（３）下線部（ｂ）の都道府県について、次の表は、京都府・大阪府・滋賀県・和歌山県の面積、農業産出額、漁業産出額をまとめたもの（矢野恒太記念会『データでみる県勢 2021』より作成）である。京都府にあたるものを、表のア～エから１つ選び、記号で答えなさい。

	面積 (㎢) (2019 年)	農業産出額 (億円) (2018 年)	漁業産出額 (億円) (2018 年)
ア	4, 612	704	39
イ	4, 017	641	－
ウ	1, 905	332	46
エ	4, 725	1, 158	127

二〇二四（令和六）年度　開明中学校　入学試験

一次後期A　国語

※100点満点

受験番号

得点（記入しないこと）

一

問一　i　ii　iii　iv　v

問二

問三　1　2　3　4

問四

問五

問六

問七

問一．１点×５
問二．４点
問三．２点×４
問四．４点
問五．４点
問六．４点
問七．９点
問八．４点
問九．２点×２
問十．４点

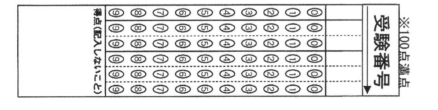

3	cm^3	cm^3	cm^2	cm
4	(1)	(2)	(3)	(4)
5	(1)	(2)	(3)	(4)
	回	倍	毎分　　m	m

1．５点×５
2．５点×６
3．⑴４点
⑵４点
⑶４点
⑷３点
4．⑴４点
⑵４点
⑶４点
⑷３点
5．⑴４点
⑵４点
⑶４点
⑷３点

	%	g		

【4】 1点×8

(1)	A	B	C	D	E	(2)	
(3)		(4)				

【5】 (1)2点 (2)1点 (3)2点 (4)2点 (5)2点 (6)1点

(1)		(2)	表側 ・ 裏側	(3)	mL	(4)	
(5)		(6)					

【6】 1点×10

(1)		(2)	(1)	(2)	(3)		(4)	①	②	③
(5)	①	②	③							

(2)		(3)		(4)		(5)		(6)	

《5》 (1)1点×2　(2)2点　(3)1点　(4)1点　(5)1点　(6)1点×3

(1)	あ		い		(2)		(3)		
(4)		(5)		(6)	①		②		③

《6》 (1)1点　(2)2点　(3)2点　(4)2点　(5)2点　(6)2点

(1)	〔カタカナ〕	(2)		(3)	制度
(4)		(5)		(6)	

《7》 1点×4

(1)		(2)		(3)		(4)	

2024(R6) 開明中　1次後期
教英出版

※50点満点

2024（令和6）年度　開明中学校　入学試験　解答用紙

１次後期Ａ　社会

受験番号										
	0	1	2	3	4	5	6	7	8	9
	0	1	2	3	4	5	6	7	8	9
	0	1	2	3	4	5	6	7	8	9
	0	1	2	3	4	5	6	7	8	9
	0	1	2	3	4	5	6	7	8	9
	0	1	2	3	4	5	6	7	8	9

用紙タテ 上　こちらを上にしてください

【注意】 解答欄に〔漢字〕〔カタカナ〕と指定されている問題については、必ず指定されたかたちで答えなさい。

《1》 1点×5

(1)	①		②		③		④		(2)	

《2》 1点×5

(1)		(2)		(3)		(4)		(5)	〔漢字〕

《3》 1点×5

(1)	①		②		③		④		(2)	

《4》 (1) 1点×3　(2) 2点　(3) 1点　(4) 1点　(5) 2点　(6) 1点

(1)	A	〔漢字〕	B	〔漢字〕	C	〔漢字〕

【解答

※50点満点

2024(令和6)年度　入学試験解答用紙

1次後期A　理科　　開明中学校

受験番号

受験番号
⓪①②③④⑤⑥⑦⑧⑨
⓪①②③④⑤⑥⑦⑧⑨
⓪①②③④⑤⑥⑦⑧⑨
⓪①②③④⑤⑥⑦⑧⑨
⓪①②③④⑤⑥⑦⑧⑨
⓪①②③④⑤⑥⑦⑧⑨

用紙タテ 上　こちらを上にしてください

【1】(1)1点　(2)1点×2　(3)2点　(4)1点　(5)1点　(6)1点

(1)	倍		(3)	(4)
(2)	X	Y		
(5)		(6)		

【2】(1)1点　(2)1点　(3)1点　(4)1点　(5)1点　(6)2点

(1)		(2)		(3)		(4)	
(5)		(6)					

【3】　1点×7

(1)		(2)		(3)		(4)	

【解答

※100点満点

2024(令和6)年度　入学試験　解答用紙

1次後期A　算数　開明中学校

受験番号										
	0	1	2	3	4	5	6	7	8	9
	0	1	2	3	4	5	6	7	8	9
	0	1	2	3	4	5	6	7	8	9
	0	1	2	3	4	5	6	7	8	9
	0	1	2	3	4	5	6	7	8	9
	0	1	2	3	4	5	6	7	8	9

用紙タテ 上　こちらを上にしてください

1	(1)	(2)	(3)
	(4)	(5)	
2	(1)	(2)	(3)
		通り	度
	(4)	(5)	(6)
	cm²	%	kg

【解答

※	※	※	※	※	※	※	※	※	※	※	※
		二									
問九	問十	問一	問二	問三	問四	問五	問六	問七	問八	問九	問十
⑦		i	1	①	ア						
⑧		ii	2	③	イ						
		iii	3		ウ						
			4		エ						

問一．１点×３
問二．２点×４
問三．２点×２
問四．２点×４
問五．４点
問六．４点
問七．４点
問八．７点
問九．４点
問十．４点

（4）下線部（c）の都道府県について述べた文として**誤っているもの**を次から１つ選び、記号で答えなさい。

ア．戦後の食糧不足解消のために干拓された八郎潟がある。

イ．東京駅と結んでいる東北新幹線の発着駅がある。

ウ．津軽塗とよばれる伝統工芸品が生産されている。

エ．ぶなの原生林が広がることで有名な白神山地がある。

（5）下線部（d）の都道府県は中国地方に位置する。中国地方のなかでも山陰地方が面する日本海を流れる暖流を何というか、**漢字で**答えなさい。

《3》　次の表は、水族館、スキー場、海水浴場、テーマパーク・レジャーランドの設置数上位の都道府県をまとめたもの（2019年：矢野恒太記念会『データでみる県勢2021』より作成）である。表を見て、あとの問いに答えなさい。

水族館		スキー場		海水浴場		テーマパーク レジャーランド	
都道府県	数	都道府県	数	都道府県	数	都道府県	数
①	10	②	73	長崎県	62	③	25
東京都	7	①	29	③	60	大阪府	21
神奈川県	6	新潟県	29	福井県	56	①	20
愛知県	5	群馬県	21	静岡県	56	②	19
和歌山県	5	岐阜県	19	④	55	岡山県	14

（1）表中の①～④にあてはまる都道府県を次から１つずつ選び、記号で答えなさい。

ア．北海道　　イ．鹿児島県　　ウ．千葉県　　エ．長野県

（2）次のグラフは、日本・アメリカ・中国・インドネシアの年齢構成の国際比較を示したもの（日本は2020年、アメリカは2018年、中国、インドネシアは2019年：矢野恒太記念会『日本国勢図会2021／22』より作成）である。日本にあたるものをグラフ上のア～エから１つ選び、記号で答えなさい。

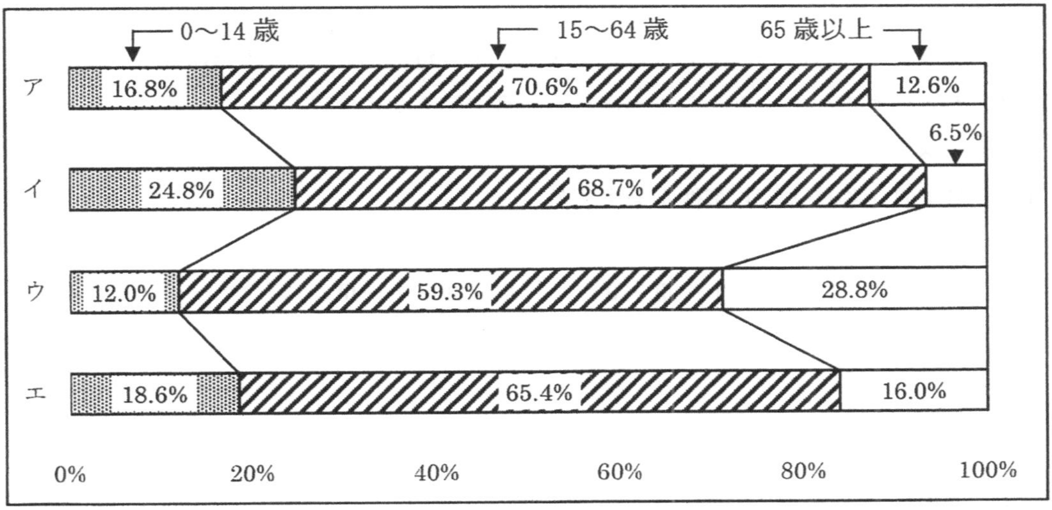

《4》　次のA～Cの人物に関する説明を読み、あとの問いに答えなさい。

A　天皇として厩戸王や（a）蘇我馬子の協力の下、天皇中心の国づくりをおこなった。

B　（b）明に渡り、帰国後に（c）日本的な水墨画の様式を完成させた。

C　大正デモクラシーの風潮のなか、民本主義を唱えて（d）普通選挙にもとづく政党政治を主張した。

（1）A～Cの説明にあてはまる人物は誰か、**漢字で**答えなさい。

（2）下線部（a）に関連して、飛鳥時代のできごとについて述べた文として**誤っているもの**を次から1つ選び、記号で答えなさい。

ア．役人の守るべき心得を十七条の憲法にまとめた。

イ．能力に応じて役人を採用する冠位十二階の制度を整えた。

ウ．法隆寺や四天王寺などの仏教寺院が建てられた。

エ．墾田永年私財法により、開墾した土地の永久私有を認めた。

（3）下線部（b）の王朝に関連して述べた次の文X・Yの正誤の組み合わせとして正しいものを下のア～エから1つ選び、記号で答えなさい。

X　この王朝との貿易は、足利義政が「日本国王」に任じられたことで開始された。

Y　この王朝との貿易において、正式な貿易船であることを示す勘合が用いられた。

ア．X：正　Y：正　イ．X：正　Y：誤　ウ．X：誤　Y：正　エ．X：誤　Y：誤

（4）下線部（c）に関連して、江戸時代の絵画について述べた文として**誤っているもの**を次から1つ選び、記号で答えなさい。

ア．歌川広重が「東海道五十三次」を描いた。

イ．狩野永徳が「唐獅子図屏風」を描いた。

ウ．菱川師宣が「見返り美人図」を描いた。

エ．葛飾北斎が「富嶽三十六景」を描いた。

（5）下線部（d）に関連して、社会主義者や社会主義運動を取り締まるため1925年に制定された法律を何というか、**漢字で**答えなさい。

（6）Cの説明文の前後の時期におこったできごとⅠ～Ⅲについて、古いものから年代順に正しく配列したものを下のア～カから1つ選び、記号で答えなさい。

Ⅰ　オーストリアでサラエボ事件が発生する。

Ⅱ　東京で日比谷焼き打ち事件が発生する。

Ⅲ　中国に対して、日本が二十一カ条の要求をつきつける。

ア．Ⅰ－Ⅱ－Ⅲ　　イ．Ⅰ－Ⅲ－Ⅱ　　ウ．Ⅱ－Ⅰ－Ⅲ

エ．Ⅱ－Ⅲ－Ⅰ　　オ．Ⅲ－Ⅰ－Ⅱ　　カ．Ⅲ－Ⅱ－Ⅰ

《５》　次の年表を見て、あとの問いに答えなさい。

（１）年表中の（　あ　）・（　い　）にあてはまる語をそれぞれ答えなさい。

年	できごと
708	和同開珎が発行される
	ア
1156	（　あ　）の乱で、後白河天皇と崇徳上皇が争う
	イ
1274	文永の役がおこる………a
	ウ
1590	豊臣秀吉が天下統一を果たす………b
	エ
1635	武家諸法度（寛永令）が出される
	オ
1868	（　い　）の大号令が出される
	カ
1920	国際連盟が発足する………c
	キ
1950	朝鮮戦争がおこる………d
	ク
1991	ソ連が解体される

（２）年表中のａに関して述べた次の文Ｘ・Ｙの正誤の組み合わせとして正しいものを下のア～エから１つ選び、記号で答えなさい。

Ｘ　日本側は集団戦法や火薬兵器などを用いて戦った。

Ｙ　このできごとの後、元軍が再び、日本へ襲来することはなかった。

ア．Ｘ：正　Ｙ：正

イ．Ｘ：正　Ｙ：誤

ウ．Ｘ：誤　Ｙ：正

エ．Ｘ：誤　Ｙ：誤

（３）年表中のｂに関連して、豊臣秀吉の政策について述べた文として正しいものを次から１つ選び、記号で答えなさい。

ア．山城でおこった国一揆を鎮圧した。

イ．２度にわたって台湾出兵をおこなった。

ウ．ますなどを統一して、太閤検地をおこなった。

エ．大名の居城を１つに限る一国一城令を出した。

（４）年表中のｃの時期の前後におこったできごとについて述べた文として正しいものを次から１つ選び、記号で答えなさい。

ア．米の値段が急激に上がったことを理由に、米騒動がおこった。

イ．大規模な反日運動として、中国で三・一独立運動が発生した。

ウ．日本の支配に対する抵抗運動として、朝鮮で五・四運動が発生した。

エ．フランス革命の広がりを防ぐために、日本はシベリアへ出兵した。

（５）年表中のｄに関連して、1950年にGHQの指示でつくられた、日本国内の治安を守ることを目的とした組織を何というか、答えなさい。

（６）次の①～③がおこった時期を、年表中のア～クから１つずつ選び、記号で答えなさい。

①　ニューヨーク株式取引所での株価の大暴落をきっかけに、世界恐慌がおこる。

②　困窮《こんきゅう》した御家人の救済を目的に、永仁の徳政令が出される。

③　近松門左衛門が人形浄瑠璃の脚本家として活躍する。

《6》　次の文章を読み、あとの問いに答えなさい。

地方自治は、その地域の住民によって、住民のためにおこなわれる政治である。日本では、住民の意思をより強く反映させるために、住民による直接選挙や（a）直接請求の制度など、直接民主制のしくみが取り入れられている。この直接請求には、例えば、首長の解職請求[＝（　①　）]などがある。また、（b）地方公共団体は、地域住民の生活に密接にかかわる様々な（c）仕事をおこなっている。議決機関である地方議会では、（d）予算の議決、（e）きまりの制定、決算の承認のほか、首長の不信任決議をおこなうこともできる。

（1）文章中の（　①　）にあてはまる語を、**カタカナで**答えなさい。

（2）下線部（a）について、住民の直接請求に関して述べた次の文X・Yの正誤の組み合わせとして正しいものを下のア～エから1つ選び、記号で答えなさい。

X　監査請求には、有権者の3分の1以上の署名が必要である。

Y　議会の解散請求の請求先は、首長である。

ア．X：正　Y：正　　イ．X：正　Y：誤　　ウ．X：誤　Y：正　　エ．X：誤　Y：誤

（3）下線部（b）に関連して、地方公共団体から任命された住民が、行政に対する苦情を調査したり、監視したりする制度を何というか、解答欄に合うように答えなさい。

（4）下線部（c）に関連して、地方公共団体の仕事として**誤っているもの**を次から1つ選び、記号で答えなさい。

ア．パスポートの交付　　イ．保健所の設置　　ウ．戸籍の登録　　エ．地方裁判所の運営

（5）下線部（d）に関連して、地方公共団体の歳入のうち、使い道を指定したうえで、国から地方公共団体へ支出されるものとして正しいものを次から1つ選び、記号で答えなさい。

ア．地方債　　イ．国庫支出金　　ウ．地方交付税交付金　　エ．地方税

（6）下線部（e）に関連して、地方公共団体が制定するきまりとして正しいものを次から1つ選び、記号で答えなさい。

ア．政令　　イ．法律　　ウ．条例　　エ．憲法

《7》　次の（1）～（4）の文で、下線部が正しい場合には○、誤っている場合は正しい語を答えなさい。

（1）社会保障制度のうち、年金制度は、公的扶助に分類される。

（2）持続可能な開発目標の略称であるSDGｓの実現に向けて、取り組みが進められている。

（3）最高裁判所の長官を除く裁判官を任命するのは、内閣である。

（4）臨時国会は原則として、毎年1月に開かれ、予算の審議などがおこなわれる。

２０２４年　開明中学校　入学試験問題

１次後期Ａ

算数

(60分)

【問題冊子】

（注意）

１．問題冊子および解答用紙は監督者《かんとくしゃ》の指示があるまで開かないこと。

２．大問は全部で５題である。

３．試験開始後，解答用紙の所定箇所《かしょ》に受験番号をはっきりと記入し，マークを正しく塗《ぬ》りつぶすこと。

４．解答は解答用紙の指定された箇所に書くこと。

５．試験終了の合図で解答をやめて，筆記用具を置き，手はひざにおくこと。

６．試験終了後，解答用紙を回収した後，問題冊子も回収をする。

1．次の計算をしなさい。ただし，（4）（5）は$\square$にあてはまる数を答えなさい。

（1）　$1.5 \times 0.57 \times 2 + 1.43 \div \frac{1}{3}$

（2）　$\frac{6}{5} \times \left(\frac{1}{2} - \frac{1}{3}\right) + \frac{16}{9} \div \frac{12}{5}$

（3）　$\frac{1}{2} \times \frac{1}{3} + \frac{1}{2} \times \frac{1}{3} \times \frac{1}{4} - \frac{1}{2} \times \frac{1}{3} \times \frac{1}{4} \times \frac{1}{5}$

（4）　$\frac{7}{8} - \left(6\frac{1}{4} - 2\frac{1}{2}\right) \div \square \times \frac{3}{2} = \frac{1}{4}$

（5）　$\left\{\left(\frac{2}{3} + 0.75\right) \div \frac{3}{8}\right\} \div \left(1 - \square\right) + \frac{2}{3} = 10$

２．次の問いに答えなさい。ただし，円周率は 3.14 とします。

（1）　$\frac{2}{13}$ を小数で表したとき，小数第 2024 位の数字はいくつですか。

（2）　7 個のりんごをＡ，Ｂ，Ｃの３人に配る方法は何通りありますか。
ただし少なくとも１人につき１個ずつは配り，7 個全てを配り切るものとします。

（3）　右の図において，辺CA，AP，PQ，QBはすべて同じ長さです。
このとき，角アは何度ですか。

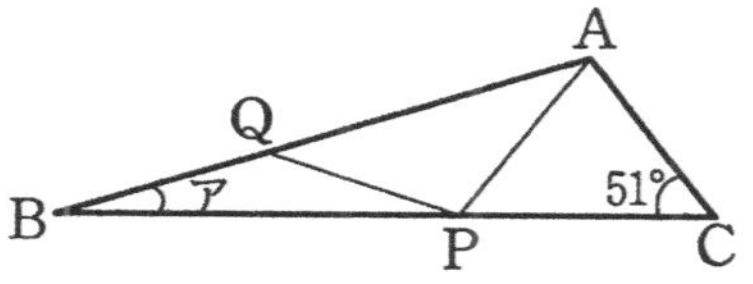

（4）　右の図のような直角二等辺三角形ABCと正方形DEFGがあるとき，斜線部分の面積の和は何 cm^2 ですか。

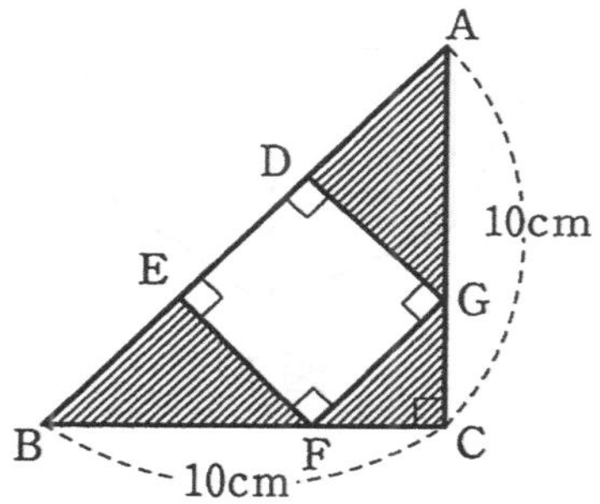

（5）　容器 A には 8 % の食塩水が 200 g，容器 B には 6 % の食塩水が 150 g 入っています。容器 B の食塩水の水を 50 g 蒸発させた後，B から A に 50 g の食塩水を移してよくかき混ぜます。このとき，A は何 % の食塩水になりますか。

（6）　2 つの製品 A，B があります。製品 A を 4 個と製品 B を 3 個を合わせた 7 個の重さの平均は 2.1 kg です。製品 A の 1 個の重さが製品 B の 1 個の重さと比べて 0.7 kg 重いとき，製品 A 1 個の重さは何 kg ですか。

3．次の問いに答えなさい。ただし，円周率は3.14とします。

（1）　図1の三角柱の体積は何 cm^3 ですか 。

（2）　正面と真上から見ると図2のようになる立体の体積は何 cm^3 ですか 。

（3）　図3の円すいの表面積は何 cm^2 ですか 。

（4）　正面と真上から見ると図4のようになる立体の体積が 31.4 cm^3 のとき
アの長さは何 cmですか。

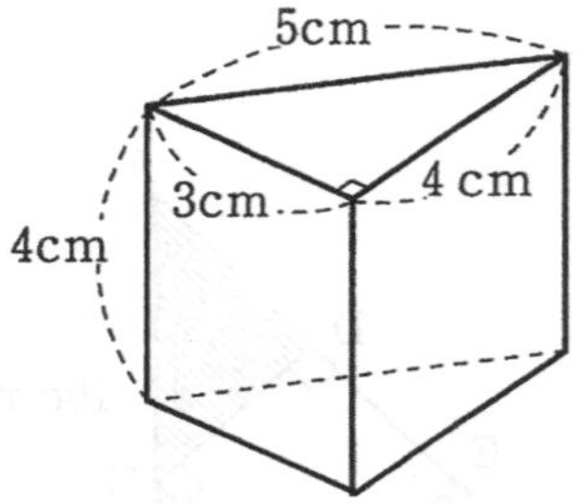

図1

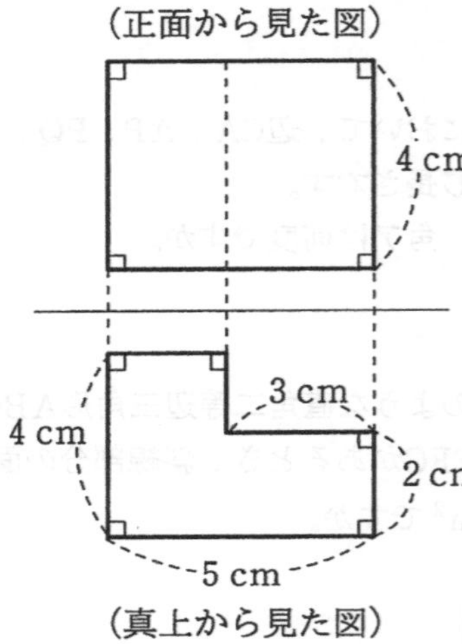

図2

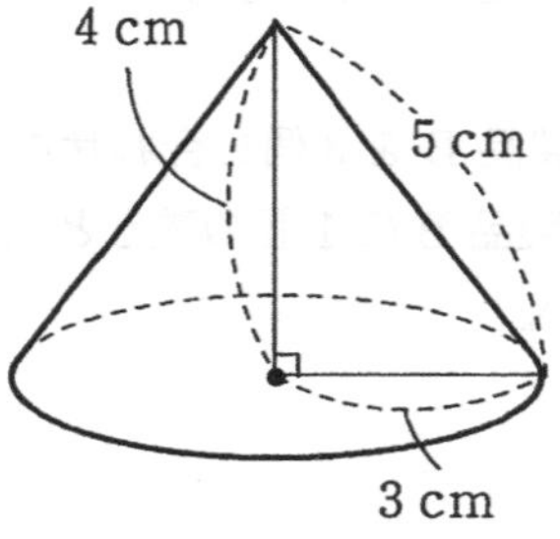

図3

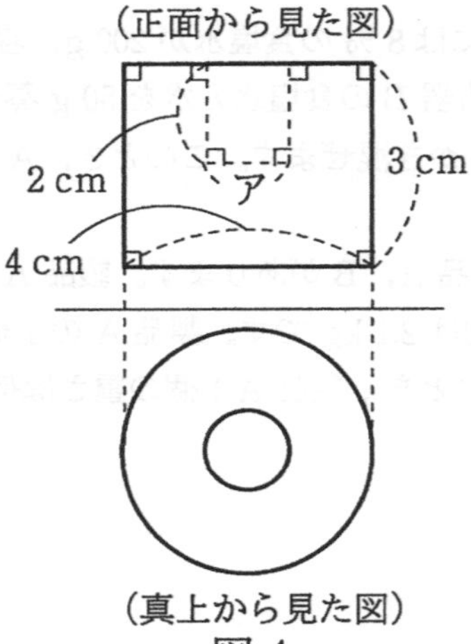

図4

２０２４年　開明中学校　入学試験問題

１次後期Ａ

理科

（40分）

【問題冊子】

（注意）

１．問題冊子および解答用紙は監督者《かんとくしゃ》の指示があるまで開かないこと。

２．問題は全部で６題である。

３．試験開始後、解答用紙の所定箇所《かしょ》に受験番号をはっきりと記入し、マークを正しく塗《ぬ》りつぶすこと。

４．解答は解答用紙の指定された箇所に書くこと。

５．試験終了の合図で解答はやめて、筆記用具を置き、手はひざにおくこと。

６．試験終了後、解答用紙を回収した後、問題冊子も回収をする。

【1】

次の図のように、なめらかでまさつのない水平な台上に小球Aを置き、その小球Aにふりこの小球Bをしょうとつさせました。小球Bは小球Aとふりこの最下点Oの位置でしょうとつします。しょうとつ後、小球Aはしょうとつ直後と同じ速さで運動します。小球Aはそのままの速さで台から飛び出し、ゆかに落下します。糸の長さや、小球Bから手をはなす高さを変えて、しょうとつ直後の小球Aの速さと、台の側面aから小球Aが着地した点bまでのきょり（水平きょり）を測定《そくてい》すると、表のような結果になりました。ただし、ふりことの糸のまさつ、空気の抵抗《ていこう》は考えないものとし、ふりこの周期は糸の長さによって決まることがわかっています。

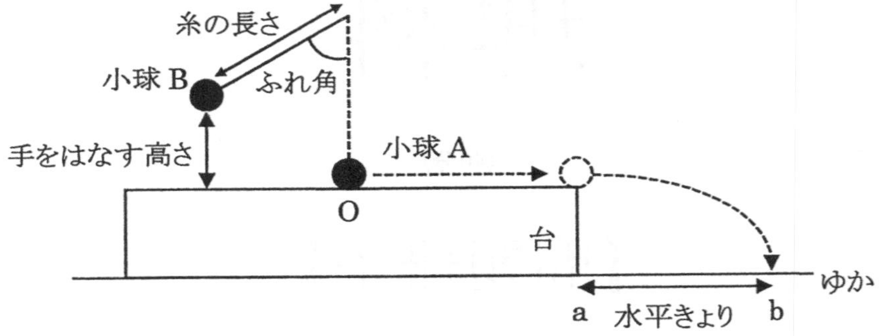

図

表

測定結果	①	②	③	④	⑤	⑥	⑦	⑧
糸の長さ〔cm〕	10	10	20	20	60	60	100	100
手をはなす高さ〔cm〕	2.5	5	5	10	10	22.5	22.5	40
小球Aの速さ〔cm/秒〕	70	98	98	140	140	X	X	280
水平きょり〔cm〕	28	39.2	39.2	56	56	84	84	Y

（1）糸の長さを10cmにして、小球Bから手をはなす高さを10cmからしだいに低くしていきました。手をはなす高さを最初の1/5倍にしたとき、小球Bが運動を始めてから小球Aとしょうとつするまでの時間は何倍になりますか。整数で答えなさい。

（2）測定結果のX、Yにあてはまる数値《すうち》をそれぞれ答えなさい。

（3）「水平きょり」と「台上における小球Aの速さ」の関係を表したグラフを書きなさい。ただし、縦軸を水平きょり、横軸を速さとします。

（4）「小球Aが台をはなれてからゆかに落下するまでの時間」と「台上における小球Aの速さ」の関係を表したグラフを書きなさい。ただし、縦軸を時間，横軸を速さとします。

（5）「小球Aのゆかからの高さ」と「小球Aが台をはなれてからゆかに落下するまでの時間」との関係を表したグラフとして、最も適当なものを次のア～エから1つ選び、記号で答えなさい。ただし、縦軸をゆかからの高さ、横軸を時間とします。

ア

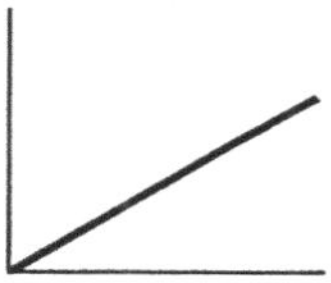

イ

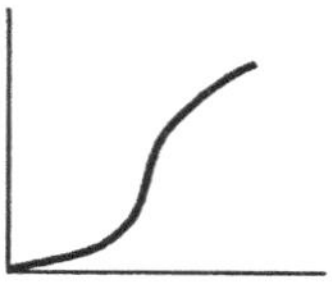

ウ

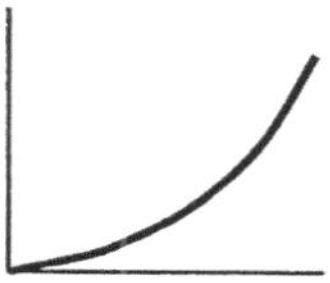

エ

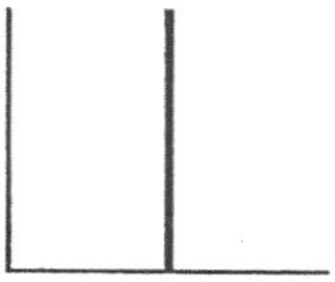

（6）小球Aを別の小球Cに変えて、同じように測定をしました。すると、小球Cの水平きょりは小球Aよりも短くなりました。その理由として考えられることを簡単に説明しなさい。ただし、小球Aと小球Cの材質は同じものとします。

【2】

図 1、2 の回路を用いて、電球の光り方を調べました。以下の問いに答えなさい。ただし、電球 A～D はすべて同じ性質であるものとします。なお、スイッチを閉じたときを ON、開いたときを OFF とします。

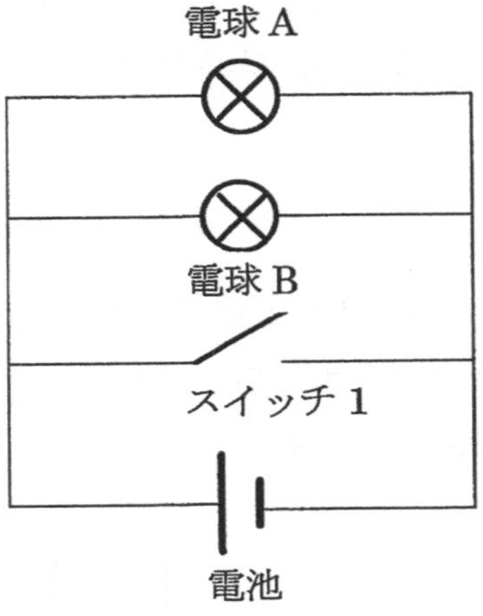

図 1

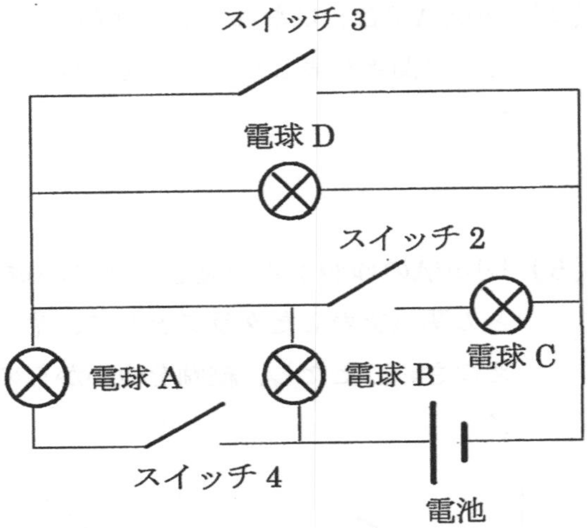

図 2

（1）図 1 でスイッチ 1 が OFF のとき、電球 A、B はどのようになりますか。次のア～エから 1 つ選び、記号で答えなさい。

ア　A、B ともに点灯する。

イ　A のみ点灯する。

ウ　B のみ点灯する。

エ　A、B ともに消灯する。

（2）図 1 でスイッチ 1 が ON のとき、電球 A、B はどのようになりますか。（1）のア～エから 1 つ選び、記号で答えなさい。

（3）図2でスイッチ2のみONにし、その他のスイッチはOFFにしました。このとき、電球A～Dで点灯するものをすべて選び、記号で答えなさい。

（4）図2でスイッチ3のみONにし、その他のスイッチはOFFにしました。このとき、電球A～Dで点灯するものをすべて選び、記号で答えなさい。

（5）図2でスイッチ2、3をONにし、スイッチ4はOFFにしました。このとき、電球A～Dで点灯するものをすべて選び、記号で答えなさい。

（6）図2でスイッチ2、3、4すべてをONにしました。このとき、電球A～Dで点灯するものをすべて選び、記号で答えなさい。

【３】

100 g の水に溶《と》かすことのできる物質の重さ〔g〕の限界のことを溶解度《ようかいど》といいます。今、3種類の物質の溶解度をいろいろな温度で調べ、その結果を下の表にまとめました。この表を参考に以下の問いに答えなさい。ただし、複数の物質が溶けた水溶液《すいようえき》において、各物質の溶解度は単独の物質が溶けた場合と変わらないものとします。

表

温度〔℃〕	0	20	40	60	80
硝《しょう》酸カリウム	11.7	24	39	52.2	62.8
食塩	26.3	26.4	26.7	27.1	27.5
ホウ酸	2.7	4.7	8.2	13.0	19.1

（１）次の文中の（　　）にあてはまる語句を答えなさい。

表の結果から、固体の溶解度は温度が（　　　）ほど大きくなる。

（２）20℃の水 500 g に硝酸カリウムは何 g まで溶かすことができますか。

（３）40℃の水 350 g に食塩を 35 g 溶かしました。食塩はさらに何 g まで溶かすことができますか。

（４）ホウ酸 87.75 g すべてを 60℃の水に溶かすには、少なくとも何 g の水が必要ですか。

（５）40℃の水に硝酸カリウムを溶けるだけ溶かした水溶液が 166.8 g あります。

① この水溶液の濃《こ》さは何%ですか。小数第 2 位を四捨五入し、小数第 1 位まで答えなさい。

② この水溶液に食塩は少なくとも何 g まで溶かすことができますか。

（６）濃さが 10%のホウ酸水溶液をつくるには、少なくとも何℃以上にする必要がありますか。最も適当なものを次のア～オから 1 つ選び、記号で答えなさい。

ア　0℃　　イ　20℃　　ウ　40℃　　エ　60℃　　オ　80℃

5．1辺100 m の正三角形ABCのコースがあります。
Pさんと Q さんは同時に点 A を出発し，
正三角形の周上をそれぞれ一定の速さで歩きます。
P さんは A → B → C → A → B → … の順に，
Q さんは A → C → B → A → C → … の順に歩きます。
2人は出発したあと，3つの地点 A，B，C に着く
たびに10秒間ずつ休けいをとります。
2人が1回目にすれちがったのは，辺 BC 上の点 C から
20 m の地点 D で，2回目にすれちがったのは，辺 AB 上の
点 B から 46 m の地点 E でした。このとき，次の問いに答えなさい。

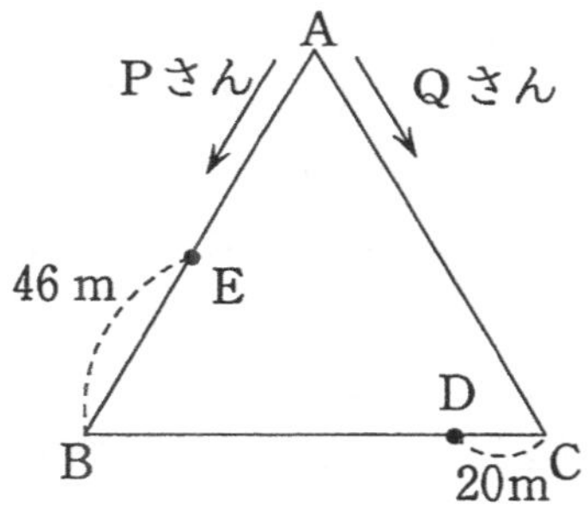

（1） 2人が2回目にすれちがうまでに P さんは何回休けいしますか。

（2） P さんの歩く速さは，Q さんの歩く速さの何倍ですか。

（3） P さんの歩く速さは毎分何 m ですか。

（4） 2人が3回目にすれちがうのは，辺 AC 上の点 C から何 m の地点ですか。

4．記号〈　〉は，中に書かれた整数を７で割ったときの余りを表します。
ただし，〈　〉の中に書かれた整数が７の倍数であるときは，０になるものとします。
例えば〈１〉＝１，〈９〉＝2，〈21〉＝0です。
このとき，次の問いに答えなさい。

（１）　〈2024〉を求めなさい。

（２）　〈2000〉＋〈2001〉＋〈2002〉＋……＋〈2024〉を求めなさい。

（３）　〈2000＋2001＋2002＋2003＋……＋2024〉を求めなさい。

（４）　〈4＋5＋6＋……＋2000＋2001＋2002＋2003＋……＋2024〉を求めなさい。

【４】

5 種類の水溶液 A～E があります。水溶液 A～E は、うすい塩酸、アンモニア水、砂糖水、食塩水、水酸化ナトリウム水溶液のいずれかであることがわかっています。これらの水溶液について、次の実験 1～実験 4 を行いました。表は、実験 1～実験 3 までの結果をまとめたものです。以下の問いに答えなさい。

＜実験 1＞　少量ずつ蒸発皿に取り、ガスバーナーで十分に加熱した。

＜実験 2＞　フェノールフタレイン溶液を入れて、色の変化を調べた。

＜実験 3＞　マグネシウムを入れて、変化を調べた。

＜実験 4＞　アルミニウムを入れて、変化を調べた。

表

	水溶液 A	水溶液 B	水溶液 C	水溶液 D	水溶液 E
実験 1	白い物質が残る	何も残らない	何も残らない	黒くこげた物質が残る	白い物質が残る
実験 2	変化なし	赤色に変化する	変化なし	変化なし	赤色に変化する
実験 3	変化なし	変化なし	気体 X が発生する	変化なし	変化なし

（１）水溶液 A～E の名前を次のア～オからそれぞれ 1 つ選び、記号で答えなさい。

ア　うすい塩酸　　イ　アンモニア水　　ウ　砂糖水

エ　食塩水　　オ　水酸化ナトリウム水溶液

（２）上方置換法によって集められる気体が水に溶けてできた水溶液はどれですか。A～E から 1 つ選び、記号で答えなさい。

（３）表中の気体 X の名前を答えなさい。

（４）実験 4 の結果として正しいものを次の①～④から 1 つ選び、番号で答えなさい。

	水溶液 A	水溶液 B	水溶液 C	水溶液 D	水溶液 E
①	気体が発生する	変化なし	気体が発生する	変化なし	変化なし
②	変化なし	気体が発生する	変化なし	気体が発生する	変化なし
③	変化なし	変化なし	気体が発生する	変化なし	気体が発生する
④	気体が発生する	変化なし	変化なし	気体が発生する	変化なし

【５】

植物のはたらきをしらべるために、次のような実験を行いました。

＜実験 1＞　植物の葉の表側と裏側に、青色の塩化コバルト紙をはりつけ、しばらくすると、葉にはりつけた塩化コバルト紙の色が変化した。なお、塩化コバルト紙は水につけると赤色に変化し、水の量が多いほど色はより濃くなる。また、塩化コバルト紙によって、植物のはたらきは変化しないものとする。

（１）実験 1 において、塩化コバルト紙の色の変化は植物の何というはたらきによるものですか。漢字２文字で答えなさい。

（２）実験 1 において、塩化コバルト紙の色がより濃く変化したと考えられるのは、葉の表側と裏側のどちらですか。

＜実験 2＞　右図のように、4本の水の入った試験管（①～④）に、葉の大きさや枚数が同じ植物の茎をそれぞれ入れた。すべての試験管の水面に油を浮かべたあと、日光のよく当たる場所に数時間置き、試験管内の水の減少量を測定した。ただし、①～④の試験管に入れた植物には、次のような処理を行った。

図

① 何もしない。
② 葉の裏側にワセリンをぬる。
③ 葉の表側にワセリンをぬる。
④ 葉をすべてとり、切り口にはワセリンをぬる。

結果は下の表 1 の通りでしたが、③の試験管は実験中に落として割れてしまったため、結果がわかりませんでした。

表 1

試験管	①	②	③	④
水の減少量〔mL〕	46	16		6

【６】

右の図１は、日本のある都市における日の出と日の入りの時刻を約75日間（2か月半）観測したものです。現在の日本では、日の出の時刻は（　1　）で、日の入りの時刻は（　2　）で観測するとされています。そのため、春分や秋分の日は（　3　）なります。このように日の出や日の入りの時刻が毎日変化する原因の一つは、図２のように、地球の地軸《じく》が地球の公転面に対して傾いているためです。

現在の時刻は、季節に関係なく１日を24等分したものを１時間とする「定時法」が用いられていますが、江戸時代の日本では、「不定時法」という方法で時刻を定めていました。これは日の出と日の入りを基準とする方法で、日の出の30分前を「明け六つ」、日の入りの30分後を「暮れ六つ」とよび、「明け六つ」から「暮れ六つ」までを「昼」とし、それを６等分して「昼の一刻（いっとき）」としました。同じように「暮れ六つ」から「明け六つ」までを「夜」とし、それを６等分して「夜の一刻」としました。そのため季節によって「昼の一刻」と「夜の一刻」の時間の長さは変化します。

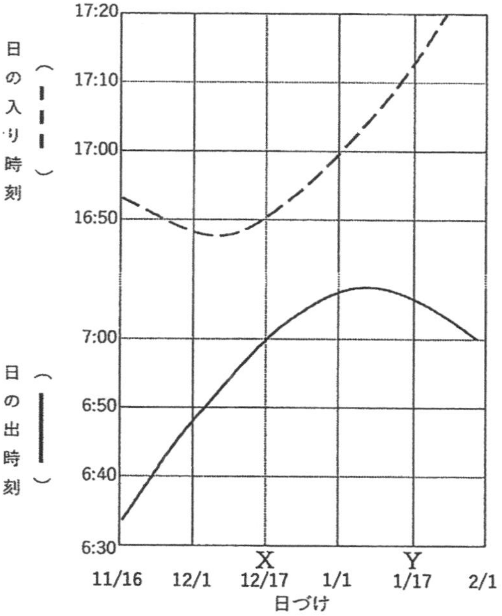

図１

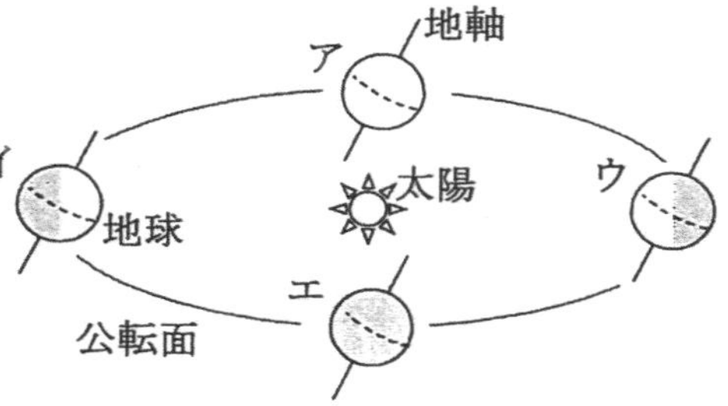

図２

（１）図１で観測した季節における地球と太陽の位置関係として最も適当なものを、図２のア～エから１つ選び、記号で答えなさい。ただし、図２の地球は上側を北半球側とします。

（２）文章中の（　1　）、（　2　）にあてはまる説明を図に示したものを、次のア～オからそれぞれ１つ選び、記号で答えなさい。ただし、同じ記号を２度選んでよいものとします。

ア　　イ　　ウ　　エ　　オ

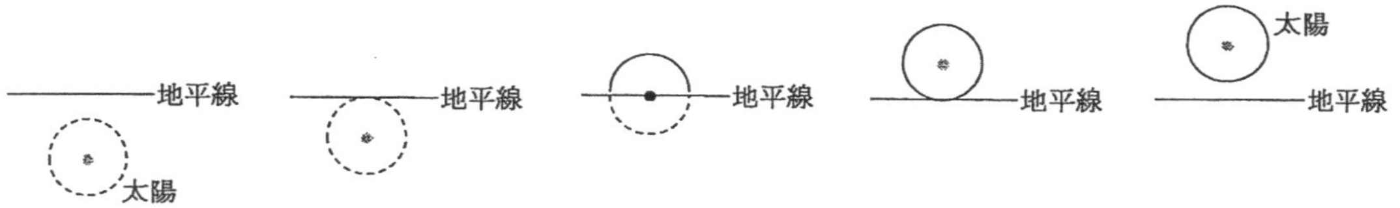

（3）実験 2 において、③の水の減少量は何 mL になると考えられますか。

＜実験 3＞　ある植物を透明な容器の中に入れ、植物に当てる光の明るさを変化させた。それぞれの光の明るさで、同じ時間光を当てた後の容器内の酸素の量を測定した結果が下の表 2 である。ルクスは光に照らされた面の明るさを示す単位で、数値が大きいほど明るい。ただし、光を当てる前の容器内の酸素の量は、すべて 6mg であったとする。

表 2

光の明るさ〔ルクス〕	0	2000	4000	6000	8000	10000	12000
光を当てた後の酸素の量〔mg〕	1	5	9	13	17	18.5	18.5

（4）実験 3 において、光の明るさが 0 ルクスのとき、酸素の量が変化したのは植物の何というはたらきによるものですか。

（5）（4）のとき、容器の中で増えた気体の名前を答えなさい。

（6）実験 3 の結果から考えられることを、次のア～エから 1 つ選び、記号で答えなさい。なお、（4）のはたらきはすべての光の明るさで変化しないものとします。

ア　当てた光の明るさが 1000 ルクスのときは、容器内の酸素の量は増加する。

イ　当てた光の明るさが 2500 ルクスのときは、容器内の酸素の量が変化しない。

ウ　当てた光の明るさが 5000 ルクスのときは、容器内の酸素の量が減少する。

エ　当てた光の明るさが大きければ大きいほど、容器内の酸素の量は増加する。

（3）文章中の（　3　）にあてはまるものを、次のア～ウから 1 つ選び、記号で答えなさい。

ア　日の出から日の入りまでの時間と、日の入りから翌《よく》日の日の出までの時間が等しく

イ　日の出から日の入りまでの時間のほうが、日の入りから翌日の日の出までの時間より長く

ウ　日の出から日の入りまでの時間のほうが、日の入りから翌日の日の出までの時間より短く

（4）文章中の下線部について、次の①～③に答えなさい。

①　図 1 の X の日（日の出 7：00、日の入り 16：50）の「昼の一刻」はおよそ何分ですか。次のア～オから 1 つ選び、記号で答えなさい。

ア　100 分　　イ　110 分　　ウ　120 分　　エ　130 分　　オ　140 分

②　図 1 の X の日（日の出 7：00、日の入り 16：50）の「夜の一刻」はおよそ何分ですか。①の選択肢ア～オから 1 つ選び、記号で答えなさい。

③「昼の一刻」の長さと「夜の一刻」の長さの差は、図 1 の X の日と Y の日ではどのように変化しますか。次のア～ウから正しいものを 1 つ選び、記号で答えなさい。

ア 「昼の一刻」の長さと「夜の一刻」の長さの差は、X と Y で変化しない。

イ 「昼の一刻」の長さと「夜の一刻」の長さの差は、X より Y のほうが大きくなる。

ウ 「昼の一刻」の長さと「夜の一刻」の長さの差は、X より Y のほうが小さくなる。

（5）図 1 を観測した都市において、次の①～③の文が正しい場合には○、誤っている場合には×をそれぞれ書きなさい。

①　昼と夜で一刻の長さが同じ日、一刻の長さは、現在の 2 時間である。

②「明け六つ」から三刻たてば、太陽はほぼ真南に位置する（南中する）。

③「昼の一刻」の長さが「夜の一刻」の長さより短い日は、太陽の日の出・日の入りの位置は、真東・真西よりも北側になる。

２０２３年　開明中学校　入学試験問題

１次前期

国語

（60分）

【問題冊子】

（注意）

１．問題冊子および解答用紙は監督者《かんとくしゃ》の指示があるまで開かないこと。
２．問題は全部で２題である。
３．試験開始後、解答用紙の所定箇所《かしょ》に受験番号をはっきりと記入し、マークを正しく塗《ぬ》りつぶすこと。
４．解答は解答用紙の指定された箇所に書くこと。
５．字数制限のある問いは符号や句読点も一字と数えるものとする。
６．試験終了の合図で解答はやめて、筆記用具を置き、手はひざにおくこと。
７．試験終了後、解答用紙を回収した後、問題冊子も回収をする。

一　次の文章を読んで、あとの問いに答えなさい。

昨今、「正しさは人それぞれ」とか「みんなちがってみんないい」といった言葉や、「現代社会では価値観が多様化している」「価値観が違《ちが》う人とは結局のところわかりあえない」といった言葉が流布《るふ》しています。このような、「①人や文化によって価値観が異なり、それぞれの価値観には優劣がつけられない」という考え方を相対主義といいます。「正しさは人それぞれ」ならまだしも、「絶対正しいことなんてない」とか、「何が正しいかなんて誰《だれ》にも決められない」といったことさえ主張する人もけっこういます。

こうしたことを主張する人たちは、おそらく多様な他者や他文化を尊重しようと思っているのでしょう。そういうⅰゼンイはよいものではありますが、はたして②「正しさは人それぞれ」や「みんなちがってみんないい」という主張は、本当に多様な他者を尊重することにつながるのでしょうか。そもそも、「正しさ」を各人が勝手に決めてよいものなのか。それに、人間は本当にそれほど違っているのかも疑問です。

たしかに、価値観の異なる人と接触《せっしょく》することがなかったり、異なっていても両立できるような価値観の場合には、「正しさは人それぞれ」と言っていても大きな問題は生じません。たとえば、訪ねることも難しい国の人たちがどのような価値観によって生活していても、自分には関係がありません。またたとえば、野球が好きな人とサッカーが好きな人は、スポーツのネタでは話が合わないかもしれませんが、好きなスポーツの話さえしなければ仲良くできるでしょう。サッカーが好きなのは間違っていて、すべての人は野球が好きでなければならない、なんていうことはありません。

こうした場面では、「人それぞれ」「みんなちがってみんないい」でよいでしょう。［1］、世の中には、両立しない意見の中から、どうにかして一つに決めなければならない場合があります。［2］、「日本の経済発展のためには原子力発電所が必要だ」という意見と、「事故が起こった場合の被害《ひがい》が大きすぎるので、原子力発電所は廃止《はいし》すべきだ」という意見とは、両立しません。どちらの意見にももっともな点があるかもしれませんが、日本全体のⅱホウシンを決めるときには、どちらか一つを選ばなければなりません。原子力発電所を維持《いじ》するのであれば、廃止した場合の③メリットは捨てなければなりません。逆もまたしかり。「みんなちがってみんないい」というわけにはいかないのです。

④そんなときには、どうすればよいでしょうか。「価値観が違う人とはわかりあえない」のであれば、どうすればよいのでしょうか。

そうした場合、現実の世界では権力を持つ人の考えが通ってしまいます。本来、政治とは、意見や利害が対立したときに妥協《だきょう》点や合意点を見つけだすためのはたらきなのですが、最近は、日本でもアメリカでもその他の国々でも、権力者が力任せに自分の考えを実行にⅲウツすことが増えています。批判に対してきちんと正面から答えず、単に自分の考えを何度も繰《く》り返したり、論点をずらしてはぐらかしたり、権力を振《ふ》りかざして脅《おど》したりします。

そうした態度を批判するつもりで⑤「正しさは人それぞれだ」とか「みんなちがってみんないい」などと主張したら、権力者は大喜びでしょう。なぜなら、もしもさまざまな意見が「みんなちがってみんないい」のであれば、[3]さまざまな意見の正しさに差がないとするなら、選択《せんたく》は力任せに行うしかないからです。「絶対正しいことなんてない」とか「何が正しいかなんて誰《だれ》にも決められない」というのであればなおさらです。決定は正しさにもとづいてではなく、人それぞれの主観的な信念にもとづいて行うしかない。それに納得《なっとく》できない人とは話し合っても無駄《むだ》だから権力で強制するしかない。こういうことになってしまいます。

つまり、「正しさは人それぞれ」や「みんなちがってみんないい」といった主張は、多様性を尊重するどころか、異なる見解を、権力者の主観によって力任せに切り捨てることを正当化することにつながってしまうのです。これでは結局、「力こそが正義」という、困った世の中になってしまいます。それは、権力など持たない大多数の人々（おそらく、この本を読んでくれているみなさんの大部分）の意見が無視される社会です。

[4]、どうしたらよいのでしょうか。

よくある答えは、「科学的に判断するべきだ」ということです。科学は、「客観的に正しい「答え」を教えてくれると多くの人は考えています。このように、さまざまな問題について「客観的で正しい答えがある」という考え方を、普遍《ふへん》主義といいます。探偵《たんてい》マンガの主人公風に言えば、「真実は一つ！」という考え方だといってもよいかもしれません。先ほどの相対主義と反対の意味の言葉です。「価値観が多様化している」と主張する人たちでも、科学については普遍主義的な考えを持っている人が多いでしょう。「科学は人それぞれ」などという言葉はほとんど聞くことがありません。

（中略）

ところが、実は科学は一枚岩ではないのです。科学者の中にも、さまざまな立場や説を取っている人がいます。そうした多数の科学者が論争する中で、「より正しそうな答え」を決めていくのが科学なのです。それゆえ、「科学者であればほぼ全員が**ⅳサンセイ**している答え」ができあがるには時間がかかります。みなさんが中学や高校で習うニュートン物理学は、いまから三〇〇年以上も昔の一七世紀末に提唱されたものです。アインシュタインの相対性理論や量子力学は「現代物理学」と言われますが、提唱されたのは一〇〇年前（二〇世紀初頭）です。現在の物理学では、相対性理論と量子力学を**ⅴトウイツ**する理論が探求されていますが、それについては合意がなされていません。合意がなされていないからこそ、研究が進められているのです。

最先端の研究をしている科学者は、それぞれ自分が正しいと考える仮説を正当化するために、実験をしたり計算をしたりしています。つまり、科学者に「客観的で正しい答え」を聞いても、何十年も前に合意が形成されて研究が終了《しゅうりょう》したことについては教えてくれますが、まさしく今現在問題になっていることについては、「自分が正しいと考える答え」しか教えてくれないのです。⑥ある意味では、「科学は人それぞれ」なのです。

（中略）

このように考えてくると、科学者であっても、現時点で問題になっているような事柄《ことがら》について、「客観的で正しい答え」を教えてくれるものではなさそうです。ではどうしたらよいのでしょうか。自分の頭で考える？　どうやって？

この本では、「正しさ」とは何か、それはどのようにして作られていくものなのかを考えます。そうした考察を踏《ふ》まえて、多様な他者と理解し合うためにはどうすればよいのかについて考えます。ここであらかじめ結論だけ述べておけば、私は、「正しさは人それぞれ」でも「真実は一つ」でもなく、人間の生物学的特性を前提としながら、人間と世界の関係や人間同士の間の関係の中で、いわば共同作業によって「正しさ」というものが作られていくのだと考えています。それゆえ、多様な他者と理解し合うということは、かれらとともに「正しさ」を作っていくということです。

これは、「正しさは人それぞれ」とか「みんなちがってみんないい」といったお決まりの簡便な一言を吐《は》けば済んでしまうような安易な道ではありません。これらの言葉は、言ってみれば相手と関わらないで済ますための※1最後通牒《つうちょう》です。みなさんが意見を異にする人と話し合った結果、「結局、わかりあえないな」と思ったときに、このように言うでしょう。「まあ、人それぞれだからね」。対話はここで終了です。

ともに「正しさ」を作っていくということは、そこで終了せずに踏《ふ》みとどまり、とことん相手と付き合うという面倒《めんどう》な作業です。相手の言い分を受け入れて自分の考えを変えなければならないこともあるでしょう。それでプライドが傷つくかもしれません。しかし、傷つくことを嫌《いや》がっていては、新たな「正しさ」を知って成長していくことはできません。

最近、「正しさは人それぞれ」と並んで、「どんなことでも感じ方しだい」とか「心を傷つけてはいけない」といった感情尊重の風潮も広まっています。しかし、学び成長するとは、今の自分を否定して、今の自分でないものになるということです。これはたいへんに苦しい、ときに心の傷つく作業です。あえていえば、成長するためには傷ついてナンボです。若いみなさんには、傷つくことを恐《おそ》れずに成長の道を進んでほしいと思います。

（山口裕之『「みんな違ってみんないい」のか？――相対主義と普遍主義の問題』ちくまプリマー新書による）

※1「最後通牒」―相手に示す最後の要求・提案のこと。

問一 ＝＝部i～vのカタカナを漢字に直しなさい。

問二 [1]～[4]を補うのに最も適当なものを次の中からそれぞれ一つ選び、記号で答えなさい。ただし、同じ記号は二度使わないものとする。

ア では　イ つまり　ウ しかし　エ たとえば

問三 ――部①「人や文化によって価値観が異なり、それぞれの価値観には優劣《ゆうれつ》がつけられない」と反対の考え方を、本文中から三十一字で探し、抜《ぬ》き出して答えなさい。

問四 ――部②「『正しさは人それぞれ』や『みんなちがってみんないい』という主張は、本当に多様な他者を尊重することにつながるのでしょうか」とあるが、筆者はどのように考えているか。最も適当なものを次の中から一つ選び、記号で答えなさい。

ア 他者を尊重するかどうかも人それぞれなので他者を尊重している。

イ 「正しさ」について話し合う機会を奪うので他者を尊重していない。

ウ 物事には絶対に正しいことなどないので他者を尊重していない。

エ 他文化や価値観の多様化を認《みと》めようとしているので他者を尊重している。

問五 ――部③「メリット」の意味を漢字二字で答えなさい。

問六 ――部④「そんなとき」とは、どのようなときか。最も適当なものを次の中から一つ選び、記号で答えなさい。

ア さまざまな意見や価値観を認めることで、多様性を尊重したいとき。

イ お互《たが》いの意見や利害が対立し、折り合いをつけることができないとき。

ウ 価値観の違いを理解し合って、お互《たが》いが納得《なっとく》する方法を模索《もさく》するとき。

エ 原子力発電所を維持《いじ》するかどうかという大きな政治的な決断を下すとき。

問七 ――部⑤「『正しさは人それぞれだ』とか『みんなちがってみんないい』などと主張したら、権力者は大喜びでしょう」とあるが、なぜ権力者は大喜びなのか。四十字以内で答えなさい。

問八 ――部⑥「ある意味では、『科学は人それぞれ』なのです」とあるが、「科学は人それぞれ」とはどういうことか。最も適当なものを、次の中から一つ選び、記号で答えなさい。

ア 科学的な仮説を証明する方法はなく、科学を信じるかどうかは主観的な問題だということ。

イ 科学では説明できない精神的な世界が存在しており、科学は万能《ばんのう》ではないということ。

ウ 客観的と思われる科学も承認《しょうにん》されるまでは、科学者各々が自分の考えを持っているということ。

エ 科学にもさまざまな分野があり、科学者はそれぞれの分野で自由に研究しているということ。

問九 次の文は、A・B・C・D・Eそれぞれが、本文についての感想を述べたものである。本文の内容と照らし合わせ、適切なものには○、そうでないものには×を答えなさい。

A 「正しさは人それぞれ」ではないので、相手と徹底《てってい》的に話し合って自分の方が「正しい」と理解してもらうことが大切だよ。

B どうしても二者択一《たくいつ》の考えになりやすいけど、結局は相対主義も普遍主義も相手を理解しないという点では同じなんだよね。

C 絶対的な「正しさ」があるのではなく、関係の中で理解し合って「より正しいもの」を求めていくことが「正しさ」なんだ。

D 否定されるのって苦しいことだけど、傷つくことを恐れずにしっかりと相手の意見を聞くことが成長に繋《つな》がるんだね。

E 成長とは今の自分を否定して変わることなので、すぐに相手の考えを受け入れて、自分の考えを変える姿勢が大切です。

問十　本文の論の展開について述べたものとして、最も適当なものを、次の中から一つ選び、記号で答えなさい。

ア　先人の言葉や考えをもとにした仮説を重ね、矛盾《むじゅん》を解消していくことでより強固な論理構造を作り上げている。

イ　最初に筆者の考えを明確に主張し、その根拠《こんきょ》となる事柄《ことがら》を確認《かくにん》していくことで、筆者の主張の正当性を示している。

ウ　身近な具体例や「人それぞれ」などといった世間一般《いっぱん》の共通認識《にんしき》を列挙し、読者の共感に頼《たよ》ったかたちで論を展開している。

エ　具体的な事象を検証し、浮《う》かび上がる新たな疑問をさらに検証していくことを繰《く》り返しながら、深い考察へと導いている。

二　次の文章を読んで、あとの問いに答えなさい。

お詫び

著作権上の都合により、文章は掲載しておりません。

ご不便をおかけし、誠に申し訳ございません。

教英出版

お詫び

著作権上の都合により、文章は掲載しておりません。

ご不便をおかけし、誠に申し訳ございません。

教英出版

お詫び

著作権上の都合により、文章は掲載しておりません。

ご不便をおかけし、誠に申し訳ございません。

教英出版

お詫び

著作権上の都合により、文章は掲載しておりません。
ご不便をおかけし、誠に申し訳ございません。

教英出版

お詫び

著作権上の都合により、文章は掲載しておりません。
ご不便をおかけし、誠に申し訳ございません。

教英出版

お詫び

著作権上の都合により、文章は掲載しておりません。
ご不便をおかけし、誠に申し訳ございません。

教英出版

お詫び
著作権上の都合により、文章は掲載しておりません。
ご不便をおかけし、誠に申し訳ございません。
教英出版

（奥田亜希子『白野真澄はしょうがない』による）

※1「sideburn」―イラストレーターをしている悠希の友人。

問一 ═══部ⅰ～ⅲの漢字の読みをひらがなで答えなさい。

問二 [1]～[4]を補うのに最も適当なものを次の中からそれぞれ一つずつ選び、記号で答えなさい。ただし同じ記号は二度使わないものとする。

ア 呆《あき》れ　イ 感嘆《かんたん》し　ウ 嫌気《いやけ》がさし　エ 目を輝《かがや》かせ

問三 【Ⅰ】～【Ⅳ】に補うべき、体の部位を表すことばをそれぞれ漢字で答えなさい。

問四 ──部①「おもむろに」・⑥「体面」の本文中における意味として、最も適当なものを次の中からそれぞれ一つずつ選び、記号で答えなさい。

①「おもむろに」
ア 急に
イ 堂々と
ウ 自然に
エ ゆっくりと

⑥「体面」
ア 自身に対する誇《ほこ》り
イ 世間に対する面目《めんぼく》
ウ 将来に対する不安
エ 身内に対する遠慮《えんりょ》

2023(R5) 開明中　1次前期
教英出版

問五　――部②「細かい泡《あわ》が胸の内側で弾けるようなくすぐったさを覚えた」とあるが、このときの真澄の心情についての説明として最も適当なものを次の中から一つ選び、記号で答えなさい。

ア　両親は自分や妹が生まれたときからずっと愛情を注ぎ続けてくれていたと思うと、それを嬉《うれ》しくも気恥《きは》ずかしくも感じている。

イ　両親は自分や妹が大人になっても幼い頃《ころ》と同様の愛情を注いでくれているのだとわかり、嬉しい気持ちとともに困惑《こんわく》も感じている。

ウ　両親は自分や妹を大事に育ててくれただけでなく性別による悩《なや》みにまで配慮《はいりょ》してくれていたと知り、感謝と尊敬の念を抱《だ》いている。

エ　両親が自分や妹を幼い頃から大切に育ててきてくれたことに改めて気付き、それをありがたく感じつつも、自分にもそれができるのか不安に感じている。

問六　――部③「外では身体に合わせた行動をとっている」とはどういうことか。最も適当なものを次の中から一つ選び、記号で答えなさい。

ア　外見や戸籍上の性別にそぐわない言動を避《さ》け、奇異《きい》な目で見られないようにしていること。

イ　生まれつきの身体的能力に即《そく》して行動するように心がけ、無理をしないようにしていること。

ウ　常に目立った行動を慎《つつし》み、自認している性別は心の奥《おく》にしまい込んでいるということ。

エ　性同一性障害を抱《かか》えていると思われないように振る舞《ま》い、つつましい生活をしているということ。

問七 ——部④「真澄はいまだに悔《く》やんでいる」とあるが、その理由を説明した次の文の（　　）に補うべきことばを、本文中から十字以内で探し、抜き出して答えなさい。

> （　　　　）しないことによって過去に経験したつらい思いや我が子への思いやりを何も知らぬまま、両親の心を傷つける質問をしてしまったから。

問八 ——部⑤「悠希はティラミスを勇ましく山盛りにすくった」とあるが、このときの悠希の説明として最も適当なものを次の中からそれぞれ一つずつ選び、記号で答えなさい。

ア 自分が服飾《ふくしょく》業界で成功することについては信じてやまないが、勝気で自己主張の強い性格が裏目に出ないか気をもんでいる。

イ 現代社会における就職活動の厳しさは認識しつつも、必ず自身の服飾センスを発揮できる職に就《つ》こうと意欲を燃やしている。

ウ 服飾にまつわる才能には揺るぎない自信を持っているが、その才能を見抜くことができる人間が多くないことを嘆《なげ》いている。

エ 能力のある人間が必ずしも評価されるわけではない社会の仕組みに疑問を抱き、自分の力で変えていこうと決意している。

問九　――部⑦「性別の型に自分をねじ込《こ》んでいる」とあるが、これはどういうことか。最も適当なものを次の中から一つ選び、記号で答えなさい。

ア　時代の流れに逆らって一般《いっぱん》的な男性像に一致《いっち》するような裏付けをとろうとすること。
イ　家庭内においても社会的に男性だと認識されることを過度に意識して生活すること。
ウ　世の中から男性だと認めてもらえるような根拠を無理矢理《むりやり》にでも作ろうとすること。
エ　仕草や言葉遣《づか》いをわざと世間でイメージされている男性像に合致《がっち》させようとすること。

問十　――部⑧「甘《あま》くてほろ苦い、複雑かつ豪華《ごうか》な味わいを、真澄はしっかり堪能《かんのう》した」とあるが、このときの真澄の心情を説明した次の文の（　　　）に補うべきことばを、三十字以内で答えなさい。

> ひたむきに取り組めるものがある両親や妹と違い、何事も中途半端な自分に引け目を感じていたが、両親からのことばがきっかけとなり、（　　　　　　　　　　）と考えるに至っている。

※問題はこのページで終わりです。

２０２３年　開明中学校　入学試験問題

１次前期

社会

（40分）

【問題冊子】

（注意）

１．問題冊子および解答用紙は監督者《かんとくしゃ》の指示があるまで開かないこと。

２．問題は全部で７題である。

３．試験開始後、解答用紙の所定箇所《かしょ》に受験番号をはっきりと記入し、マークを正しく塗《ぬ》りつぶすこと。

４．解答は解答用紙の指定された箇所に書くこと。

５．試験終了の合図で解答はやめて、筆記用具を置き、手はひざにおくこと。

６．試験終了後、解答用紙を回収した後、問題冊子も回収をする。

《1》　次の文①～④は日本の都道府県に関する説明である。地図と文を参考にして、あとの問いに答えなさい。

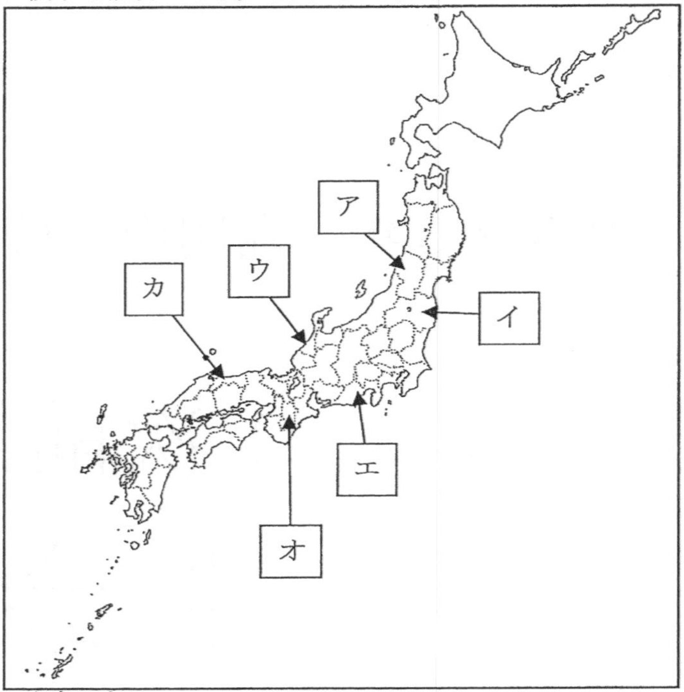

① 伝統工芸品である会津漆器が有名な都道府県。

② 稲作がおこなわれている庄内平野が広がる都道府県。

③ 漁獲量が日本有数である境港がある都道府県。

④ 厩戸王（聖徳太子）が建立した法隆寺がある都道府県。

（1）上の文①～④にあてはまる都道府県を地図上のア～カから１つずつ選び、記号で答えなさい。

（2）日本の半島・湾について述べた文として**誤っているもの**を次から１つ選び、記号で答えなさい。

ア．渡島半島は、日本で面積が最大の半島である。

イ．渥美半島では、きくの栽培がさかんである。

ウ．若狭湾では、リアス海岸が発達している。

エ．広島湾では、かきの養殖がおこなわれている。

《2》　次の文章を読み、あとの問いに答えなさい。

　小学校６年生の一郎君は、妹のもとみちゃんと連想ゲームをすることにしました。連想ゲームは、いくつかのヒントから連想されるお題を当てるゲームです。もとみちゃんがお題とそれに関するヒントを４つ出し、一郎君が回答します。また、もとみちゃんは「日本の平野」からお題を考えることになっています。お題を考えたもとみちゃんは、最初に「近くに（a）山地がある平野」というヒントを出しました。一郎君は、いくつか候補が頭に浮かびましたが、次のヒントをもとみちゃんに要求します。次に、もとみちゃんは「（b）稲作がさかんにおこなわれている平野」というヒントを出しました。いくつかの候補を消去するものの確信はないため、一郎君は次のヒントをもとみちゃんに要求します。さらに、もとみちゃんは「（c）網目状の人工の水路が広がる平野」というヒントを出しました。一郎君は、予想外のヒントに、頭が真っ白になっています。何も言ってこない一郎君の様子を見て、最後にもとみちゃんは「福岡県と（d）佐賀県に広がる九州地方の平野」というヒントを出しました。頭は真っ白のままですが、「何か答えないとかっこ悪い」と感じた一郎君は、もとみちゃんに浮かんだ平野の名前を回答しました。それに対してもとみちゃんは、にやにやしながら「はずれー！」と一郎君に言いました。兄としての威厳を見せられなかった一郎君は悔しく思い、「もっと勉強しよう」と前を向くのでした。

（1）下線部（a）に関連して、日本の山地・山脈について述べた文として**誤っているもの**を次から１つ選び、記号で答えなさい。

ア．奥羽山脈は、青森県から栃木県にかけてのびる山脈で、日本一長い。

イ．木曽山脈は、長野県にある山脈で、「北アルプス」ともよばれる。

ウ．白神山地は、東北地方にある山地で、世界自然遺産に登録されている。

エ．紀伊山地は、尾鷲ひのきや吉野すぎなど木材の産地として有名である。

（2）下線部（b）について、次の表は日本の米の収穫量の上位５つの都道府県を示したもの（2020年:『日本国勢図会 2021／22』より作成）である。表のＡにあてはまる都道府県名を答えなさい。

都道府県	収穫量(千ｔ)
新潟県	667
北海道	594
Ａ	527
山形県	402
宮城県	377

（3）下線部（c）の水路を何というか、**カタカナで**答えなさい。

（4）下線部（d）の都道府県について述べた文として正しいものを次から１つ選び、記号で答えなさい。

ア．のりの養殖がさかんな有明海に面した都道府県。

イ．畳の原料となるいぐさの生産がさかんな都道府県。

ウ．火山灰におおわれたシラス台地が広がる都道府県。

エ．温泉地として有名な別府や湯布院がある都道府県。

（5）連想ゲームのお題となる日本の平野を**漢字で**答えなさい。

《３》　次の表は、金沢市・高松市・高知市・那覇市の１月と８月の気温と降水量の平年値（1991～2020 年の平均）を示したもの（『日本国勢図会 2021／22』より作成）である。表を見て、あとの問いに答えなさい。

	気温（℃）		降水量（mm）	
	１月	８月	１月	８月
①	6.7	27.9	59.1	284.1
②	4.0	27.3	256.0	179.3
③	5.9	28.6	39.4	106.0
④	17.3	29.0	101.6	240.0

（1） 表中の①～④にあてはまる都市を次から１つずつ選び、記号で答えなさい。

ア．金沢市　　イ．高松市　　ウ．高知市　　エ．那覇市

（2） 日本の気候について述べた文として正しいものを次から１つ選び、記号で答えなさい。

ア．海流が日本の気候に影響を与えており、千島海流のような暖流が代表例である。

イ．季節風が日本の気候に影響を与えており、夏は大陸側からの北西の風が吹く。

ウ．日本の地域の多くは温帯に属しているが、亜熱帯や亜寒帯に属する地域もある。

エ．日本列島は緯度の差が 60 度以上あり、緯度の差が気候に影響を与えている。

《4》　次のＡ～Ｃの人物に関する説明を読み、あとの問いに答えなさい。

Ａ　天皇として、長岡京や（ａ）平安京へ遷都し、坂上田村麻呂を征夷大将軍に任命した。

Ｂ　前野良沢ともに（ｂ）蘭学を学び、『解体新書』を完成させた。

Ｃ　（ｃ）征韓論を巡る対立で敗れ、後に自由党を結成し、（ｄ）自由民権運動を支えた。

（1） Ａ～Ｃの説明にあてはまる人物は誰か、**漢字で**答えなさい。

（2） 下線部（ａ）に関連し、平安時代の文化について述べた次の文Ｘ・Ｙの正誤の組み合わせとして正しいものを下のア～エから１つ選び、記号で答えなさい。

Ｘ　貴族の正装は、男性が十二単であった。

Ｙ　紀貫之が『土佐日記』を著した。

ア．Ｘ：正　Ｙ：正　イ．Ｘ：正　Ｙ：誤　ウ．Ｘ：誤　Ｙ：正　エ．Ｘ：誤　Ｙ：誤

（3） 下線部（ｂ）に関連し、蛮社の獄で渡辺崋山らとともに処罰された蘭学者は誰か、次から１つ選び、記号で答えなさい。

ア．平賀源内　　イ．緒方洪庵　　ウ．本居宣長　　エ．高野長英

（4） 下線部（ｃ）に関連し、西郷隆盛らが 1877 年におこした士族の反乱を何というか、**漢字で**答えなさい。

（5） 下線部（ｄ）に関連した以下のできごとを古い順に並び替えた時、**３番目**にくるものを次から１つ選び、記号で答えなさい。

ア．国会開設の詔が出され、10 年以内に国会を開くことを約束する。

イ．秩父事件がおこる。

ウ．民撰議院設立の建白書が出される。

エ．立憲改進党が結成される。

（6） Ｃの説明文以降の時期におこったできごとⅠ～Ⅲについて、古いものから年代順に正しく配列したものを、下のア～カから１つ選び、記号で答えなさい。

Ⅰ　米騒動後に、原敬が内閣総理大臣に就任する。

Ⅱ　日本はイギリスと日英同盟を結ぶ。

Ⅲ　五・一五事件で犬養毅が暗殺される。

ア．Ⅰ－Ⅱ－Ⅲ　　イ．Ⅰ－Ⅲ－Ⅱ　　ウ．Ⅱ－Ⅰ－Ⅲ

エ．Ⅱ－Ⅲ－Ⅰ　　オ．Ⅲ－Ⅰ－Ⅱ　　カ．Ⅲ－Ⅱ－Ⅰ

二〇二三（令和五）年度　開明中学校　入学試験

一次前期　国語

※100点満点

受験番号

得点（記入しないこと）

一

問一	問二	問三	問四	問五	問六	問七
i	1					
ii	2					
iii	3					
iv	4					
v						
※	※	※	※	※	※	※

※

問一．１点×５
問二．２点×４
問三．４点
問四．４点
問五．４点
問六．４点
問七．８点
問八．４点
問九．１点×５
問十．４点

3	(1)	(2)	(3)
	：	Aさん毎分　　m Bさん毎分　　m	回

4	(1)	(2) ①	(2) ②

5	(1)	(2)	(3)	(4)
	cm^3	cm^3	cm^3	cm

1．５点×５
2．５点×６
3．(1)５点
(2)３点×２
(3)４点
4．５点×３
5．(1)４点
(2)４点
(3)３点
(4)４点

【4】　１点×６

(1)	固体A	気体C	(2)	
(3)	気体D	気体E	(4)	

【5】　(1)１点　(2)１点×２　(3)１点　(4)２点　(5)２点　(6)１点　(7)１点

(1)		(2)	①		②	
(3)		(4)		(5)		
(6)		(7)				

【6】　(1)２点×３　(2)２点　(3)１点　(4)１点

(1)	①		②		③		(2)	
(3)		(4)						

(1)	A		B		C						
(2)		(3)		(4)	〔漢字〕	(5)		(6)			

《5》　(1) 1点×2　(2) 1点　(3) 2点　(4) 1点　(5) 1点　(6) 1点×3

(1)	あ		い		(2)		(3)				
(4)		(5)		(6)	①		②		③		

《6》　(1)① 1点　② 1点　③ 2点　(2) 2点　(3) 2点　(4) 1点　(5) 1点　(6) 1点

(1)	①		②		③						
(2)		(3)	〔漢字〕	(4)		(5)		(6)			

《7》　1点×4

(1)		(2)		(3)		(4)	

※50点満点

2023（令和5）年度　開明中学校　入学試験　解答用紙

1次前期　　社会

受験番号		
		⓪ ① ② ③ ④ ⑤ ⑥ ⑦ ⑧ ⑨
		⓪ ① ② ③ ④ ⑤ ⑥ ⑦ ⑧ ⑨
		⓪ ① ② ③ ④ ⑤ ⑥ ⑦ ⑧ ⑨
		⓪ ① ② ③ ④ ⑤ ⑥ ⑦ ⑧ ⑨
		⓪ ① ② ③ ④ ⑤ ⑥ ⑦ ⑧ ⑨
		⓪ ① ② ③ ④ ⑤ ⑥ ⑦ ⑧ ⑨

用紙タテ 上　こちらを上にしてください

【注意】 解答欄に〔漢字〕〔カタカナ〕と指定されている問題については、必ず全て漢字・カタカナを用いて答えなさい。

《1》　1点×5

(1)	①		②		③		④		(2)	

《2》　1点×5

(1)		(2)		(3)	〔カタカナ〕	(4)	
(5)	〔漢字〕						

《3》　1点×5

(1)	①		②		③		④		(2)	

【解答

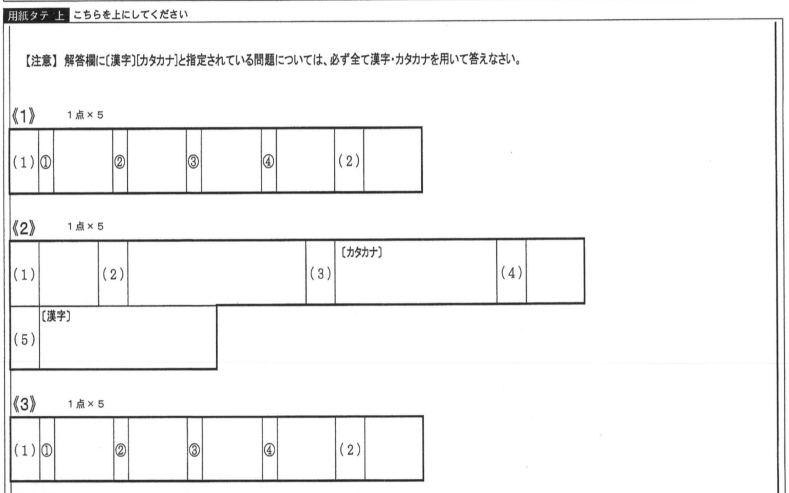

※50点満点

2023(令和5)年度　入学試験　解答用紙

1次前期　理科　開明中学校

受験番号										
	0	1	2	3	4	5	6	7	8	9
	0	1	2	3	4	5	6	7	8	9
	0	1	2	3	4	5	6	7	8	9
	0	1	2	3	4	5	6	7	8	9
	0	1	2	3	4	5	6	7	8	9
	0	1	2	3	4	5	6	7	8	9

用紙タテ 上　こちらを上にしてください

【1】　1点×7 ((4)は完答)

(1)		(2)		(3)		(4)	と
(5)		(6)		(7)			

【2】　1点×8 ((6)は完答)

(1)	ア		イ		(2)	cm
(3)	ウ		エ		(4)	cm
(5)	cm		(6)	cm より長く、　cm より短くすればよい		

【3】　(1) 1点×2　(2) 1点　(3) 1点　(4) 1点　(5) 1点　(6) 2点　(7) 1点

(1)	濃さ %	密度 g/cm^3	(2)	%	(3)	g	
(4)	g	(5)	cm^3	(6)	%		

【解答

※100点満点

2023(令和5)年度 入学試験 解答用紙 1次前期 算数 開明中学校	受験番号↓	
		⓪①②③④⑤⑥⑦⑧⑨
		⓪①②③④⑤⑥⑦⑧⑨
		⓪①②③④⑤⑥⑦⑧⑨
		⓪①②③④⑤⑥⑦⑧⑨
		⓪①②③④⑤⑥⑦⑧⑨
		⓪①②③④⑤⑥⑦⑧⑨

用紙タテ 上 こちらを上にしてください

1	(1)	(2)	(3)
	(4)	(5)	
2	(1)	(2)	(3)
	ユーロ	円	通り
	(4)	(5)	(6)

【解答

問十	問一	問二	問三	問四	問五	問六	問七	問八	問九	問十
※	※	※	※	※	※	※	※	※	※	※
	i	1	Ⅰ	①						
	ii	2	Ⅱ	⑥						
	iii	3	Ⅲ							
		4	Ⅳ							

二

※

問一．１点×３
問二．２点×４
問三．２点×４
問四．２点×２
問五．４点
問六．４点
問七．４点
問八．４点
問九．４点
問十．７点

《5》　次の年表を見て、あとの問いに答えなさい。

（1）年表中の（あ）・（い）にあてはまる人物を答えなさい。

年	できごと
478	倭王武が中国の南朝に使いを送る………a
	ア
607	小野妹子が隋に送られる
	イ
1053	（　あ　）が平等院鳳凰堂を建てる
	ウ
1404	日明貿易が始まる………b
	エ
1643	田畑永代売買禁止令が出される………c
	オ
1789	フランス革命がおこり、人権宣言が発表される
	カ
1911	外務大臣の（　い　）が関税自主権の回復に成功する
	キ
1945	日本がポツダム宣言を受諾する
	ク
1971	環境庁が設置される………d

（2）年表中aに関連して、古墳時代に関して述べた次の文X・Yの正誤の組み合わせとして正しいものを下のア～エから１つ選び、記号で答えなさい。

X　当時の集落の様子がわかる遺跡として三内丸山遺跡がある。

Y　日本最大の前方後円墳である大仙古墳が造られた。

ア．X：正　Y：正

イ．X：正　Y：誤

ウ．X：誤　Y：正

エ．X：誤　Y：誤

（3）年表中のbについて、日明貿易を開始した足利義満に関して述べた文として正しいものを次から１つ選び、記号で答えなさい。

ア．幕府に反発する比叡山延暦寺を焼き打ちにした。

イ．朝廷が幕府を倒すために、承久の乱をおこした。

ウ．それまで対立していた南朝と北朝を統一させた。

エ．武士の裁判の基準である御成敗式目を制定した。

（4）年表中のcに関連して、江戸時代に使用された右の図の農具を何というか、答えなさい。

（5）年表中のdに関連して、四大公害病のうち、四日市ぜんそくが発生した都道府県はどこか、次から１つ選び、記号で答えなさい。

ア．三重県　　イ．富山県　　ウ．熊本県　　エ．新潟県

（6）次の①～③がおこった時期を、年表中のア～クから１つずつ選び、記号で答えなさい。

①　日本が中国に二十一か条の要求をつきつける。

②　関ヶ原の戦いがおこる。

③　墾田永年私財法が制定される。

《6》　次の文章を読み、あとの問いに答えなさい。

日本国憲法は、(ａ)基本的人権の尊重を原則の一つとし、さまざまな国民の権利を保障している。基本的人権は平等権・自由権・(ｂ)社会権など大きく５つに分けることができる。近年では、日本国憲法制定以降の社会の変化や技術の発展によって主張されるようになった（ｃ）新しい人権に関する法律も制定されるようになった。わたしたちは、(ｄ)憲法の定める権利を正しく行使するとともに、お互いの権利を尊重する態度を身につけるように努力しなければならない。

日本国憲法の前文では平和へのちかいが書かれており、憲法第（　①　）条とともに、平和主義の考えを示している。日本では、(ｅ)自衛隊が日本の防衛だけでなく、国際貢献として様々な活動をおこなっている。日本は、広島と（　②　）に原爆を落とされた世界で唯一の被爆国として、核兵器を「もたない、つくらない、もちこませない」の（　③　）をかかげている。

（１）文中の（　①　）～（　③　）にあてはまる語や数字をそれぞれ答えなさい。

（２）下線部（ａ）について、日本国憲法で定められている基本的人権に関して述べた文として正しいものを次から１つ選び、記号で答えなさい。

ア．人種、信条、性別、社会的身分などで差別されてはならない。

イ．罪を犯した者に対しては、拷問や残虐な刑罰が認められる。

ウ．家庭の経済状況によっては、児童労働が認められている。

エ．公務員が国民に与えた損害に対し、国民は賠償を請求できない。

（３）下線部（ｂ）について、以下の文は、生存権に関する日本国憲法の条文である。以下の条文の空欄にあてはまる語を**漢字で**答えなさい。

第 25 条　すべて国民は、（　　　）で文化的な最低限度の生活を営む権利を有する。

（４）下線部（ｃ）について説明した文として**誤っているもの**を次から１つ選び、記号で答えなさい。

ア．国や地方公共団体に情報公開を求める権利を知る権利という。

イ．暮らしやすい生活環境・衛生環境を求める権利を環境権という。

ウ．私生活をみだりに公開されない権利をパーソナルの権利という。

エ．自己の生き方などを自由に決定できる権利を自己決定権という。

（５）下線部（ｄ）について、基本的人権は社会全体の利益や幸福によって制限される場合がある。この社会全体の利益や幸福のことを何というか、答えなさい。

（６）下線部（ｅ）について述べた次の文Ｘ・Ｙの正誤の組み合わせとして正しいものを下のア～エから１つ選び、記号で答えなさい。

Ｘ　自衛隊は、これまで国連平和維持活動に参加したことがある。

Ｙ　自衛隊は、満州事変をきっかけに創設された。

ア．Ｘ：正　Ｙ：正　　イ．Ｘ：正　Ｙ：誤　　ウ．Ｘ：誤　Ｙ：正　　エ．Ｘ：誤　Ｙ：誤

2023(R5) 開明中　１次前期
教英出版

《7》　次の（1）～（4）の文で、下線部が正しい場合には○、誤っている場合は正しい語や数字を答えなさい。

（1）バリアフリーとは、高齢者や障がい者にとっての障壁を取り除くことである。

（2）国際連合の安全保障理事国は、アメリカ・フランス・中国・ロシア・日本である。

（3）国が地方公共団体に使い道を指定して交付するお金は、地方交付税交付金である。

（4）参議院議員の被選挙権は、満 25 歳以上である。

2023(R5) 開明中　1次前期
K 教英出版

２０２３年　開明中学校　入学試験問題

１次前期

算数

(60分)

【問題冊子】

（注意）

１．問題冊子および解答用紙は監督者《かんとくしゃ》の指示があるまで開かないこと。

２．問題は全部で５題である。

３．試験開始後、解答用紙の所定箇所《かしょ》に受験番号をはっきりと記入し、マークを正しく塗《ぬ》りつぶすこと。

４．解答は解答用紙の指定された箇所に書くこと。

５．試験終了の合図で解答はやめて、筆記用具を置き、手はひざにおくこと。

６．試験終了後、解答用紙を回収した後、問題冊子も回収をする。

1．次の計算をしなさい。ただし，（４）（５）は $\square$ にあてはまる数を答えなさい。

（１）$37 \times 20 + 74 \times 21 + 111 \times 22 - 148 \times 23$

（２）$\dfrac{1}{2} \times \left(\dfrac{18}{5} - 1.4\right) \times \dfrac{1}{3} \div \left(\dfrac{1}{3} - \dfrac{1}{6} + \dfrac{1}{5}\right)$

（３）$\left(0.875 - \dfrac{1}{4}\right) \times \left(\dfrac{32}{5} \div 0.2 - 16\right) \div \left(3\dfrac{2}{3} - \dfrac{1}{6}\right)$

（４）$6 - 5 \div 4 \div \square - 2 = 1$

（５）$\left(\square + \dfrac{3}{23}\right) \times \dfrac{25}{51} + \dfrac{5}{17} \times 2.5 = 1\dfrac{23}{102}$

2．次の問いに答えなさい。

（1）1オーストラリアドルが96円，1ユーロが128円のとき，40オーストラリアドルは何ユーロですか。

（2）AさんはBさんよりも200円多く所持金を持ち，BさんはCさんよりも300円多く所持金を持っています。Aさん，Bさん，Cさんの所持金の合計は3200円です。Aさんの所持金は何円ですか。

（3）10円玉が3枚，50円玉が1枚，100円玉が2枚あります。これらの一部またはすべてを使ってできる金額は何通りありますか。

（4）容器Aには10％の食塩水が480g，容器Bには5％の食塩水が720g入っています。A，Bそれぞれの容器から同じ重さの食塩水を取り出して入れかえ，混ぜ合わせると同じ濃《こ》さになりました。この食塩水の濃さは何％ですか。

（5）右の図の 直線アと直線イは平行で，五角形ABCDEは正五角形です。角xの大きさは何度ですか。

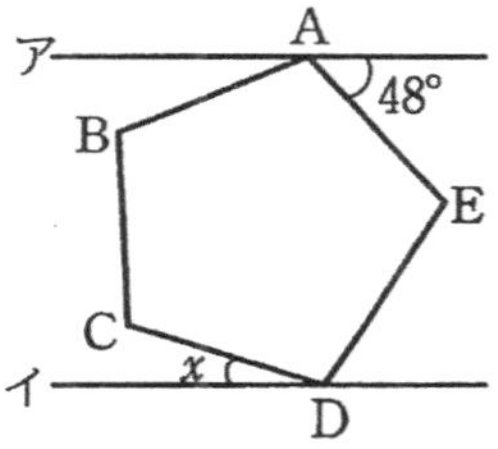

（6）右の立体は，直方体をまっすぐ切断したものです。立体の体積は何cm^3ですか。

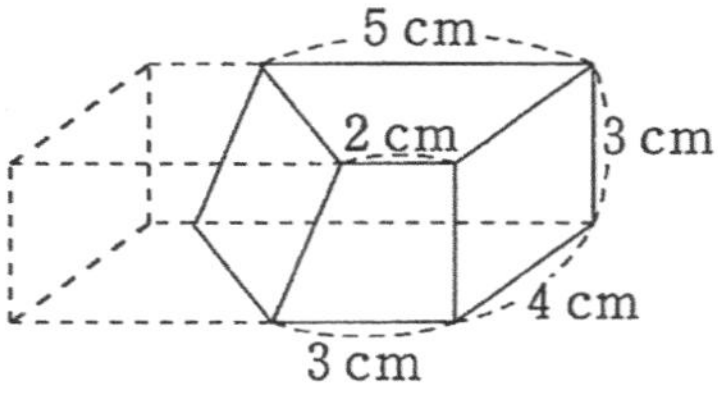

３．ある池のまわりを，Ａさん，Ｂさんがそれぞれ一定の速さで走ります。同じ地点から反対向きに同時に走り始めると３分12秒後に初めて同じ位置で出会い，同じ向きに走り始めると16分後にＡさんはＢさんに初めて追い抜《ぬ》かされます。
このとき，次の問いに答えなさい。

（１）Ａさんの速さとＢさんの速さの比を最も簡単な整数の比で表しなさい。

以下，池の周りの長さを800ｍとして，次の問いに答えなさい。

（２）Ａさんの速さとＢさんの速さは，それぞれ毎分何ｍですか。

（３）同じ地点から反対方向に同時に走るとき，Ａさんが池のまわりを３周する間にＢさんと何回出会いますか。ただし，スタート地点は出会う回数に数えないものとします。

２０２３年　開明中学校　入学試験問題

１次前期

理科

（40分）

【問題冊子】

（注意）

１．問題冊子および解答用紙は監督者《かんとくしゃ》の指示があるまで開かないこと。

２．問題は全部で６題である。

３．試験開始後、解答用紙の所定箇所《かしょ》に受験番号をはっきりと記入し、マークを正しく塗《ぬ》りつぶすこと。

４．解答は解答用紙の指定された箇所に書くこと。

５．試験終了の合図で解答はやめて、筆記用具を置き、手はひざにおくこと。

６．試験終了後、解答用紙を回収した後、問題冊子も回収をする。

【１】

電池と豆電球を使って、下図のような８種類の回路 A～H を作りました。電池、豆電球はすべて同じ性質で、電池は電池ホルダーにおさまっているものとします。以下の問いに答えなさい。

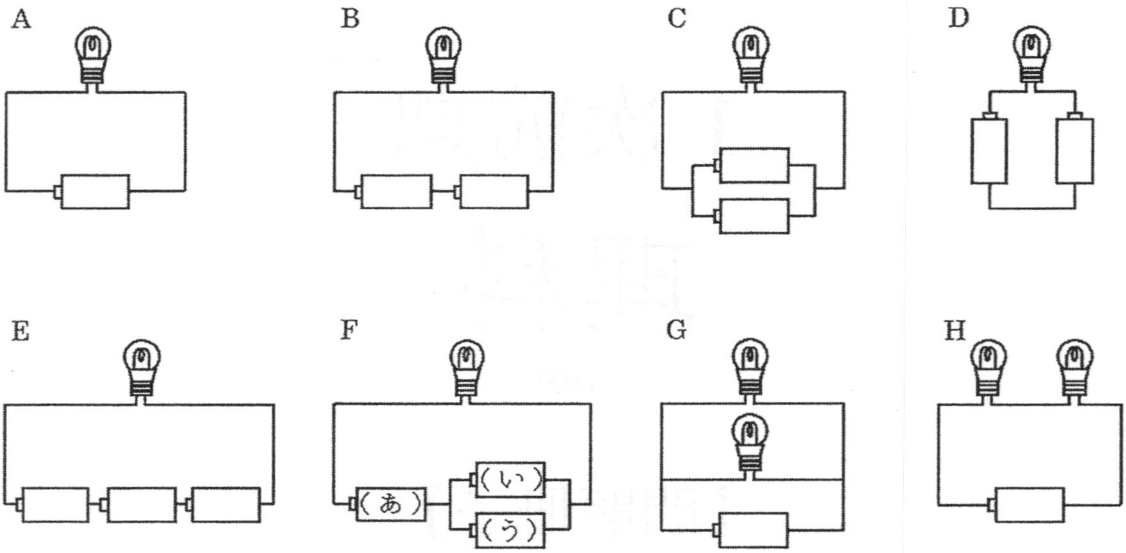

（１）図の回路の中で、豆電球がまったく光らないものはどれですか。A～H から １ つ選び、記号で答えなさい。

（２）図の回路の中で、豆電球が一番明るく光る回路はどれですか。A～H から １ つ選び、記号で答えなさい。

（３）図の回路の中で、豆電球が一番暗く光る回路はどれですか。A～H から １ つ選び、記号で答えなさい。

（４）図の回路の中で、A と同じ明るさで豆電球が光る回路はどれですか。B～H から <u>２ つ</u>選び、記号で答えなさい。

（５）同じ明るさで豆電球が光る回路の組み合わせを次のア～オから １ つ選び、記号で答えなさい。

ア　B と C　　イ　B と F　　ウ　C と F　　エ　C と H　　オ　F と H

（6）図の回路 F で、（あ）の電池を電池ホルダーから取りのぞいた場合、豆電球はどうなりますか。次のア～エから 1 つ選び、記号で答えなさい。

ア　同じ明るさで光る　　イ　暗くなる　　ウ　明るくなる　　エ　消える

（7）図の回路 F で、（い）の電池を電池ホルダーから取りのぞいた場合、豆電球はどうなりますか。次のア～エから 1 つ選び、記号で答えなさい。

ア　同じ明るさで光る　　イ　暗くなる　　ウ　明るくなる　　エ　消える

【２】

図１のように、傾《かたむ》きが同じで摩擦《まさつ》がない２つの斜面《しゃめん》と水平で摩擦がない床《ゆか》を使って、物体が斜面を上る回数と床からの高さを調べました。斜面と水平な床はなめらかにつながっており、物体を斜面 1 の高さ h(cm)のところに置いて静かに手をはなすと、物体は斜面と水平な床を行ったり来たりします。その結果が表 1 です。以下の問いに答えなさい。

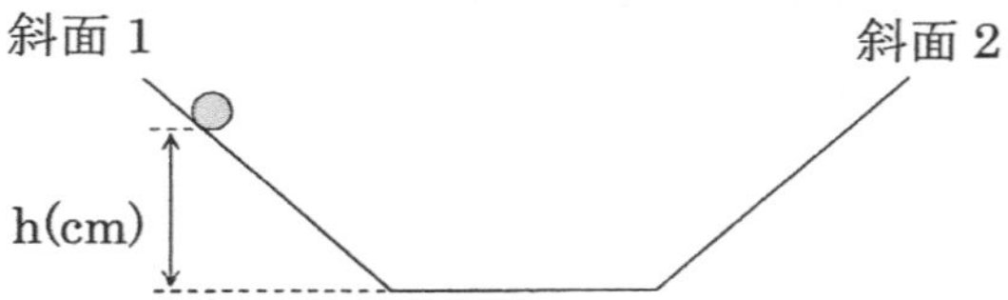

図 1

表1

床からの高さ h(cm)	1回目に斜面2を上る高さ(cm)	1回目に斜面1を上る高さ(cm)	2回目に斜面2を上る高さ(cm)
20	20	20	20
40	40	ア	40
60	60	60	イ

（１）表1のア・イの数値を答えなさい。

（２）斜面1の高さ h が10(cm)のところで手をはなしたとき、2回目に斜面1を上る高さは何cmですか。

次に、図2のように斜面2を摩擦のあるザラザラなものにかえ、斜面1で手をはなす高さh(cm)と、物体の上る回数と高さを調べました。その結果が表2です。

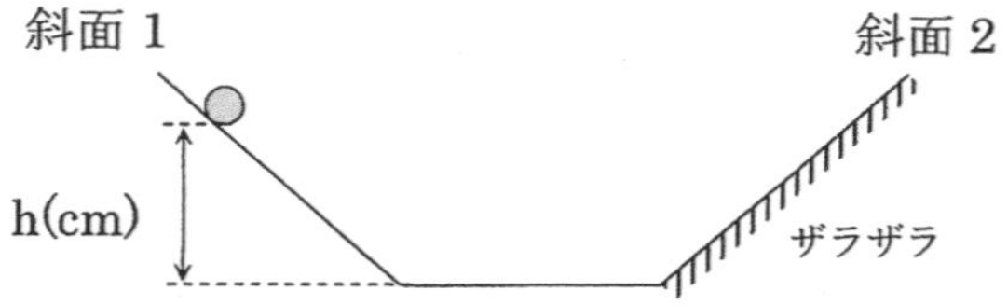

図 2

表2

床からの高さ h(cm)	1回目に斜面2を上る高さ(cm)	1回目に斜面1を上る高さ(cm)	2回目に斜面2を上る高さ(cm)
45	20	15	10
90	40	ウ	20
135	60	45	エ

（３）表2のウ・エの数値を答えなさい。

（４）2回目に斜面2を上る高さを42cmにするには、斜面1で手をはなす高さhを何cmにすればよいですか。

さらに、斜面2を摩擦のないものに戻し、図3のように水平でなめらかな床を摩擦のあるザラザラなものにかえ、床の長さL(cm)と物体の上る回数と高さを調べました。その結果が表3です。

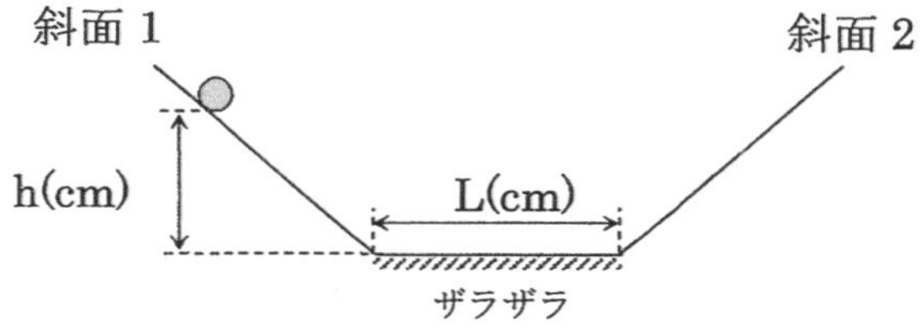

図 3

表3

床の長さ L(cm)	床からの高さ h(cm)	1回目に斜面2を上る高さ(cm)	1回目に斜面1を上る高さ(cm)	2回目に斜面2を上る高さ(cm)
10	50	45	40	35
10	70	65	60	55
20	50	40	30	20

（５）床の長さLを15(cm)にして、斜面1の高さhが30(cm)のところで手をはなすと、1回目に斜面2を上る高さは何cmですか。

（６）斜面1で手をはなす高さhを35(cm)にしました。斜面2を上る回数がちょうど3回となるようにするためには、床の長さLは何cmより長く、何cmより短くすればよいですか。

【３】

食塩は 25℃の水 100g に 36g まで溶《と》かすことができます。食塩水の濃《こ》さ(%)と密度(g/cm^3)について以下の問いに答えなさい。ただし、密度とは物質の体積 1cm^3 あたりの重さ(g)のことです。また水の密度は 1g/cm^3、温度は 25℃で常に一定であり、食塩を水に溶かしたときに液体の体積は変化しないものとします。

（１）10g の食塩を 40g の水に溶かした食塩水の濃さ(%)と密度(g/cm^3)をそれぞれ答えなさい。

（２）20%の食塩水 80g と 10%の食塩水 100g を混ぜ合わせたときの食塩水の濃さは何%ですか。小数第１位を四捨五入し、整数で答えなさい。

（３）20%の食塩水 50g に 10%の食塩水を混ぜ合わせて 12%の食塩水を作りました。10%の食塩水は何 g 必要ですか。

（４）20%の食塩水 50g に 10%の食塩水を 100g 混ぜ合わせました。この食塩水にはあと何 g の食塩を溶かすことができますか。

（５）密度 1.2g/cm^3 の食塩水 120g の体積は何 cm^3 ですか。

（６）密度 1.2g/cm^3 の食塩水 120g と 20%の食塩水 100g を混ぜ合わせたときの食塩水の濃さは何%ですか。小数第１位を四捨五入し、整数で答えなさい。

（７）プールで泳ぐよりも海で泳ぐ方が体は浮《う》きやすくなります。このことより、密度と浮力《ふりょく》にはどのような関係があると言えますか。「密度が大きいと」に続けて 10 字以内で答えなさい。ただし、プール内の水の密度も 1g/cm^3 とします。

2023(R5) 開明中　1次前期
K 教英出版

【４】

黒い固体Ａに水溶《よう》液Ｂを加えると気体Ｃが発生します。この気体Ｃは空気に含まれる気体で、物が燃えるのを助けるはたらきがあります。表は、空気に含まれる気体の種類とその割合を表したものです。また、以下の実験を行いました。これについて以下の問いに答えなさい。

表

気体	気体Ｄ	気体Ｃ	アルゴン	気体Ｅ	その他
割合(%)	78.08	20.95	0.93	0.03	0.01

〔実験１〕試験管に固体Ａを入れ、その後、水溶液Ｂを入れると気体Ｃが発生した。しばらく放置していると気体Ｃが発生しなくなった。

〔実験２〕実験１の気体発生後に試験管に残った固体と液体を分け、別々の試験管に入れた。

〔実験３〕実験２の固体が入った試験管には水溶液Ｂを、液体が入った試験管には固体Ａを入れると、水溶液Ｂを入れた方から気体Ｃが発生した。

（１）固体Ａ、気体Ｃの名前をそれぞれ答えなさい。

（２）水溶液Ｂの名前を次のア～オから１つ選び、記号で答えなさい。

ア　塩酸　　イ　ホウ酸水溶液　　ウ　過酸化水素水

エ　水酸化ナトリウム水溶液　　オ　アンモニア水

（３）表の中の気体Ｄ、Ｅの名前をそれぞれ答えなさい。

（４）反応を助けるが、それ自身は変化しない物質のことを触媒《しょくばい》と言います。実験１～３の結果から、触媒と考えられるのは固体Ａと水溶液Ｂのどちらですか。記号で答えなさい。

【5】

アサガオの種子やからだのつくりについて、以下の問いに答えなさい。

（1）植物の種子の中には、発芽のために必要な物質がふくまれています。その物質の名前を答えなさい。

（2）（1）で答えた物質を確かめる方法として、次の文章の（　　　）に当てはまることばをそれぞれ答えなさい。

（　①　）液につけると、（　②　）色になることで確かめられる。

（3）アサガオの種子が発芽するために必要な条件を、『適した温度』と『空気』以外で1つ答えなさい。

（4）アサガオの花の特徴《とくちょう》として最も当てはまるものを、次のア～エから1つ選び、記号で答えなさい。

ア　たくさんの小さな花が集まっている
イ　おしべとめしべが別々の花にある
ウ　根元のほうでつながった花びらを持つ
エ　4枚の花びらと6本のおしべ、2本のめしべがある

（5）アサガオの茎《くき》を切って、赤インクを溶かした水にさし、しばらく置きました。その後、茎を横に切り、観察しました。赤く染《そ》まっていた部分の様子として正しいものを、次のア～エから1つ選び、記号で答えなさい。ただし、図の黒くぬったところが、赤く染まった部分を表しています。

ア　　　イ　　　ウ　　　エ

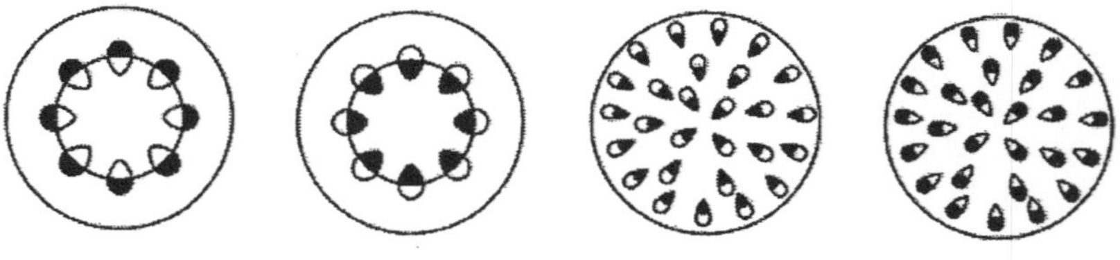

（6）アサガオの葉の裏側のうすい皮をはがして、上下左右が逆にうつる顕微鏡《けんびきょう》でこれを観察すると、図のように左上に穴Xが見られました。この穴Xの名前を答えなさい。

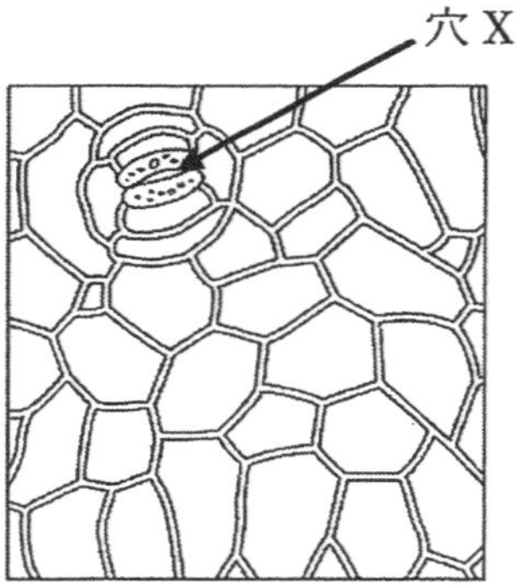

（7）（6）の図で左上に見えていた穴 X を中央で見えるようにするためには、プレパラートをどの方向に動かしたらよいですか。次のア～エから1つ選び、記号で答えなさい。

ア　右下　　イ　右上　　ウ　左下　　エ　左上

【６】

日食や月食について、以下の問いに答えなさい。

（１）次の文章の（　　　）に当てはまることばを、下のア～エから１つずつ選び、記号で答えなさい。

地球が月の影《かげ》に入ると（　①　）が起こり、月が地球の影に入ると（　②　）が起こる。月食は（　③　）のときにしか起こらない。また、影には本影と半影があり、本影に入ると皆既《かいき》食、半影に入ると部分食になる。

ア　月食　　　イ　日食　　　ウ　満月　　　エ　新月

（２）図１で、地球上の点Ｐから太陽を見るとどのように見えますか。次のア～ウの中から１つ選び、記号で答えなさい。

ア　まったく見えない　　イ　右半分が欠けて見える　　ウ　左半分が欠けて見える

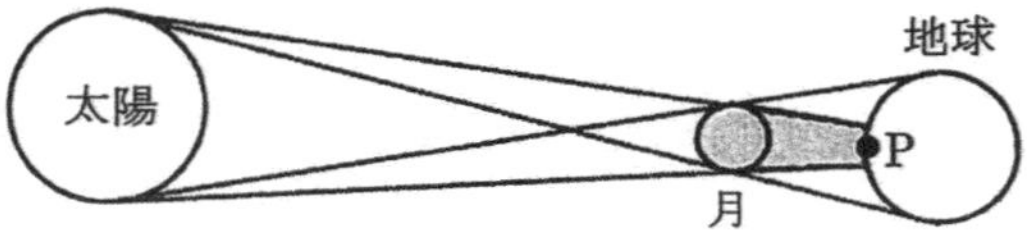

図１

（３）図２で、皆既食となるのはどれですか。図のア～エから１つ選び、記号で答えなさい。

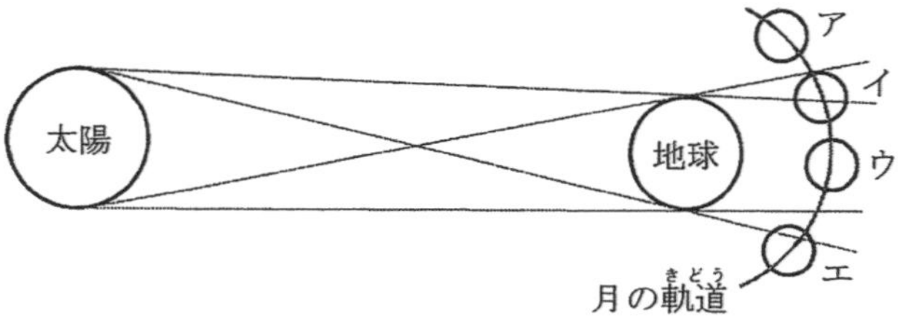

図２

（４）地球から月や太陽を観察すると、ほぼ同じ大きさに見えます。地球から月までの距離《きょり》を約38万km、地球から太陽までの距離を約１億５千万kmとすると、太陽の直径は月の直径の約何倍ですか。次のア～オから１つ選び、記号で答えなさい。

ア　10倍　　イ　40倍　　ウ　100倍　　エ　200倍　　オ　400倍

4．ガウスさんは，計算を工夫するのが好きな少年です。ある日，算数の授業で「１から 100 まで整数をすべて足しなさい」という宿題が出ました。友達が「１＋２＋３＋…」と書いて一つずつ足しているのを見て，ガウスさんは以下の方法を考えました。

「白いタイルを階段状に並べた図を想像してみよう。
１＋２＋３＋…＋100。さあ，図がかけた。
今度は黒いタイルを，上下逆に並べてみよう。
100＋99＋98＋…＋1。よし，図がかけた。
白と黒のタイルを合わせると，タイルが長方形の形になるぞ。
縦は 100 個，横は 101 個のタイルが並んでいるから，
全部で 100 × 101 個のタイルになる。白のタイルはその半分になるぞ」

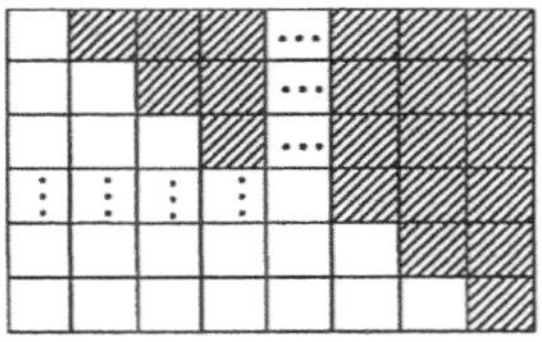

このとき，次の問いに答えなさい。

（１）ガウスさんの考え方で，１＋２＋３＋…＋199＋200 を計算しなさい。

（２）ガウスさんの考え方で，次の計算をしなさい。

① 2＋4＋6＋…＋98＋100

② 100＋101＋102＋…＋999＋1000

5．立方体の形をした水そう（い），1辺が3 cm の立方体を4つ組み合わせたおもり（ろ）と三角柱であるおもり（は）があります。水そうは平らな床《ゆか》の上に置かれていて，おもりが水に浮《う》くことはないとします。
このとき，次の問いに答えなさい。

水そう（い）

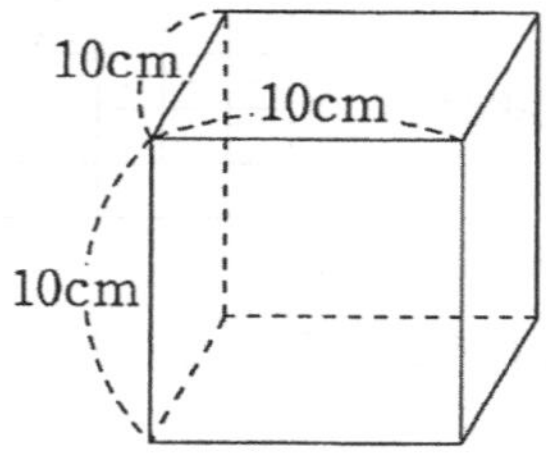

おもり（ろ）

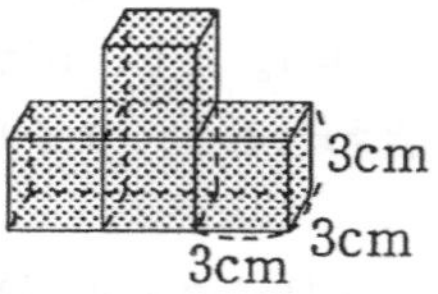

おもり（は）

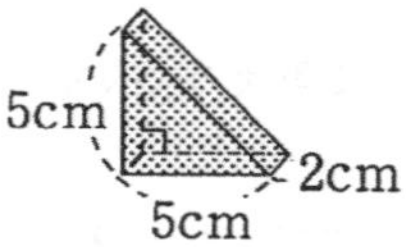

（1）水でいっぱいの状態の水そう（い）の中におもり（ろ）を水そうの底までゆっくりと沈《しず》めます。あふれ出る水の体積は何 cm^3 ですか。

（2）水でいっぱいの状態の水そう（い）の中におもり（は）を水そうの底までゆっくりと沈めます。あふれ出る水の体積は何 cm^3 ですか。

（3）空の水そう（い）の底面におもり（ろ）を図の状態の向きで置き，水を入れたところ，水面は水そうの底面から5 cm のところにありました。入れた水の体積は何 cm^3 ですか。

（4）空の水そう（い）の底面におもり（ろ）と（は）を図の状態の向きで置き，水を 376 cm^3 入れました。水面は水そうの底面から何 cm のところにありますか。ただし，おもり（ろ）と（は）はどちらも水そう（い）の底に置くものとします。

２０２３年　開明中学校　入学試験問題

１次後期Ａ

国語

（60分）

【問題冊子】

（注意）

１．問題冊子および解答用紙は監督者《かんとくしゃ》の指示があるまで開かないこと。
２．問題は全部で２題である。
３．試験開始後、解答用紙の所定箇所《かしょ》に受験番号をはっきりと記入し、マークを正しく塗《ぬ》りつぶすこと。
４．解答は解答用紙の指定された箇所に書くこと。
５．字数制限のある問いは符号や句読点も一字と数えるものとする。
６．試験終了の合図で解答はやめて、筆記用具を置き、手はひざにおくこと。
７．試験終了後、解答用紙を回収した後、問題冊子も回収をする。

一　次の文章を読んで、あとの問いに答えなさい。

勤務先の大学の女子学生と話していたときのこと。その日は大学でイベントがあり、何人かの学生や教員たちが集まって終了《しゅうりょう》後にみんなで打ち上げをしていました。ところがその女子学生が、九時を回ったあたりでソワソワしはじめたのです。もう帰らなくちゃ、と。門限が一〇時なのだそうです。やりたいⅰ**ホウダイ**やらせてもらっていた自分の学生時代に比べたら、門限が一〇時とはずいぶん真面目《まじめ》だなあ、きっと箱入《はこい》り娘《むすめ》で大切にされているのだろう、と微笑《ほほえ》ましく思っていました。ところがその学生のソワソワぶりがどうも普通《ふつう》ではないのです。聞けばすぐに携帯《けいたい》に親から電話がかかってきて、早く帰ってくるように言われた、と言うのです。

なぜ門限一時間前なのに電話がかかってくるのだろう、と①訝しがる私の表情をⅱ**サッチ**して、その女子学生の友達が言いました。

「あ、〇〇ちゃんはＧＰＳで居場所がいつも分かるようになっているんです」

つまり親御《おやご》さんは、彼女《かのじょ》がいま自宅から一時間ほどかかる場所にいることを知っていて、だからそろそろ帰ってこい、と連絡《れんらく》してきたと言うのです。

うーん、それを聞いて私は②複雑な気持ちになってしまいました。確かに子供を心配する親御さんの気持ちは痛いほど分かります。心配ゆえに、ＧＰＳで常に子供の居場所を把握《はあく》できるようにしておきたい。それは間違《まちが》いなく娘さんを思ってのことでしょう。どのくらい［1］なのかは分かりません。が、子供向けの携帯電話にはＧＰＳを使った見守り機能を搭載《とうさい》したものがあると聞いたことがあります。もしかすると、その女子学生も、幼かったころからの習慣で、ずっとGPS機能を利用しているのかもしれません。

気になるのは、そこに信頼《しんらい》があるのかどうか、ということです。確かに、居場所が分かることは、親からすれば安心でしょう。しかし子供の成長を思って、自分が感じている不安をぐっと抑《おさ》えなければいけない瞬間《しゅんかん》があるはずです。たとえば子供が「一人で電車に乗ってみたい」と言いだしたとき。あるいは「一人で料理をしてみたい」とお手伝いを申し出たとき。つまり子供が③「冒険」を望んだときです。そういうときは（あれに気を付けろ、これに気を付けろ、とさんざん注意したあとで）子供を信じて、「やってごらん」と背中を押《お》す。要するに「可愛《かわい》い子には X をさせよ」の心境です。

そこでもし、「やってごらん」と言いながら子供の行動を監視《かんし》してしまったらどうでしょうか。子供は「自分は信じてもらえていない」「お父さん、お母さんは自分を一人前だと認めていない」と自信を失くしてしまうのではないでしょうか。「信じられている」という気持ちが、子供が安心して新しいことに挑戦《ちょうせん》するために必要であるならば、不安な気持ちをぐっとこらえて、子供を信じるほうに賭《か》けることも必要なのではないか。私自身はそんなふうに考えてきました。

子育ての方針についてはいろいろな考え方があるでしょう。それは本書の主題ではありません。重要なのは、④「信頼」と「安心」がときにぶつかり合うものである、ということです。「安心」を優先すると、「信頼」が失われてしまう。逆に「安心」を犠牲《ぎせい》にしてでも、相手を「信頼」することがある。二つの言葉は似ているように思われますが、実は見方によっては相反するものなのです。

社会心理学が専門の山岸俊男は、「安心」と「信頼」の違いを、「針千本マシン」という架空《かくう》の機械を使って説明しています。針千本マシンとは、喉《のど》に埋《う》め込《こ》むタイプの機械で、その人が嘘《うそ》をついたり約束を破ったりすると、自動的に千本の針が喉に送《おく》り込《こ》まれる、という**iii シク**みになっています。

さて、ある人間の喉にこの「針千本マシン」が埋めこまれているとします。そのことを知っている者は誰《だれ》でも、その人間が絶対に、少なくとも［2］には嘘をついたり約束を破らないと確信できるでしょう。たとえその人間がこれまでに何度も約束を破って、そのために罰《ばつ》として「針千本マシン」を埋め込まれた人間であったとしても、千本の針を喉に送り込まれる目にあうよりは、約束を守ったほうがましだからです。

「針千本マシン」は、機能としては、孫悟空《そんごくう》が頭にはめさせられている輪っか(緊箍児《きんこじ》)に似ています。悟空が悪事をはたらくと、三蔵法師が「緊箍児呪《じゅ》」と呪文《じゅもん》をとなえる。すると輪っかが悟空の頭を締《し》め付けて苦しめます。つまり、罰《ばつ》が抑止力《よくしりょく》になって罪を犯《おか》すのを防ぐのです。ただ「針千本マシン」のほうは、刑罰《けいばつ》の執行《しっこう》が機械化されている点で、より冷徹《れいてつ》と言えるかもしれません。

重要なのは、このマシンがあることによって、まわりの人が、この人間は嘘をつかないはずだという確信をもつということです。まわりの人は、その人物の人格の**iv コウケツ**さや、自分たちとの関係を考えてそう思っているのではありません。嘘をつくと彼／彼女は不利益をこうむる。だから、［3］に考えて、彼／彼女は嘘をつかないはずだ。つまり、まさにその人物が「針千本マシン」を埋めこまれているから、彼／彼女は嘘をつかないはずだ、と判断するのです。

果たしてこれは「信頼」でしょうか。それとも「安心」でしょうか。山岸は、⑤ここには「安心」はあるが「信頼」はないと言います。

重要なのは「彼／彼女は嘘をつかないだろう」という判断に、確信が伴《ともな》うことです。嘘をつくことによって、彼／彼女は確実に不利益をこうむります（もっとも、少ない確率で利益をこうむる可能性もゼロではありませんが、少なくとも山岸は「確信」という言葉を使っています）。まわりの人からすれば、それは確実だから「安心」なのです。想定外のことが起こる可能性がほとんどゼロ。すなわち、「安心」という感情は、状況《じょうきょう》をコントロールできている想定と関係しています。

他方で、「信頼」が生まれるのは、そこに「社会的不確実性」があるときだ、と山岸は言います。社会的不確実性がある状況とは、「相手が自分の思いとは違う行動をする可能性がある、つまり自分を裏切るかもしれないような状況」のこと。すなわち信頼とは、「相手の行動いかんによっては自分がひどい目にあってしまう状況で、相手がひどいことをしないだろうと期待すること」なのです。安心と信頼の違いを、山岸は［4］に次のように整理しています。

> 信頼は、社会的不確実性が存在しているにもかかわらず、相手の自分に対する感情までも含《ふく》めた意味での人間性のゆえに、相手が自分に対してひどい行動はとらないだろうと考えることです。これに対して安心は、そもそもそのような社会的不確実性が存在していないと感じることを意味します。

要するに、安心とは、「相手のせいで自分がひどい目にあう」可能性を意識しないこと、信頼は「相手のせいで自分がひどい目にあう」可能性を自覚したうえでひどい目にあわない方に賭《か》ける、ということです。もしかしたら、一人で出かけた子供が行き先を間違えて迷子になるかもしれない。途中《とちゅう》で気が変わって、渡《わた》した電車賃でジュースを買ってしまうかもしれない。そう分かっていてもなお、行っておいでと背中を押すことです。

ポイントは、信頼に含まれる「にもかかわらず」という逆説でしょう。社会的不確実性がある「にもかかわらず」信じる。

⑥この逆説を埋めるのが信頼なのです。

なんて不合理な、と思うかもしれません。けれども実際の機能としてはむしろ逆でしょう。つまり、信頼はものごとを合理化するのです。信頼は複雑なプロセスを短縮し、コストを削減《さくげん》する効果を持っています。

たとえば私の勤務する大学ではある時期、出張に確かに行ったということを証明するのに膨大《ぼうだい》な書類を作らされていました。カラ出張を防ぐためです。航空券や特急券の半券を持ち帰るのはもちろんのこと、ホテルでは宿泊《しゅくはく》証明書を作ってもらい、会議に参加すれば会場のまえで自分の姿を入れた写真を撮《と》り、それらすべてをそろえて信憑《しんぴょう》書類として経理課に提出しなければならないのです。要するに、教員が信頼されていない。ホテルのフロントや鉄道の駅員さんに書類をお願いするたびに、自分が信頼されていないことを晒《さら》しているようで何とも恥《は》ずかしい思いをしたものです。

問題は、これだけの事務作業をするのに、教員や事務支援員《しえんいん》の膨大な労働力、つまり時間とお金が割《さ》かれているということです。もし大学がひとこと「教員を信じる」とさえ言ってくれれば、膨大な時間とお金を無為《むい》に浪費《ろうひ》することなく、研究や教育など、大学としてより重要な仕事にあてることができたはずです。ところが、信頼がないがために、本来重要でないはずの作業にコストがかかってしまった。もちろん、国立大学ですので説明責任があるのは分かりますが、よくよく考えてみれば、いまどき写真なんていくらでも加工できるわけで、そもそもが穴のある⑦不条理なシステムです。

結局、出張に関するこの複雑な経理システムは、文科省からの「過度なローカルルールは改善すべし」というお達しによって、あるときを境にＶカンソ化されることになりました。その理由は「効率化」。架空の思考実験ならまだしも、現実には社会的不確実性をゼロにするのは不可能です。つまり一〇〇パーセントの安心はありえない。⑧どこまでもシステムを複雑化してしまう無限後退に終止符を打ってくれるのが信頼なのです。

（伊藤亜紗『手の倫理』による）

問一 ＝＝部ⅰ～ⅴのカタカナを漢字に直しなさい。

問二 [1]～[4]に補うべき語句を次の中からそれぞれ一つずつ選び、記号で答えなさい。ただし同じ記号は二度使わないものとする。

ア 端的　イ 合理的　ウ 一般的　エ 意図的

問三 [X]を漢字一字で補い、文脈に即《そく》した慣用句を完成させなさい。

問四 ――部①「訝《いぶか》しがる」・⑦「不条理な」の本文中の意味として最も適当なものを次の中からそれぞれ一つずつ選び、記号で答えなさい。

①「訝しがる」
ア 不審《ふしん》に思う
イ 不満を抱《だ》く
ウ 不快に感じる
エ 不安を覚える

⑦「不条理な」
ア 欠陥《けっかん》のある
イ 効率の悪い
ウ 確実性の低い
エ 筋の通らない

問五　――部②「複雑な気持ち」とはどのような気持ちか。最も適当なものを次の中から一つ選び、記号で答えなさい。

ア　親が子を思う気持ちは理解できるが、一方で過度の心配は子の成長を妨《さまた》げてしまうのではと案ずる思い。
イ　我《わ》が子《こ》の身を心配することは当然だが、現代社会の見守りサービスは行き過ぎではないかと疑問を抱く思い。
ウ　親心には共感できるものの、娘の成長とともに親が子離《こばな》れをしていくことも必要ではないかと伝えたい思い。
エ　常に娘の居場所を把握《はあく》していた方が安心できるものの、監視《かんし》を強めすぎると反発を招くのではと危《あや》ぶむ思い。

問六　――部③『冒険《ぼうけん》』とはどのようなものか。最も適当なものを次の中から一つ選び、記号で答えなさい。

ア　初めての試み
イ　分不相応な挑戦
ウ　リスクを伴う体験
エ　大人になるために必要な経験

問七　――部④『信頼』と『安心』がときにぶつかり合う」とはどういうことかを説明した次の文の空欄《くうらん》に補うべき語句を、本文中から（　Ⅰ　）・（　Ⅲ　）はそれぞれ五字以内で、（　Ⅱ　）は十字以内で探し、抜《ぬ》き出して答えなさい。

> 我々は普段《ふだん》、「信頼」と「安心」を（　Ⅰ　）意味で用いることもあるが、（　Ⅱ　）の有無《うむ》という観点から考えると、両者の意味は（　Ⅲ　）ものであるといえること。

問八　――部⑤「ここには『安心』はあるが『信頼』はない」とあるが、その理由を説明した次の文の［　　］に補うべきことばを、四十字以内で説明しなさい。

> 「針千本マシン」によって嘘をつかないという確信があるため安心できているが、［　　　　］。

問九　――部⑥「この逆説」とはどういうことか。最も適当なものを次の中から一つ選び、記号で答えなさい。

ア　相手のことを信じたせいで、自分がひどい目にあう可能性が生じてしまうこと。
イ　人間という存在は、罰の抑止力によってしか裏切る可能性を失くすことができないこと。
ウ　罰によって行動を制限した方が、相手が自分を裏切る可能性は限りなくゼロに近づくこと。
エ　相手のことを全面的に信じられない状況においてこそ、相手を信じることが求められること。

問十　――部⑧「どこまでもシステムを複雑化してしまう無限後退に終《しゅう》止《し》符《ふ》を打ってくれるのが信頼なのです」とあるが、その理由を説明した次の文の［　　］に補うべきことばを、本文中から二十字以内で探し、抜《ぬ》き出して答えなさい。

> 信頼には［　　　　］はたらきがあるから。

二　「僕《ぼく》」は指導教官である喜嶋《きしま》先生、先輩《せんぱい》の櫻居《さくらい》さんと共に国際シンポジウム（研究者の発表を聞き、それに対して議論を交《か》わす会）に参加し、アメリカから招待した有名な研究者の講演を聴《き》いていた。これに続く次の文章を読んで、あとの問いに答えなさい。

二百人近い研究者がそれを聴いていた。三十分ほどの講演が終わって、司会者が、質問や意見を聴講者《ちょうこうしゃ》に求めたとき、喜嶋先生が後ろの方から手を挙げられ、マイクを持って次のような内容のことをおっしゃった。

「僕なら（先生は、いつでも、どこでも、自分のことを僕と言われるが、このときは英語だから関係ない）、今発表があった四つめの仮定、すなわち、第四図の曲線を※1エキスポーネンシャルで近似《きんじ》した仮定、これは使わない。そこまでの三つの仮定がファンタスティックなのに、四つめの仮定はあまりにもエキセントリックだ。まったく、信じられない（アンビリーバブルだ）。これが、貴方《あなた》のこの論文を台無しにしているように思う。貴方は、いつかこの四つめの仮定を取り下げるつもりはあるのか？　僕は、そうなることを願っている。たぶん、既《すで》に貴方はそれに気づいているはずだ。これだけの研究ができる才能が、この点に気づかないとは考えられない。もしも、まだ気づいていないのならば、貴方は僕の質問に答える必要はない。もしも、それがわかっているのならば、僕の質問はこうなる。貴方は何故《なぜ》こんな辻褄《つじつま》あわせをしたのか？　慌《あわ》てなければならない理由がなにかあったのか？」

たぶん、こういう内容だったと思う。喜嶋先生の英語は流暢《りゅうちょう》ではなかったものの、内容は的確に壇上《だんじょう》の研究者にも伝わったはずだ。会場はやや騒然《そうぜん》とし、そして、すぐに[X]を打ったように静かになった。①壇上の発表者は困った表情で肩を竦めたが、こうコメントした。

「私は、ドクタ・キシマの質問に答えなければならない。ただ、残念だが、今は、その理由を的確に説明するだけのデータも時間も持ち合わせていない」

僕の隣《となり》には櫻居さんがいて、僕に肩をぶつけ、顔を近づけて囁《ささや》いた。

「喜嶋先生、やっちゃったね」

何をやってしまったのか、意味がわからなかったけれど、彼女は顔をしかめていた。会場の雰囲気《ふんいき》は、[1]和《なご》やかで楽しいものではなくなっていた。僕たちが座《すわ》っていた二つほど前の座席から、「②喜嶋の方がエキセントリックだ」と囁《ささや》く声が聞こえてきた。

司会者は、ほかに質問がないか、と会場に求めたが、もう誰も手を挙げなかった。そこで司会者自身が、細かい質問を三つほどして、発表者は、それには簡単に答えた。最後に司会者が、研究を褒《ほ》め称《たた》えるようなコメントを長々と述べた。よく見えなかったけれど、[2]準備してきた原稿《げんこう》を読んでいたのだろう。急に英語が滑《なめ》らかになっていたからだ。

この司会者も、主催《しゅさい》委員会のメンバである研究者だった。準備をしているときに、喜嶋先生と打合せをしていたのを僕は見た。喜嶋先生は、いうなれば主催者側の人間だ。それなのに、場の雰囲気を壊《こわ》すような発言をされたことが、たぶんエキセントリックだと揶揄《やゆ》されるところかもしれない。

司会者は聴講者に拍手《はくしゅ》を求め、基調講演は終了し、コーヒーブレークになった。

櫻居さんも溜息《ためいき》をついたし、たぶん周囲の人たちのうち何割かが、喜嶋先生に批判的な視線を向けていた。けれど、僕はそうは思わなかった。まったくその逆に、③喜嶋先生が凄いと思ったのだ。

その理由は二つある。一つは、喜嶋先生の言葉は、その意味する内容で捉《とら》えなければならない、という当たり前のことだ。僕はそれに慣れていた。多くの人は、④タントウチョクニュウの姿勢を攻撃《こうげき》的なものと捉えて、「喜嶋は論文にケチをつけた」という点にだけ注目する。先生の指摘《してき》の意味を[3]捉えていない。上手に飾《かざ》った礼儀《れいぎ》にi沿った言葉でないと、[4]非難されたと思って身構える、そして言葉の内容を吟味《ぎんみ》し、理解することを放棄《ほうき》してしまうのだ。

もう一つの理由は、先生がされた発言と同じことを、僕もその論文から、ぼんやりとだけれど、感じていたからだった。僕がやっている研究に近いから、それがなんとなく予感できたのだと思う。だから、先生の発言を聞いて、ああ、言葉にすると、そういうことか、と僕は手を打ちたくなった。なるほど、そこが問題なのか、そう、きっとそうだ、と突然《とつぜん》目の前の雲が消え、視界が開けた感じがした。喜嶋先生の指摘は間違っていない、と僕は即座《そくざ》に直感した。同じことが、この研究を本当に理解している者には伝わったはずだ。あの発表者も絶対にわかっていたはずだ。なにしろ、自分でやったことなのだから。したがって、ああ、ドクタ・キシマにはばれてしまったか、という感覚だったのではないか。

その証拠《しょうこ》に、翌年に発表された同じ研究者の論文には、問題の四つめの仮定は使われていなかった。その代わりに、最初の三つの仮定だけから組み立てられた計算に、場合分けの考察を加え、条件付きで最終的な結論が導かれていた。その論文は、もともとii画期的な発想のものだし、一年まえの発表よりもずっと完成度が高くなっていた。論文の最後に、喜嶋先生の既《き》発表論文が三つも引用されていた。僕は、その論文を読んだあと、すぐに喜嶋先生の部屋へ行った。

「先生があのときした質問で気がついたんですね」

「いや、とうに気づいていたさ」
「ⅲ謝辞くらい書いてもらっても良かったんじゃないですか」
「奴《やつ》だって馬鹿じゃない。これは、最高に上品な論文だ。素晴《すば》らしい。僕はこいつを尊敬している」
「尊敬しているって、本人に伝えたら、喜ばれますよ」
「喜ばしてもしかたがない。人を喜ばせるために研究をしているわけではない」
先生は、そんなふうにおっしゃった。その研究者を喜嶋先生は以前から尊敬していたそうだ。そもそも、誰を招待するか、誰に基調講演を依頼《いらい》するか、というときに、喜嶋先生がその研究者を強く推薦《すいせん》したらしい。そういうことと、あんな攻撃的な質問をしたことが、喜嶋先生にとっては少しも矛盾《むじゅん》していないのだ。それが、僕にはとてもよく理解できた。おそらく、その研究者にも、喜嶋先生の姿勢は正しく伝わったことだろう。⑤研究者の本当の誠意というものを、僕はこのとき目撃したのだ。
基調講演の会場から出ると、ロビィで紙コップのコーヒーを飲んでいる喜嶋先生を僕は見つけた。ロビィは大勢の笑顔で溢《あふ》れていた。みんなが誰かと笑談しているのに、先生は壁際《かべぎわ》に独りでぽつんと立っていた。
僕は、先生のところへ行き、こんな話をした。
「さっきの質問で、エキセントリックっておっしゃいましたよね。あれは、どういう意味ですか？」
その単語は、研究では、「偏心《へんしん》」と訳される。すなわち、中心からずれていることを意味する言葉だ。一般に用いられる場合は、「風変わり」「突飛《とっぴ》」というような意味になる。どちらだろう、と疑問に思ったからだ。

「はは、そうだね。王道を外れている、という意味だよ」⑥喜嶋先生は意外にも上機嫌で、にやりと微笑んで答えてくれた。

「王道って、学問に王道なしの王道ですか？」

「学問に王道なしっていうのは、どんな意味に取っている？」

「えっと…………、王様が通るような特別な道はない、つまり、こつこつ学ぶしか方法はない、という意味ですよね」

「僕が使った王道は、それとは違う意味だ。まったく反対だね。学問に王道なしの王道は、ロイヤルロードの意味だ。そうじゃない。えっと、覇道《はどう》と言うべきかな。僕は、王道という言葉が好きだから、悪い意味には絶対に使わない。いいか、覚えておくといい。学問には王道しかない」

たぶん、このときのロビィでの会話が、僕にとって、喜嶋先生の一番強い印象だと思う。先生のことを考えると、だいたいこのシーンを思い出すからだ。このときに、僕は喜嶋先生のことが決定的に好きになった。そして、先生がおっしゃった、この「学問には王道しかない」という言葉も、僕の心に刻まれ、それから永く僕を導いてくれる道標《みちしるべ》となった。

この王道が意味するところは、歩くのが易しい近道ではなく、勇者が歩くべき清く正しい本道のことだ。

学問には王道しかない。それは、考えれば考えるほど、人間の美しい生き方を言い表していると思う。美しいというのは、そういう姿勢を示す言葉だ。考えるだけで涙《なみだ》が出るほど、身震《みぶる》いするほど、ただただ美しい。悲しいのでもなく、楽しいのでもなく、純粋《じゅんすい》に美しいのだと感じる。そんな道が王道なのだ。

いかにも、それは⑦喜嶋先生の生き方を象徴《しょうちょう》しているように思えたし、それに、僕がその後、研究者になれたのも、たぶん、この一言の響《ひび》きのおかげだった、といっても過言ではない。

　どちらへ進むべきか迷ったときには、いつも「どちらが王道か」と僕は考えた。それはおおむね、歩くのが難しい方、抵抗《ていこう》が強い方、厳しく辛《つら》い道の方だった。困難な方を選んでおけば、絶対に後悔《こうかい》することがない、ということを喜嶋先生は教えてくれたのだ。

（森博嗣『喜嶋先生の静かな世界　The Silent World of Dr.Kishima』による）

※1「エキスポーネンシャル」――指数関数的。急上昇するするカーブ。

問一　===部ⅰ〜ⅲの漢字の読みをすべてひらがなで答えなさい。

問二　[X]に漢字一字を補って、次の意味になる慣用句を完成させなさい。

　意味…しんと静まり返った様子

問三　[1]〜[4]を補うのに最も適当なものを次の中からそれぞれ一つずつ選び、記号で答えなさい。ただし同じ記号は二度使わないものとする。

ア　たしかに　　イ　ただちに　　ウ　たぶん　　エ　まったく

問四　━━部①「壇上の発表者は困った表情で肩《かた》を竦《すく》めた」とあるが、このときの発表者の心情として、最も適当なものを次のア～エの中から一つ選び、記号で答えなさい。

ア　喜嶋先生にもっともな指摘をされてばつが悪かった。

イ　喜嶋先生に論文を完全に否定されて怒りを覚えた。

ウ　発表内容を理解していない喜嶋先生の質問にあきれた。

エ　喜嶋先生の質問で場がしらけたことを残念に思った。

問五　━━部②「喜嶋の方がエキセントリックだ」に込められた心情として、最も適当なものを次の中から一つ選び、記号で答えなさい。

ア　的確な喜嶋先生の質問に対して驚き、称賛しながらもたどたどしい英語にあきれている。

イ　発表者の人格まで非難し、会場の雰囲気を嫌なものに変えた喜嶋先生に憤りを感じている。

ウ　喜嶋先生は円滑な運営を行うべきなのに、質問で会を滞らせたことに不満を持っている。

エ　発表者に敬意を示さず、仮説の不備を指摘する喜嶋先生を否定的に捉えて馬鹿にしている。

問六 ――部③「喜嶋先生が凄《すご》いと思ったのだ」とあるが、「僕」は喜嶋先生のどのような点を凄いと思ったのか。適当なものを次のア～オの中から二つ選び、記号で答えなさい。

ア 喜嶋先生が臆《おく》することなく論文の問題点を率直《そっちょく》にするどく指摘した点。

イ 喜嶋先生が相手の言葉の意味を真剣《しんけん》に捉えて理解しようと努めている点。

ウ 著名な研究者と堂々と渡り合えるほど喜嶋先生が深い知識を持っている点。

エ 自分では言葉に出来なかった論文の違和《いわ》感を喜嶋先生が明確に表現した点。

オ 誰も気づいていない論文の問題点を喜嶋先生ただ一人だけが気づいていた点。

問七 ――部④「タントウチョクニュウ」を漢字に直し、四字熟語を完成させなさい。

問八 ――部⑤「研究者の本当の誠意」とはどのようなものか。最も適当なものを次の中から一つ選び、記号で答えなさい。

ア 言葉の上で称《たた》えるのではなく、研究者が本当に良い研究成果を残せるようにすること。

イ 研究を発表の場を用意するなど、尊敬する研究者が認められるよう陰《かげ》から支えること。

ウ 正しい研究のために些細《ささい》な間違いも許さず、研究者を徹底的に攻め立て改善を求めること。

エ 他の研究者からの否定的な意見を真剣《しんけん》に受け止め、積極的に自分の研究に取り入れること。

問九　――部⑥「喜嶋先生は意外にも上機嫌《じょうきげん》で、にやりと微笑《ほほえ》んで答えてくれた」とあるが、その理由を説明したものとして、最も適当なものを次の中から一つ選び、記号で答えなさい。

ア　「僕」ほどの優秀《ゆうしゅう》な学生でもわからないことがあるとわかったから。

イ　学問に対する姿勢の本質を問うような質問を「僕」がしてきたから。

ウ　だれからも話しかけられなかったところに「僕」が話しかけてきたから。

エ　先生が研究者にした質問の意図を「僕」が正確に理解していたから。

問十　――部⑦「喜嶋先生の生き方」を「僕」はどのように捉えているか。三十五字程度で答えなさい。

※問題はこのページで終わりです。

２０２３年　開明中学校　入学試験問題

１次後期Ａ

社会

（40分）

【問題冊子】

（注意）

１．問題冊子および解答用紙は監督者《かんとくしゃ》の指示があるまで開かないこと。

２．問題は全部で７題である。

３．試験開始後、解答用紙の所定箇所《かしょ》に受験番号をはっきりと記入し、マークを正しく塗《ぬ》りつぶすこと。

４．解答は解答用紙の指定された箇所に書くこと。

５．試験終了の合図で解答はやめて、筆記用具を置き、手はひざにおくこと。

６．試験終了後、解答用紙を回収した後、問題冊子も回収をする。

《１》　次の文①～④は日本の都道府県に関する説明である。地図と文を参考にして、あとの問いに答えなさい。

①　合掌造り集落で有名な白川郷がある都道府県。

②　日本で２番目に面積の大きい湖である霞ヶ浦がある都道府県。

③　茶の栽培がさかんな牧ノ原台地のある都道府県。

④　コンビナートが集まる水島地区がある都道府県。

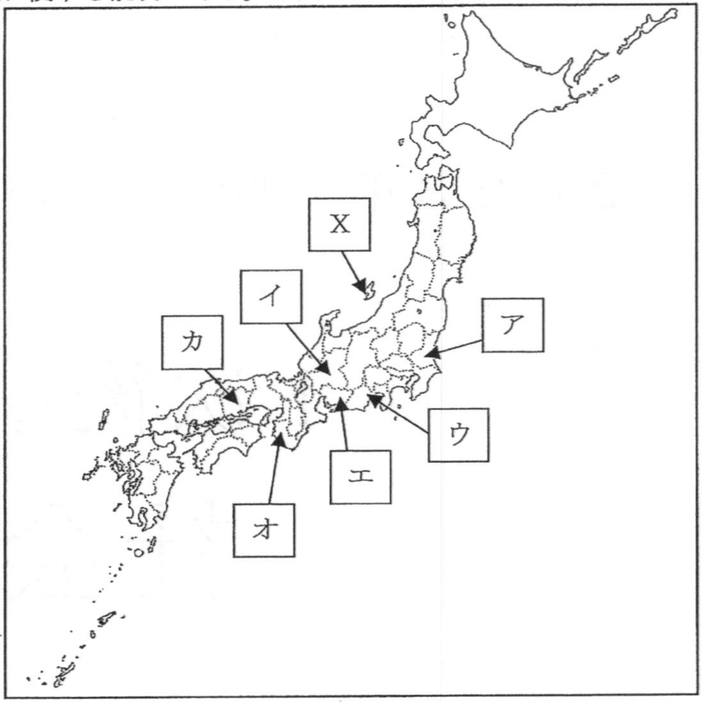

（１）上の文①～④にあてはまる都道府県を地図上のア～カから１つずつ選び、記号で答えなさい。

（２）地図中のXの島を何というか、解答欄に合うように**漢字で**答えなさい。

《２》　次の文章を読み、あとの問いに答えなさい。

小学校６年生の一郎君は、この日学校を欠席したクラスメイトのよしたかくんの家に向かっています。よしたかくんは小学校１年生の時から同じクラスで、一郎君の親友です。よしたかくんの家には何度も行ったことがあるのですが、地図がないと迷ってしまうため、一郎君は地図で確認しながら歩いています。一郎君は神社を通り過ぎたあたりで、近くに住む（ａ）ブラジル出身の大学生とすれ違いました。その後、病院の角を曲がると見えてくる（ｂ）川では、おじさんが釣りをしていました。どんな（ｃ）魚が釣れるのか、一郎君は興味がわきましたが、「寄り道はいけない」と思い、先を急ぎました。秋にぶどう狩りができる果樹園、冬に大根が収穫できる畑や図書館を通り過ぎると、消防署が見えてきました。消防署ではちょうど消防隊員が訓練をしているところで、一郎君はそのかっこよさに思わず見とれていました。一郎君がわれに返った時には辺りは暗くなっており、そこから走ってよしたかくんの家に向かいました。よしたかくんの家は、衣類を製造している工場の向かいにあり、インターホンを押すと、よしたかくん本人が出てきてくれました。よしたかくんの元気そうな様子に、一郎君は安心しました。用事が済んだ一郎君は、自分の家に帰ろうとしましたが、暗くて地図が見えないことに絶望するのでした。

（1）下線部(ａ)の国について述べた文として正しいものを次から１つ選び、記号で答えなさい。

ア．仏教が誕生した国だが、現在は国民の多くがヒンドゥー教徒である。

イ．日本と季節が逆の国で、アボリジニとよばれる先住民が住んでいる。

ウ．首都が「芸術の都」として有名な国で、ワインの生産がさかんである。

エ．広大な熱帯林が広がっている国で、日本へは鉄鉱石を輸出している。

（2）下線部(ｂ)に関連して、日本の三大急流は、富士川、球磨川、とあと１つは何か、**漢字で**答えなさい。

（3）下線部(ｃ)に関連して、次の表は養殖業における真珠類の収穫量割合の上位３つの都道府県を示したもの（2019 年：『日本国勢図会 2021／22』より作成）である。表のＡにあてはまる都道府県名を答えなさい。

都道府県	割合（%）
Ａ	42
長崎県	32
三重県	19

（4）次の表は日本の輸入品の上位４つとその輸入額の割合を示したもの（2020 年：『日本国勢図会 2021／22』より作成）である。石油(原油・石油製品)にあてはまるものを表のア～エから１つ選び、記号で答えなさい。

輸入品	割合（%）
ア	27.1
イ	8.7
ウ	5.4
エ	4.7

（5）文章中の建物、施設、土地利用を地図記号で表した場合、**使用しないもの**を次から１つ選び、記号で答えなさい。

ア

イ

ウ

エ

《3》　次の表は、北海道・秋田県・千葉県・愛媛県の果実出荷額、現況森林面積、耕地面積に占める畑の割合、人口密度を表にまとめたもの（『データでみる県勢 2019』より作成）である。表を見て、あとの問いに答えなさい。

	果実出荷額（億円）（2016 年）	現況森林面積（千 ha）（2015 年）	耕地面積に占める畑の割合（%）（2017 年）	人口密度（人／km²）（2017 年）
①	185	157	41.1	1,211.0
②	555	399	53.8	240.3
③	72	820	12.6	85.6
④	61	5,322	80.5	67.8

（1）表中の①～④にあてはまる都道府県を次から１つずつ選び、記号で答えなさい。

ア．北海道　　イ．秋田県　　ウ．千葉県　　エ．愛媛県

（2）次の表は、1965 年度と 2017 年度の日本国内における貨物輸送と旅客輸送について、鉄道輸送、自動車輸送、船舶輸送、航空輸送の輸送量の割合を示したもの（『日本国勢図会 2021／22』ほかより作成）である。自動車輸送にあてはまるものを表のア～エから１つ選び、記号で答えなさい。

	1965 年度		2017 年度	
	貨物輸送	旅客輸送	貨物輸送	旅客輸送
ア	26.0	31.6	51.1	62.8
イ	43.3	0.9	43.5	0.2
ウ	30.7	66.8	5.2	30.4
エ	0.0	0.8	0.3	6.6

（単位：%）

《4》　次のＡ～Ｃの人物に関する説明を読み、あとの問いに答えなさい。

Ａ　（ａ）老中として（ｂ）寛政の改革に着手したが、厳しい統制政策は人々の不満を招いた。

Ｂ　ヨーロッパから帰国後、（ｃ）憲法制定に尽力し、初代内閣総理大臣に就任した。

Ｃ　（ｄ）第一次世界大戦中に、ロシア革命を主導し、ソ連の初代指導者となった。

（1）Ａ～Ｃの説明にあてはまる人物は誰か、ＡとＢは**漢字で**答えなさい。

（2）下線部（ａ）に関連して、江戸幕府のしくみについて述べた次の文Ｘ・Ｙの正誤の組み合わせとして正しいものを下のア～エから１つ選び、記号で答えなさい。

Ｘ　六波羅探題が京都に設置され、朝廷の監視にあたった。

Ｙ　町奉行や勘定奉行が設置された。

ア．Ｘ：正　Ｙ：正　　イ．Ｘ：正　Ｙ：誤　　ウ．Ｘ：誤　Ｙ：正　　エ．Ｘ：誤　Ｙ：誤

二〇二三（令和五）年度　開明中学校　入学試験

一次後期A　国語

※100点満点

一

問一	問二	問三	問四	問五	問六	問七	問八	問九	問十
i	1		①			Ⅰ			
ii	2		⑦			Ⅱ			
iii	3					Ⅲ			
iv	4								
v									

※　※　※　※　※　※　※　※　※　※　※

※

問一．　１点×５
問二．　２点×４
問三．　２点
問四．　２点×２
問五．　４点
問六．　４点
問七．　３点×３
問八．　８点
問九．　４点
問十．　４点

受験番号

0	0	0	0	0	0
1	1	1	1	1	1
2	2	2	2	2	2
3	3	3	3	3	3
4	4	4	4	4	4
5	5	5	5	5	5
6	6	6	6	6	6
7	7	7	7	7	7
8	8	8	8	8	8
9	9	9	9	9	9

得点（記入しないこと）

3	(1)	(2)	(3)	
	分	分	分	
4	(1)	(2)	(3)	(4)
	枚		段目	段目
5	(1)	(2)	(3)	
		7○1○7○1○7		

1．５点×５
2．５点×６
3．５点×３
4．(1)４点
(2)４点
(3)４点
(4)３点
5．５点×３

(1)		(2)	
(3)	記号　理由　性質	(4)	

【5】 1点×10

(1)	①		②		③			
(2)	④		⑤		⑥		⑦	
(3)	⑧		⑨		⑩			

【6】 2点×5

(1)		(2)	度

(3)	①		②	午後　時ごろ	③	午後　時ごろ

(1)	あ		い		(2)		(3)
(4)		(5)		(6)	①	②	③

《6》　⑴１点×３　⑵２点　⑶２点　⑷１点　⑸２点　⑹１点

(1)	①		②		③				
(2)	〔漢字〕 制	(3)		(4)		(5)		(6)	

《7》　１点×４

(1)		(2)		(3)		(4)	

※50点満点

2023(令和5)年度

入学試験解答用紙

社　会（1次後期A）
開明中学校

【注意】解答欄に〔漢字〕と指定されている問題については、必ず全て漢字を用いて答えなさい。

《1》　1点×5

(1)	①		②		③		④		(2)	〔漢字〕　島

《2》　1点×5

(1)		(2)	〔漢字〕	(3)		(4)		(5)	

《3》　1点×5

(1)	①		②		③		④		(2)	

《4》　(1)1点×3　(2)1点　(3)2点　(4)2点　(5)1点　(6)1点

(1)	A	〔漢字〕	B	〔漢字〕	C	

(2)		(3)		(4)		(5)		(6)	

【解答用

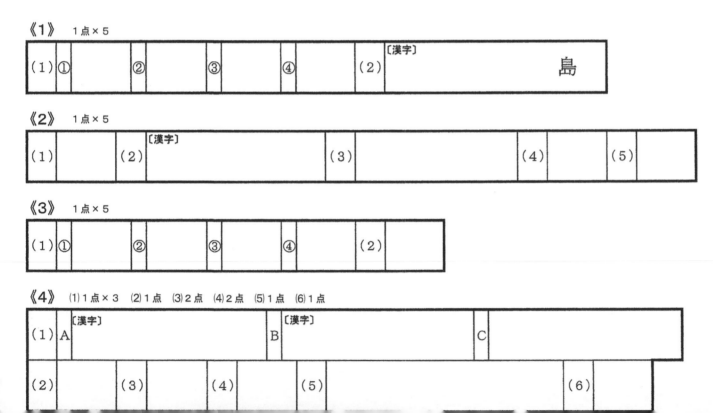

※50点満点

2023(令和5)年度　入学試験 解答用紙	受験番号↓
1次後期A　理科　　開明中学校	⓪①②③④⑤⑥⑦⑧⑨ ×6

用紙タテ 上 こちらを上にしてください

【1】 1点×9

(1)	g	(2)	あ		い		う
(3)	g	(4)	g	(5)	え		お
(6)	g						

【2】 1点×6

(1)		(2)		(3)		(4)	
(5)		(6)					

【3】 1点×9

(1)	うすい硫酸	石灰水	(2)	性	(3)	ア	イ	ウ
(4)	① mg	② 倍	③ mg					

【解答用

※100点満点

2023(令和5)年度　入学試験 解答用紙

1次後期A　算数　開明中学校

受験番号

0	1	2	3	4	5	6	7	8	9
0	1	2	3	4	5	6	7	8	9
0	1	2	3	4	5	6	7	8	9
0	1	2	3	4	5	6	7	8	9
0	1	2	3	4	5	6	7	8	9
0	1	2	3	4	5	6	7	8	9

用紙タテ 上　こちらを上にしてください

1	(1)	(2)	(3)
	(4)	(5)	
2	(1)	(2)	(3)
	日		分
	(4)	(5)	(6)

【解答

二

問二	問三	問四	問五	問六	問七	問八	問九	問十
	1							
	2							
	3							
	4							

※ ※ ※ ※ ※ ※ ※ ※ ※ ※

問一．１点×３
問二．２点
問三．２点×４
問四．４点
問五．４点
問六．４点×２
問七．４点
問八．４点
問九．４点
問十．７点

(３) 下線部(ｂ)について、この時期におこなわれた政策について述べた文として正しいものを次から１つ選び、記号で答えなさい。

ア．飢饉に備え、農民に米を蓄えるための社倉を建てさせた。

イ．庶民の意見を聞くために評定所前に目安箱を設置した。

ウ．武家諸法度を改正して、大名の参勤交代を制度化した。

エ．株仲間を解散させ、物価の高騰を抑制しようとした。

(４) 下線部(ｃ)と同じ明治時代には日本で産業革命が進展した。その中で八幡製鉄所が操業を開始したが、八幡製鉄所が建てられた場所として正しいものを地図から１つ選び、記号で答えなさい。

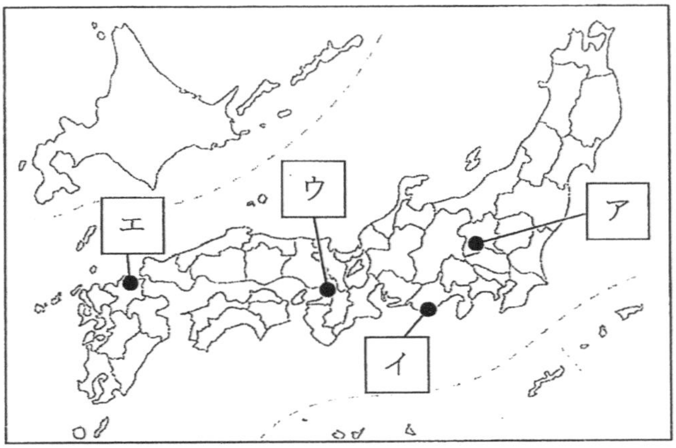

(５) 下線部(ｄ)に関連し、第一次世界大戦のきっかけとなった、オーストリア皇太子夫妻がセルビア人青年によって暗殺された事件を何というか、答えなさい。

(６) Ｃの人物に関連して、日本とヨーロッパ諸国間でおこったできごとⅠ～Ⅲについて、古いものから年代順に正しく配列したものを、下のア～カから１つ選び、記号で答えなさい。

Ⅰ　ポルトガル人が鉄砲を伝える。

Ⅱ　天正遣欧使節が派遣される。

Ⅲ　ザビエルがキリスト教を伝える。

ア．Ⅰ－Ⅱ－Ⅲ　　イ．Ⅰ－Ⅲ－Ⅱ　　ウ．Ⅱ－Ⅰ－Ⅲ

エ．Ⅱ－Ⅲ－Ⅰ　　オ．Ⅲ－Ⅰ－Ⅱ　　カ．Ⅲ－Ⅱ－Ⅰ

《５》　次の年表を見て、あとの問いに答えなさい。

（１）年表中の（　あ　）・（　い　）にあてはまる語をそれぞれ答えなさい。

年	できごと
604	厩戸王（聖徳太子）が十七条の憲法を制定する
	ア
743	墾田永年私財法が制定される………ａ
	イ
1159	（　あ　）の乱で、平清盛と源義朝が争う
	ウ
1467	応仁の乱がおこる………ｂ
	エ
1669	アイヌ首長の（　い　）が反乱をおこす
	オ
1867	大政奉還がおこなわれる………ｃ
	カ
1905	ポーツマス条約が結ばれる………ｄ
	キ
1951	サンフランシスコ平和条約に調印する
	ク
1991	湾岸戦争がおこる

（２）年表中のａに関して、奈良時代について述べた次の文Ｘ・Ｙの正誤の組み合わせとして正しいものを下のア～エから１つ選び、記号で答えなさい。

Ｘ　農民は、九州北部を警備する雑徭が課された。

Ｙ　鑑真が唐招提寺を建てた。

ア．Ｘ：正　Ｙ：正

イ．Ｘ：正　Ｙ：誤

ウ．Ｘ：誤　Ｙ：正

エ．Ｘ：誤　Ｙ：誤

（３）年表中のｂ以降におこったできごととして**誤っているもの**を次から１つ選び、記号で答えなさい。

ア．山城の国一揆がおこり、農民らが自治をおこなった。

イ．将軍足利義昭が京都から追放され、室町幕府が滅んだ。

ウ．武田信玄が分国法を制定して、領民を支配した。

エ．正長の土一揆がおこり、土倉や酒屋などが襲われた。

（４）年表中のｃに関連して、大政奉還がおこなわれた翌年、新政府が出した政治方針を何というか、答えなさい。

（５）年表中のｄの条約に関して述べた文として正しいものを次から１つ選び、記号で答えなさい。

ア．イギリスの仲介によって、条約が結ばれた。

イ．ロシアが日本へ多額の賠償金を支払った。

ウ．北緯50度以南の樺太が日本にゆずられた。

エ．この条約締結後に、三国干渉がおこった。

（６）次の①～③がおこった時期を、年表中のア～クから１つずつ選び、記号で答えなさい。

①　後醍醐天皇が建武の新政をおこなう。

②　岩倉使節団が派遣される。

③　中大兄皇子と中臣鎌足が蘇我入鹿を暗殺する。

《6》　次の文章を読み、あとの問いに答えなさい。

（a）公職選挙法では18歳以上のすべての国民が選挙権を持つ（　①　）選挙の原則が保障されている。また、現在は（　①　）選挙に加えて、一人一票の（　②　）選挙、代表者を直接選ぶ直接選挙、どの政党や候補者に投票したかを他人に知られないように無記名で投票する（　③　）選挙（投票）の４つの原則の下で選挙がおこなわれる。

国の政治は、（b）国民によって選挙された議員によって組織される（c）国会で審議される。国会の種類は（d）常会、臨時会、特別会などがある。そこで、国会議員は（e）法律や予算の審議以外にも様々な役割を担い、そのための特権を保障されている。

（1）文中の（　①　）～（　③　）にあてはまる語をそれぞれ答えなさい。

（2）下線部（a）に関連して、現在の日本の選挙で導入されている各政党が獲得した票数に応じて議席を配分する制度を何というか、解答欄に合うように**漢字で**答えなさい。

（3）下線部（b）について、国会議員に関して述べた次の文X・Yの正誤の組み合わせとして正しいものを下のア～エから１つ選び、記号で答えなさい。

X　国会議員のうち、参議院議員の場合は任期が４年である。

Y　国会議員は、国民審査によって辞めさせられる。

ア．X：正　Y：正　　イ．X：正　Y：誤　　ウ．X：誤　Y：正　　エ．X：誤　Y：誤

（4）下線部（c）に関連して、衆議院の優越の例として**誤っているもの**を次から１つ選び、記号で答えなさい。

ア．参議院より先に予算を審議する。

イ．内閣の信任・不信任を決議する。

ウ．内閣総理大臣を指名する。

エ．参議院にない国政調査権をもつ。

（5）下線部（d）について、国会に関して述べた次の文X・Yの正誤の組み合わせとして正しいものを下のア～エから１つ選び、記号で答えなさい。

X　国会は、国権の最高機関であり、唯一の立法機関である。

Y　臨時会は、原則１月中に開かれ、主に予算を審議する。

ア．X：正　Y：正　　イ．X：正　Y：誤　　ウ．X：誤　Y：正　　エ．X：誤　Y：誤

（6）下線部（e）に関連して、予算の議決について衆議院と参議院の議決が異なる場合に意見調整する機関を何というか、答えなさい。

《7》　次の（1）～（4）の文で、下線部が正しい場合には○、誤っている場合は正しい語を答えなさい。

（1）労働者が労働組合を組織する権利は、団体行動権である。

（2）15～49 歳の全女性を対象に年齢ごとの出生率を合計した、１人の女性が一生の間で産む子どもの数を、合計特殊出生率という。

（3）政権を担う政党は、野党とよばれる。

（4）国際連合の本部は、ニューヨークに置かれている。

２０２３年　開明中学校　入学試験問題

１次後期Ａ

算数

(60分)

【問題冊子】

（注意）

１．問題冊子および解答用紙は監督者《かんとくしゃ》の指示があるまで開かないこと。

２．問題は全部で５題である。

３．試験開始後、解答用紙の所定箇所《かしょ》に受験番号をはっきりと記入し、マークを正しく塗《ぬ》りつぶすこと。

４．解答は解答用紙の指定された箇所に書くこと。

５．試験終了の合図で解答はやめて、筆記用具を置き、手はひざにおくこと。

６．試験終了後、解答用紙を回収した後、問題冊子も回収をする。

1．次の計算をしなさい。ただし，（4）（5）は$\boxed{}$にあてはまる数を答えなさい。

（1）$95 - 3 \times (35 - 15 \div 5 \times 4) + 15$

（2）$\left(1.5 + 8\frac{1}{3} \div 2\frac{1}{12}\right) \div \left(5 - 1\frac{13}{20} \times \frac{5}{11}\right)$

（3）$\left\{\left(\frac{5}{7} + 0.4\right) \times \left(2 - \frac{1}{3}\right) - \frac{5}{12}\right\} \div (3 - 0.25)$

（4）$\frac{1}{3} + \left\{2 - \frac{1}{4} \div \left(\frac{5}{6} - \boxed{}\right)\right\} \div 10 = \frac{1}{2}$

（5）$\left\{0.75 + \left(2 - \boxed{}\right) \div 2\frac{2}{3}\right\} \times 0.08 + \frac{1}{10} = 0.2$

2．次の問いに答えなさい。ただし，円周率は 3.14 とします。

（1）兄が 1 人で取り組むと 18 日かかり，弟が 1 人で取り組むと 21 日かかる仕事があります。この仕事を 2 人で取り組むと何日かかりますか。整数で答えなさい。

（2）3 で割ると 1 余り，5 で割ると 1 余り，7 で割ると 3 余る整数のうち，10000 に最も近いものを答えなさい。

（3）時速 60 km で走る自動車が，250000 分の 1 の縮尺の地図上で 6 cm の距離《きょり》を進むのにかかる時間は何分ですか。

（4）兄と妹の所持金の比は，はじめは 7：5 でしたが，兄が妹に 400 円をあげたので，5：4 に変わりました。はじめに兄は何円持っていましたか。

（5）右の図で，スタート地点からゴール地点までの道順を考えます。遠回りをせずに進む方法は全部で何通りありますか。

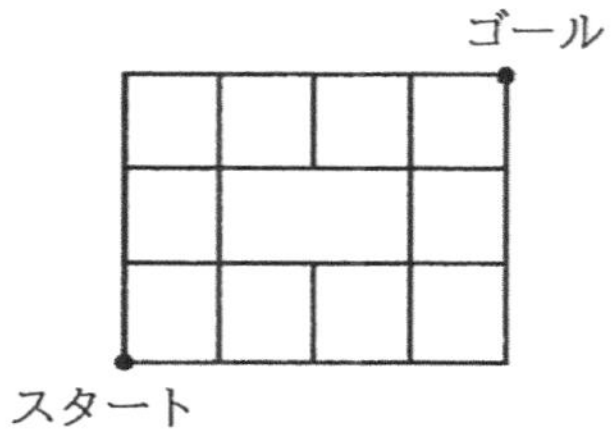

（6）右の図形で斜《しゃ》線部分の周の長さは何 cm ですか。ただし，大きい半円の直径は 24cm，小さい 3 つの半円の中心は，それぞれ大きい半円の直径を 4 等分した点です。

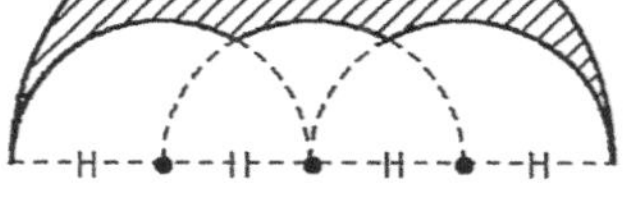

3．ゆうきさんは毎日，家の前から学校の前までバスに乗って通学しています。

ある日，道のり全体の $\frac{3}{4}$ まで行ったところでバスが故障してしまったので，その地点から歩いたところ，いつもより 15 分おくれて学校に着きました。バスの速さと歩く速さの比を 6：1 として，次の問いに答えなさい。

（1）バスが故障したところから学校の前まで，バスが故障していなければ何分で着きますか。

（2）家の前から学校の前まで，バスで何分かかりますか。

（3）もし，道のり全体の $\frac{2}{3}$ のところでバスが故障したとすると，いつもより何分おくれて学校に着きますか。

２０２３年　開明中学校　入学試験問題

１次後期Ａ

理科

（40分）

【問題冊子】

（注意）

１．問題冊子および解答用紙は監督者《かんとくしゃ》の指示があるまで開かないこと。

２．問題は全部で６題である。

３．試験開始後、解答用紙の所定箇所《かしょ》に受験番号をはっきりと記入し、マークを正しく塗《ぬ》りつぶすこと。

４．解答は解答用紙の指定された箇所に書くこと。

５．試験終了の合図で解答はやめて、筆記用具を置き、手はひざにおくこと。

６．試験終了後、解答用紙を回収した後、問題冊子も回収をする。

【１】

開明中学校に通っているまなぶ君は、てこのつりあいの仕組みを調べるために、次のような実験を行いました。以下の問いに答えなさい。

〔実験１〕図１のように、重さを考えなくてもよいくらい軽いアルミニウムの 60cm の棒の左はしに、ある重さの物体Ａをつり下げた。また、棒には 10cm ごとに目もりをつけて、左から順に①～⑥の番号をつけた。様々な位置にひもとおもりをつり下げて、つりあいを調べると表１のような結果になった。なお、図１は実験イの様子を表している。

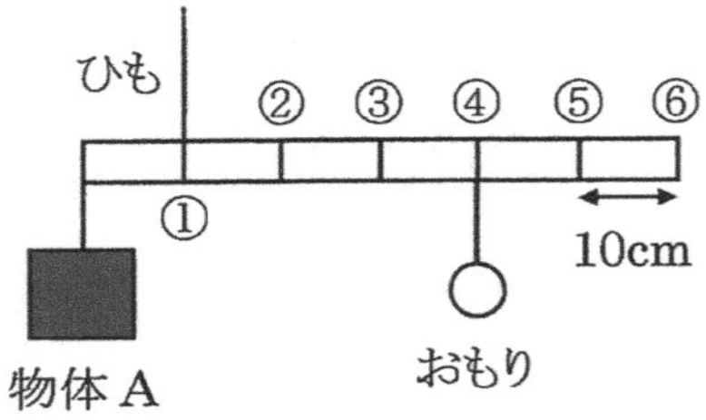

図１

表１

実験	ひもの位置	おもりの位置	おもりの重さ(g)
ア	①	③	(あ)
イ	①	④	40
ウ	①	⑥	(い)
エ	②	③	240
オ	②	⑥	(う)

（１）表１より、棒の左はしにつり下げてある物体Ａの重さは何ｇですか。

（２）表１の（ あ ）～（ う ）に当てはまる数値をそれぞれ答えなさい。

〔実験２〕図２のように実験１で用いたアルミニウムの棒の左はしに、ある重さの物体Ｂをつり下げ、さらにおもりを２つつり下げて、つりあいを調べると表２のような結果になった。

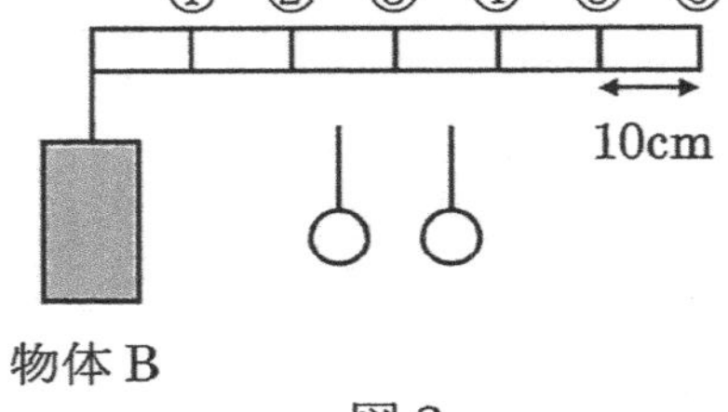

図２

表2

実験	ひもの位置	おもり（1つめ）		おもり（2つめ）	
		おもりの位置	おもりの重さ(g)	おもりの位置	おもりの重さ(g)
カ	①	②	300	⑥	36
キ	①	③	120	⑤	60
ク	②	④	200	⑥	140

（3）表2より、棒のはしにつり下げてある物体Bの重さは何gですか。

（4）ひもを②の位置にして、300gのおもりを③の位置につり下げてつりあわせるためには、⑥の位置に何gのおもりをつり下げなければなりませんか。

〔実験3〕実験1、2と同様の実験を60cmで120gの鉄の棒を用いて行った。実験2で用いた物体Bを左はしにつり下げ、ひもを①の位置にして、60gのおもりを⑤の位置に下げるとつりあった。

（5）次の文章は、実験3についてまとめたものです。文章中の（　え　）には表2のカ～クから、（　お　）には図2の①～⑥からそれぞれ1つずつ選び、記号で答えなさい。

> 実験結果より、実験3のひもの位置と、60gのおもりの位置は、実験2の（　え　）の実験と同じである。このことから、鉄の棒の重さはすべて（　お　）の位置にかかっているといえる。この位置を鉄の棒の重心という。

（6）実験3において、ひもを②の位置に変えて、おもりを⑥の位置につり下げてつりあわせるには何gのおもりが必要ですか。

【２】

豆電球と電池のつなぎ方について、以下の問いに答えなさい。

（１）下図の中で、豆電球が光らないつなぎ方はどれですか。次のア～エから１つ選び、記号で答えなさい。

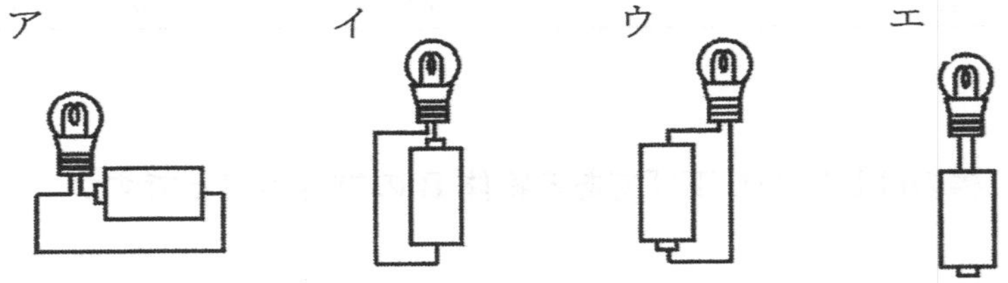

（２）右図の回路で、（あ）の場所に次のア～オをそれぞれつなぎました。このとき、豆電球がまったく光らなかったものはどれですか。ア～オから<u>すべて</u>選び、記号で答えなさい。

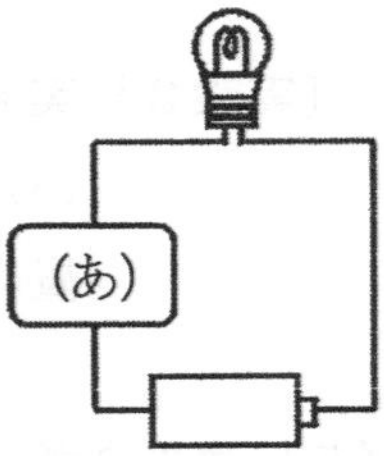

ア　鉄くぎ　　イ　わりばし　　ウ　10円玉
エ　アルミニウムはく　　オ　ガラスのコップ

（３）下図の電池のつなぎ方のうち、豆電球をつないだときにもっとも明るく光るのはどれですか。ア～エから１つ選び、記号で答えなさい。

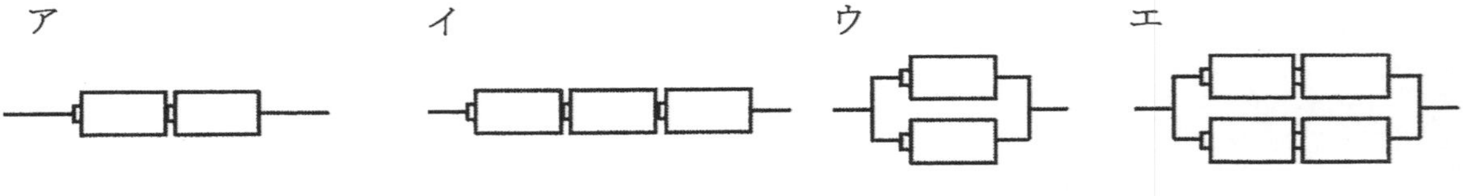

次に、下図のような6種類の回路A～Fを作りました。電池、豆電球はすべて同じ性質のものとします。

A

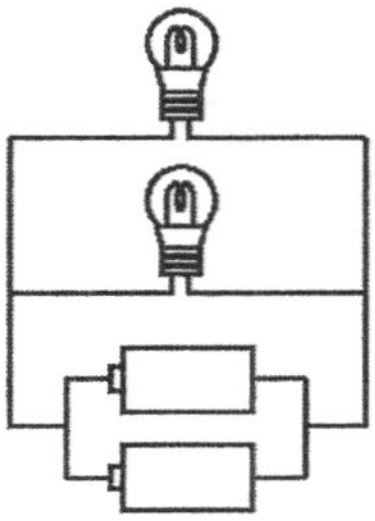

B

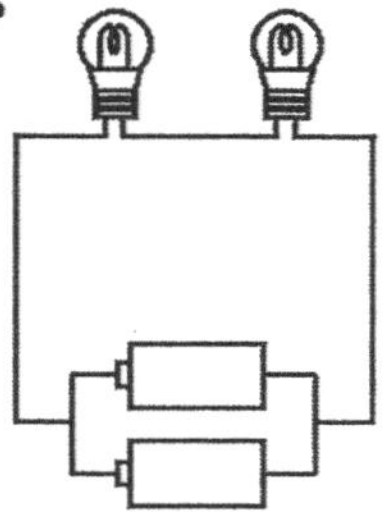

C

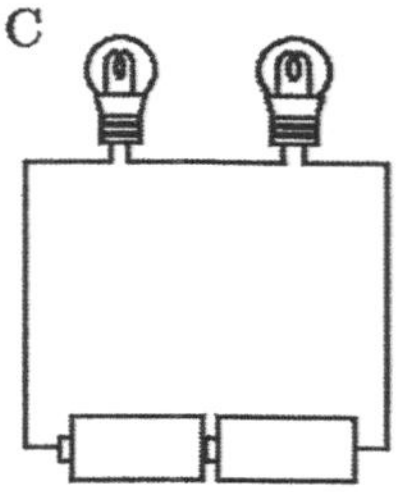

D

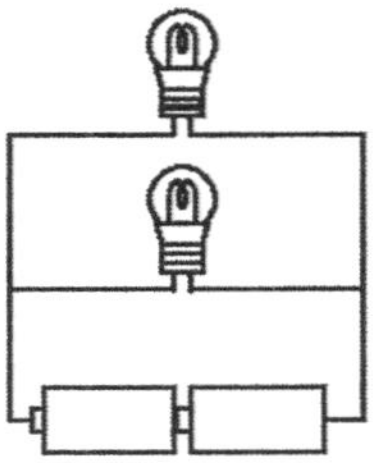

E

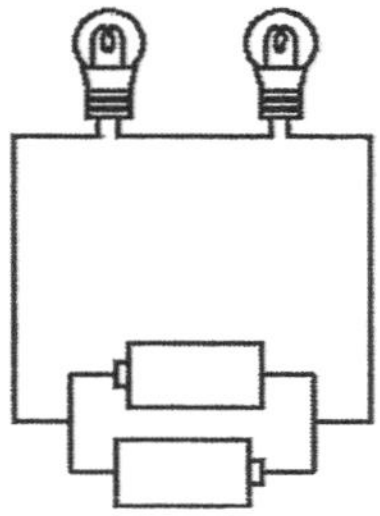

F

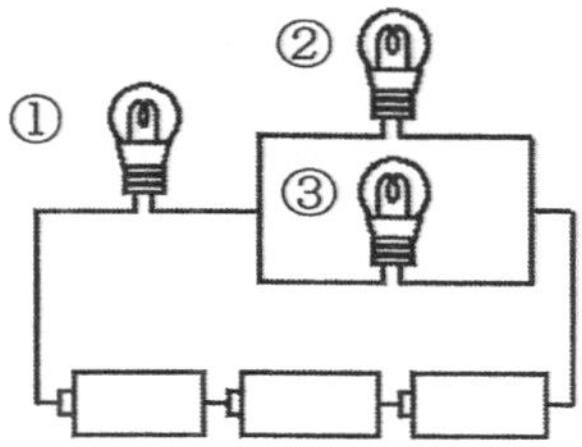

（4）豆電球1個の明るさが回路Aと同じものを、B～Eから1つ選び、記号で答えなさい。

（5）回路Fの豆電球①～③の明るさはどうなりますか。次のア～エから1つ選び、記号で答えなさい。

ア　①がもっとも明るく、②、③は同じ明るさである
イ　①がもっとも暗く、②、③は同じ明るさである
ウ　③がもっとも明るく、①、②は同じ明るさである
エ　どれも同じ明るさである

（6）回路Fの豆電球①は回路Dの豆電球1個の明るさと同じであった。このとき、回路Fの豆電球②と同じ明るさのものを、A～Eからすべて選び、記号で答えなさい。

【３】

うすい硫《りゅう》酸（硫酸 A とする）を試験管にとり、そこに石灰《かい》水（水酸化カルシウム水溶《よう》液）を加える実験を行いました。実験後、試験管の底には白色の物質（硫酸カルシウム）ができました。表は、硫酸 A と加えた石灰水の体積、できた硫酸カルシウムの重さをまとめたものです。以下の問いに答えなさい。

表

	実験１	実験２	実験３	実験４	実験５	実験６
硫酸 A の体積 (cm^3)	10	10	10	10	イ	ウ
加えた石灰水の体積 (cm^3)	1	2	6	8	10	20
できた硫酸カルシウムの重さ (mg)	2.72	5.44	13.6	ア	27.2	27.2

（１）うすい硫酸、石灰水にフェノールフタレイン液を加えるとそれぞれ何色になりますか。色がつかないときは「無色」と答えなさい。

（２）実験３の後の試験管内の水溶液は何性ですか。

（３）実験５の後の試験管内の水溶液に BTB 液を加えると水溶液は緑色になりました。表中のア～ウに当てはまる数値をそれぞれ答えなさい。

（４）硫酸 A の２倍の濃《こ》さの硫酸 B と濃さがわからない硫酸 C があります。

① 硫酸 B 10cm^3 に石灰水 4cm^3 を加えたとき、できる硫酸カルシウムは何 mg ですか。

② 硫酸 C 10cm^3 に石灰水 5cm^3 を加えたとき、硫酸カルシウムは 10.88mg できました。このことから、硫酸 C の濃さは硫酸 A の濃さの何倍ですか。

③ 実験３の後の水溶液に硫酸 B を 3cm^3 加えました。試験管の中に硫酸カルシウムは何 mg できますか。

【4】

右図のように試験管の中に液体 A を入れ、その中に固体 B を入れると気体が発生しました。試験管の口にマッチの火を近づけると、ポンと音をたてて燃え、試験管の内側に細かい液体の粒《つぶ》がついていました。以下の問いに答えなさい。

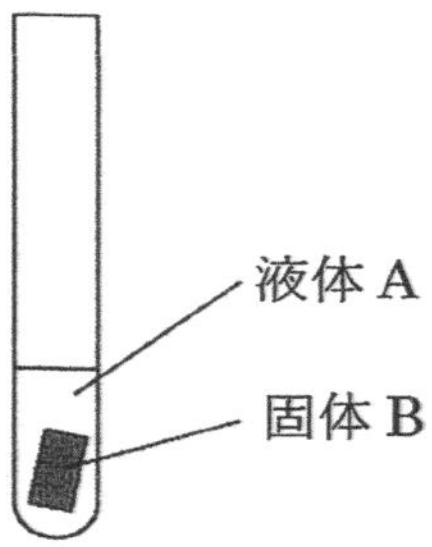

（1）この実験で発生した気体の名前を答えなさい。

（2）液体 A と固体 B の組み合わせとして考えられるものを次の表のア～オからすべて選び、記号で答えなさい。

表

	液体A	固体B
ア	うすい塩酸	銅
イ	水酸化ナトリウム水溶液	アルミニウム
ウ	食塩水	石灰石
エ	うすい塩酸	アルミニウム
オ	水酸化ナトリウム水溶液	鉄

（3）この実験で発生した気体の集め方を次のア～ウから 1 つ選び、記号で答えなさい。また、その集め方を選んだ理由は気体のどのような性質によるものですか。10字程度で答えなさい。

ア

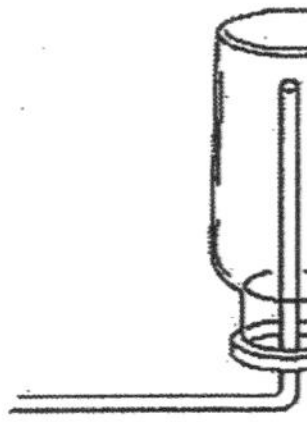

イ

ウ

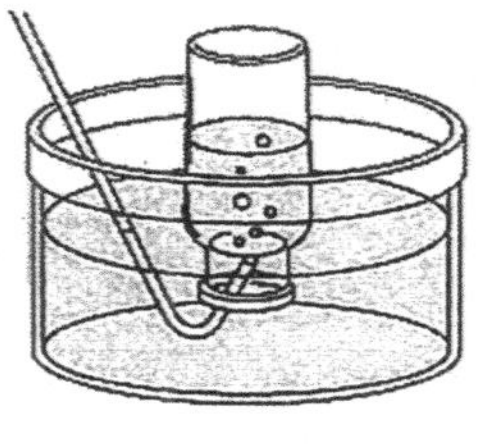

（4）この気体の発生実験を行うときに試験管の口をゴム栓《せん》でふさいではいけません。その理由として正しいものを次のア～エから 1 つ選び、記号で答えなさい。

ア　発生した気体とゴム栓が反応してしまうから

イ　液体 A が蒸発できなくなるから

ウ　気体のにおいをかげなくなるから

エ　試験管の中の圧力が大きくなり、危険だから

【５】

ダイズの種子の発芽について次の文を読み、以下の問いに答えなさい。

〔実験〕下図のように３つの種子が入った試験管を４本用意した。

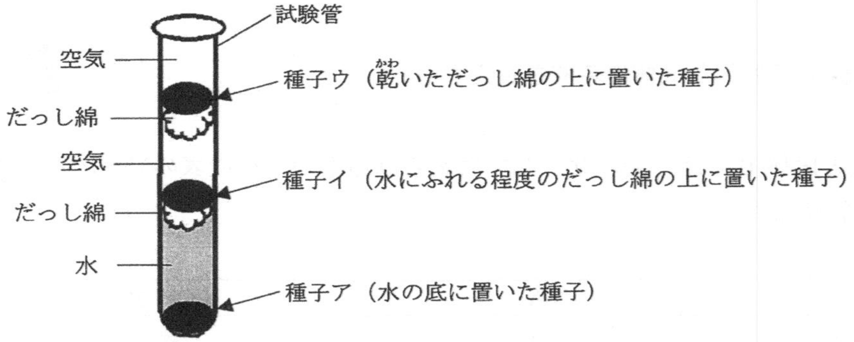

これらの試験管を下の条件1〜4の場所にしばらく置いた。
その結果、4本の試験のうち2本の試験管で発芽が見られた。

条件１：25℃の暗い場所
条件２：　5℃の暗い場所
条件３：25℃の明るい場所
条件４：　5℃の明るい場所

（１）次の文章の（　　　）に当てはまる数字や記号をそれぞれ答えなさい。

発芽した 2 本の試験管は条件（　①　）と条件（　②　）です。また、どちらの試験管においても、試験管内の種子ア、イ、ウのうち、発芽が見られたのは種子（　③　）です。

（２）この実験からわかったことをまとめました。次の文章の（　　　）に当てはまることばや記号をそれぞれ答えなさい。

・条件１と条件３を比べると、発芽には（　④　）は必要ないことがわかる
・種子（　⑤　）と種子（　⑥　）を比べると、発芽には水が必要だとわかる
・種子アと種子イを比べると、発芽には（　⑦　）が必要だとわかる

（３）ダイズの種子には発芽に必要な養分がふくまれています。このことを確かめる実験を行いました。次の文章の（　　　）に当てはまることばをそれぞれ答えなさい。

種子を横に切り、切り口に（　⑧　）液をつけると（　⑨　）色に変わりました。このことから種子に（　⑩　）がふくまれていることがわかりました。

【６】

図は北緯《い》35度の日本のある地点で北の夜空を観察し、星が動いた道すじを表したものです。以下の問いに答えなさい。

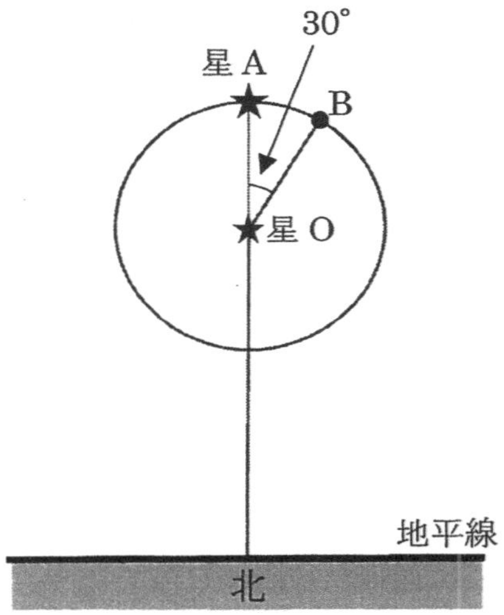

（１）星Oの名前を答えなさい。

（２）この地点から見た星Oの高度は何度ですか。

（３）この地点で、ある日の午後9時に星Aが図の位置にあり、南の空には月が南中していました。

① このときの月は、どのような状態で見えていますか。次のア～ウから1つ選び、記号で答えなさい。

ア 上弦《じょうげん》の月と 満月 の 間

イ 新月 と 上弦の月 の 間

ウ 満月 と 下弦《かげん》の月の 間

② 星Aが、点Bの位置に見えるのは、この日の午後何時ごろですか。

③ 星Aが、この日から数えて16日目に同じ位置に見えるのは、午後何時ごろですか。

2023(R5) 開明中　1次後期
K 教英出版

4．右の図のように，1から順番に数字が記入されたカードを，1段目には1枚，2段目には3枚，3段目には5枚，……のように奇数枚ずつ並べていきます。
このとき，次の問いに答えなさい。

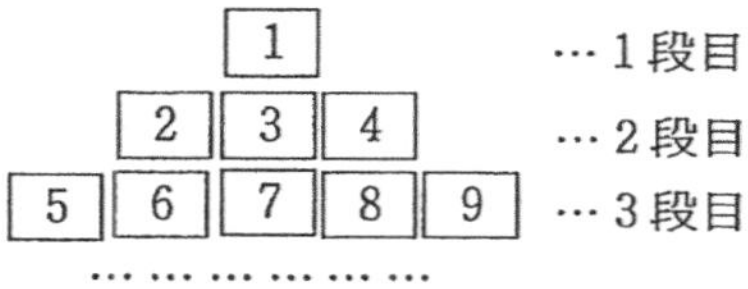

（1）10段目に並べるカードの枚数は何枚ですか。

（2）10段目に並べるカードの数字の和を求めなさい。

（3）1000が記入されたカードは何段目になりますか。

（4）何段目に並べたカードの和がはじめて3000をこえますか。

5．右の図のように数字の１が２個，数字の７が３個，交互に並んでいます。数字の間には○があり，この中に次の３つの記号のいずれかを入れて計算します。

7○1○7○1○7

【記号】「×，＋，≡」

ただし，【記号】≡は順に数字を並べた数として考えます。

例えば，7⊗1⊜7⊕1⊜7＝7×17＋17＝136，

7⊜1⊜7⊜1⊜7＝71717 です。

このとき，次の問いに答えなさい。

（１）7⊜1⊗7⊕1⊜7 を計算しなさい。

（２）計算した数が171の倍数となるように，解答らんに「×，＋，≡」を入れなさい。

（３）計算した数が71の倍数となる記号の入れ方は７通りあります。この中で大きいものから３つを足すといくつになりますか。

２０２２年　開明中学校　入学試験問題

１次前期

国語

（60分）

【問題冊子】

（注意）

1．問題冊子および解答用紙は監督者《かんとくしゃ》の指示があるまで開かないこと。

2．問題は全部で２題である。

3．試験開始後、解答用紙の所定箇所《かしょ》に受験番号をはっきりと記入し、マークを正しく塗《ぬ》りつぶすこと。

4．解答は解答用紙の指定された箇所に書くこと。

5．試験終了の合図で解答はやめて、筆記用具を置き、手はひざにおくこと。

6．試験終了後、解答用紙を回収した後、問題冊子も回収をする。

7．字数制限のある問いは符号《ふごう》や句読点も一字と数えるものとする。

一　次の文章を読んで、あとの問いに答えなさい。

ここで告白しておくが、この本を書いている僕《ぼく》は、人に勝つことに価値を見出《みいだ》さない人間である。また、人は自由であるべきだ、という信念を持っている人間でもある。したがって、そんなに嫌《いや》な思いをしてまで、人生の大事な時間を「勉強」に捧《ささ》げる必要が本当にあるのだろうか、という疑いを抱《いだ》かずにはいられない。

事実、子供のときの僕は、その疑問を強く持っていた。それでも、現在の僕は、基本的には勉強をするべきだ、と考えている。何故《なぜ》、心を入《い》れ替《か》えたのか？　また、そう考えるようになった理由は何か？

「勉強の価値」を、実は僕自身、大学の四年生になるまで知らなかった。だから、その時点までは、僕は勉強をほとんどしなかった。嫌なことはしない、適当にサボることにしていた。ひねくれてはいても、①正直者だったのだ。

[1]、二十一歳《さい》になって、ようやく勉強をする理由に気づいた。それはつまり、②「勉強の価値」なるものを見つけた、ということである。だから、この本の結論は、「勉強はした方が良い」ということになってしまう。

[2]、その理由として、人に勝つためでもなく、また社会的な成功へ自分を導くためでもなく、最も単純な個人的なｉガンボウに焦点《しょうてん》を当てる、という点で、③これまでにない視点を読者にもたらすかもしれない。

最初に、勉強は楽しいものではない、と書いたが、楽しくない理由があるのだ。その条件さえ排除《はいじょ》すれば、勉強の新しい（本来の）楽しさがじわじわと感じられるようになる。それは、残念ながら、子供のような若い年齢《ねんれい》では無理かもしれない。どうしてなのか？その理由も本書で述べたい。

さらにいえば、本書を読むことで、勉強が楽しくなるようなことはない。勉強をする気になるかどうかも、まったく無関係だ。だから、子供に勉強させたい人や、自身でもっと勉強がしたい人にも、④本書はそれほど役に立つことはない。

何故役に立たないかといえば、多くの人は、楽しさを求めているのではなく、楽しくなる「方法」を求めているからだ。勉強が楽しくなる、勉強を効率良く行う、といった「方法」は存在しない。また、ある条件が揃《そろ》えば勉強が楽しくなることは確かだが、それは「方法」ではないし、また、そもそも楽しさを求める行為《こうい》でもない。

「勉強に対して、なんとかやる気を出《だ》したい」といった淡《あわ》い（あるいは甘《あま》い）期待をしている人は、諦《あきら》めた方が良い。

もっと簡単に述べると、勉強というのは、その行為に目的があるのではない、という点が重要なのだ。なにか、ほかに目的がある。そして、そのための過程が「勉強」と呼ばれているだけである。[3]、その過程を楽しめるかどうか、という問題は、本来の目的が見えていないわけで、そもそも問題でもない。⑤どうでも良いことだといってもⅱカゴンではない。

わかりやすく例を挙げよう。たとえば、金槌《かなづち》で釘《くぎ》を打つこと、これが「勉強」というものの本質である。もし、金槌で釘を打つことが楽しいという人がいれば、それはそれで幸せである。一生その趣味《しゅみ》を続けて、釘を打ち続ければよろしい。しかし、普通《ふつう》は、釘を打つ目的がほかにある。その目的が、釘を打つ行為を始めるよりもさきにある場合は、釘を打つことが楽しく感じられるだろう。自分が作りたいものがどんどん出来上がっていくし、また、釘の打ち方もしだいに上達するはずである。これもまた、楽しい体験となる。だが、その楽しさは、「作りたいもの」へ近づくプロセスが生み出している。

一方、まだ作りたいものがない人、作る目的がない人に、釘の打ち方を教えるとしたら、どうだろうか？それを教わる人は、いったい何が楽しいのか、まったくわからない。非常につまらない、と感じるだろう。もっと楽しいことが沢山《たくさん》あるのに、どうしてこんなことをしなければならないのか、と考えるはずだ。

「釘の打ち方は、将来社会に出て、必ず役に立つ」と口を酸《す》っぱくして教える手はある。また、「釘を上手《うま》く打てれば、みんなが注目する」などと言って教えるのも、まあ、それなりに効果を挙げるだろう。だが、はっきりいって、釘を打つことの本質を見失っているし、半分くらい子供を騙《だま》しているといえるのではないか。

「音楽に合わせて金槌を振《ふ》り、楽しく釘を打ちましょう」と指導するのが、「楽しく勉強しましょう」という「不思議な」現代の教育法といえる。子供たちは、一時的に楽しいかもしれないが、それでは、釘を打つ方法を学ぶ効率さえ低下しかねない。リズムの取り方など、ほかへ気が行ってしまうからだ。この状況《じょうきょう》は、⑥冗談の一つだと解釈するしかない。

また、「どうすれば釘の打ち方を効率良く学べるでしょうか？」という質問も、意味がないとまではいえないものの、本質から外れた問題だとご理解いただけると思う。方法を学んでいるのに、それを学ぶ方法を尋《たず》ねているのだ。さらに、その方法の方法を尋ねることになるかもしれない。世の中に⑦蔓延する「効率の良い方法」とは、⑧思考停止の反応にすぎない。

また、「釘《くぎ》打ちコンテスト」なるものを想像させて、人に勝つために努力しましょう、という方向性も、※俯瞰《ふかん》すれば、いったい何をしているのか、という問題に行き着くだろう。マニアックな趣味としては成立するものの、常識的に見れば、やはり目的を見失っている結果である（ただし、目的を見失うことが楽しいという価値観もあるので、全否定しているわけではない）。

釘打ちを学ぶことが楽しく感じられる、唯一《ゆいいつ》のケースは、作りたいものが目前にある場合である。

作りたいものとは、「作りましょう」と他者からⅲテイジされたものではない。そのように用意された目的は、やはり一時の幻想《げんそう》といえる。「こんな立派な本棚《ほんだな》が作れますよ、これを皆《みな》さんでこれから作りましょう」というような、釘打ちの学び方では駄目《だめ》だ、ということである。

ここを注意していただきたい。

そうではなく、自分が作りたいものがまずあって、そのためには、どうしても釘を打たなければならないことがⅳハンメイする。だから、釘の打ち方を勉強したい。そうなって初めて、その勉強に意味が浮上《ふじょう》し、価値が生じるのである。

このようなシチュエーションでは、どうすれば自分の夢が実現するだろうか、と必死になって方法を模索《もさく》することになる。その過程で、釘打ちという方法を発見し、その方法について調べ、必要な道具も揃えて、「自分にできるだろうか」と迷いつつも、チャレンジすることになる。こうなったとき初めて、方法を学ぶことが「楽しい」ことに⑨昇華される。

[4]、「勉強」が楽しくなるのは、そうすることで夢が叶《かな》うという目的が明確にある場合なのだ。

こうなったときの勉強の楽しさといったら、ちょっとほかでは得られないほど凄《すご》いものだ。そんな状況で勉強をしたことがある人は、大きく頷《うなず》くことだろう。もしかして、これよりも楽しいものは、この世にないのではないか、と感じられるほど、わくわくし、ⅴコウフンし、生きていることの価値を実感できる時間になる。そして、おそらく、大部分の人たちは、この楽しさを知らずに生きているのではないか、と想像する。

本書で述べる、「勉強の価値」とは、前記のような条件下で生じるものである。それ以外では、非常に限られた部分的なもの(サブセット)だけしか得られない。もちろん、ちょっとした「雰囲気《ふんいき》」程度なら、御膳立《おぜんだ》てされたもので体験することができるかもしれないが、それらは、あくまでも擬似《ぎじ》体験にすぎないし、本当の楽しみの百分の一程度のものだと思った方が良い。感覚の鋭《するど》い子供たちは、この手の御膳立てを繰《く》り返《かえ》し体験させられ、「なんだ、この程度のものか」と思わされている。子供にこそ、本当のものを与《あた》えることが大事だと考えるのだが、いかがだろうか?

一言つけ加えておくが、学ぶための方法(学ぶという方法の方法)を教えているのが、義務教育だといえる。文章が読めなければ、自分で学ぼうと思ったときに大きな困難が伴《ともな》う。数字の計算ができないことも、自分の夢を実現する方法を試《ため》すときに障害となるだろう。基礎《きそ》学力は、そういった意味で必要不可欠なものである。ただ、その学習は全然楽しいものではない。だが、のちのちの自分の可能性を狭《せば》めることにつながるので、騙されたと思ってやっておくしかない。子供たちには、はっきりとそう教えることが必要である。「楽しくないけれど我慢《がまん》しなさい」と説得することが正しい。大人は、子供に対して正直になるべきだし、子供も、大人の正直さを見定める能力を持っているはずだ。僕自身、小学校、中学校で学んだことに、感謝の念を抱いている。大嫌《だいきら》いだったけれど、なんとなく、逃《に》げ出《だ》すことなく、学んでおいて良かった、と思うしだいである。

(森博嗣『勉強の価値』による)

※「俯瞰」――高いところから広く見渡すこと。

問一　══部ⅰ～ⅴのカタカナを漢字に直しなさい。

問二　[1]～[4]を補うのに、最も適当なものを次の中からそれぞれ一つ選び、記号で答えなさい。ただし、同じ記号は二度使わないものとする。

ア　ただ　　イ　すなわち　　ウ　ところが　　エ　したがって

問三　――部①「正直者だった」とはどういうことか。最も適当なものを次の中から一つ選び、記号で答えなさい。

ア　なぜ勉強しなければいけないのかという疑問を感じ、その疑問を解決するために考え続けていたこと。

イ　限られた人生において人は自由であるべきだという信念が、自身の自由奔放《じゆうほんぽう》な性格を形成していたこと。

ウ　勉強することの価値を見出せなかったため、わざわざ嫌な思いをしてまで勉強をすることがなかったこと。

エ　精一杯《せいいっぱい》勉強に取り組むことなく怠《なま》けてはいたものの、最低限の勉強はしなければならないと感じていたこと。

問四　――部②『勉強の価値』とあるが、それはどのようなときに見出されるか。四十字以内で説明しなさい。

問五　――部③「これまでにない視点」とはどういうものか。最も適当なものを次の中から一つ選び、記号で答えなさい。

ア　勉強というのは、そもそも自分がしたいからするのだという考え方。

イ　勉強というのは、元来明確なゴールのない営みなのだという考え方。

ウ　勉強というのは、実はその行為自体に意味があるのだという考え方。

エ　勉強というのは、本来は決して楽しいものではないのだという考え方。

問六　——部④「本書はそれほど役に立つことはない」と筆者が述べる理由を説明した次の文の空欄《くうらん》を補うのに、適当な表現を本文中から十字以内で探し、抜《ぬ》き出《だ》して答えなさい。

> 子供に勉強させたい人や、自身でもっと勉強がしたい人は、多くの場合、勉強が［　　］について知りたがるが、この本を読んでもその答えは得られないから。

問七　——部⑤「どうでも良いこと」と筆者が述べる理由として、最も適当なものを次の中から一つ選び、記号で答えなさい。

ア　勉強が楽しくなるためには、様々な条件を揃えることが必要になってくるから。
イ　勉強するという行為が価値のある行為だと気づくには、精神的成熟が必要だから。
ウ　勉強するモチベーションを得たいという期待を抱いても、裏切られるだけだから。
エ　勉強するという行為は、あくまでもある目的を達成するための手段に過ぎないから。

問八　——部⑥「冗談《じょうだん》の一つだと解釈《かいしゃく》するしかない」と筆者が述べる理由として、最も適当なものを次の中から一つ選び、記号で答えなさい。

ア　現代日本では、勉強すること自体を楽しいことだと思《おも》い込《こ》ませようとするような教育が平然と行われているから。
イ　我《わ》が国《くに》においては、勉強の二次的な意義を教えてからその本質にたどり着かせるような教育しか行われていないから。
ウ　現代日本では、本来子どもたちが知っている勉強することの本質をわざわざ見失わせるような教育が行われているから。
エ　我が国においては、勉強をいかに効率よく進めるかということばかりを追い求めるような教育しか行われていないから。

問九 ——部⑦「蔓延《まんえん》する」・⑨「昇華《しょうか》される」の本文中における意味として、最も適当なものを次の中からそれぞれ一つずつ選び、記号で答えなさい。

⑦「蔓延する」

ア 評価される

イ 知《し》れ渡《わた》る

ウ 常識となる

エ 横行《おうこう》する

⑨「昇華される」

ア 次世代に受《う》け継《つ》がれる

イ 核心《かくしん》に近づくことができる

ウ 一段上の状態に高められる

エ 根本に立ち返ることができる

問十 ——部⑧「思考停止の反応」とはどういうことか。最も適当なものを次の中から一つ選び、記号で答えなさい。

ア 勉強することの本質を考えようとしないから、効率の良い勉強法などということを考えるようになるということ。

イ 世間に効率良く勉強する方法が広まってしまっているがために、各個人がより良い勉強法を考えない社会になること。

ウ 自ら効率良く勉強する方法を考えることをしないから、他人が考えた勉強法に頼《たよ》ることになってしまうこと。

エ 勉強は回り道をしながら自分で試行錯誤《しこうさくご》して模索するべきものだから、効率良く勉強する方法を考えても仕方ないこと。

問十一　次のやりとりは、本文を読んだ開介さんと明美さんが話し合ったものである。［X］に補う発言として、本文の内容に即したものを次の【選択肢《せんたくし》】から一つ選び、記号で答えなさい。

開介さん「これまで僕はどうにかして自分の勉強のやる気を引き出そうとしていたよ。」
明美さん「私もよ。でも、勉強を釘打ちにたとえることで、それが間違《まちが》いだったとわかったわ。」
開介さん「何も作りたいものがないのに、釘を打っているだけで楽しくなるわけがないもんね。」
明美さん「作りたいものが違えば、そのために必要な作業も違ってくるわね。」
開介さん「［　　X　　］」

【選択肢】
ア　これでやっと、苦痛でしかなかった勉強が楽しくなるよ。
イ　みんなで勉強会をすると、その楽しさはより大きくなるよね。
ウ　だから勉強の楽しさは、人それぞれだということになるよね。
エ　早速《さっそく》先生に、勉強が楽しくなる方法について質問しに行こうよ。

二　次の文章１・２は、相沢沙呼の連作小説である。文章１・２をそれぞれ読んであとの問いに答えなさい。

【文章１】

「あおちゃん」

三崎《みさき》さんが帰ったあと、受付のカウンターでぼけっと頬杖《ほおづえ》をついていたら、しおり先生にそう呼びかけられた。

「どうしたの。読書もしないで、珍《めずら》しいね」

「ちょっと考え事してただけ」

「ふぅん？」先生は眼鏡《めがね》の奥《おく》の眼をまたたいて、不思議そうに首を傾《かし》げた。それから、手にしていたノートを差し出してくる。「あおちゃん、①暇ならこれに答えてあげてくれる？」

先生が差し出したのは、『おすすめおしえてノート』だった。なんの変哲《へんてつ》もないよくあるノートに、図書委員の先輩《せんぱい》がｉ親しみやすい文字とカラーペンで飾《かざ》り付《つ》けたものだ。普段《ふだん》はカウンターに置いてあって、自分がこういう本を探してて読みたいと書くと、しおり先生や図書委員が答えてくれるようになっている。［１］、図書室の利用者がオススメしたい本のことを書くのもオッケーで、秘《ひそ》やかに文字だけの交流がそこで繰《く》り広《ひろ》げられている。先生は最後のページを開いていた。あたしはそれを受け取って、書かれている内容に目を通す。少し硬質《こうしつ》な印象を受ける丁寧《ていねい》な文字で、こう書かれていた。

『女の子が主人公のお話を読みたいです。でも、恋愛《れんあい》、部活、友情、そういうのは苦手です』

「あおちゃん、趣味《しゅみ》が合いそうじゃない？」

先生の言葉に、あたしは鼻を鳴らす。まあ、確かにそうかもしれない。これは物語の要素を全否定するような、難しいリクエストと言えるのかもしれなかった。しおり先生は、だいたい図書委員の読書傾向《けいこう》を把握《はあく》していて、あたしがどんな本が好きなのかも知っていた。これは、あたしが答えるのに最適な質問だろう。

いい趣味、してるじゃん。

「思いつくものある？」

「うーん」

普通《ふつう》の子だったら答えられないかもしれない。だって、だいたい女の子を主人公にした小説って、ほとんどが恋愛ものだし、そうでなければ部活のことか友情のことが描《えが》かれている。そうでない作品なんて、あったとしても普通の子は読んだりしないだろう。けれど、あたしには何冊か心当たりがあった。ペン立てからシャーペンを取り出し、ノートを広げてカウンターに向き直る。数冊の候補の中から、どの本を、どんなふうに紹介《しょうかい》したら、興味を持ってもらえるだろう？　そんなふうに考《かんが》え込《こ》んでいるところを、しおり先生は候補が［2］思いつかないのだと勘違《かんちが》いしたのかもしれない。

「先週、あおちゃんが借りていったやつはどう？　近くなかった？」

「ああ、あれね……。ううーん、あれは好きじゃなかった」

「あ、そうなんだ。残念」

しおり先生は頬《ほお》に手を当てて、首を傾げた。わかりやすく②眉尻が下がっている。

「でも、どうして？　あおちゃん、好きな本だと思ったのになぁ」

「どうしてって」

そう問われると、首を傾げてしまう。あたしはちょっと考えて答えた。なんだか、しおり先生があまりにも残念そうな表情だったので、きちんと理由を説明しておかないと悪いと思ったのだ。

「なんていうか……、あたし、結末がはっきりしないお話って苦手なんだと思う」

小さく頷《うなず》いて、先生はあたしの隣《となり》に腰掛《こしか》けた。眼鏡の奥の優《やさ》しい眼差《まなざ》しが、言葉の続きを待つように、あたしのことを見た。

「あの本の短編って、どれも最後はぼかして終わってるでしょ。なんか、卑怯《ひきょう》だよ。主人公がどういう行動を取ったのか、その結果はどうなったのか、なんにも書いてない。ハッピーエンドなのかもしれないし、バッドエンドなのかもしれなくて、そういう、丸投げされてる感じが苦手」

手にしたシャーペンを、くるくると回転させながら、読書のときに感じた不満を語る。

すると、先生はくすくすと笑い出した。

「なに」

「ううん。前に似たようなことを言った子がいたなぁって」先生はそう言って、頷いた。「あおちゃんの言う通り、確かにそうかもしれないね」

「先生は、どうしてああいうのが好きなの」

「うーん、そうね。［3］、それがきっと、本を読むことの魅力《みりょく》の一つ、だからかなぁ」

わけがわからない。思わず眉《まゆ》が寄って、先生を見てしまう。

「だって、そこにどんな結末を描くのかは読み手の自由なのよ。物語がどう終わるのか、そのあとどうなったのか、すべて読み手の価値観に委《ゆだ》ねられていて、わたしたちの心を試《ため》しているような感じがするでしょう」

するでしょう、なんて言われても、まったくわからない。

「物語の主人公を幸せにできるかどうかは、わたしたちの心しだい。それはつまり、わたしたち自身を幸せにできるかどうかも、わたしたちしだいってこと」

③ときどき、先生はこういうわけのわからないことを言う。あたしの、その不審《ふしん》げな気持ちがありありと表情に出てしまったんだろう。先生は気恥《きは》ずかしそうに苦笑いをした。

「ごめんごめん。気にしないで。［4］、先生の感想だから」

少し席を外すから、お願いね、と言って彼女《かのじょ》は図書室を出て行ってしまう。もう遅《おそ》い時間なので、図書室に人の姿はほとんどない。ぽつんと放置されてしまったけれど、『おすすめおしえてノート』にペンを走らせるのなら、一人きりの方が集中できる。ii見当をつけていた中から、二冊を紹介することを決めて、その物語の魅力について簡潔に書《か》き込《こ》むことにした。

この、ひねくれた趣味を持った質問者は、どんな子なのだろう。質問する人間も、回答する人間も、名前を記入するかどうかは自由で、この質問にはもちろん、名前が書かれていなかった。

（中　略）

「あの」

顔を上げると、すぐ目の前に、ここのところよく観察していた人間が立っている。

三崎さんだった。

ぎょっとして、心臓が跳《は》ね上《あ》がる。なんなの、いったいなんの用事？　ついにiii宣戦布告にでもやって来たの？　あんたたち陽キャが、陰キャの聖域を占領《せんりょう》しようって④算段なの？

「本を借りたいんだけれど、どうしたらいいの」

「え、あ、えっと」

混乱気味に、カウンターを振《ふ》り返《かえ》る。こういうときに限って、しおり先生の姿はまだ見えない。間宮さんは読書に夢中で、こっちに気づかないふりでもしているみたいだった。他の一年生も、奥で掲示物《けいじぶつ》を作る作業をして、背中を向けている。

「それじゃ、その、本と生徒証を――」

彼女が持っている本に眼をやって、言葉を途切《とぎ》れさせた。思わず呟《つぶや》いてしまう。

「それ」

あたしの言葉に、⑤三崎さんは不思議そうな顔をした。

「借りられない？」

「えと……。そうじゃなくて」

彼女が持っていた本は、あたしがリクエストに応《こた》えて、『おすすめおしえてノート』に記した作品の一つだった。地味なタイトル、地味な装《そう》幀《てい》、地味なあらすじと三拍子《さんびょうし》揃《そろ》っていて、この本を自分から手に取ろうと思う人間なんて、まずいないだろうと思える本だった。著者の名前だって『さ行』なのかと思ったら『た行』を探さないとダメだったりして、とにかく探し出すのは難しい。それなら、三崎さんがこの本を手にしている理由は、一つしかない。

「あれ、三崎さんだったの」

「あれ？」

彼女は眉間《みけん》に皺《しわ》を寄せて、少し難しい表情をする。

「えっと、その、あれ」

あたしは、カウンターに置かれているノートを指し示した。すると、気がついたのか彼女は少し驚《おどろ》いたように眼を開いて、それから俯《うつむ》いた。

「えっと、うん」

もしかしたら、恥《は》ずかしかったのかもしれない。せっかく匿名《とくめい》で書いたのに、こうしてバレてしまったら、たぶん気まずくなる。

「あ、ごめん、えっと、これ、勧《すす》めたの、あたしで」

「そうなんだ」

彼女は俯いたまま、顔を上げない。会話終了《しゅうりょう》。気まずい沈黙《ちんもく》がやってきて、あたしは必死になって続ける言葉を探す。結局、黙《だま》ったまま貸し出し手続きをした。本の上に彼女の生徒証を載《の》せて、それを差し出す。

「はい。期限、二週間だから」

三崎さんは黙ったまま頷いた。彼女が本を受け取って、あたしの指先からその質量が去っていく瞬間《しゅんかん》、慌《あわ》てて付け足した。

「よかったら、感想、聞かせて」

振《ふ》り絞《しぼ》るみたいにこの喉《のど》から出てきた声は、ここが教室だったら、たちまち騒々《そうぞう》しさでかき消えてしまうほど弱々しいものだった。
けれど、言葉は奇跡的《きせきてき》に届いたみたい。
「うん」
三崎さんは、手にした本を胸に押《お》し当《あ》てるようにして頷く。
心なしか、その口元が笑っているように見えた。
あたしは、本を渡《わた》すために立ち上がった姿勢のまま、図書室を去って行く彼女の背中を黙って見送っていた。緊張《きんちょう》のせいか、それとも別の原因があるのか、心臓の鼓動《こどう》がうるさく音を立てて、耳の奥にまで響《ひび》いている。どきどき、していた。久しぶりの感覚だった。掌《てのひら》に汗《あせ》が湧《わ》き出《で》て、胸が苦しくなり、頬が熱くなる。夢中になって、物語のページを捲《めく》るときのよう。⑥心躍る冒険に、主人公と共に旅立つときみたいな、そういう不思議な感じがした。
気に入ってくれると嬉《うれ》しいな、と思った。
「だって、自分が好きな本を、好きになってくれるかもしれないんだよ」
しおり先生の言葉の意味が、ほんの少しだけ理解できた気がした。

【文章２】

チャイムが鳴って、ようやく意識を引《ひ》き戻《もど》された。
持って帰って読んでみたい。
授業の課題図書ではない本を借りるのは、初めてのことだった。
本を携《たずさ》えて、貸し出しカウンターへと向かう。
それから、あっと思って、⑦気まずくなる。
そこにいたのは一人の女の子だった。
カウンターに頬杖をつき、あくびを噛《か》み殺《ころ》しながらよそ見をしていたのは、一年生のときに一緒《いっしょ》のクラスだった佐竹《さたけ》さんだった。自分の不器用な言葉がきっかけで、彼女を深く傷つけてしまったことを思い返す。
引き返そうかとためらったけれど、しおり先生の姿は見えず、佐竹さんにお願いしないと本を借りて帰ることはできなさそうだった。
「あの」

声をかけると、佐竹さんはわたしのことに気がついたようだった。
驚いたような表情になって、なんだか気まずそうな顔をされてしまう。
「本を借りたいんだけれど、どうしたらいいの」
「え、あ、えっと」佐竹さんは、面倒《めんどう》そうに言う。「それじゃ、その、本と生徒証を――」
ふと、佐竹さんが、わたしの差し出す本を見て、言葉を途切れさせた。
「それ」
なんだろう。彼女の様子が変だったので、わたしは不安になってしまう。しおり先生は教えてくれなかったけれど、借りては駄目《だめ》な本だったとかだろうか。
「借りられない？」
「えと……。そうじゃなくて。あれ、三崎さんだったの」
「あれ？」
「えっと、その、あれ」
佐竹さんは、カウンターに置かれている、あのノートを指し示した。
おすすめおしえてノート。
佐竹さんの様子の意味に、ようやく気がついた。
「あ、ごめん、えっと、これ、勧めたの、あたしで」
「そうなんだ」
妙《みょう》な気恥ずかしさに襲《おそ》われて、わたしは言葉を途切れさせる。
なんて言葉を返せばいいのだろう。
「はい。期限、二週間だから」
わたしが戸惑《とまど》っている間に、彼女は手続きを終えてくれたようだった。
ぼんやりとしたまま、差し出された本を受け取る。
それから、佐竹さんは言った。
少しだけ、ためらいがちに。

「よかったら、感想、聞かせて」
それは、もしかしたら、かさぶたのようなものだったのかもしれない。
癒《い》えかけているはずなのに、いつまでも残り続けていて、ふと思い出したように指先でふれると、ぴりぴりと痛みを感じるような、傷の跡《あと》なのだ。ふれると痛くて仕方がないはずなのに、ときどき剥《は》がしたくなってたまらなくなって、傷ついたときの思い出を脳裏《のうり》に甦《よみがえ》らせていく。
⑧あのとき傷ついたのは、もしかするとわたしも同じだったのかもしれない。
佐竹さんが、あのときのことを気にしていないといいなと思った。もし、まだ気にしていたのだとしても、いつかごめんなさいと言える機会があるといい。
「うん」
⑨そのチャンスが来るのは、きっとそう遠くはないのかもしれない。
本を胸に抱いて、わたしは佐竹さんの言葉に小さく頷いた。

（相沢沙呼『教室に並んだ背表紙』による）

問一 ═══部ⅰ～ⅲの漢字の読みをひらがなで答えなさい。

問二 [1]～[4]を補うのに、最も適当なものを次の中からそれぞれ一つずつ選び、記号で答えなさい。ただし同じ記号は二度使わないものとする。

ア たぶん
イ あくまで
ウ まったく
エ もちろん

問三 ——部①「暇《ひま》ならこれに答えてあげてくれる?」とあるが、しおり先生は、なぜ「あたし」に『おすすめおしえてノート』の質問に答えるように言ったと考えられるか。最も適当なものを次の中から一つ選び、記号で答えなさい。

ア 図書委員の読書傾向を知っており、「あたし」の好きな本を通して質問者との間に交流が生まれるかもしれないと思ったから。

イ 物語の要素を全否定する難しいリクエストに答えられるのは、図書委員の中でも最も優秀《ゆうしゅう》な「あたし」しかいないと思ったから。

ウ 忙しい自分の代わりに、暇を持て余している「あたし」に図書委員としての煩《わずら》わしい仕事をやってもらおうと思ったから。

エ 図書委員が自主的に始めた『おすすめおしえてノート』は教師が答えるより、図書委員が答えたほうが良いと思ったから。

問四 ——部②「眉尻《まゆじり》が下がっている」・④「算段」の本文中の意味として、最も適当なものを次の中からそれぞれ一つずつ選び、記号で答えなさい。

②「眉尻が下がっている」

ア 申し訳なく思っている

イ 安堵《あんど》している

ウ 不満を感じている

エ がっかりしている

④「算段」

ア 決意を表明すること

イ 方法を考えること

ウ 相談して決めること

エ 利益を求めること

問五 ——部③「ときどき、先生はこういうわけのわからないことを言う」とあるが、しおり先生が言いたかったことを、Aさん・Bさん・Cさん・Dさんの四人がそれぞれ説明した。最も適当なものを次の中から一つ選び、A～Dの記号で答えなさい。

A 多くの本を読むことで世界を広げることができるかどうかは、読み手に委ねられているので、心豊かな生活を送れるように好き嫌《きら》いなく自ら積極的に本を読んでいってほしいという、しおり先生のメッセージだと僕《ぼく》は思うよ。

B しおり先生が言いたかったのは、同じ物事に対しても、自分の心の持ちよう一つで結果が変わってくることを理解し、視野を広げて前向きに物事をとらえてほしいということじゃないかな。

C 読者は常に筆者によって試されているので、物語を何度も丁寧に読《よ》み込《こ》み、筆者の隠《かく》された意図を正確に読み取ることで、物語の面白《おもしろ》さが大きく広がるとしおり先生は教えてくれているんだと僕は思うけどな。

D しおり先生は、たとえバッドエンドであっても、自身の心の中で物語の主人公は幸せになったと想像することで、どんな物語もハッピーエンドになり、読んでいる私たちも幸せな気持ちになれると言っているんだよ。

問六　――部⑤「三崎さんは不思議そうな顔をした」とあるが、「三崎さん」の心情を【文章1】・【文章2】全体を通して二十五字以内で答えなさい。

問七　――部⑥「心躍《おど》る冒険《ぼうけん》に、主人公と共に旅立つときみたいな、そういう不思議な感じがした」から読み取れる「わたし」の心情を説明した次の文の［Ⅰ］・［Ⅱ］を補うのに、最も適当なものを次の中からそれぞれ一つずつ選び、記号で答えなさい。

> この本をきっかけとして、気まずかった三崎さんと［Ⅰ］のではないかと［Ⅱ］。

［Ⅰ］
ア　対等に渡り合える
イ　改めて仲良くなれる
ウ　二人でクラスをリードできる
エ　友達の輪を共に広げていける

［Ⅱ］
ア　気づいて胸を突《つ》かれている
イ　期待して胸を高鳴らせている
ウ　信じて胸をときめかせている
エ　安心して胸をなで下ろしている

問八　――部⑦「気まずくなる」とあるが、「わたし」がこのように思っているのはなぜか。解答欄《かいとうらん》の形式に合うように、二十九字で本文中から抜《ぬ》き出《だ》して答えなさい。

問九　――部⑧「あのとき傷ついたのは、もしかするとわたしも同じだったのかもしれない」とあるが、「わたし」も同じように傷ついたと思うのはなぜか。最も適当なものを次の中から一つ選び、記号で答えなさい。

ア　佐竹さんを傷つけたことを周りの友達から非難されて、「わたし」自身もクラスで孤立《こりつ》してしまったから。
イ　佐竹さんを傷つけるつもりはなくとも、結果として佐竹さんを傷つけてしまったことに罪悪感《ざいあくかん》を感じていたから。
ウ　「わたし」は全く悪くないのに佐竹さんが勝手に誤解したせいで、佐竹さんに嫌《きら》われてしまったから。
エ　「わたし」は佐竹さんに心ない言葉をかけてしまったが、同じくらい酷《ひど》いことを佐竹さんに言われたから。

問十　――部⑨「そのチャンスが来るのは、きっとそう遠くはないのかもしれない」とは、どのようなことを暗示しているか。最も適当なものを次の中から一つ選び、記号で答えなさい。

ア　佐竹さんの本当の気持ちを知ることができることを暗示している。

イ　佐竹さんを傷つけたという自責《じせき》の念から解放されることを暗示している。

ウ　佐竹さんとのわだかまりが解けて親密《しんみつ》になることを暗示している。

エ　佐竹さんに意地《いじ》を張《は》り続けていた気持ちがなくなることを暗示している。

※問題はこのページで終わりです。

２０２２年　開明中学校　入学試験問題

１次前期

社会

（40分）

【問題冊子】

（注意）

１．問題冊子および解答用紙は監督者《かんとくしゃ》の指示があるまで開かないこと。

２．問題は全部で７題である。

３．試験開始後、解答用紙の所定箇所《かしょ》に受験番号をはっきりと記入し、マークを正しく塗《ぬ》りつぶすこと。

４．解答は解答用紙の指定された箇所に書くこと。

５．試験終了の合図で解答はやめて、筆記用具を置き、手はひざにおくこと。

６．試験終了後、解答用紙を回収した後、問題冊子も回収をする。

《1》　次の文①～④は日本の都道府県に関する説明である。地図と文を参考にして、あとの問いに答えなさい。

① 千枚田というたな田が有名な能登半島がある都道府県。

② 満濃池《まんのういけ》などのため池が多くある都道府県。

③ うなぎの養殖がおこなわれている浜名湖がある都道府県。

④ 世界文化遺産に登録されている石見銀山遺跡がある都道府県。

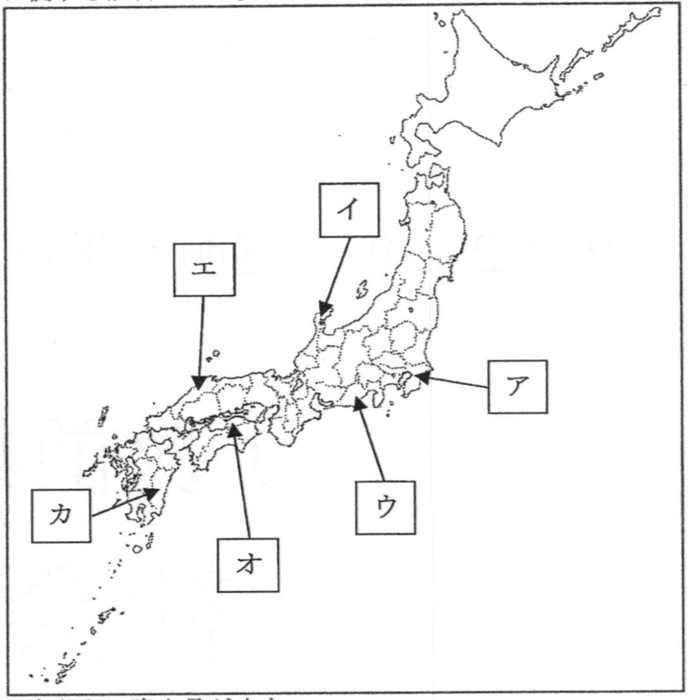

（1）上の文①～④にあてはまる都道府県を地図上のア～カから１つずつ選び、記号で答えなさい。

（2）高知県高知市の気候について説明した文として正しいものを次から１つ選び、記号で答えなさい。

ア．季節風の影響が少ないため、夏・冬ともに降水量が少ない。

イ．北西季節風の影響によって、冬の降水量が夏よりも多い。

ウ．亜熱帯の気候のため、一年中気温が高く、降水量も多い。

エ．南東季節風の影響によって、夏の降水量が冬よりも多い。

《2》　次の文章は、小学校６年生の一郎君が書いた2021年を振り返る日記の一部である。これを読み、あとの問いに答えなさい。

僕は、東京オリンピック2020の聖火リレーが通ったルートを記録しておこうと思いました。

（a）東日本大震災からの地域の復興を示すため、聖火リレーのスタート地点として福島県が選ばれました。3月25日に福島県を出発した聖火は、関東地方から中部地方へつながれ、4月の中旬に近畿地方へつながれました。大阪府のルート上には、世界文化遺産に登録された百舌鳥・古市古墳群、ラグビーワールドカップ2019日本大会の会場の１つとなった東大阪市花園ラグビー場などがありました。その後、四国地方、（b）九州地方、中国地方の順でつながれ、再び近畿地方に戻ってきました。そこから、福井県、（c）富山県などの中部地方北部、東北地方、北海道地方へとつながれました。東北地方へ戻った後は、静岡県や（d）山梨県へつながれ、そこから関東地方へつながれ、最終東京都へ入りました。

東京オリンピック2020の開会式が7月23日、東京都の国立競技場でおこなわれましたが、福島県からつながれた聖火は無事に開会式で大きな火を灯すことができました。

東京オリンピック2020で日本は、金メダル27個、銀メダル14個、銅メダル17個を獲得し、メダルの総数で、アメリカ、（e）中国に次いで３位でした。

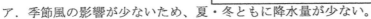

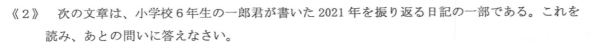

オリンピック出場は難しいかもしれませんが、僕も何か大きな目標をもって日々を過ごしたいと思いました。

（1）下線部（a）に関連して、日本は世界でも自然災害が多い国である。沖縄県には屋根瓦をしっくいで塗り固めた家がある。このような工夫によって対策がとられている自然災害として最も適当なものを次から１つ選び、記号で答えなさい。

ア．台風　　イ．地震　　ウ．冷害　　エ．干害

（2）下線部（b）について、下の説明文にあてはまる九州地方の都道府県を答えなさい。

説明文
・火山活動を続ける桜島があり、九州新幹線の終点の駅もある都道府県。

（3）下線部（c）の都道府県について説明した文として正しいものを次から１つ選び、記号で答えなさい。

ア．豊川用水が引かれており、農業に利用されている。

イ．メガネフレームの生産がさかんな鯖江市がある。

ウ．日本アルプスの１つである木曽山脈が連なっている。

エ．神通川の下流域では、イタイイタイ病が発生した。

（4）下線部（d）について、次の表は、山梨県を含む、ある果物の生産量の上位５つの都道府県を示したもの（2017 年：『日本国勢図会 2019／20』）である。この表が示す果物を答えなさい。

都道府県	生産量（t）
山梨県	39,200
福島県	28,600
長野県	14,500
和歌山県	10,200
山形県	8,680

（5）下線部（e）の国について説明した文として正しいものを次から１つ選び、記号で答えなさい。

ア．民族衣装のチマチョゴリが有名である。

イ．首都は「芸術の都」とよばれている。

ウ．かつて一人っ子政策がおこなわれていた。

エ．国土の面積と人口が世界一である。

《３》　次の表は、日本が貿易をおこなっている国のうち、４ヶ国の日本の輸入品の上位３つとその割合を示したもの（2018 年：『日本国勢図会 2019／20』より作成）である。表を見て、あとの問いに答えなさい。

①		②		③		④	
輸入品	%	輸入品	%	輸入品	%	輸入品	%
石炭	34.3	機械類	15.4	機械類	46.3	原油	92.4
液化天然ガス	33.2	医薬品	14.8	衣類	10.1	石油製品	2.5
鉄鉱石	10.1	ぶどう酒	8.4	金属製品	3.5	有機化合物	1.6

（１）表中の①～④にあてはまる輸入先の国を次から１つずつ選び、記号で答えなさい。

ア．サウジアラビア　　イ．オーストラリア　　ウ．フランス　　エ．中国

（２）次の表は、日本の貿易港の主要貿易品目とその割合を示したもの（2018 年：『日本国勢図会 2019／20』より作成）である。この表が示す貿易港として正しいものを下から１つ選び、記号で答えなさい。

輸出品目	%	輸入品目	%
自動車	22.1	石油	9.1
自動車部品	4.9	液化ガス	5.2
内燃機械	4.3	アルミニウム	4.5
プラスチック	3.6	衣類	3.6

ア．関西国際空港　　イ．神戸港　　ウ．成田国際空港　　エ．横浜港

《４》　次のＡ～Ｃの人物に関する説明を読み、あとの問いに答えなさい。

Ａ　（ａ）『方丈記』を書き、当時の世間の様子を書き記した。

Ｂ　外務大臣として（ｂ）日清戦争の直前に（ｃ）治外法権の撤廃に成功した。

Ｃ　首相として（ｄ）所得倍増計画を発表し、その後東京オリンピックを開催した。

（１）Ａ～Ｃの説明にあてはまる人物は誰か、**漢字で**答えなさい。

（２）下線部（ａ）に関連し、鎌倉時代の文化について述べた次の文Ｘ・Ｙの正誤の組み合わせとして正しいものを下のア～エから１つ選び、記号で答えなさい。

Ｘ　親鸞は浄土真宗を開き、悪人でも阿弥陀仏を信仰すれば救われると説いた。

Ｙ　軍記物の『平家物語』は、琵琶法師によって語られた。

ア．Ｘ：正　Ｙ：正　イ．Ｘ：正　Ｙ：誤　ウ．Ｘ：誤　Ｙ：正　エ．Ｘ：誤　Ｙ：誤

（３）下線部（ｂ）後、清国内では、列強の勢力を退けようとする動きがおこった。この動きのうち、ある宗教団体が北京の外国公使館を取り囲んだ事件を何というか、答えなさい。

（４）下線部（ｃ）に関連し、日米修好通商条約を結んだことにより開港された港がある地域として**誤っているもの**を次から１つ選び、記号で答えなさい。

ア．九州地方　　イ．中部地方　　ウ．関東地方　　エ．東北地方

二〇二二（令和四）年度　開明中学校　入学試験

一次前期　国語

※100点満点

受験番号

得点（記入しないこと）

一

問一	問二	問三	問四	問五	問六	問七	問八	問九	問十	問十一
i	1							⑦		
ii	2							⑨		
iii	3									
iv	4									
v										

問一．１点×５
問二．２点×４
問三．４点
問四．８点
問五．４点
問六．４点
問七．４点
問八．４点
問九．２点×２
問十．４点
問十一．４点

SN-P0426

二〇二一（令和三）年度 開明中学校 入学試験

国語 解答用紙

問十

3	m	分	毎分　　　m

	(1)	(2)	(3)
4	個	個	

	(1)	(2)			(3)	(4)	
	ア	オ	ケ	シ	イ	ウ	エ
5							

1．５点×５
2．５点×６
3．５点×３
4．５点×３
5．(1)３点
　(2)２点×３
　(3)２点
　(4)２点×２

【4】 1点×9 ((2)は完答)

(1)	A	B	C	D	E	F
(2)	気体の名前		(3)	(4)		

【5】 1点×10 ((4)①②，③④は完答)

(1)	(あ)	(い)	(2)	(ⅰ)	(ⅱ)
(3)					
(4)	①	②	③	④	
	⑤	⑥	(5)		

【6】 (1)1点 (2)2点 (3)2点 (4)2点 (5)2点

(1)	(2)	(3)	(4)	(5)

《5》 (1) 1点×2 (2) 1点 (3) 1点 (4) 2点 (5) 1点 (6) 1点×3

(1)	あ		い		(2)		(3)	
(4)		(5)		(6)	①		②		③	

《6》 (1) 1点×3 (2) 1点 (3) 2点 (4) 2点 (5) 1点 (6) 2点

(1)	①		②		③	
(2)		(3)	満　　　　　歳以上	(4)		(5)	
(6)						

《7》 1点×4

(1)		(2)		(3)		(4)	

※50点満点

2022（令和4）年度　開明中学校　入学試験　解答用紙

1次前期　　社会

受験番号

用紙タテ 上 こちらを上にしてください

【注意】 解答欄に〔漢字〕と指定されている問題については、必ず全て漢字を用いて答えなさい。

《1》　1点×5

(1)	①		②		③		④		(2)	

《2》　1点×5

(1)		(2)		(3)		(4)		(5)	

《3》　1点×5

(1)	①		②		③		④		(2)	

《4》　(1)1点×3　(2)1点　(3)1点　(4)2点　(5)2点　(6)1点

(1)	A	〔漢字〕	B	〔漢字〕	C	〔漢字〕

【解答用

※50点満点

2022(令和4)年度　入学試験 解答用紙 1次前期　理科　開明中学校	受験番号										
		⓪	①	②	③	④	⑤	⑥	⑦	⑧	⑨
		⓪	①	②	③	④	⑤	⑥	⑦	⑧	⑨
		⓪	①	②	③	④	⑤	⑥	⑦	⑧	⑨
		⓪	①	②	③	④	⑤	⑥	⑦	⑧	⑨
		⓪	①	②	③	④	⑤	⑥	⑦	⑧	⑨
		⓪	①	②	③	④	⑤	⑥	⑦	⑧	⑨

用紙タテ 上 こちらを上にしてください

【1】 (1) 1点　(2) 1点　(3) 1点　(4) 1点　(5) 1点　(6) 2点

(1)　　秒	(2)	(3)
(4)　　と	(5)	(6)

【2】 1点×8 ((1)は完答)

(1)	①	②	③	(2)　　g
(3)　　g	(4) ④	⑤	⑥	
(5)　　g	(6)　　cm^3			

【3】 (1) 1点　(2) 1点　(3) 1点　(4) 1点×2　(5) 2点

(1)	(2)　　g	(3)　　L

【解答用

※100点満点

2022(令和4)年度　入学試験解答用紙

1次前期　算数　　開明中学校

受験番号

0	1	2	3	4	5	6	7	8	9
0	1	2	3	4	5	6	7	8	9
0	1	2	3	4	5	6	7	8	9
0	1	2	3	4	5	6	7	8	9
0	1	2	3	4	5	6	7	8	9
0	1	2	3	4	5	6	7	8	9

用紙タテ上　こちらを上にしてください

1	(1)	(2)	(3)
	(4)	(5)	
2	(1)	(2)	(3)
			回
	(4)	(5)	(6)
	円	個	cm²

【解答用

二

問一 i ii iii

問二 1 2 3 4

問三

問四 ② ④

問五

問六

問七 Ⅰ Ⅱ

問八 図書室の貸し出しカウンターにいるのが佐竹さんだと気付き、かつて

と思い込んでいるから。

問九

問十

問一．１点×３
問二．２点×４
問三．４点
問四．２点×２
問五．４点
問六．８点
問七．２点×２
問八．４点
問九．４点
問十．４点

（5）下線部（d）に関連して、高度経済成長期におこったできごととして**誤っているもの**を次から1つ選び、記号で答えなさい。

ア．公害対策基本法がつくられ、環境庁が設置された。

イ．電気洗濯機・電気冷蔵庫などが家庭に広まった。

ウ．日本で初めて大阪で万国博覧会が開催された。

エ．湯川秀樹がノーベル賞を日本人として初めて受賞した。

（6）Cの説明文以降の時期におこったできごとⅠ～Ⅲについて、古いものから年代順に正しく配列したものを、下のア～カから1つ選び、記号で答えなさい。

Ⅰ　東西ドイツが統一された。

Ⅱ　イラク戦争がおこった。

Ⅲ　ＥＵ（ヨーロッパ連合）が発足した。

ア．Ⅰ－Ⅱ－Ⅲ　　イ．Ⅰ－Ⅲ－Ⅱ　　ウ．Ⅱ－Ⅰ－Ⅲ

エ．Ⅱ－Ⅲ－Ⅰ　　オ．Ⅲ－Ⅰ－Ⅱ　　カ．Ⅲ－Ⅱ－Ⅰ

《5》　次の年表を見て、あとの問いに答えなさい。

（1）年表中の（あ）・（い）にあてはまる人物を答えなさい。

年	できごと
239	卑弥呼が魏の皇帝から金印を授かる………a
	ア
663	日本が白村江の戦いで新羅・唐に敗れる
	イ
797	（　あ　）が征夷大将軍として、東北地方に送られる
	ウ
1281	元が再び攻めてきたが、暴風雨で撤退する………b
	エ
1428	正長の土一揆がおこる………c
	オ
1641	オランダ商館を長崎の出島に移す
	カ
1867	（　い　）が政権を朝廷に返すことを申し出る
	キ
1956	日本の国際連合への加盟が認められる………d
	ク
2011	東日本大震災が発生する

（2）年表中aに関連して、弥生時代に関して述べた次の文X・Yの正誤の組み合わせとして正しいものを下のア～エから1つ選び、記号で答えなさい。

X　卑弥呼は、魏に使いを送り、「親魏倭王」の称号をあたえられた。

Y　人物や動物をかたどった、はにわがつくられた。

ア．X：正　Y：正

イ．X：正　Y：誤

ウ．X：誤　Y：正

エ．X：誤　Y：誤

（3）年表中のｂについて、元寇に関連して述べた文として正しいものを次から１つ選び、記号で答えなさい。

ア．元はフビライ＝ハンによって建国され、都を長安に置いた。

イ．元寇後、多くの御家人が幕府から十分な恩賞を受け取った。

ウ．元は日本に服属を要求したが、当時の執権北条義時が拒んだ。

エ．元寇の際、元軍だけでなく、高麗軍も日本に攻めてきた。

（4）年表中のｃに関連して、当時の農民の生活について述べた文として正しいものを次から１つ選び、記号で答えなさい。

ア．神社などで寄合を開き、自分たちで村を運営するところもあった。

イ．米の二期作が全国各地で始まるとともに、稲の品種改良がすすんだ。

ウ．ほしかや油かすなどの金肥が使われたため、収穫量が増加した。

エ．地租改正がおこなわれ、現物ではなく、現金で税を納めることになった。

（5）年表中のｄのきっかけとなった、ソ連との国交を回復した宣言を何というか、答えなさい。

（6）次の①～③がおこった時期を、年表中のア～クから１つずつ選び、記号で答えなさい。

①　平城京に都がうつされる。

②　平治の乱がおこる。

③　ノルマントン号事件がおこる。

《6》　次の文章を読み、あとの問いに答えなさい。

日本の政治は、まず国民主権に基づいている。国民主権とは、国の政治の主権者が、その国民であるという考え方である。憲法前文でも、「……正当に選挙された（　①　）における代表者を通じて行動し……」とされている。さらに、憲法第 41 条でも「(①) は、国権の最高機関あつて、国の唯一の（ａ）立法機関である」と定めている。このように、日本では、国民によって選挙で選ばれた、国民の代表者が (①) を構成して政治をおこなう仕組みがとられている。日本では、(①) は、（ｂ）衆議院と参議院で構成されており、国民にとってよりよい政治が目指されている。

そして、かつて政治の主権者であった天皇の地位については、憲法第１条により、「天皇は、日本国の（　②　）であり日本国民統合の (②) であつて、この地位は、…」と定められている。そのため、天皇は憲法が定める（ｃ）国事行為のみ、（　③　）の助言と承認を得ておこなう。

また、地方公共団体の政治の仕組みには、（ｄ）地方公共団体においては、地方議会と首長が置かれている。近年は、地方分権がすすめられており、国の権限や税の一部が地方公共団体に移され、国と地方公共団体が協力して、住民にとってよりよい政治が目指されている。

（1）文中の（　①　）～（　③　）にあてはまる語をそれぞれ答えなさい。

（２）下線部（ａ）に関連して、法律に関して述べた文として、正しいものを次から１つ選び、記号で答えなさい。

ア．法律が国会で成立すると、天皇が公布する。

イ．法律案は、必ず先に衆議院で審議される。

ウ．法律案は、内閣と裁判所でつくられる。

エ．法律改正は、憲法改正と同じ手続きである。

（３）下線部（ｂ）に関連して、衆議院議員被選挙権の年齢は満何歳以上か、解答欄に合うように答えなさい。

（４）下線部（ｃ）について、天皇の国事行為として**誤っているもの**を次から１つ選び、答えなさい。

ア．衆議院を解散する。

イ．最高裁判所長官を任命する。

ウ．国会を召集する。

エ．条約を締結する。

（５）下線部（ｄ）に関連して、地方公共団体と地方議会について述べた次の文Ｘ・Ｙの正誤の組み合わせとして正しいものを下のア～エから１つ選び、記号で答えなさい。

Ｘ　地方公共団体の首長のうち、都道府県の首長は知事である。

Ｙ　地方議会で、条例の制定や改廃がおこなわれる。

ア．Ｘ：正　Ｙ：正　イ．Ｘ：正　Ｙ：誤　ウ．Ｘ：誤　Ｙ：正　エ．Ｘ：誤　Ｙ：誤

（６）都道府県や市町村に置かれ、公正な選挙をおこなうために選挙の事務や監督をする機関を何というか、答えなさい。

《７》　次の（１）～（４）の文で、下線部が正しい場合には〇、誤っている場合は正しい語を答えなさい。

（１）環境政策、公害防止などの政策をすすめる省庁は、国土交通省である。

（２）所得税は、収入が高くなるほど税率が高くなる累進課税がとられている。

（３）労働三権とは、生存権・団体交渉権・団体行動権をいう。

（４）地方公共団体の首長や議員の解職請求を、オンブズマンという。

２０２２年　開明中学校　入学試験問題

１次前期

算数

（60分）

【問題冊子】

（注意）

１．問題冊子および解答用紙は監督《かんとく》者の指示があるまで開かないこと。

２．問題は全部で５題である。

３．試験開始後、解答用紙の所定箇《か》所に受験番号をはっきりと記入し、マークを正しく塗《ぬ》りつぶすこと。

４．解答は解答用紙の指定された箇所に書くこと。

５．試験終了の合図で解答はやめて、筆記用具を置き、手はひざにおくこと。

６．試験終了後、解答用紙を回収した後、問題冊子も回収をする。

1．次の計算をしなさい。ただし，（４）（５）は $\square$ にあてはまる数を答えなさい。

（１）$(9-7)\times(53-1)+(8+6\div4\times2)$

（２）$\left\{\frac{1}{3}-\left(\frac{1}{6}-\frac{1}{9}\right)\right\}\div\left\{\frac{1}{2}-\left(\frac{1}{4}-\frac{1}{6}\right)\right\}$

（３）$99\div0.2\div0.3-66\div0.2\div0.4+33\div0.3\div0.4$

（４）$\left\{\frac{2}{3}+\left(\frac{1}{7}\times\square\right)-\frac{1}{2}\right\}\times0.25=\frac{1}{3}$

（５）$0.9-\left\{\frac{2}{5}-\left(\square-\frac{1}{3}\right)\div\frac{5}{6}\right\}\div\frac{3}{7}=\frac{2}{3}$

2022(R4) 開明中　1次前期
K 教英出版

2．次の問いに答えなさい。ただし，円周率は3.14とします。

（1）$\begin{pmatrix} a & b \\ c & d \end{pmatrix}$ は a×d−b×c と計算することにします。

このとき，$\begin{pmatrix} 4 & 2 \\ 1 & 5 \end{pmatrix} - \begin{pmatrix} 3 & 2 \\ 1 & 4 \end{pmatrix}$ を計算しなさい。

（2）$\frac{5}{6}$ と $\frac{7}{8}$ の間にあって，分子が35である分数は何ですか。ただし，求める分数の分母は整数とします。

（3）1から100までの整数をすべてかけた数は，5で何回割り切れますか。

（4）兄と弟の所持金の比は11：9でした。200円のお菓子をそれぞれが買ったところ，所持金の比は29：23になりました。兄の最初の所持金は何円でしたか。

（5）右の図の3×3のマス目（長さはすべて等しい）の正方形ABCDの中に，マス目を使ってできる正方形は全部で何個ありますか。ただし，正方形ABCDも含《ふく》めて数えるものとします。

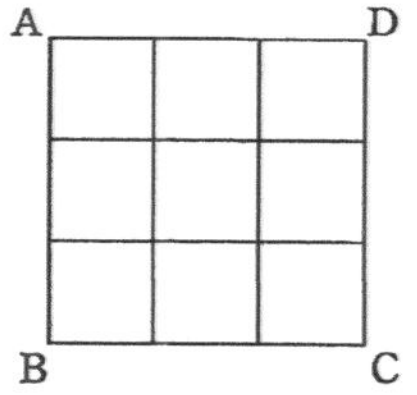

（6）右の図は，底面の半径が10 cm，高さが20 cmの円柱を，一方が上底面，もう一方が下底面のところで切った立体です。この立体の側面積は何 cm^2 ですか。

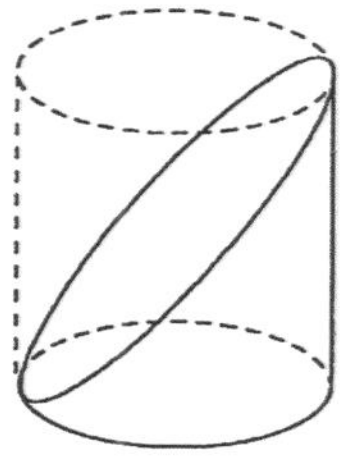

3．太郎さんは，駅で友だちと待ち合わせをしました。家を出て毎分 78 m で歩くと予定より 6 分早く着き，毎分 60 m で歩くと予定より 3 分遅《おそ》く着きます。
このとき，次の問いに答えなさい。

（１）家から駅までの道のりは何 m ですか。

（２）太郎さんは，家から駅まで何分で着く予定でしたか。

（３）太郎さんが予定通りに駅に着くには，毎分何 m で歩けばよいですか。

２０２２年　開明中学校　入学試験問題

１次前期

理科

（40分）

【問題冊子】

（注意）

1．問題冊子および解答用紙は監督者《かんとくしゃ》の指示があるまで開かないこと。

2．問題は全部で６題である。

3．試験開始後、解答用紙の所定箇所《かしょ》に受験番号をはっきりと記入し、マークを正しく塗《ぬ》りつぶすこと。

4．解答は解答用紙の指定された箇所に書くこと。

5．試験終了の合図で解答はやめて、筆記用具を置き、手はひざにおくこと。

6．試験終了後、解答用紙を回収した後、問題冊子も回収をする。

【1】

ふりこを用いて次の実験を行いました。これについて、以下の問いに答えなさい。

〔実験 1〕 おもりに糸をつけて、図 1 のようにふりこをふった。ふりこが 1 往復する時間を求めるために、ストップウォッチを用いて、10 往復する時間を 3 回はかったところ、表のようになった。

〔実験 2〕 図 2 のように、ふりこ①～⑤を天井につるし、すべて同じ ふれはばになるように動かした。

〔実験 3〕 図 3 のようにふりこ①～⑤をタコ糸につるし、②をふった。

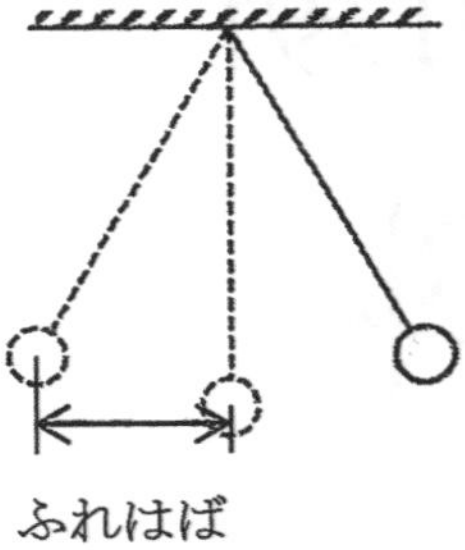

図 1

表　10 往復する時間(秒)

1 回目	2 回目	3 回目
14.16	13.91	14.21

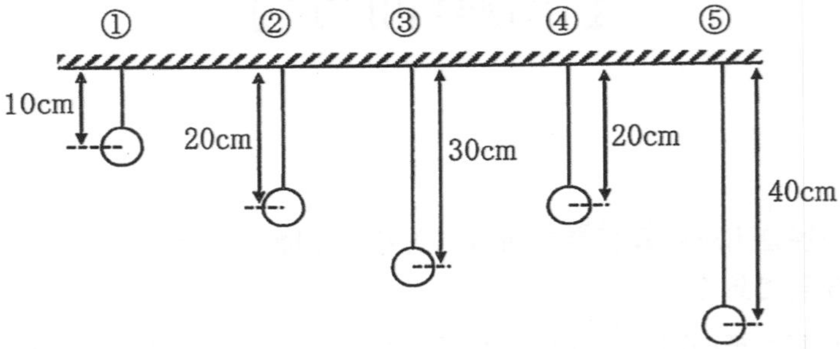

図 2

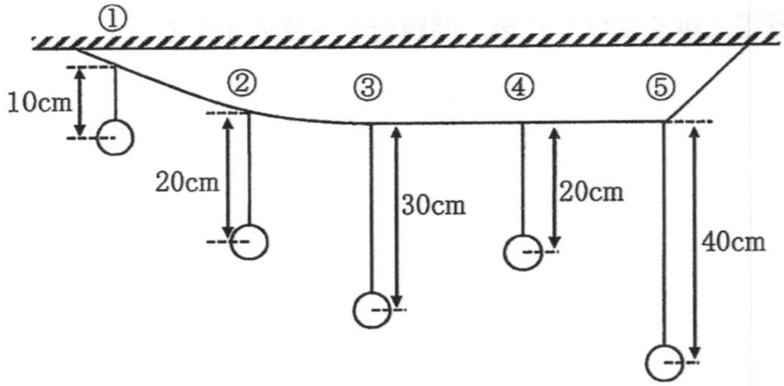

図 3

(1) 表をもとに、1 往復する時間(秒)を求めなさい。ただし、答えは小数第 2 位を四捨五入して答えなさい。

(2) 1 往復する時間を求めるのに、10 往復する時間を 3 回はかるのはなぜですか。次のア～ウから 1 つ選び、記号で答えなさい。

ア ふりこが 1 往復するとき、ふりこの動きが速くなったり遅くなったりするから、そのえいきょうをできる限り少なくするため。

イ ふれはばのちがいによって、結果に少し差がでるから、そのえいきょうをできる限り少なくするため。

ウ ストップウォッチを押すときのわずかな差のえいきょうをできる限り少なくするため。

(3) 〔実験 2〕において、ふりこが 1 往復する時間が最も長いのはどれですか。図 2 の①～⑤から1つ選び、番号で答なさい。

(4) 〔実験 2〕において、1 往復する時間がほぼ等しいふりこはどれとどれですか。図 2 の①～⑤から2つ選び、番号で答えなさい。

(5) 〔実験 2〕において、④のふりこのふれはばを 2 倍にしました。このとき、ふりこが 1 往復する時間はどうなりますか。次のア～エから1つ選び、記号で答えなさい。

ア 2 倍になる　　イ 4 倍になる　　ウ 半分になる　　エ 変わらない

(6) 〔実験 3〕において、その後、他のふりこはどうなりますか。次のア～キから1つ選び、記号で答えなさい。

ア ①がふれ始める　　イ ③がふれ始める　　ウ ④がふれ始める

エ ⑤がふれ始める　　オ ①と③がふれ始める　　カ ①と③と⑤がふれ始める

キ どれもふれない

【2】

液体中の物体には、物体の面に対して垂直に、液体からの圧力（面積 $1cm^2$ あたりに加わる力）がかかります。その圧力の大きさは、次のように求めることができます。ただし、「密度《みつど》」とは、$1cm^3$ あたりの重さを表すものとします。

液体からの圧力[g/cm^2]＝ 液体の密度[g/cm^3]× 液面からの深さ[cm]

例えば、密度 $2g/cm^3$ の液体の場合、液面からの深さが 4cm のところでの圧力の大きさは、

$2 \times 4 = 8$[g/cm^2]　となります。

そこで、図 1 のように直方体の物体を液体にしずめたとき、上の面にかかる圧力より下の面にかかる圧力のほうが大きいので、その差によって図 2 のように物体に上向きにはたらく力（浮力《ふりょく》）が生じます。以下の問いに答えなさい。ただし、割り切れない場合は四捨五入して、小数第 1 位まで答えなさい。

まず、図 3 のように、底面積 $90cm^2$、高さ 6cm の直方体の物体 P を糸につるして、水平になるように水中にしずめ、静止させました。

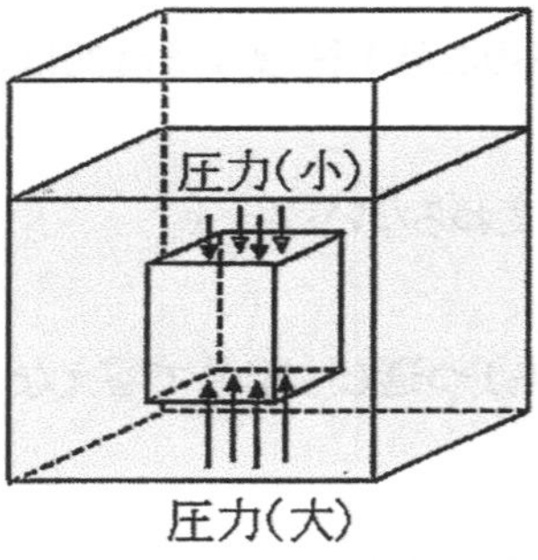

図 1

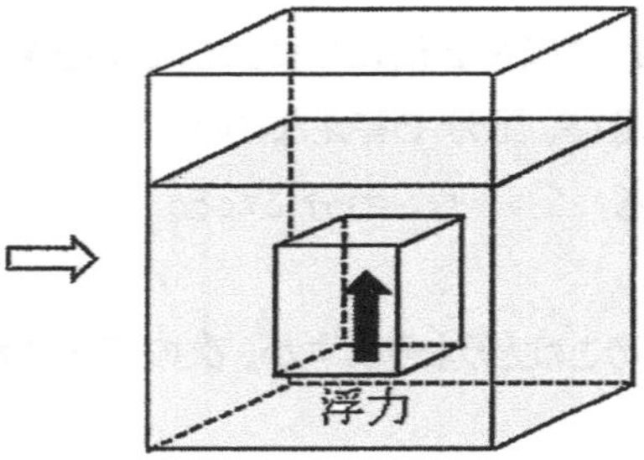

図 2

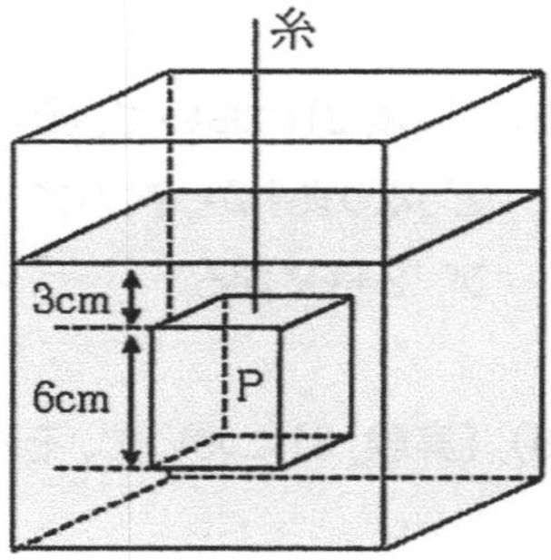

図 3

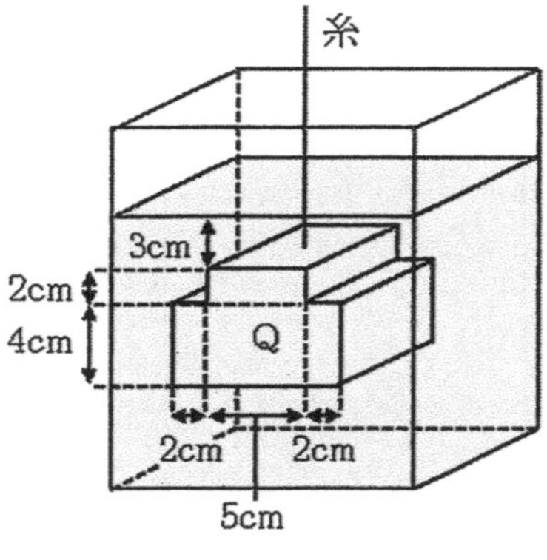

図 4

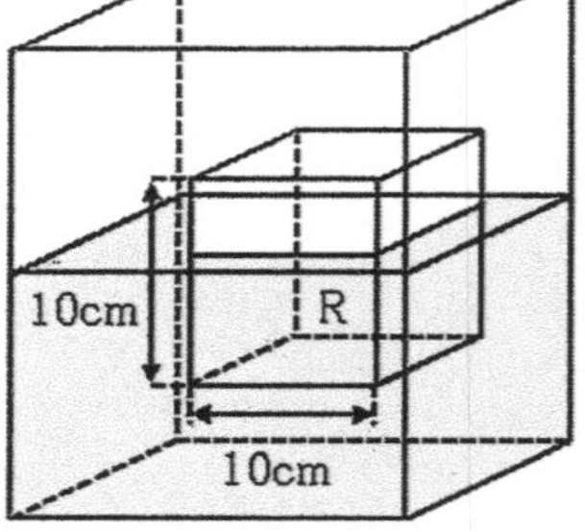

図 5

(1) 次の文中の①～③に当てはまる数値を答えなさい。

> 物体Pの下の面は液面からの深さが[　①　]cmなので、水(密度 $1g/cm^3$)から受ける圧力の大きさは[　②　]g/cm^2である。
> よって、物体Pの底面積は $90cm^2$ であることから、物体Pの下の面が水から受ける力の大きさは[　③　]gである。

(2) 物体が水から受ける浮力の大きさは何gですか。

(3) 物体Pの密度が $3.5g/cm^3$ のとき、糸が物体Pを支えている力の大きさは何gですか。

次に、物体Pを図4のような形に切り取り、物体Qを作りました。これに糸をつるして、水平になるように油(密度 $0.8g/cm^3$)の中にしずめ、静止させました。

(4) 次の文中の④～⑥に当てはまる数値を答えなさい。

> 物体Qの上の面は物体Pのときと面積の合計は変わらないが、液面からの深さが面によってことなる。このことから考えると、物体Qの上の面が油(密度 $0.8g/cm^3$)から受ける力の大きさは[　④　]gである。また、物体Qの下の面が油から受ける力の大きさは[　⑤　]gなので、物体Qが油から受ける浮力の大きさは[　⑥　]gである。

(5) 糸が物体Qを支えている力の大きさは何gですか。

さらに、1辺の長さが10cmの立方体R(密度 $0.6g/cm^3$)を図5のように水(密度 $1g/cm^3$)に浮かべたところ、物体Rの重さと物体Rにはたらく浮力の大きさが等しくなり静止しました。

(6) 水面から上に出る部分の体積は何 cm^3 ですか。

【3】

うすい塩酸にアルミニウムを加えると気体 X が発生します。今、ビーカーにうすい塩酸 500g を入れたものをいくつか用意し、それぞれの中に違《ちが》う重さのアルミニウムを入れ、十分時間が経過してから全体の重さと発生した気体の体積を測った結果、下の表のようになりました。以下の問いに答えなさい。ただし、溶《と》けている物質や水の蒸発、容器の重さは考えないものとし、気体の体積はすべて同じ温度、同じ圧力で測ったものとします。

表

入れたアルミニウムの重さ(g)	2.7	5.4	8.1	10.8	13.5
全体の重さ(g)	502.4	504.8	507.2	509.78	(あ)
発生した気体の体積(L)	3.36	6.72	10.08	11.424	(い)

(1) この実験で発生した気体 X の名前を答えなさい。

(2) うすい塩酸 500g にある重さのアルミニウムを入れ、十分時間が経過したところ、1.12L の気体が発生しました。入れたアルミニウムの重さ(g)を答えなさい。

(3) うすい塩酸 500g にアルミニウムを 4.05g 入れました。発生した気体の体積(L)を答えなさい。

(4) 表の(あ)、(い) に当てはまる値を答えなさい。

(5) はじめに使ったうすい塩酸のちょうど 2 倍の濃《こ》さの塩酸を 500g 用意し、その中にアルミニウムを 10.8g 入れました。発生した気体の体積(L)を答えなさい。

【4】

6種類の固体A～Fを使い、〔実験1〕～〔実験5〕をしました。固体A～Fは、木炭、鉄、食塩、砂糖、ほう酸、消石灰《しょうせっかい》(水酸化カルシウム)のいずれかであることが分かっています。これについて以下の問いに答えなさい。

〔実験1〕 固体A～Fを水に入れると、A、B、D、Fは水に溶《と》けたが、C、Eは溶けなかった。

〔実験2〕 A、B、Dの水溶液《すいようえき》は電気を通したが、Fは通さなかった。

〔実験3〕 A、Bの水溶液にBTB液を加えると、Aの水溶液は緑色に、Bの水溶液は黄色になった。

〔実験4〕 固体C、E、Fを燃やすと、Cからは①ある気体が発生し、EとFは②黒い物質ができた。

〔実験5〕 A、B、D、Fの水溶液にフェノールフタレイン液を加えると、Dの水溶液だけ③色が変わった。

(1) 固体A～Fの名前をそれぞれ答えなさい。

(2) 下線部①について、この気体の名前を答えなさい。また、この気体の種類を確かめることができるのは、固体A~Fの水溶液のうちどれですか。A～Fから1つ選び、記号で答えなさい。

(3) 下線部②について、この黒い物質のうち、Eから生じる物質の名前を答えなさい。

(4) 下線部③の変化後の色を答えなさい。

【5】

植物の種子と発芽について、以下の問いに答えなさい。

(1) 図 1 は、2種類の植物の種子を切り開いたものです。それぞれ何という植物の種子ですか。 次のア～エから1つずつ選び、記号で答えなさい。

ア　トウモロコシ

イ　インゲンマメ

ウ　マツ

エ　カキ

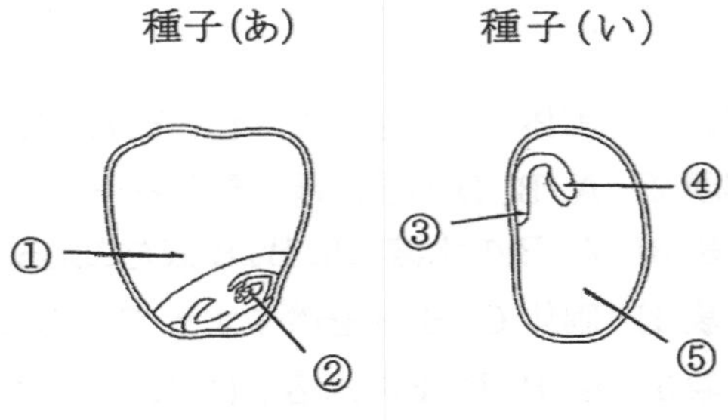

図 1

(2) 図 1 の2種類の種子の断面全体にある溶液《ようえき》をつけると、その一部だけが濃《こ》い青むらさき色に染《そ》まります。

(i) 「ある溶液」とは何ですか。その名前を答えなさい。

(ii) 濃い青むらさき色に染まる部分を図 1 の①～⑤からすべて選び、記号で答えなさい。

(3) 図 2 のア～エの中で、トウモロコシの発芽の様子として正しいものを1つ選び、記号で答えなさい。

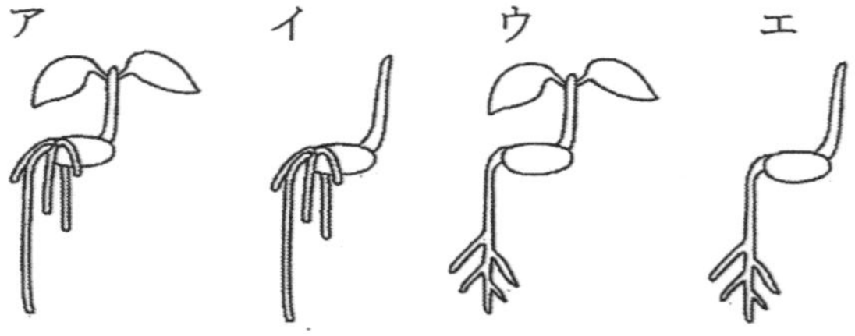

図 2

(4) B 子さんは種子の発芽が温度によってどのようにえいきょうを受けるかを調べたいと考えました。そこで 3 つのプラスチック容器にろ紙をしき、それぞれに水を 10mL ずつ入れ、ある植物の種子を 30粒《つぶ》ずつまきました。それを 15℃、20℃、25℃の 3 つの温度条件で発芽させ、種子をまいてから 5 日目までの発芽数を調べました。その結果をまとめると、下の表のようになりました。20℃と 25℃の計算結果を参考にして、表内の①～⑥にあてはまる数を答えなさい。

表

	15℃		20℃		25℃	
日数	発芽数	発芽数×日数	発芽数	発芽数×日数	発芽数	発芽数×日数
1 日目	0	0	9	9	27	27
2 日目	0	0	12	24	3	6
3 日目	6	①	9	27	0	0
4 日目	21	②	0	0	0	0
5 日目	3	③	0	0	0	0
合計	30	④	30	60	30	33
平均発芽日数	⑤		⑥		1.1	

(5) 図 3 は B 子さんの住んでいるところの 1 年の月別平均気温を示したものです。B 子さんが (4) で用いた植物を育てたいと考えたとき、種をまいてから発芽するまでの日数が最も短いと考えられるのは、何月ごろに種をまく場合と予想できますか。次のア～エから1つ選び、記号で答えなさい。

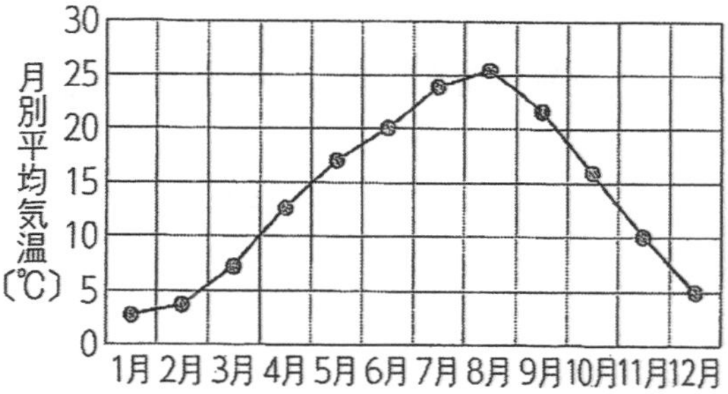

図 3

ア　1～2 月

イ　3～4 月

ウ　5～6 月

エ　7～8 月

【6】

ある日の夜、南の方を向いて水平線から頭上までの夜空を観察し、月の動く様子をスケッチしたところ下図のようになりました。以下の問いに答えなさい。

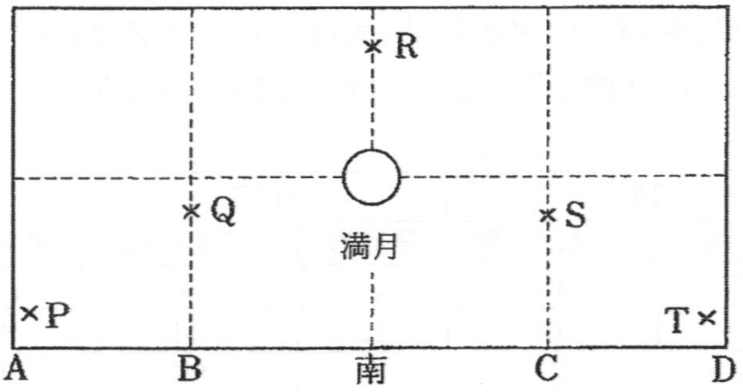

図

(1) スケッチ用紙の A～D は方位を示しています。D の方位を次のア～エから1つ選び、記号で答えなさい。

ア 東　　イ 西　　ウ 南　　エ 北

(2) 図の位置に満月が見えるのは、観察したある日のうちの、いつごろですか。次のア～エから1つ選び、記号で答えなさい。

ア 朝　　イ 正午　　ウ 夕方　　エ 真夜中

(3) 図の位置に見えた満月は、3 時間前には図中の P～T のうち、どの付近に見えていましたか。P～T から1つ選び、記号で答えなさい。

(4) 図の位置に見えた満月を、1 週間後に観察した日と同じ時刻に見たとき、図中の P～T のうち、どの付近に見えますか。P～T から1つ選び、記号で答えなさい。

(5) (4)で見える月は、どのような形になりますか。次のア～エから1つ選び、記号で答えなさい。

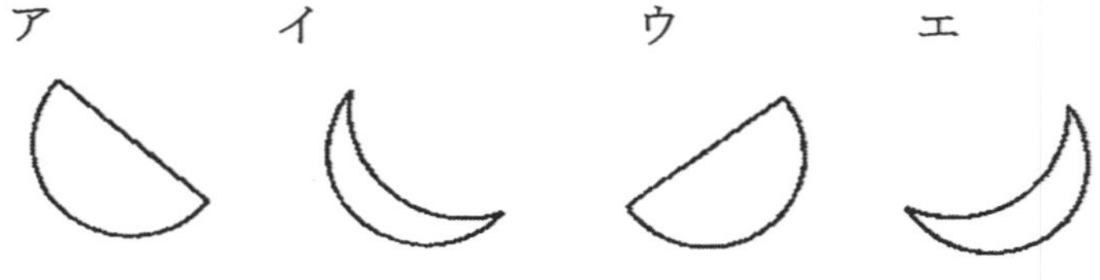

このページで問題はおわりです。

白　紙

2022(R4) 開明中　1次前期
K 教英出版

4．0，1，1，2，2，2の数字が書かれたカードが1枚ずつあります。この6枚のカードから3枚のカードを選び，その3枚のカードで3けたの数を作ります。
このとき，次の問いに答えなさい。

（1）3けたの数は全部で何個作ることができますか。

（2）3の倍数は全部で何個作ることができますか。

（3）選んだ3枚のカードで作ることができる3けたの数の和を求めなさい。

5．右の計算式のア～ソの空らんには0～9の数のいずれかが入ります。ただし，もっとも大きい位の数は0にはなりません。
残りの数字を考えた次の文章を参考に，空らんを埋《う》めなさい。

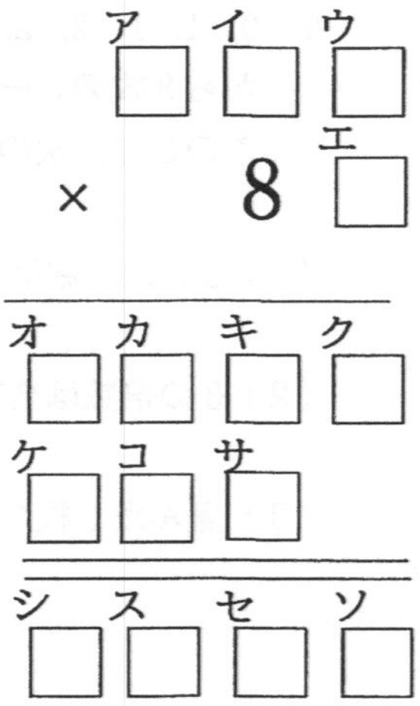

（1）まずアに入る数字について考えます。
アイウに8をかけるとケコサになりますが，
どちらも3けたであることからア＝（　　）です。

（2）次にオ，ケ，シに入る数字を考えると，
オは1以上であり，ケは8以上です。
オとケを足してくり上がりがないことから，
オ＝（　　），ケ＝（　　），シ＝（　　）です。

（3）さらにイに入る数を考えます。
イウに8をかけた数とケの関係に注目して，イで考えられる数は2通りに限られます。しかし，この候補の一方である0をイに入れた場合，アイウにエをかけた数が3けたになってしまい，4けたのオカキクとはなりません。よって
イ＝（　　）です。

（4）そしてさらにウ，エに入る数を考えると，ウ＝（　　），エ＝（　　）です。

2022(R4) 開明中　1次前期
教英出版

２０２２年　開明中学校　入学試験問題

１次後期Ａ

国語

（60分）

【問題冊子】

（注意）

１．問題冊子および解答用紙は監督者《かんとくしゃ》の指示があるまで開かないこと。

２．問題は全部で２題である。

３．試験開始後、解答用紙の所定箇所《かしょ》に受験番号をはっきりと記入し、マークを正しく塗《ぬ》りつぶすこと。

４．解答は解答用紙の指定された箇所に書くこと。

５．試験終了の合図で解答はやめて、筆記用具を置き、手はひざにおくこと。

６．試験終了後、解答用紙を回収した後、問題冊子も回収をする。

７．字数制限のある問いは符号《ふごう》や句読点も一字と数えるものとする。

2022(R4) 開明中　１次後期
K 教英出版

一　次の文章を読んで、あとの問いに答えなさい。

[1] アイデンティティを示すことばの代表は、名前だろう。「あなたは、だれですか」と聞かれれば、名前を答える。あたかも、名前こそが、私が私であることを証明してくれているようだ。

[2] 私たちの名前に対する考え方は、大きく二つに分けることができる。ひとつは、名は体を表す、名前はその人そのものであるという「名実一体観」。もうひとつは、名前は人物を**ⅰトクテイ**する符号《ふごう》に過ぎないという「名前符号観」とでも呼べる考え方。私たちの名前に対する感覚は、①この二つの考え方の間をさまざまな程度で行き来している。日本の「名実一体観」は、すでに古代から神々、ミカド、天皇の名を書いたり口に出《だ》すことを避《さ》ける「実名敬避」の伝統にみられる。さらに、古代・中世においては、自分の名前を知らせることが、その人の弟子《でし》や**ⅱジュウシャ**になる、あるいは、敵に降伏《こうふく》する意味を持っていた。

[3] 実名敬避の伝統は、現代でも、目上の人を名前で呼ぶことを避けるという形で残っている。会社では、下の人は上の人を名前ではなく職名で呼ぶが、上の人は下の人を名前で呼ぶ。社員は、社長を「社長」と呼ぶ。しかし、社員に、「社員」と呼びかける社長はいない。「中村さん」と名前で呼ぶ。目上の人は下の人を名前で呼んでも良いのだ。家庭でも、弟は兄を「兄さん」と呼ぶが、弟を「弟さん」と呼ぶ兄はいない。学校でも、生徒は先生を「先生」と呼ぶが、生徒を「生徒」と呼ぶ先生はいない。それ以外にも、名実一体観は、さまざまな所に顔を出してくる。

[4] 私たちは名前の言い間違《まちが》い、読み間違い、書き間違いは、他のことばの間違いと比べて、失礼なことだと認識《にんしき》している。卒業式で、名前を読み間違えられたら、がっかりだ。「スマホ」「パソコン」など、なんでも省略して短く言う時代でも、人の名前は本人の承諾《しょうだく》がなければ省略しない。

[5] 先日公園に行ったら、「シロ！」と呼ぶ声がした。すると、声の主をめがけて真っ黒な犬が走り寄ってきた。ちぎれるほどにしっぽを振《ふ》って飼い主に頭をなでてもらっている黒い犬を見て、飼い主のユーモアに、ほっこりした。そして、「シロ」の意味など関係なく、自分の名前に反応する犬をかわいらしく思った。これも、「シロという名前ならば白い犬だろう」という名実一体観を裏切る命名だったからこその感慨《かんがい》だろう。

[6] 名実一体観は、日本に限ったことではない。ファンタジー文学のベストセラー『ハリー・ポッター』シリーズでも、多くの魔法使《まほうつか》いが、闇《やみ》の帝王《ていおう》「ヴォルデモート」を「名前を言ってはいけないあの人」と呼び、その名前を口にしないばかりか、ハリーがその名前を言うと、あたかも、名前そのものが本人であるかのように恐《おそ》ろしがる。

[7] グリム童話の中には、自分の名前を当てられると怒《おこ》って自分自身を引《ひ》き裂《さ》いてしまう小人が出てくる、『がたがたの竹馬こぞう』という話がある。

[8] 名実一体観を大きく変更《へんこう》させたのが、②明治五(一八七二)年に明治政府が発布した改名禁止令と複名禁止令である。それまでの日本では、元服、襲名《しゅうめい》、出家、隠居《いんきょ》など立場が変わるごとに改名していた。元服をすれば幼名から成人名へ（伊達梵天丸→伊達政宗）、隠居をすれば改名（滝沢馬琴

↓滝沢笠翁)、出家をすれば俗名《ぞくみょう》から戒名《かいみょう》へ、職業、立場、地位の変更が③必然的に改名をともなっていた。このうち、④戒名は現在でも機能している。仏壇《ぶつだん》の中の位牌《いはい》に書いてある名前だ。

[9] [1]、官名や国名など一人の人が同時に複数の名前を使うこともまれではなかった。「赤穂浪士《あこうろうし》」で有名な大石内蔵助の「内蔵助」は官職を指し、元の名は、大石良雄《よしお》だ。宮本武蔵の武蔵は、武蔵の国からきている。

[10] 江戸《えど》時代まで日本は多くの藩《はん》に分かれていた。[2]、明治時代になって、日本をひとつの国に統合しようとしていた明治政府にとっては、国民を把握《はあく》してしっかり徴兵《ちょうへい》・徴税《ちょうぜい》することが重要であった。そのためには、国民が名前を変えたり、同じ人が複数の名前を使っていたのでは困る。そこで、一人がひとつの名前を使って戸籍《こせき》を編製するように定めたのだ。改名するためには、国に届けて承認《しょうにん》してもらわなければならなくなった。

[11] 私たちにとって当たり前になっている「一人にひとつの名前」が生まれた背景には、国家が国民を管理する目的があった。以降、国家は国民の名前をさまざまな形でⅲキセイしていくようになる。

[12] これを読んで、「そんなことはない。私の好きなアーティストは、みんな、個性的な名前で活躍《かつやく》している」と、思った人がいるかもしれない。その通りだ。私など、どちらが歌の題名で、どちらが歌手の名前なのか、わからないときがある。しかし、そんなアーティストも、税金を納めるときや、健康ⅳホケンに加入するときには、戸籍にⅴトウロクした氏名を使っているはずだ。

[13] 一人一名主義は、名前を、個人を識別する符号のようにみなす考え方に結び付いた。その結果、現代の私たちは名前に関して名実一体観と名前符号観の両方をあわせもつにいたったのだ。ちなみに、日本で子どもに名前を付けるときと、アメリカなどのキリスト教圏《けん》で子どもに名前を付けるときでは、大きな違いがある。

[14] 日本では、漢字やひらがなの意味や音、字画を意識して組み合わせることで、新しい名前を作ることが多い。一方、キリスト教圏では、いくつかある聖人の名前から選ぶほうが一般的《いっぱんてき》だ。[3]、私のアメリカ人の友人には、ジョンがやたら多い。ジョンは、ヨハネに由来し、キリストの人間の父もヨハネだ。

[15] このような命名方法の違いは、同じ名前を持つ人に対する感覚にも影響《えいきょう》を与《あた》えている。新しい名前を作る日本では、同じ名前、しかも、漢字まで同じだと、その人に⑤親近感を持つことが多い。一方、たくさんの「ジョン」がいるアメリカでは、相手も「ジョン」だと分かっても、苦笑いするだけだ。

[16] 先日、出会った人は、もっと徹底《てってい》していて、自分と同じ名前の人の会を作ったそうだ。たしか、「ひろゆき」だった。漢字も同じでなくてはならない決まりにしたが、全国各地から、さまざまな職業や立場の人が参加しているという。同じ名前を持つという親近感があったので、はじめから親戚《しんせき》のように話すことができたそうだ。このような感想も、名実一体観の強さを示している。

17 ［4］、名実一体観と名前符号観が混在している地域では、人の変化と名前の間に⑥二つの関係を想定することができる。

18 ひとつは、人が変化したから名前を変えるという関係だ。名実一体観によれば、人物が変われば、それに合わせて名前も変わらなければいけないことになる。実際、先に見たように、明治時代までは、多くの日本人が一生にたびたび改名していた。

19 もうひとつは、名前を変えることで、自分も変化しようとするという関係だ。最初の考え方では、人物が変身したので名前も変更しているが、この考え方では、人物はまだ変身していないのに、先に名前を変えることによって、人物にも何らかの変化が起きることが期待されている。

20 これは、病気・厄除《やくよ》けの⑦げん直しのための改名に見られる。滝沢馬琴も六一歳《さい》の厄年《やくどし》に篁民と改名した。現在でも、事故や病気の後に改名する人がいる。

21 また、ペンネームや芸名など、個人のイメージが重要な職業の人は別の名前を用意する。美空ひばりの本名が加藤和枝だと聞いて驚《おどろ》く人もいるだろう。

22 このように、名前を変えることによって、名前を付けられたものも変更してしまうという現象は、一般的なことばの働きにもひんぱんに観察されるものである。たとえば、それまで「中村アパート」と呼んでいた建物を「リバーサイドパレス」と呼び直すと、同じ建物でもかなり異なって認識される。商品名が重要なのは、ネーミングによって売り上げが変わってくるからなのである。

23 さらに、こうなってほしいという願いを名前に託《たく》す、親が子どもに命名する場合がある。親は、姓名《せいめい》判断や字画を考慮《こうりょ》して、子どもが幸せになるように命名する。美しくなってほしければ「美」をつけ、大きく飛び立ってほしければ「翔」をつける。⑧名前という「ことば」には、指している人を作り上げ、時として、アイデンティティを与える力があるのだ。

（中村桃子『「自分らしさ」と日本語』ちくまプリマー新書による）

問一 ＝部i～vのカタカナを漢字に直しなさい。

問二 ［1］～［4］を補うのに、最も適当なものを次の中からそれぞれ一つ選び、記号で答えなさい。ただし、同じ記号は二度使わないものとする。

ア だから　イ さらに　ウ しかし　エ このように

問三　━━部①「この二つの考え方の間をさまざまな程度で行き来している」とはどういうことか、解答欄《かいとうらん》の形式に合うように三十字以内で説明しなさい。

問四　━━部②「明治五(一八七二)年に明治政府が発布した改名禁止令と複名禁止令である」とあるが、「明治政府」にはどのような意図があったのかを説明した次の文の[Ⅰ]～[Ⅴ]を補うのに適当な語句をそれぞれ漢字二字で本文中から、抜《ぬ》き出《だ》して答えなさい。

> 改名と複名を禁止することで、一人が持つ名前は一つだけになり、そうすることで[Ⅰ]の作成が可能になり、その[Ⅰ]に基《もと》づいて[Ⅱ]や[Ⅲ]をきちんと行い、[Ⅳ]が[Ⅴ]を統制しようとする意図。

問五　━━部③「必然的」・⑦「げん」の本文中の意味として、最も適当なものを次の中からそれぞれ一つずつ選び、記号で答えなさい。

③「必然的」
ア　仕方なくそうなるさま
イ　結果としてそうなるさま
ウ　意図せずにそうなるさま
エ　間違いなくそうなるさま

⑦「げん」
ア　縁起《えんぎ》
イ　元凶《げんきょう》
ウ　疾病《しっぺい》
エ　前兆

問六　━━部④「戒名は現在でも機能している」とはどういうことか、最も適当なものを次の中から一つ選び、記号で答えなさい。
ア　現在では生前の改名は許されていないが、「戒名」だけは死者を弔《とむら》うために許されているということ。
イ　明治以降改名は禁止されているにもかかわらず、「戒名」だけは法律的に認められているということ。
ウ　改名が容易にはできなくなった現在においても、「戒名」だけは世間で広くつけられているということ。
エ　幼名や成人名などは禁止が徹底されているが、「戒名」だけは禁止だと認識した上でもつけられているということ。

問七　――部⑤「親近感を持つことが多い」とあるが、その理由として**適当でないもの**を次の中から一つ選び、記号で答えなさい。

ア　キリスト教を文化的背景にもつアメリカの、名高い聖人の名を引用するだけの名づけ方とは違うから。

イ　古来日本では名は体を表すという名実一体観が重んじられており、それが現代にも根強く残っているから。

ウ　意味や音の組み合わせで新しい名前を作る日本では、漢字まで同じ名前をもつ人に出会うことは稀《まれ》だから。

エ　漢字まで同じ名前をもっていると、その名前に込《こ》められている親の願いまで一致していることが分かるから。

問八　――部⑥「二つの関係」とあるが、次の具体例が「人が変化したから名前を変えるという関係」にあたるならば「A」と、「名前を変えることで、自分も変化しようとするという関係」にあたるならば「B」と答えなさい。

(1)　「坂」は「土に返る(死ぬ)」という意味合いを含《ふく》むため、「大坂」を「大阪」と改めた。

(2)　平清盛は出家して浄海と名乗った。

問九　――部⑧「名前という『ことば』には、指している人を作り上げ、時として、アイデンティティを与える力がある」とはどういうことか。最も適当なものを次の中から一つ選び、記号で答えなさい。

ア　名前という「ことば」には言霊《ことだま》のような不思議な力があり、名前を呼んでいくうちに人格が形成されていくことがあるということ。

イ　名前から親の願いをくみ取り、その願いに応《こた》えられるよう生きていく内に名前に相応《ふさわ》しい人格が形成されていくことがあるということ。

ウ　名前こそが私が私であることを証明してくれているものであり、名前によって我々のアイデンティティが決定されることがあるということ。

エ　名前はその人の個性であり、生まれながらにして備わっている個性が成長するにつれてその人の人格として表れてくることがあるということ。

問十　本文からは次に示す段落が抜《ぬ》け落《お》ちている。この段落はどの段落のあとに入れればよいか。段落番号で答えなさい。

> ある日、私のもとに、きれいな絵ハガキが届いた。だれから来たのかと差出人を見ると、「中村桃子」と書いてある。自分が旅先から絵ハガキを出した覚えはないが、宛名《あてな》も中村桃子だ。読むと、本屋で私の本を見つけた方が、たまたま、私と同じ中村桃子という名前の人で、うれしくなって、わざわざハガキをくださったそうだ。これも、名実一体観が生み出した縁《えん》だろう。もちろん、私もうれしくなってお返事を出した。

問十一　次のやりとりは、開介さんと明美さんが本文の構成について話し合ったものである。［X］に補う発言として、本文の内容に即したものを次の【選択肢《せんたくし》】から一つ選び、記号で答えなさい。

明美さん「まず初めに、私たちの持つ名前に対する二つの考え方について述べられているわね。」
開介さん「そうだね。続いては一人一名主義についての説明がなされているね。」
明美さん「そうね。日本でも一人一名主義が広まった背景がよくわかったわ。」
開介さん「その後、話題はアメリカと日本の命名方法の違いに移っていくよね。」
明美さん「そして最後は、人の変化と名前の関係性について言及《げんきゅう》されているわ。」
開介さん「［X］」

【選択肢】
ア　現代日本におけるキラキラネームの広まりから、人の変化と名前の関係の多様化が読み取れるね。
イ　現代日本ではどちらかというと、名前が人や物に影響を及《およ》ぼす側面の方が大きいように感じるね。
ウ　グローバル化に伴《とも》い、現代日本においては伝統的な名実一体観は完全に失われてしまったようだね。
エ　現代もなお日本では、人が変化したから名前を変えるという名実一体観の方が支配的だと言えるね。

二　結婚《けっこん》の日取りや式場まで決めていた男性との婚約《こんやく》を破棄《はき》されたあすわ（明日羽）は実家を離《はな》れてひとりで暮らすようになる。そんなあすわを叔母《おば》であるロッカさんが、青空マーケットへ誘《さそ》う。これに続く次の文章を読んで、あとの問に答えなさい。

　青空マーケットは広かった。きっとひと目でそれとわかるような服装の人たちでいっぱいなんだろうと予想していたのが①拍子抜けするくらい、いろんな人がいた。いろんな店があって、いろんなものが売られている。服やアクセサリー、雑貨、本、絵、フィギュア、古いものや新しいもの、それに食べものも多い。楽器を鳴らして歌っている人もいる。売る人も買う人も年をとった人も若い人も派手な人も地味な人も、みんな太陽の下で汗《あせ》をかいていて、人のことなんか気にしていない。山が近いせいだろうか。それとも[1]広い青空のせいか。自分が浮《う》いてしまうのではないかと心配していたのがばかみたいだ。この開けた場所にいると、よくわかる。好きなようにしていいのだ。自分のしたいことをしていればいい。だんだん気が楽になっていく。結婚してる人も、してない人も、いるよね。婚約を破棄した人も、された人も、いるだろうな。ふふ。いろんな人がいて、いいとか悪いとかじゃなくて。うふふふふ。

「あのさ、あすわ。楽しいのはけっこうだけど、ひとりで笑ってると相当不気味だね」

　隣《となり》を歩くロッカさんが注意してくれる。

「い、市川さんの店はどこかなあ」

　人にどう見られても、平気だ。でも、不気味なのはよくないな。うふふ。②いったん開いた気持ちはこの場所に対して緩やかに開いたままだ。

　そのとき、視界の隅《すみ》に何かが引っかかった。振《ふ》り返《かえ》って目を凝《こ》らす。小さな屋台によく知った顔があった。可愛《かわい》らしい、楚々《そそ》とした顔と仕種《しぐさ》。郁ちゃんだ、と思う。間違《まちが》いなく同僚《どうりょう》の郁ちゃんであるはずなのに、いつもの彼女《かのじょ》とは雰囲気《ふんいき》が違う。何か食べものを売る屋台を出しているようだ。普段《ふだん》がたんぽぽなら今日は③ひまわりみたいな笑顔で誰《だれ》かと話している。

　④なんとなく声をかけそびれてしまった。あんな顔で笑う人だったのか。私の知っている郁ちゃんとは別の人みたいだった。一度声をかけそびれると、あとはタイミングをi見計らうか——隠《かく》れるか。いろんな屋台や茣蓙《ござ》の並ぶ青空マーケットで、私は郁ちゃんのブースだけを慎重《しんちょう》に避《さ》けることになってしまった。どうして隠れなきゃならないのかと思いながら。弾《はじ》けるような郁ちゃんの笑顔に気後《きおく》れしたのだとは認めたくなかった。

　しかし、だ。あすわー、と呼ぶ声がした。ロッカさんが満面の笑《え》みで手を振《ふ》っている。

「ここのスープ飲んだー？　豆でできてるんだってー。すごいおいしいんだからー」

　それがまさに郁ちゃんの屋台だった。隠れているわけにもいかなくなった。今気がついたみたいに近づいていくと、郁ちゃんは一瞬《いっしゅん》驚《おどろ》いた顔をし、それから[2]笑顔になった。

すみれ色のエプロンをつけた郁ちゃんは、太陽の下で輝《かがや》いて見えた。きれいだ、と思った。

【　Ａ　】

【　Ｂ　】

【　Ｃ　】

【　Ｄ　】

郁ちゃんが楽しそうに笑う。私はお豆の袋《ふくろ》をひとつ取り、軽い気持ちでラベルを読んだ。陽射《ひざ》しがまぶしくて、目がちかちかした。

手描《てが》きのラベルには「豆はおいしい」と大きく書いてあった。思わず笑みがこぼれる。そうだ、郁ちゃんはお弁当によく煮豆《にまめ》を入れてくる。売るほど豆好きだったとは知らなかったな。

それから一段小さく書かれた文字を読んだ。

豆はおいしい。

豆は安い。

豆は保存がきき、楽しく料理ができて、からだによい。

もっと小さく書かれた字も読んだ。

世界中の人がこぞって肉を食べれば食糧《しょくりょう》危機は深刻になるばかりだけど、

豆なら大丈夫です。

世界中の人が満ち足りた食事ができるように。

楽天堂・豆料理クラブの願いです。

暑くて頭からⅱ湯気が立っていたはずなのに、[3]汗が引いていた。

郁ちゃん。これは、豆、でしょ。豆を食べながらこんなことを考えていたの？　私は――私はぜんぜん考えなかったよ。お豆を食べても、何を食べても、考えることとなんかなかった。

そもそも私は郁ちゃんのプライベートをほとんど知らない。休みの日に郁ちゃんがどこで何をしていようとまったく管轄外《かんかつがい》だ。それなのに、こんなことがショックだった。こんなふうにいきいきと郁ちゃんが活動していることに、そして私には何も話してくれなかったことに。

私だって特に何かを話してきたわけではないから、ショックを受けるのは⑤お門違いだとも言える。だけど、私は話さなかったんじゃなくて話せなかっただけだ。話すことがなかった。郁ちゃんと私は、一粒《つぶ》の豆を見て考えることの深さがこんなに違っていた。普段の職場でも、たとえば商品のロンパース一枚を取ってさえ、郁ちゃんと私とでは視点が違っていたのかもしれなかった。

⑥黙ってしまった私に、郁ちゃんはいつも通りの明るい声で話しかけてきた。彼女の気遣《きづか》いに違いなかった。

「真夏にお豆を売るのは厳しいね」

そう言って、小さくため息をついたのだから。

「お豆ってほんとはサラダにもデザートにも使えるのに、煮豆のイメージが一般的《いっぱんてき》でしょう。暑苦しく思われるらしくて夏は不利なんだ。わかってたから、今日は冷たいスープをたくさん仕込《しこ》んで起（a）回（b）を狙《ねら》ったんだけど、氷が溶《と》けちゃって。この炎天下《えんてんか》じゃしょうがないよね、甘《あま》かったなあ」

郁ちゃんが私にⅲ弱音を吐《は》いてくれた。その厚意《こうい》をしっかり受けとめたい。――氷だ。氷があればいい。郁ちゃんの豆スープを氷で冷やそう。駅からの道に小さいスーパーがあったはずだ。あそこになら氷がある。それをありったけ買ってこよう。

「ちょっと待ってて」

言い置いて、⑦急いで青空マーケットの出口に向かう。郁ちゃんが望んでいるのが氷ではないとしても、今の私に返せる答はこれだ。お金ならある。使《つか》い途《みち》のない二百万円は、こういうときのためにあるんだ。今あれを使ってしまえば胸が［4］するだろう。二百万と言わず二万円分も氷があれば郁ちゃんの豆スープは助かる。とにかく郁ちゃんを応援《おうえん》したい。あの豆スープをなんとかしたい一心だった。

…と思う。もしかしたら、お金を払《はら》うことで郁ちゃんに私の分まで頑張《がんば》ってもらうつもりでいるんじゃないか。汗を拭《ぬぐ》うように疑いを拭い、ぎらぎらと燃える太陽の下をひたすらスーパーへと歩いた。

（宮下奈都『太陽のパスタ、豆のスープ』による）

問一　═══部ⅰ～ⅲの漢字の読みをひらがなで答えなさい。

問二 ［1］～［4］を補うのに、最も適当なものを次の中からそれぞれ一つずつ選び、記号で答えなさい。ただし同じ記号は二度使わないものとする。

ア すうっと
イ すかっと
ウ ぱあっと
エ ぱかんと

問三 ――部①「拍子抜《ひょうしぬ》け」・⑤「お門違《かどちが》い」の本文中の意味として、最も適当なものを次の中からそれぞれ一つずつ選び、記号で答えなさい。

①「拍子抜け」
ア 疑念が晴れること
イ 興味が薄《うす》れること
ウ 不安が払拭《ふっしょく》されること
エ 張り合いがなくなること

⑤「お門違い」
ア 道理から外れていること
イ 場面にふさわしくないこと
ウ 相手を見下した態度をとること
エ 相手の言動を曲げて解釈《かいしゃく》すること

問四 ――部②「いったん開いた気持ちはこの場所に対して緩《ゆる》やかに開いたままだ」とは「私」のどのような様子を表しているかを説明した次の文の［Ⅰ］・［Ⅱ］を補うのに最も適当な語句をそれぞれ五字程度で、本文中から抜《ぬ》き出《だ》して答えなさい。

> 青空マーケットという開放的な場所にいる様々な人が、それぞれ［Ⅰ］行動している様子を目《ま》の当《あ》たりにし、婚約破棄という憂《う》き目《め》に会ってふさぎ込《こ》んでいた気分が［Ⅱ］、ニヤニヤしてしまっているのをロッカさんに注意されても、その気分は簡単には変わらないという様子。

問五　——部③「ひまわりみたいな笑顔」とはどのような笑顔か。最も適当なものを次の中から一つ選び、記号で答えなさい。

ア　普段会社で見る控《ひか》えめで愛らしい笑顔とは異なる、明るく快活な笑顔。

イ　仕事の時に見せる大人びた社交的な笑顔とは異なる、純真で伸《の》びやかな笑顔。

ウ　「私」が知っている内向的で陰《かげ》のある笑顔とは異なる、外向的で溌剌《はつらつ》とした笑顔。

エ　いつも「私」に見せてくれるあどけなくかわいらしい笑顔とは異なる、女性らしい艶《つや》っぽい笑顔。

問六　——部④「なんとなく声をかけそびれてしまった」とあるが、その理由を解答欄《かいとうらん》の形式に合うように、二十字以内で本文中から抜き出して答えなさい。

問七　【　A　】～【　D　】を補うのに最も適当な会話文を次の中からそれぞれ一つずつ選び、記号で答えなさい。

ア　「うん、あたしはお客としてだけど」

イ　「びっくりしたー。あすわも来てたんだ」

ウ　「私がつけたんじゃなくて、ほんとにそういう名前なの」

エ　「お豆、売ってるんだね。ええと、ひよこ豆にレンズ豆。虎《とら》豆。大福豆。かわいい名前をつけてるんだねえ」

問八　——部⑥「黙《だま》ってしまった私」とあるが、このときの「私」の心情を解答欄の形式に合うように、四十字以内で説明しなさい。

問九　（a）・（b）に、対《つい》になる漢字を補うことで、文脈に即《そく》した四字熟語を完成させなさい。

問十 ――部⑦「急いで青空マーケットの出口に向かう」とあるが、この時の「私」の説明として、最も適当なものを次の中から一つ選び、記号で答えなさい。

ア 郁ちゃんの話の中で見えてきた豆に対する先入観を「私」の手で払拭しようと努力している。
イ 落《お》ち込《こ》む「私」を何とか励《はげ》まそうとしてくれた郁ちゃんの気持ちに応えようと必死になっている。
ウ 気まずい沈黙《ちんもく》を打ち破ってくれた郁ちゃんの優《やさ》しさに甘えてばかりではいけないと躍起《やっき》になっている。
エ 思わず無言になってしまった「私」に話題を提供してくれた郁ちゃんに恩返しをしようと奮闘《ふんとう》している。

※問題はこのページで終わりです。

白　紙

白　紙

２０２２年　開明中学校　入学試験問題

１次後期Ａ

社会

（40分）

【問題冊子】

（注意）

１．問題冊子および解答用紙は監督者《かんとくしゃ》の指示があるまで開かないこと。
２．問題は全部で７題である。
３．試験開始後、解答用紙の所定箇所《かしょ》に受験番号をはっきりと記入し、マークを正しく塗《ぬ》りつぶすこと。
４．解答は解答用紙の指定された箇所に書くこと。
５．試験終了の合図で解答はやめて、筆記用具を置き、手はひざにおくこと。
６．試験終了後、解答用紙を回収した後、問題冊子も回収をする。

《1》　次の文①～④は日本の都道府県に関する説明である。地図と文を参考にして、あとの問いに答えなさい。

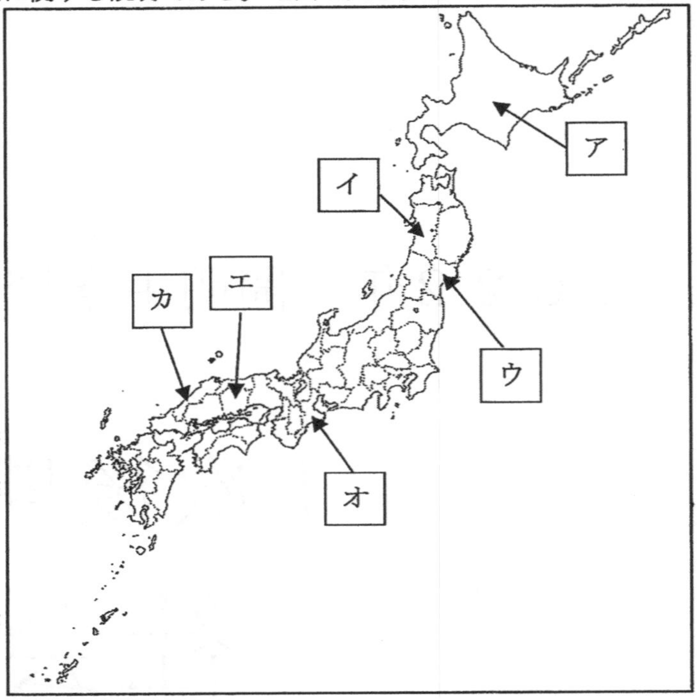

①　ラムサール条約に登録されている釧路湿原がある都道府県。

②　日本三大庭園の一つである後楽園がある都道府県。

③　東部の県境に奥羽山脈が連なる都道府県。

④　天照大神らをまつる伊勢神宮がある都道府県。

（1）上の文①～④にあてはまる都道府県を地図上のア～カから１つずつ選び、記号で答えなさい。

（2）日本でも地球温暖化対策がすすめられている。地球温暖化によっておこる現象として**誤っているもの**を次から１つ選び、記号で答えなさい。

ア．低地や標高の低い島などが水没する。

イ．動物や植物の地域分布に変化が現れる。

ウ．オゾン層が破壊されて、紫外線が増える。

エ．猛暑や干ばつ、台風などの被害が増える。

《2》　次の文章を読み、あとの問いに答えなさい。

一郎君は、お正月に食べたお雑煮のおいしさを忘れることが出来ず、（a）インターネットでお雑煮について調べてみました。すると、全国でお雑煮の味つけや使われている食材、餅の形や、調理法に違いがあることがわかりました。東日本では角餅が使われることが多く、西日本では丸餅が使われることが多いようです。また味つけは、すまし汁やしょうゆベースの地域が全国的には多いですが、（b）近畿地方では白味噌を使ったお雑煮が食べられているようです。

一郎君は白味噌を使った甘めのまったりしたお雑煮が大好きだったので、この結果に驚いていると、台所からお母さんがやってきて「私のふるさとの（c）秋田県では、すまし汁に（d）鶏肉や三つ葉を入れるのが当たり前だったわよ」と教えてくれました。一郎君は、自分が食べたことないお雑煮の情報に目を輝かせています。さらに鳥取県や香川県に住んでいた経験があるお父さんが「鳥取県では、ぜんざいのような小豆を使ったお雑煮が食べられているし、香川県では、白味噌の汁にあんころもちが入っているんだぞ」と話に加わってきました。

さらに調べてみると、各地域でご当地の食材を入れることも多いようで、（e）かきの入ったお雑煮もあるようです。

全国各地の美味しそうなお雑煮を想像していると、お腹がグゥ～と鳴り出し、来年のお正月までの日を数え始めた一郎君でした。

（1）下線部（a）を小学生が利用する時の注意点を述べた文として**誤っているもの**を次から１つ選び、記号で答えなさい。

ア．　インターネット上で知り合った人と出会う場合、事前に保護者に相談する。

イ．　パスワードを設定する際は、忘れないように自分の誕生日などにするとよい。

ウ．　友達と一緒に写っている写真を、友達の許可なく勝手に公開してはいけない。

エ．　自分の連絡先などの情報を知らない人に教えたり、公開したりしてはいけない。

（2）下線部（b）について、下の説明文に当てはまる近畿地方の都道府県を答えなさい。

説明文

・たまねぎ、レタスの生産量が特に多いことで有名な都道府県。

（3）下線部（c）の都道府県について説明した文として正しいものを次から１つ選び、記号で答えなさい。

ア．　伝統工芸品として南部鉄器が有名である。

イ．　県名と県庁所在地名が異なっている。

ウ．　毎年８月に竿燈《かんとう》祭が開催されている。

エ．　東北地方で唯一新幹線が開通していない。

（4）下線部（d）について、次の表は肉用若鶏の飼育数の上位５つの都道府県を示したもの（2018年：『日本国勢図会 2019／20』）である。表のＡにあてはまる都道府県名を答えなさい。

都道府県	飼育頭数(万羽)
A	2,842
鹿児島県	2,674
岩手県	2,244
青森県	702
北海道	499

（5）下線部（e）について、次の表は、ぶり類・のり類・かき類・真珠の海面養殖業の魚種別収穫量割合の上位３つの都道府県を示したもの（2017年：『日本国勢図会 2019／20』より作成）である。かき類にあてはまるものを表から１つ選び、記号で答えなさい。

ア		イ		ウ		エ	
都道府県	%	都道府県	%	都道府県	%	都道府県	%
鹿児島県	34	佐賀県	22	広島県	59	愛媛県	38
大分県	14	兵庫県	20	宮城県	14	長崎県	34
愛媛県	13	福岡県	16	岡山県	8	三重県	21

《３》　次の表は都道府県のデータをまとめたもの（2018 年：『日本国勢図会 2019／20』より作成）である。表を見て、あとの問いに答えなさい。

	面積 (㎢)	人口 （千人）	海面漁業漁獲量 （百ｔ）	農業産出額 （億円）
①	1905	8813	193	357
②	1877	962	164	835
③	4131	1341	3171	1632
④	5173	7537	700	3232

（１）表中の①～④にあてはまる都道府県を次から１つずつ選び、記号で答えなさい。

ア．香川県　　イ．愛知県　　ウ．大阪府　　エ．長崎県

（２）日本の森林や林業に関連して述べた文として正しいものを次から１つ選び、記号で答えなさい。

ア．日本三大美林とよばれる天然林として、吉野や木曽のすぎが有名である。

イ．木が育ちやすい環境であるため、森林が国土の４分の１を占めている。

ウ．木材は輸入されており、2010 年代タイからの輸入の割合が一番多い。

エ．林業の作業には、日光がよくあたるように木を間引く間伐がある。

《４》　次のＡ～Ｃの人物に関する説明を読み、あとの問いに答えなさい。

Ａ　（ａ）聖武天皇の厚い保護を受け、奈良に唐招提寺を建立した。

Ｂ　老中となり、商人に（ｂ）株仲間の結成をすすめ、印旛沼《いんばぬま》や手賀沼《てがぬま》の干拓をおこなった。

Ｃ　（ｃ）米騒動後に内閣総理大臣となり、日本初の本格的な（ｄ）政党内閣を組織した。

（１）Ａ～Ｃの説明にあてはまる人物は誰か、**漢字で**答えなさい。

（２）下線部(ａ)について、聖武天皇の政策について述べた次の文Ｘ・Ｙの正誤の組み合わせとして正しいものを下のア～エから１つ選び、記号で答えなさい。

Ｘ　蝦夷を征討するため、新たに征夷大将軍の役職を設けた。

Ｙ　墾田永年私財法を出し、開墾した土地を永久私有することを認めた。

ア．Ｘ：正　Ｙ：正　　イ．Ｘ：正　Ｙ：誤　　ウ．Ｘ：誤　Ｙ：正　　エ．Ｘ：誤　Ｙ：誤

（３）下線部(ｂ)に関連し、株仲間を解散させるなど水野忠邦がおこなった一連の改革を、解答欄に合うように答えなさい。

（４）下線部(ｃ)は、どこの都道府県で米屋が襲われたことがきっかけとなって各地へ広がったか、現在の都道府県名で答えなさい。

（５）下線部(ｄ)に関連し、Ｃの人物が内閣総理大臣就任時に所属していた政党として正しいものを、次から１つ選び、記号で答えなさい。

ア．自由民主党　　イ．立憲改進党　　ウ．自由党　　エ．立憲政友会

二〇二二（令和四）年度　開明中学校　入学試験

一次後期A　**国語**

※100点満点

受験番号

得点（記入しないこと）

一

問一　i　ii　iii　iv　v

問二　1　2　3　4

問三　日本では伝統的な名実一体観に、明治以降の一人一名主義による名前符号観が加わり、

問四　Ⅰ　Ⅱ　Ⅲ　Ⅳ　Ⅴ

問五　③　⑦

問六

問七

問八　(1)　(2)

問九

問十

問一．　１点×５
問二．　２点×４
問三．　８点
問四．　１点×５
問五．　２点×２
問六．　４点
問七．　３点
問八．　２点×２
問九．　４点
問十．　３点
問十一．　４点

SN-P0426

一次試験A 国語

二〇二二（令和四）年度 開智中学校 入学試験

受験番号

一

問一

問二

問三

問四

問五

問六

問七

問八

問九

3	(1)	(2) の組	(3)	
4	(1) 秒後	(2) 秒後	(3) 秒後	(4) 毎秒　cm 毎秒　cm
5	(1) 個	(2) cm	(3) 回目	(4) 回目

1．５点×５
2．５点×６
3．５点×３
4．⑴４点
⑵４点
⑶３点
⑷２点×２
5．⑴４点
⑵４点
⑶４点
⑷３点

【4】　(1) 1点×3　(2) 1点　(3)記号…1点　理由…2点　(4) 1点

(1)	A	B	C	(2)
(3)		理由		(4)　　色

【5】　(1)完答2点　(2) 1点　(3) 1点×2　(4) 1点　(5) 1点　(6) 2点

(1)	と		(2)
(3)	A	B	(4)
(5)		(6)	

【6】　(1) 1点　(2) 1点　(3) 1点　(4) 2点×2　(5) 2点

(1)		(2)	(3)
(4)	A	B	(5)

(5)		(6)	

《5》　(1) 1点×2　(2) 1点　(3) 1点　(4) 1点　(5) 2点　(6) 1点×3

(1)	あ		い		(2)		(3)		
(4)		(5)		(6)	①		②		③	

《6》　(1) 1点×3　(2) 1点　(3) 2点　(4) 2点　(5) 2点　(6) 1点

(1)	①		②		③						
(2)		(3)		(4)		(5)		(6)			

《7》　1点×4

(1)		(2)		(3)		(4)	

※50点満点

2022（令和4）年度　開明中学校　入学試験

1次後期A　　社会

受験番号	

用紙タテ 上　こちらを上にしてください

【注意】 解答欄に〔漢字〕と指定されている問題については、必ず全て漢字を用いて答えなさい。

《1》　　1点×5

(1)	①		②		③		④		(2)	

《2》　　1点×5

(1)		(2)		(3)		(4)		(5)	

《3》　　1点×5

(1)	①		②		③		④		(2)	

《4》　　(1)1点×3　(2)1点　(3)1点　(4)1点　(5)2点　(6)2点

(1)	A	〔漢字〕	B	〔漢字〕	C	〔漢字〕
(2)		(3)	の改革	(4)		

【解答用

※50点満点

2022(令和4)年度　入学試験 解答用紙

1次後期A　理科　開明中学校

受験番号

0	1	2	3	4	5	6	7	8	9
0	1	2	3	4	5	6	7	8	9
0	1	2	3	4	5	6	7	8	9
0	1	2	3	4	5	6	7	8	9
0	1	2	3	4	5	6	7	8	9
0	1	2	3	4	5	6	7	8	9

用紙タテ 上　こちらを上にしてください

【1】 1点×8

(1)	ア	イ	ウ	
(2)	(3)	(4)	(5)	(6) cm

【2】 1点×9

(1)	①	②	③	④	⑤
(2)	①	②	③	④	

【3】 1点×7

(1)	硝酸カリウム	食塩	(2) %
(3) g	(4)	① %	② g

【解答用

※100点満点

2022(令和4)年度　入学試験解答用紙

1次後期A　算数　開明中学校

受験番号										
	⓪	①	②	③	④	⑤	⑥	⑦	⑧	⑨
	⓪	①	②	③	④	⑤	⑥	⑦	⑧	⑨
	⓪	①	②	③	④	⑤	⑥	⑦	⑧	⑨
	⓪	①	②	③	④	⑤	⑥	⑦	⑧	⑨
	⓪	①	②	③	④	⑤	⑥	⑦	⑧	⑨
	⓪	①	②	③	④	⑤	⑥	⑦	⑧	⑨

用紙タテ 上　こちらを上にしてください

1	(1)	(2)	(3)
	(4)	(5)	
2	(1)	(2)	(3)
	通り	度	
	(4)	(5)	(6)
	人	cm^3	cm^2

【解答用

※

二

問一 i ii iii ※

問二 1 2 3 4 ※

問三 ① ⑤ ※

問四 Ⅰ Ⅱ ※

問五 ※

問六 から。 ※

問七 A B C D ※

問八 休日にいきいきと活動する郁ちゃんのプライベートを全然知らなかったことに気付いたのに加え、 ※

問九 起 回 ※

問十 ※

問一．１点×３
問二．２点×４
問三．２点×２
問四．４点
問五．５点
問六．４点
問七．１点×４
問八．８点
問九．３点
問十．５点

（6）Cの人物に関連して、米騒動前後におこったできごとⅠ～Ⅲについて、古いものから年代順に正しく配列したものを、下のア～カから１つ選び、記号で答えなさい。

Ⅰ　伊藤博文が、ハルビン駅で安重根に暗殺された。

Ⅱ　関東大震災が発生し、多くの人々が大きな被害にあった。

Ⅲ　日本は韓国を併合し、京城に朝鮮総督府を置いて支配した。

ア．Ⅰ－Ⅱ－Ⅲ　　イ．Ⅰ－Ⅲ－Ⅱ　　ウ．Ⅱ－Ⅰ－Ⅲ

エ．Ⅱ－Ⅲ－Ⅰ　　オ．Ⅲ－Ⅰ－Ⅱ　　カ．Ⅲ－Ⅱ－Ⅰ

《5》　次の年表を見て、あとの問いに答えなさい。

（1）年表中の（　あ　）・（　い　）にあてはまる人物をそれぞれ答えなさい。

年	できごと
589	隋が国内を統一する………a
	ア
939	（　あ　）が現在の千葉県を拠点とし、反乱をおこす
	イ
1185	壇ノ浦の戦いで平氏が滅ぶ………b
	ウ
1649	慶安の御触書が出される………c
	エ
1792	（　い　）が根室に来航する
	オ
1869	版籍奉還がおこなわれる
	カ
1939	ドイツ軍がポーランドに侵攻する………d
	キ
1950	治安維持のために警察予備隊がつくられる
	ク
1973	第四次中東戦争の影響で第一次石油危機がおこる

（2）年表中のaに関連して、中国の歴史に関して述べた次の文X・Yの正誤の組み合わせとして正しいものを下のア～エから１つ選び、記号で答えなさい。

X　ポーツマス条約で台湾や遼東半島などを日本に譲った。

Y　毛沢東は台湾に逃れ、中華民国を建国した。

ア．X：正　Y：正

イ．X：正　Y：誤

ウ．X：誤　Y：正

エ．X：誤　Y：誤

（3）年表中のbに関連して、平清盛について述べた文として正しいものを次から１つ選び、記号で答えなさい。

ア．平清盛は、現在の広島県にある大輪田泊を改修した。

イ．平清盛は、武士として初めて太政大臣になった。

ウ．平清盛は、前九年の役で活躍し、奥州を拠点とした。

エ．平清盛は、明と貿易をおこない、明銭が輸入された。

（4）年表中のｃに関連して、江戸時代の農業について述べた文として正しいものを次から１つ選び、記号で答えなさい。

ア．収穫の際には石包丁が使用され、高床倉庫に保管された。

イ．米と麦を作る二毛作が始まったため、農家の収入が増えた。

ウ．徳川吉宗は年貢率を決める方法を、検見法から定免法に改めた。

エ．米をよりわける備中ぐわによって、農作業の効率が高まった。

（5）年表中のｄ以降におこったできごととして**誤っているもの**を次から１つ選び、記号で答えなさい。

ア．大政翼賛会が組織された。

イ．日本が国際連合に加盟した。

ウ．日本で労働組合法が制定された。

エ．二・二六事件がおこった。

（6）次の①～③がおこった時期を、年表中のア～クから１つずつ選び、記号で答えなさい。

①　『古事記』が完成する。

②　モースが大森貝塚を発見する。

③　武家諸法度が初めて制定される。

《6》　次の文章を読み、あとの問いに答えなさい。

憲法第 65 条は、「（　①　）権は、内閣に属する」と定めている。国会で定められた（ａ）予算や法律に基づいて、実際に国の政治をおこなうのが内閣である。

また、第 66 条第３項では、「内閣は、（①）権の行使について、国会に対し連帯して責任を負ふ」と定めている。このように、内閣が国会の信任のもとに成立し、国会に対して内閣が連帯して責任を負う仕組みを、（　②　）制という。内閣の最高責任者である（ｂ）内閣総理大臣は、天皇が国会の指名に基づいて、任命する。

国会と内閣の意見が対立したとき、（ｃ）衆議院は、内閣の（　③　）を議決することができる。内閣（③）決議が国会で可決された場合、内閣は 10 日以内に衆議院を解散するか、内閣が総辞職するか、どちらかを選ばなければならない。

（1）文中の（　①　）～（　③　）にあてはまる語をそれぞれ答えなさい。

（2）下線部（ａ）について、国の１年間の支出である歳出のうち、2010 年代最も大きな割合を占めているものを、次から１つ選び、記号で答えなさい。

ア．社会保障関係費（社会保険、生活保護、社会福祉などに使われる費用）

イ．国債費（国債の利子支払いや返済などのために使われる費用）

ウ．公共事業関係費（道路建設や開発、災害対策などに使われる費用）

エ．地方交付税交付金（地方財政を助けるために使われる費用）

（3）下線部（ｂ）について、内閣総理大臣が主宰し、すべての国務大臣が出席して内閣の政策や方針などを決める会議を何というか、答えなさい。

（4）下線部(c)について、衆議院の優越として**誤っているもの**を次から１つ選び、記号で答えなさい。

ア．憲法改正の発議　イ．法律案の議決　ウ．内閣総理大臣の指名　エ．予算の議決

（5）本文に関連して、内閣総理大臣について述べた次の文Ｘ・Ｙの正誤の組み合わせとして正しいものを下のア～エから１つ選び、記号で答えなさい。

Ｘ　内閣総理大臣は、必ず衆議院議員でなければならない。

Ｙ　内閣総理大臣は、法務大臣や国土交通大臣などの国務大臣を任命する。

ア．Ｘ：正　Ｙ：正　　イ．Ｘ：正　Ｙ：誤　　ウ．Ｘ：誤　Ｙ：正　　エ．Ｘ：誤　Ｙ：誤

（6）日本では、内閣・国会・裁判所のように、国のそれぞれの機関が役割を分担し、互いが行き過ぎないように関わり合い、バランスをとる仕組みが採用されている。この仕組みを何というか、答えなさい。

《７》　次の（１）～（４）の文で、下線部が正しい場合には○、誤っている場合は正しい語を答えなさい。

（1）予算の原案を作成し、政府の財政活動の中心となる省庁は、外務省である。

（2）有権者一人が一票投票する選挙の原則を秘密選挙という。

（3）精神の自由が保障されているので、表現の自由や思想・良心の自由が認められている。

（4）特別国会は、衆議院の総選挙の日から 20 日以内に開かれ、内閣総理大臣を指名する国会である。

２０２２年　開明中学校　入学試験問題

１次後期Ａ

算数

（60分）

【問題冊子】

（注意）

１．問題冊子および解答用紙は監督《かんとく》者の指示があるまで開かないこと。

２．問題は全部で５題である。

３．試験開始後、解答用紙の所定箇《か》所に受験番号をはっきりと記入し、マークを正しく塗《ぬ》りつぶすこと。

４．解答は解答用紙の指定された箇所に書くこと。

５．試験終了の合図で解答はやめて、筆記用具を置き、手はひざにおくこと。

６．試験終了後、解答用紙を回収した後、問題冊子も回収をする。

1．次の計算をしなさい。ただし，（４）（５）は$\square$にあてはまる数を答えなさい。

（１）$19 \times 20 + 20 \times 21 + 21 \times 22 + 22 \times 23$

（２）$0.25 \times 8.4 \div \{10.5 - (4.9 - 3.5)\}$

（３）$3.6 \times 1\frac{2}{3} \div \frac{2}{7} - \left(1.11 \div 0.33 - \frac{4}{11}\right)$

（４）$7.5 \div 0.6 \div \left(\square - \frac{3}{4}\right) = 43\frac{3}{4}$

（５）$(24 - 11) \div 3 \times \left(\square - 16\right) - 12 \div 2 \times 5 = 9$

2．次の問いに答えなさい。ただし，円周率は3.14 とします。

（1）男子３人，女子２人の合計５人から３人を選ぶとき，３人のうち女子が１人だけ入っている選び方は何通りありますか。

（2）時計の針が７時 14 分をさしているとき，長針と短針の間の角度のうちで，小さい方の角度は何度ですか。

（3）７を 2022 回かけてできる数の一の位の数は９ですが，十の位の数は何ですか。

（4）生徒が長いすに座ります。長いすに６人ずつ座ると 15 人が座れません。そこで７人ずつ座ると，長いすが２脚《きゃく》余り，最後の長いすには６人だけ座ることになります。生徒の人数は何人ですか。

（5）１辺の長さが 10 cm の立方体 ABCD － EFGH を AB，AD の真ん中の点と F，H を通るように切ります。２つに分かれた立体のうち大きい方の体積は何 cm^3 ですか。

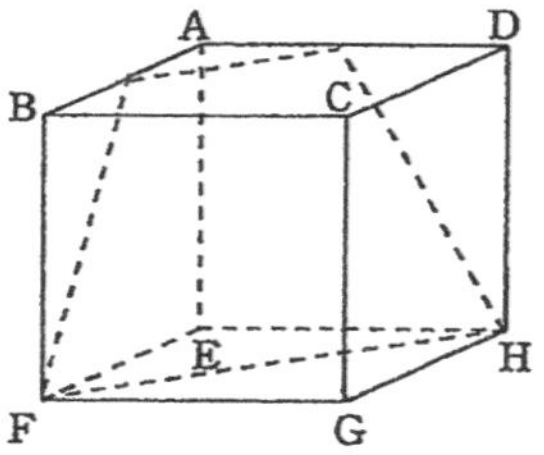

（6）３辺の長さが５cm，５cm，８cm の三角形のまわりを，半径１cm の円が接しながら１周していきます。このとき，円が通過した部分の面積は何 cm^2 ですか。

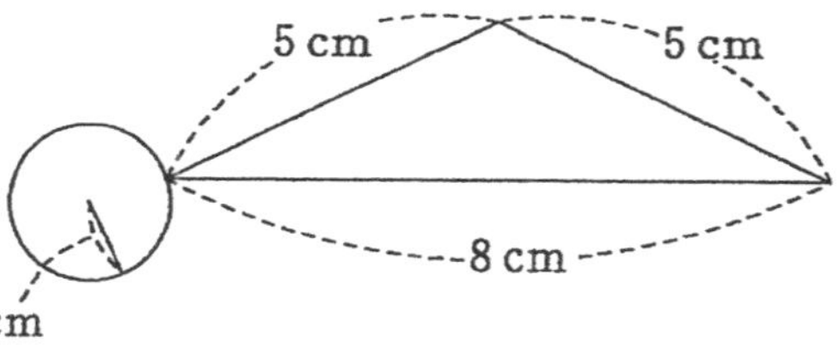

3．すべての整数は，7で割ったときの余りで7つの組に分けることができます。7で割った余りが1，2，3，4，5，6である組をそれぞれA，B，C，D，E，Fの組，余りのない組をGの組とします。このとき，次の問いに答えなさい。

（1）Cの組で400にいちばん近い数は何ですか。

（2）Bの組とFの組の数をかけると，どの組の数になりますか。

（3）ある数と2けたのFの組の数をかけたところ，510になりました。
ある数は何ですか。

２０２２年　開明中学校　入学試験問題

１次後期Ａ

理科

（40分）

【問題冊子】

（注意）

1．問題冊子および解答用紙は監督者《かんとくしゃ》の指示があるまで開かないこと。

2．問題は全部で６題である。

3．試験開始後、解答用紙の所定箇所《かしょ》に受験番号をはっきりと記入し、マークを正しく塗《ぬ》りつぶすこと。

4．解答は解答用紙の指定された箇所に書くこと。

5．試験終了の合図で解答はやめて、筆記用具を置き、手はひざにおくこと。

6．試験終了後、解答用紙を回収した後、問題冊子も回収をする。

【1】

ばねは太さや作られているものによって、かたさが違《ちが》います。下の表は5種類の同じ長さのばねA～Eにおもりをつりさげたときの、ばねの伸《の》びとかたさをまとめたものです。以下の問いに答えなさい。ただし、ばねや糸の重さはないものとします。

ばねの種類	A	B	C	D	E
おもり(g)	100	600	480	(イ)	240
ばねの伸び(cm)	1	2	(ア)	0.8	0.4
ばねのかたさ	1	3	4	7	(ウ)

(1) 表の(ア)～(ウ)の数値を答えなさい。

(2) AとCを図1のように並列につなぎ、500gのおもりをつるしたところ、ばねの伸びはそれぞれ1cmになりました。これらを1つのばねとみなしたとき、ばねのかたさはいくらですか。ただし、おもりをつるしたときのばねの伸びは、2つとも常に同じものとします。

(3) BとEを図2のように直列につなぎ、300gのおもりをつるしたところ、ばねの伸びは合計で1.5cmになりました。これらを1つのばねとみなしたとき、ばねのかたさはいくらですか。

(4) CとEおよびBとDを並列につなぎ、さらにそれぞれを図3のように直列につなぎました。これらを1つのばねとみなしたとき、ばねのかたさはいくらですか。ただし、おもりをつるしたときのCとEおよびBとDのばねの伸びはそれぞれ同じものとします。

(5) 図4のようにAを半分に切った後、それぞれを図1のように並列につなぎました。これを1つのばねとみなしたとき、ばねのかたさはいくらですか。

(6) DとEを半分の長さに切った後、DとEの半分の長さのばねをそれぞれ図1のように並列につなぎ、さらに図5のように910gのおもりを糸でつるしました。このとき、1つのばねの伸びは何cmですか。ただし、ばねの伸びは両方とも同じものとします。

2022(R4) 開明中　1次後期
K 教英出版

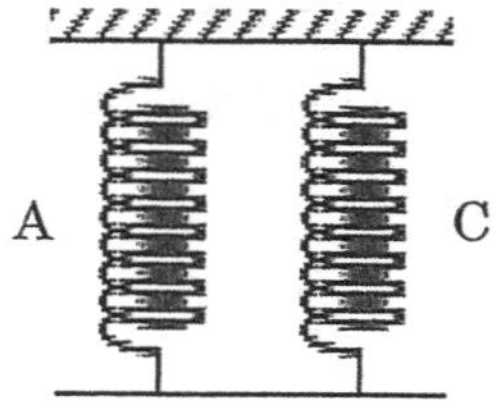

図1

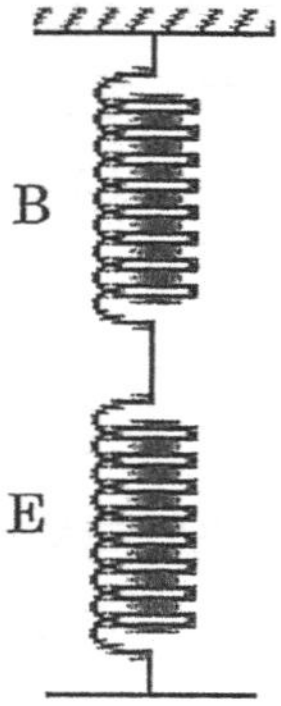

図2

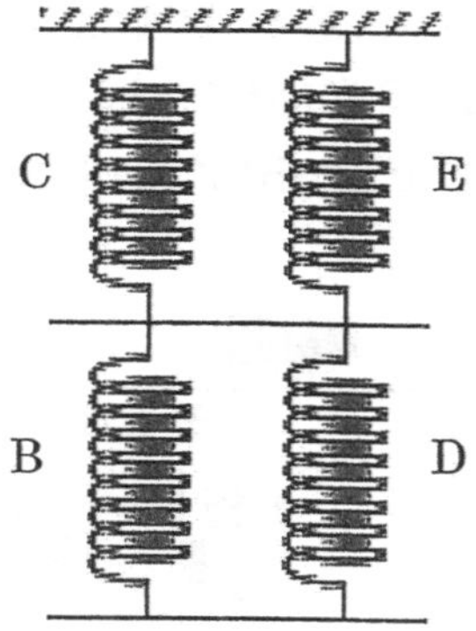

図3

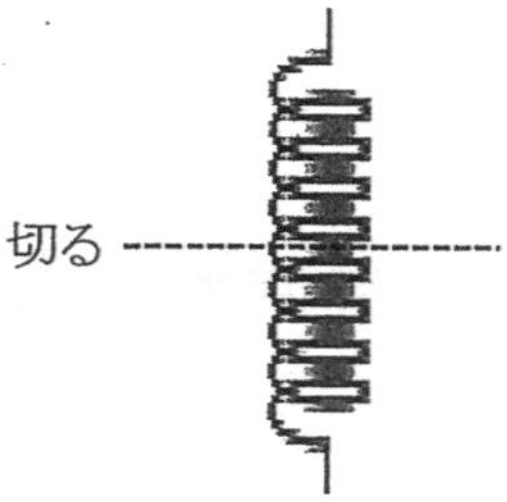

図4

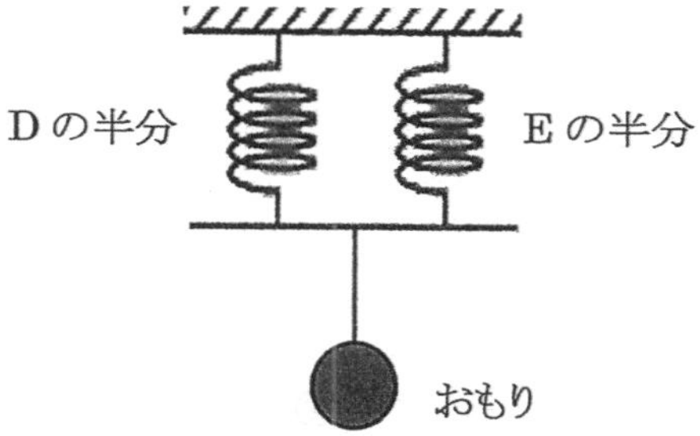

図5

【2】

日光のよくあたる場所で、図 1 のように、光電池（太陽電池）1 つを模型《もけい》自動車の上に水平にのせ、光電池に日光をあてたところ、模型自動車は前方へ走り出しました。図 1 は模型自動車に光電池をのせたものを上から見たものです。次の実験について以下の問いに答えなさい。

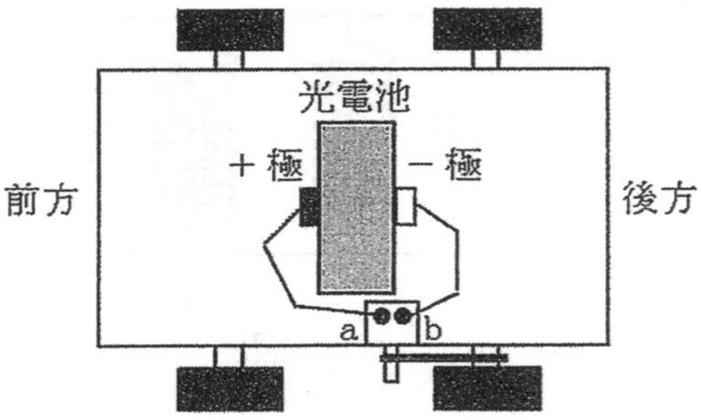

図 1

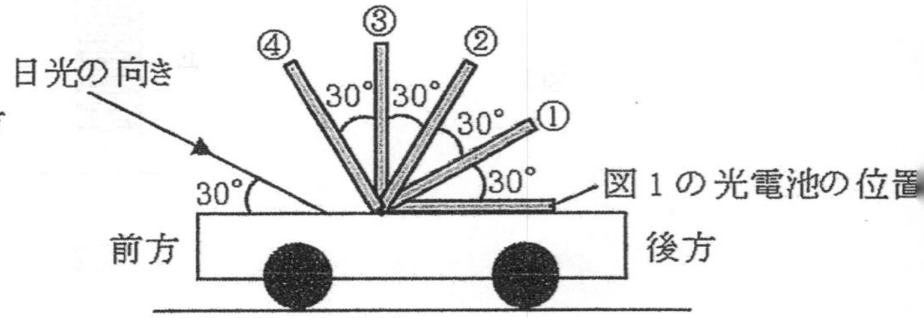

図 2

〔実験 1〕 同じ種類の光電池をいくつか使い、次の①～⑤のような 5 種類の回路をつくり、模型自動車の上にのせて走らせました。

①
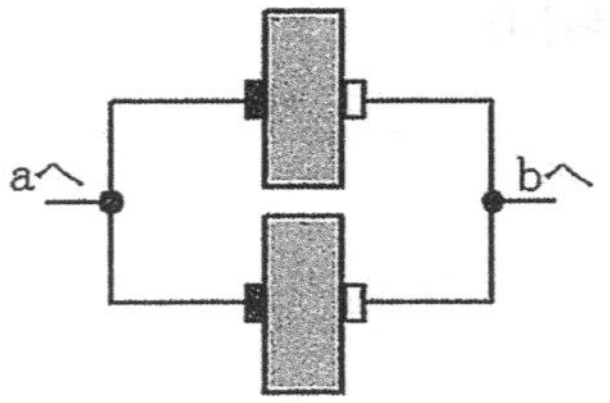

②

③

④
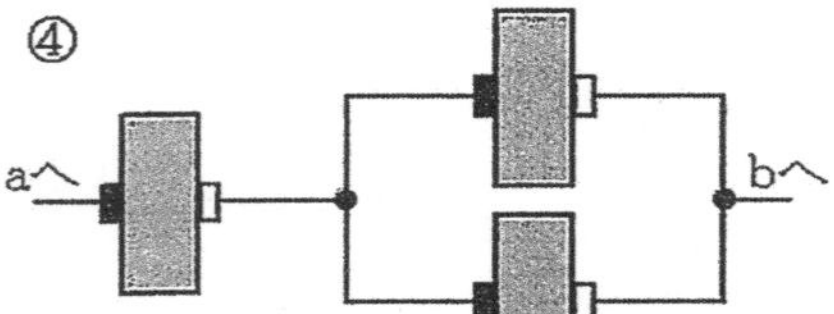

⑤
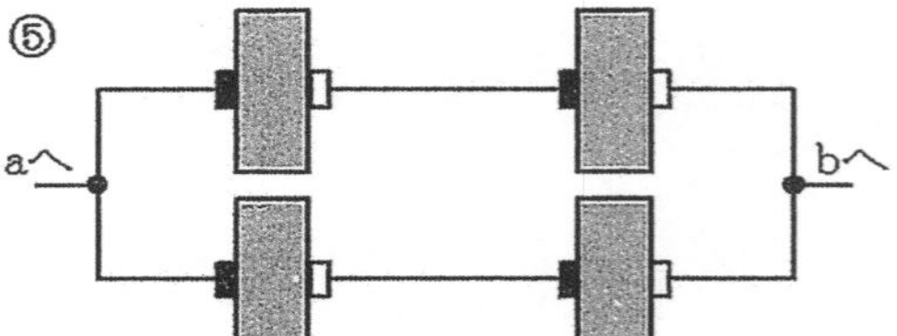

(1) ①～⑤の回路をのせたとき、模型自動車の走り方として正しいものを、次のア～エからそれぞれ1つずつ選び、記号で答えなさい。ただし、光電池の重さは考えないものとします。

ア 図 1 のときと同じぐらいの速さで走った。　　イ 図 1 のときよりもおそく走った。
ウ 図 1 のときよりも速く走った。　　エ 走らなかった。

〔実験2〕 図１の回路にしてから、光電池を図2のようにかたむきを変えて模型自動車を走らせました。

(2) 光電池のかたむきが図 2 の①～④のとき、模型自動車の走り方として正しいものを、(1)のア～エからそれぞれ1つずつ選び、記号で答えなさい。

【3】

表は塩化カルシウム、食塩、硝《しょう》酸カリウムの溶解度《ようかいど》を表したものです。溶解度とは、100g の水に溶《と》かすことのできる物質の重さ(g)の限界のことをいいます。この表を参考にして以下の問いに答えなさい。

表

温度(℃)	20℃	40℃	60℃	80℃
塩化カルシウム	42	53	58	60
食塩	35	36	37	38
硝酸カリウム	32	64	109	169

(1) 硝酸カリウム、食塩の結晶《けっしょう》を次のア～エからそれぞれ1つずつ選び、記号で答えなさい。

ア　イ　ウ　エ

(2) 20℃の水 100g に硝酸カリウムを溶けるだけ溶かしました。この水溶液の濃《こ》さは何%ですか。小数第 1 位を四捨五入して整数で答えなさい。

(3) 80℃の水 120g に塩化カルシウムを溶けるだけ溶かしました。その後この水溶液を 20℃に冷やすと、何 g の塩化カルシウムが溶けきれずに出てきますか。

(4) 40℃、濃さ 20%の食塩水 150g に、40℃、濃さ 10%の食塩水 100g を加えました。

① この食塩水の濃さは何%ですか。

② この食塩水を 40℃に保ったまま水だけを蒸発させました。食塩が溶けきれずに結晶となって出てくるのは何 g 以上の水が蒸発したときですか。小数第 1 位を四捨五入し、整数で答えなさい。

(5) 80℃で塩化カルシウムを溶けるだけ溶かした水溶液が 128g あります。この水溶液を 20℃まで冷やすと塩化カルシウムの結晶ができました。この結晶を全て溶かすためには 20℃の水が少なくともあと何 g 必要ですか。小数第 2 位を四捨五入し、小数第 1 位で答えなさい。

【4】

5種類の粉末 A～E があります。粉末 A～E は、食塩、デンプン、炭酸カルシウム、ナフタレン、アルミニウムのいずれかであることが分かっています。これらの粉末について次の〔観察 1〕～〔観察 4〕を行いました。表はその結果をまとめたものです。これについて以下の問いに答えなさい。

〔観察 1〕 臭いを確認した。

〔観察 2〕 少量ずつ試験管にとり、水を加え溶《と》けるかどうかを確認した。

〔観察 3〕 少量ずつステンレス皿にとり、ガスバーナーで加熱しながら見た目の変化を確認した。

〔観察 4〕 少量ずつ試験管にとり、塩酸を加え気体が発生するかを確認した。

表

	粉末 A	粉末 B	粉末 C	粉末 D	粉末 E
観察 1	なし	なし	なし	なし	特有のにおいがした
観察 2	溶けなかった	溶けなかった	溶けなかった	溶けた	溶けなかった
観察 3	変化なし	黒くこげた	変化なし	変化なし	粉末がなくなった
観察 4	二酸化炭素が発生した	変化なし	気体 X が発生した	変化なし	変化なし

(1) 粉末 A～C の名前をそれぞれ答えなさい。

(2) 気体 X の名前を答えなさい。

(3) 気体 X の集め方を下のア～ウから1つ選び、記号で答えなさい。また、その方法を選んだ理由も答えなさい。

ア 上方置換《かん》法　　イ 下方置換法　　ウ 水上置換法

(4) 粉末 D が溶けた試験管に BTB 液を加えると何色になりますか。

【5】

骨や筋肉について、以下の問いに答えなさい。

セキツイ動物のなかまが持つ骨にはさまざまな役割があり、そのひとつに、筋肉とつながりながらからだを動かすことがあげられます。

(1) 骨をからだの中に持たない生き物を、次のア～オの中から2つ選び、記号で答えなさい。

ア バッタ　　イ カエル　　ウ ミミズ　　エ ニワトリ　　オ ウナギ

(2) 骨の種類とはたらきや特ちょうの組み合わせとしてまちがっているものを、次のア～オの中から1つ選び、記号で答えなさい。

	種類	はたらき・特ちょう
ア	うでの骨	ひじを曲げたりのばしたりする運動に関わる
イ	あしの骨	ひざを曲げたりのばしたりする運動に関わる
ウ	むねの骨	肺や心臓を動かす
エ	頭の骨	首を動かす
オ	せなかの骨	たくさんの骨がつながっており、からだを支える

骨と骨とのつなぎ目を（　A　）と呼びます。筋肉のはしは（　B　）によって骨とつながっています。多くの筋肉は（　A　）をまたいで骨とつながっており、筋肉が縮《ちぢ》むとその筋肉とつながる骨がひかれ、（　A　）をはさんだ骨と骨の間の角度が変わります。

図 1、2 はヒトのうでの骨・筋肉・（　A　）のつくりを表したものです。ひじをのばすときには図 1 のように、反対側にある上腕三頭筋《じょうわんさんとうきん》が縮み、尺骨《しゃっこつ》という骨がひかれます。また、ひじを曲げるときには図 2 のように上腕二頭筋《じょうわんにとうきん》という筋肉が縮み、橈骨《とうこつ》という骨がひかれます。

筋肉と骨のはたらきによってからだが動くとき、筋肉・骨・（　A　）の間にはてこの関係が成り立ちます。図 3 のように手でおもりを持っているとき、おもりをのせている部分は作用点にあたります。

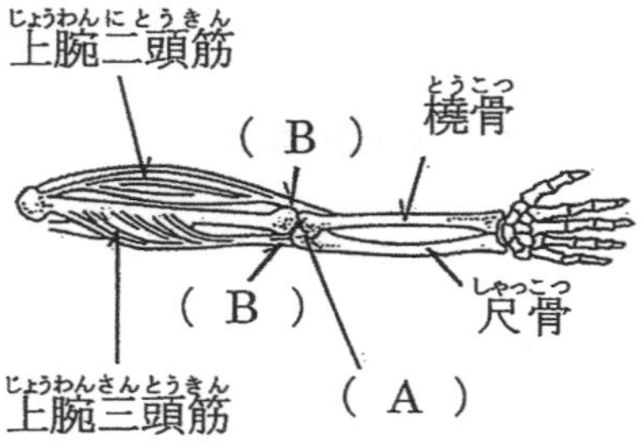

図 1

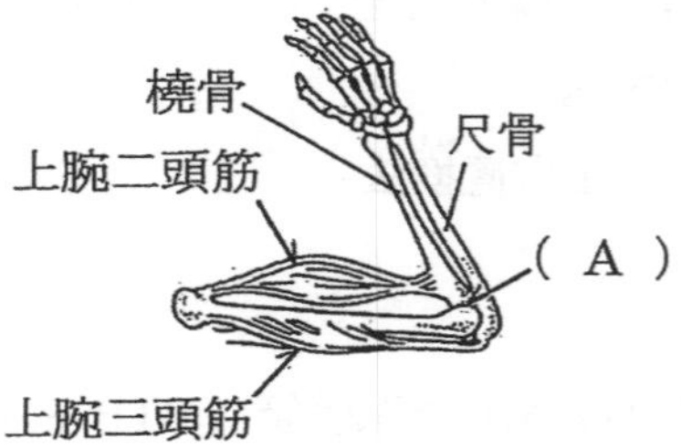

図 2

(3) 左ページの文中の（ Ａ ）、（ Ｂ ）にあてはまる語句を答えなさい。

(4) 図 1、2 の筋肉・骨・（ Ａ ）を、てこのはたらきでの役割として見たとき、その正しい組み合わせで表しているものを、表のア～オから1つ選び、記号で答えなさい。

表

	支点	力点	てこのうでの長さ
ア	筋肉	（ Ａ ）	骨
イ	（ Ａ ）	筋肉	骨
ウ	（ Ａ ）	骨	筋肉
エ	筋肉	（ Ａ ）	筋肉
オ	（ Ａ ）	筋肉	筋肉

(5) 図 3 のように 10kg のおもりを手にのせ、落とさずに位置を保っているとき、上腕三頭筋が骨をひく力の大きさとして正しいものを、次のア～オから1つ選び、記号で答えなさい。

ア　1 kg　　イ　5 kg　　ウ　10 kg　　エ　100 kg　　オ　150 kg

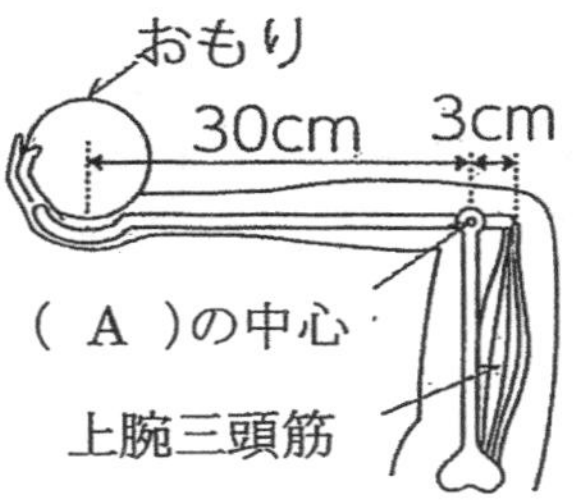

図 3

(6) 筋肉や骨、（ Ａ ）の説明について正しいものを、次のア～オから1つ選び、記号で答えなさい。

ア　ひざを曲げるときにはもものうしろ側にある筋肉が縮む

イ　顔のように（ Ａ ）のない部分には筋肉がない

ウ　（ Ａ ）・骨・筋肉によるてこは常に少ない筋力で大きな力を出すようにはたらく

エ　動物がからだを動かすためには、必ず骨と筋肉がなくてはならない

オ　上腕二頭筋と上腕三頭筋が同時に縮むと、ひじが逆方向に曲がる

【6】

図１は、日本のある場所での1年間の日の出、日の入りの時刻を、図２は南中のときの太陽の高さを示したものである。以下の問いに答えなさい。

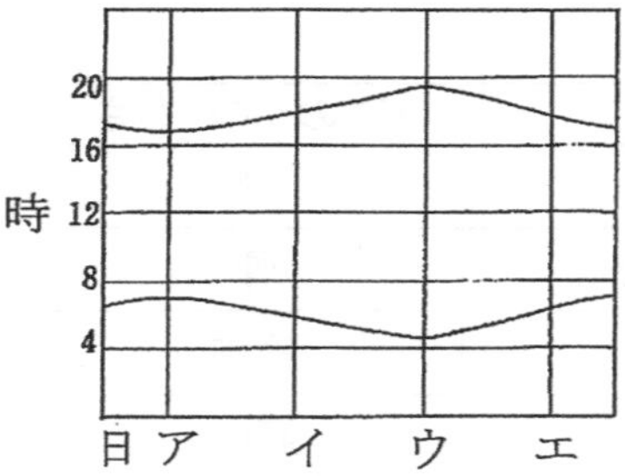

図１

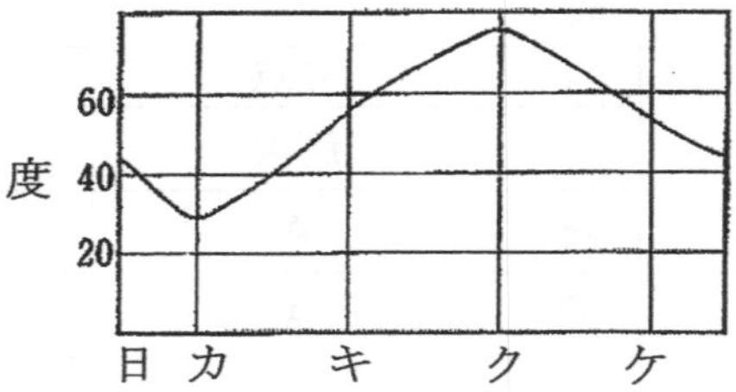

図２

(1) 図１のア～エの中で、春分の日はどれですか。記号で答えなさい。

(2) 図２のカ～ケの中で、秋分の日はどれですか。記号で答えなさい。

(3) 次の図３は、1年のうちである時期の太陽と地球の関係を北極側から見たもので、図中の地球に示した ● は北極の位置を表しています。太陽と地球が図 3 のような位置関係になる日は、図 1 のア～エのうちどれですか。1つ選び、記号で答えなさい。

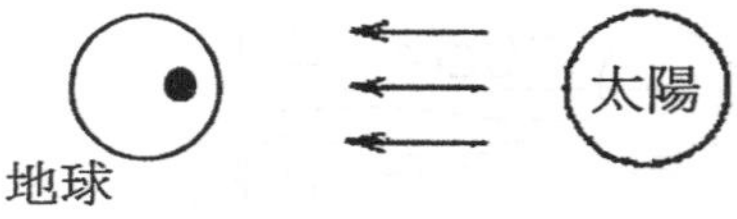

図３

(4) 図 ２ の カ での太陽の日の出、日の入りの方向はどのようになりますか。次の文中の（ A ）、（ B ）にあてはまる方角を、東・西・南・北のいずれかで答えなさい。

カでの「日の出」の方向は東より最も（ A ）によっている。
また、「日の入り」の方向は西より最も（ B ）によっている。

(5) 図 4 は、水平な地面に垂直に棒を立て、その先たんの影《かげ》が動いたあとを線で表したものです。図 1 の ウ の日の影が動いたあとはどのようになりますか。①～③から1つ選び、記号で答えなさい。

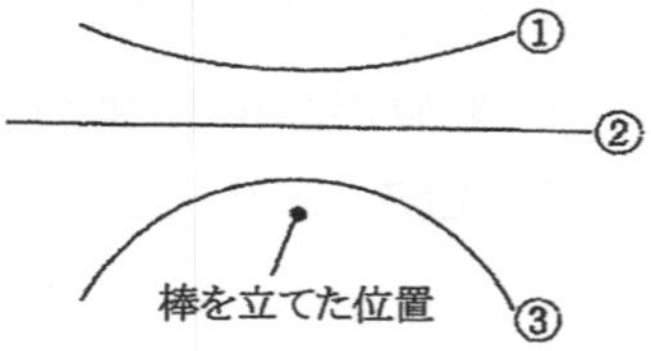

図４

このページで問題はおわりです。

白　　紙

4．1辺が5 cm の正方形 ABCD があります。
点Pは毎秒1 cm の速さでこの 正方形の辺上を
A → B → C → D → A → B → … と動き，
点Qは一定の速さでこの正方形の辺上を
B → C → D → A → B → C → … と動きます。
点Pと点Qは同時に出発します。
このとき，次の問いに答えなさい。

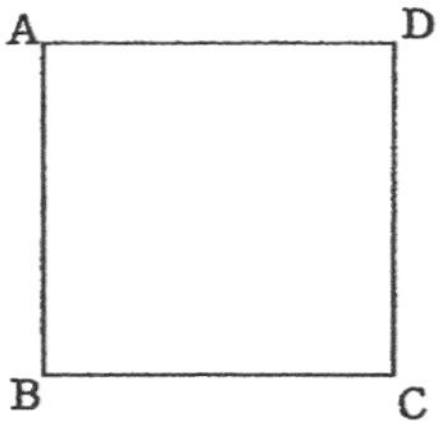

（1）点Qの速さが毎秒3 cm のとき，点Pと点Qがはじめて重なるのは
2点が動き始めてから何秒後ですか。

（2）点Qの速さが毎秒3 cm のとき，点Pと点Qが2回目に重なるのは
2点が動き始めてから何秒後ですか。

（3）点Qの速さが毎秒4 cm のとき，点Pと点Qが点Bで重なり，それが
5回目になるのは2点が動き始めてから何秒後ですか。

（4）点Pが正方形の辺上を一周したとき，ちょうど点Pと点Qが点Aではじめて
重なりました。このとき，点Qの速さは2通り考えられます。毎秒何 cm と毎秒
何 cm ですか。

5．下の図のように，1辺が1cmの正方形を分割して小さい正方形を作っていきます。
このとき，次の問いに答えなさい。

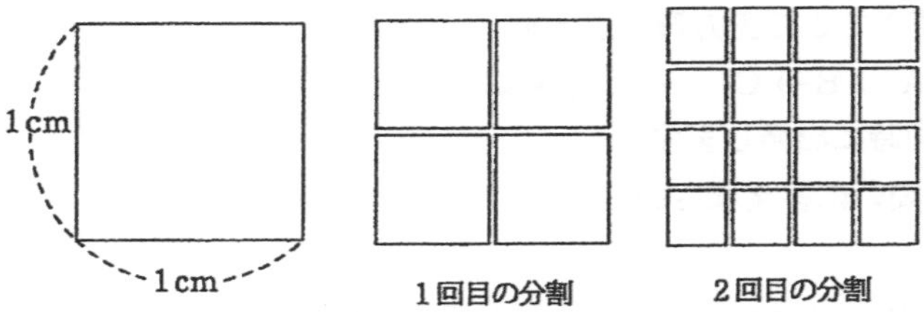

1回目の分割　　2回目の分割

（1）3回目の分割で出来る正方形は何個ですか。

（2）3回目の分割で出来る正方形の周の長さの総和は何cmですか。

（3）分割した正方形がはじめて2022個をこえるのは何回目の分割ですか。

（4）分割した正方形の周の長さの総和がはじめて2022cmをこえるのは何回目の分割ですか。

二〇二一（令和三）年度　入学試験問題（一次前期）　国語　その一　開明中学校

（字数制限のある問いは符号《ふごう》や句読点も一字と数えるものとする）

（60分）

一　次の文章を読んで、あとの問いに答えなさい。

二〇一一年三月一一日に発生した東日本大震災《だいしんさい》は、福島第一原発事故と東京電力管内での計画停電をもたらし、私たちに深い衝撃《しょうげき》を与《あた》えました。福島第一原発は、地震《じしん》で発生した津波《つなみ》に襲《おそ》われ、「全電源喪失《そうしつ》」という状態に陥《おちい》ったのです。その後も、事態をコントロールできず、ついには水素爆発《ばくはつ》が起き、放射性物質が広範囲《こうはんい》に飛び散りました。事故地周辺は放射能で汚染《おせん》され、いまも約一〇万人もの人々が、避難《ひなん》を①余儀なくされています。

悔《く》やまれるのは、アメリカのスリーマイル島原発事故（一九七九年）や、旧ソビエト連邦《れんぽう》のチェルノブイリ原発事故（一九八六年）などの先例があったにもかかわらず、原発を推進する政府や科学者は「日本ではそのような大事故は起きない」と主張し、私たちもそれを信じてしまったことです。しかし、そのような②「安全神話」は、現実によって見事に打《う》ち砕《くだ》かれました。私たちはこの大失敗から深く学び、二度とこのような事故を起こさないことを、フクシマ後のエネルギーの出発点に据《す》えるべきです。

事故後、原子力行政の担当者や電力会社は、「このような地震と津波に襲われるのは想定外だった」と発言しました。事故は自然の猛威《もうい》で起きたのであって、ⅰジンチではコントロールできなかった、という意味です。しかし、日本が地震大国であること、そして、残念ながら津波に襲われやすい国土であることは、改めて強調するまでもありません。それに対して、最善の備えを行うのは当然ではないでしょうか。

にもかかわらず事故が起きたのは、なぜでしょうか。安全対策を強化すると、巨額《きょがく》の費用がかかります。そうすると電力会社は、儲《もう》けが減ってしまうので、何かと理由をつけて対策をⅱサキノばしにしようとしてきたのです。いったん事故が起きれば、これほど広範《こうはん》にⅲシンコクな被害《ひがい》を及《およ》ぼす発電方法は他にありません。十分な安全性を確保するための安全対策を実施《じっし》できないのであれば（あるいは、実施すれば原発の経済性が失われるのであれば）、この地震大国日本で、原発を続ける［1］理由はもはやないと判断すべきでしょう。

さて、この事故後、原子力をめぐって国民的な大議論が起きました。震災《しんさい》翌年の二〇一二年には、民主党の野田政権が、意見聴取《ちょうしゅ》会（全国一一都市で「エネルギー・環境《かんきょう》の選択肢《せんたくし》」に関して参加者と直接対話）、パブリックコメント（上記「選択肢」について、インターネット上で国民の幅広《はばひろ》い意見を募集《ぼしゅう》）、討論型世論調査（無作為《むさくい》抽出《ちゅうしゅつ》された参加者に、上記「選択肢」をめぐる参加者同士、そして専門家との討論に参加してもらい、その後に再び意向調査を行う）を経《へ》て、同年九月に「革新的エネルギー・環境戦略」を決定、「二〇三〇年代に原発稼動《かどう》ゼロ」の方針を掲《かか》げました。

これは事故前に、五四基の原発を抱《かか》え、さらに新規原発の増設計画まであったことを考えると、③大きな政策転換でした。具体的には、※1❶原発運転四〇年ルールをⅳゲンカクに適用し、年限に達した原発を順番に廃炉《はいろ》にしていく、❷原子力規制委員会による安全確認《かくにん》を得たもののみ再稼働を認める、❸原発の新設・増設は行わない、という方針を打ち出《だ》したのです。原発が減る分は、省エネで電力需要《じゅよう》を減らす一方、再生可能エネルギーを大幅《おおはば》に増やして穴埋《あなう》めする戦略だったのです。（再生可能エネルギーとは、化石燃料などの枯渇《こかつ》性資源と異なり、何度利用しても再生可能であり、枯渇しないエネルギー源を指します。具体的には、太陽光、風力、地熱、バイオマス、水力などが含《ふく》まれますが、巨大《きょだい》なダム建設をともなう大規模水力は、自然破壊《はかい》をともなうので通常、再エネから除かれます。以下、「再エネ」と略）

しかし、二〇一二年一二月に民主党から自民党／公明党に政権が交代し、安倍政権が成立すると、エネルギー政策に大きな変化が起きました。つまり、脱原発《だつげんぱつ》の方針から、原発を将来にわたって活用する方針に切《き》り替《か》えられたのです。その具体的内容は、一四年四月に決定・公表された「エネルギー基本計画」に示されています。そこでは、原発は「ベースロード電源」（「電力需要の変化にかかわらず、一定量をずっと発電し続ける基礎的《きそてき》な電源」の意）とされ、将来も電力を原発に頼《たよ》ることが明記されたのです。［2］に、再エネは増やすことが謳《うた》われたものの、もはや原発に取って代わる電源とはみなされなくなりました。

日本の原発は事故後、定期点検のために順次停止していき、全原発停止の状態が、二〇一三年九月から一五年八月までの約二年間続きました。しかし新しい方針に基《もと》づき、原子力規制委員会が認めた原発は再稼働させることになりました。本稿執筆《ほんこうしっぴつ》時点で、九州電力川内原発一、二号機（鹿児島県《かごしまけん》）と、関西電力高浜《たかはま》原発三号機（福井県《ふくいけん》）の合計二カ所三基の原発が、再稼働しました。もっとも、原発を動かすと、放射性廃棄物《はいきぶつ》が出ます。これをどのように処分するかは未解決のままです。さらに、事故が起きた場合に、住民は安全に避難できるのでしょうか。高浜原発の場合、国の計画で避難対象となっている原子炉《げんしろ》から三〇キロ圏内《けんない》に居住する住民数は、約一八万人にも上ります。避難計画は一応つくられましたが、それでうまく行くか、予行演習が行われたわけではありません。本当に事故が起きた場合、計画は「机上《きじょう》のⅴクウロン」と化す恐《おそ》れもあります。こうして多くの問題が未解決のまま、④見切り発車で再稼働が進められているのが実情です。

しかし、再稼働が順調に進み、大震災前の状態に戻《もど》るかというと、それはおそらく、きわめて難しいでしょう。事故後、国民の大多数は原発に厳しい目を向けています。しかも、原発が全部止まれば電力不足が起きると、原発推進派は国民を脅《おど》していましたが、そのようなことはまったく起きませんでした。その理由の一端《いったん》は、個人や企業《きぎょう》が震災後、熱心に省エネを進めて、電力需要が大幅に減ったこと、他方で、電力の作り手として再エネが、急速に伸《の》びてきたことが指摘《してき》されています。

原発をやめると、代わりに火力発電を増やさざるをえないため、化石燃料の輸入が増え、日本の貿易赤字が増える（「国富流出」）との主張が行われてきました。たしかに、震災直前の二〇一〇年度における日本の化石燃料依存度《いそんど》は六十二％（原発依存度は二八・六％）だったのに対し、震災後に原発依存度がゼロとなった一三年度の化石燃料依存度は、八八％にまで著《いちじる》しく高まりました。しかし、その後の原油価格の大幅な下落により、「国富流出」はもはや、原発推進の根拠《こんきょ》たりえなくなりました。とはいえ、原発の代わりに化石燃料に頼る状態は、地球温暖化問題の観点から望ましくありません。

では、原発に頼らず、化石燃料にも頼らない電力を実現するには、どうすればよいのでしょうか。その答えは、「再エネの大量導入」にあります。言《い》い換《か》えれば、再エネを原子力や化石燃料に代わる、基幹電源に育てるということです。これは決して［3］なことではありません。日本と同様に製造業に強みをもつ先進工業国ドイツは、一九九〇年にわずか三・四％だった総電力消費に占《し》める比率を、二〇一四年には二十七・四％まで着実に引き上げてきました。ここまでくれば再エネは、ドイツの⑤押すに押されぬ「基幹電源」だと言ってよいでしょう。

二〇二一（令和三）年度　入学試験問題（一次前期）　国語　その二　開明中学校

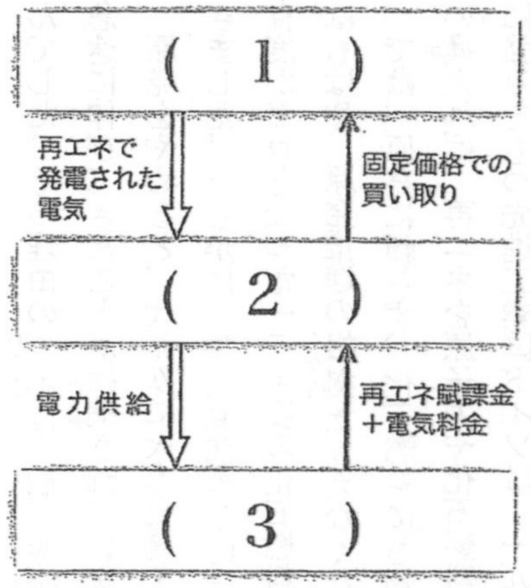

再生可能エネルギー固定価格買取制度の仕組み

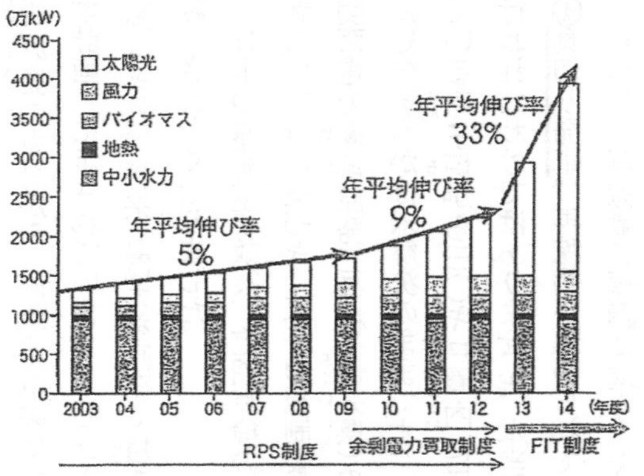

（出所）　総合資源エネルギー調査会　基本政策分科会　再生可能エネルギー導入促進関連制度改革小委員会（第３回）、配布資料１「再生可能エネルギーの効率的な導入について」

再生可能エネルギー等による設備容量の推移

　この成功の背景には、「再生可能エネルギー固定価格買取制度」（FIT：Feed in Tariffとも呼ばれる）の導入があります。これは⑥上の図が示すように、再エネを政府が定めた一定の価格で電力会社が買い取り、その買取費用を電力消費者が「再エネ賦課金《ふかきん》」という形で、電気料金に加えて負担する制度です。再エネは、未発達の技術であったため、他の電源よりも費用が高いという問題がありました。そのままでは再エネの導入は進みませんので、再エネ発電事業が成り立つ水準で買取価格を設定したのです。これで、それまで採算が取れなかった再エネ発電事業が、収益事業に変わりました。事業への参入が相次ぎ、再エネの供給がどんどん増えたのです。興味深いのは、再エネ市場が広がると、その費用もどんどん低下したことです。技術が進歩し、生産方法が改善されたことで、再エネ発電の費用は、他の電源と競争できる水準まで下がってきたのです。そうなれば、再エネ買い取りのための固定価格も[4]に引き下げることができ、国民負担を抑《おさ》えることができます。

　⑦ここが重要なポイントです。固定価格買取制度は、費用の高い再エネを導入することで、日本経済に損失を与えると批判されます。短期的にはそうかもしれません。しかし、市場が広がることで、※2イノベーションが生まれ、費用が下がり、長期的には既存《きそん》の電源より費用が安くなっていくのです。固定価格買取制度は、その時点で廃止《はいし》して構いません。こうした※3ダイナミズムを引き起こす点に、この買取制度の真骨頂があるのです。

　日本でも、原発事故の教訓を踏《ふ》まえて再生可能エネルギー固定価格買取制度が二〇一二年七月に導入されました。この結果、日本でも【　　】様子を示したのが上のグラフです。とはいえ、日本の総発電量に占める再エネ比率は依然《いぜん》として低く、大規模水力発電を含めても約一割、それを除けば、一三年度でわずか二・二%でしかありません。これを基幹電源といえる比率にまで育てていけるか否《いな》かは、この固定価格買取制度を大切に取《と》り扱《あつか》い、これを有効に活用していけるか否かにかかっています。それに成功すれば、日本は、原発にも化石燃料にも頼らないという、困難だけれども⑧チャレンジングな課題を克服《こくふく》する展望が開けてくることでしょう。

「エネルギーをどうする?」諸富　徹『18歳からの民主主義』所収　岩波新書

※1「❶」―　原文では「①」と表記されているが、設問の傍線部《ぼうせんぶ》と紛《まぎ》らわしくないように「❶」と表記した。「❷」「❸」も同じ。
※2「イノベーション」―　技術革新。
※3「ダイナミズム」―　内に秘《ひ》めた力強いエネルギー。

問一　══部ⅰ～ⅴのカタカナを漢字に直しなさい。

問二　[1]～[4]を補うのに最も適当なものを次の中からそれぞれ一つ選び、記号で答えなさい。ただし、同じ記号は二度使わないものとする。

ア　段階的　　イ　合理的　　ウ　対照的　　エ　非現実的

問三　――部①「余儀《よぎ》なくされて」・⑤「押《お》すに押されぬ」の本文における意味として、最も適当なものを次の中からそれぞれ一つずつ選び、記号で答えなさい。

①「余儀なくされて」
ア　強く勧《すす》められて
イ　自主的に行って
ウ　せざるを得なくなって
エ　するに越《こ》したことはなくなって

⑤「押すに押されぬ」
ア　世相を反映した
イ　世界にただ一つしかない
ウ　世俗を超越している
エ　世間から認められている

問四　――部②『安全神話』とはどういうことか。最も適当なものを次の中から一つ選び、記号で答えなさい。

ア　先例を参考にせず大事故は起こらないと信じてきたということ。
イ　確実な根拠もなしに原発が安全だと信じられてきたということ。
ウ　一部の人々が主張した安全性を全体が信《しん》じ込《こ》んでしまったということ。
エ　専門的な知識のない人々が大事故は起きないと信じてきたということ。

問五　――部③「大きな政策転換《てんかん》」とあるが、どのような方針へ「政策転換」したのか。解答欄《かいとうらん》に合うように本文中から三字で探し、抜《ぬ》き出《だ》して答えなさい。

問六　――部④「見切り発車」とはどういうことかを説明した次の一文の[Ⅰ]・[Ⅱ]を補うのに最も適当な語句を、本文中からそれぞれ五字程度で探し、抜き出して答えなさい。

> [Ⅰ]の処理方法や万一事故が起きた際の[Ⅱ]などの問題点がまだ解決されていないのに再稼働が進められていること。

二〇二一（令和三）年度　入学試験問題（一次前期）　国語　その三　開明中学校

問七　――部⑥「上の図」とあるが、図の（1）～（3）を補うのに最も適当な組み合わせを次の中から一つ選び、記号で答えなさい。

ア　（1）：電力会社　（2）：消費者　（3）：再エネ発電
イ　（1）：電力会社　（2）：再エネ発電　（3）：消費者
ウ　（1）：再エネ発電　（2）：消費者　（3）：電力会社
エ　（1）：再エネ発電　（2）：電力会社　（3）：消費者

問八　――部⑦「ここ」が指し示す内容を解答欄に合うように本文中から五十字程度で探し、初めと終わりの五字ずつで答えなさい。

問九　グラフを参考にして【　　　】を補うのに最も適当なものを次の中から一つ選び、記号で答えなさい。

ア　太陽光発電を中心に再エネが急成長している
イ　どの発電方法も軒並《のきな》み再エネが急成長している
ウ　余剰《よじょう》電力買取制度の導入が最も効果的であった
エ　再エネの固定価格買取制度はうまく機能していない

問十　――部⑧「チャレンジングな課題」を解決するにはどのようなことが必要か、五十字以内で答えなさい。

二　**会社を定年退職した「俺《おれ》」は忙《いそが》しい息子夫婦《むすこふうふ》の代わりに、麻衣《まい》（息子の嫁《よめ》で、孫の漣《れん》の母親）が帰ってくるまで、漣の子守《こも》りをすることになった。これに続く次の文章を読んであとの問に答えなさい。**

漣が泣いているのを無視してテレビを見ていると、玄関《げんかん》ドアの鍵《かぎ》がガチャリと開く音がした。やっと麻衣が帰ってきた。①麻衣の顔を見ると安心感が広がる。

「お帰り」

「お義父さん、今日もありがとうございました」

「漣はどうしてああいつもビービー泣くんだ？」

「は？　さあ、どうしてでしょう」

「母親ならわかるはずだよ」

怒《いか》りを抑《おさ》えて穏《おだ》やかに言ったつもりだが、麻衣の表情が［1］強張《こわば》った。

「私は漣じゃないからわかりません」

「わからないわけがないだろう。どんなことにだって原因があるものだ」

「それはそうかもしれません。でもオムツも濡《ぬ》れていない、お腹《なか》も空いていない、それでも赤《あか》ん坊《ぼう》は泣くんです。原因がわかったら誰《だれ》も苦労しません。それともお義父さんにはわかるんですか」

「男にわかるわけないじゃないか。だけど麻衣さん、アンタは母親だろ。母親なら子供の気持ちがわかるはずだ。母性とはそういうものだろ」

次の瞬間《しゅんかん》、②麻衣の表情は能面のようになり、何も読み取れなくなった。さっきまで怒りを抑《おさ》え込《こ》んだような目つきをしていたのに。

「話の途中《とちゅう》で女が急に黙《だま》ったとしたら、それは納得《なっとく》したからじゃなくて諦《あきら》めたんだってさ」

ふと※1荒木の言葉を思い出した。

今まで、麻衣とは話らしい話をしたことはない。それなのに、もう俺という人間に愛想《あいそ》を尽《つ》かしたのか。

諦めるとは、なんて悲しい言葉なんだろう。

（　中略　）

もう失敗はしたくない。

こういうときは……そうだ、相手を［2］観察するのだ。気難しい顧客《こきゃく》に応対したときのことを思い出せ。相手の言葉に耳を傾《かたむ》けて本音を引き出すのだ。その際、こちらの個人的な感情を悟《さと》られないよう、常に笑顔《えがお》でいることが大切なのだった。仕事だと思えば、そんなことぐらい朝飯前だ。

余計なことは言わずにおこう。注意するなんて③□語□断だ。

「麻衣さん、今のは悪い冗談《じょうだん》だよ」

そう言ってハハッと声に出して笑ってみせた。

「えっ？　冗談？」

④怪訝な顔でこちらを見ながらも、台所仕事の手を止めない。

「もしも俺が時代遅れの頑固《がんこ》オヤジなら、こういう風かなって考えたんだ。テレビドラマでそういうの見たから」

「なんだ、やだお義父さんたら。メッチャ迫真《はくしん》の演技でしたよ。騙《だま》されちゃいました」

⑤屈託ない表情で笑っている。

「私の周りでもね、母性神話とか三歳児神話をいまだに信じているバカがたくさんいて、ホント参りますよ」

「ほう、そうなのか。それは困ったもんだね」

⑥麻衣の言わんとすることはさっぱりわからなかったが話を合わせた。話しやすい雰囲気《ふんいき》を作ることが大切だ。本音を引き出すには

その方法しかない。

「前の会社でも、三歳までは母親が育てるべきだなんて言って、産休を取る女性社員を［3］非難する上司もいたんですよ」

それがどうした？　その上司が言っていることは正論だと思うが？

「ほう、それは困ったね」

「でしょう。⑦化石みたいですよね」

「ああ、本当に」

「女性社員全員に嫌《きら》われていましたよ。私も最初は我慢《がまん》してましたけど、最後の方はもう顔を見ただけで鳥肌《とりはだ》立っちゃうようになりましたもん」

「わかる、わかる」

全く理解できなかった。

なぜ鳥肌が立つのか。女ってものは本当に理解できない。その上司こそ犠牲者《ぎせいしゃ》だ。可哀想《かわいそう》じゃないか。

麻衣は相変わらず茶を淹《い》れることもなく、バタバタと立ち働き、洗面所の方へ行ってしまった。

「えっ、すごいっ。マジで？」

洗面所から麻衣の大声が響《ひび》いてきたと思ったら、ⅰ満面の笑《え》みで顔を覗《のぞ》かせた。

「お義父さん、漣の汚《よご》れ物《もの》を洗剤《せんざい》に浸《つ》けておいてくださったんですか？」

「うん、そのやり方で合ってたかな」

毎日の孫の世話で疲《つか》れを感じるようになったのに、なぜか体が鈍《にぶ》っている。神経ばかり遣《つか》って体を動かしていないせいだろう。だから、持ち帰った汚れ物を風呂場《ふろば》でサッと洗い流し、浸《つ》け置《お》き用の洗剤を見つけ出して、プラスチックの桶《おけ》に浸《ひた》しておいたのだ。見様見《みようみ》真似《まね》だったが、たぶん麻衣もこうやっていたはずだとⅱ見当をつけた。

「お義父さん、本当に助かりますっ」

たったそれだけのことで、これほど［4］感謝されるとは思っていなかった。

「だって和弘《かずひろ》さんは何もやってくれないんですよ」

言ってから、しまったという顔をした。夫の親の前で、夫の悪口を言ったことを非常識だと思ったのだろう。

「和弘にも困ったもんだよねえ」

とにもかくにも相手に同意してみせる。すると相手は気を許して本音を少しずつ出してくる。それは、営業部にいた頃《ころ》に学んだ心理作戦だ。

「今日も本当にありがとうございました」

そろそろ帰ってほしいという合図だ。夫の親がいたら寛《くつろ》げないのだろう。

麻衣は米を研《と》いで炊飯器《すいはんき》のスイッチを入れると、小走りでベランダへ行き、洗濯物《せんたくもの》を取《と》り込《こ》んでいる。そしてまた目の前を横切って台所へ戻《もど》っていく。息つく暇《ひま》もない。

⑧麻衣が通り過ぎるとき、目の周りに隈ができていて頬がこけているように見えた。

「じゃあ、そろそろ帰るよ」

そう言うと、麻衣は大根を切る手を止め、こちらを振《ふ》り返《かえ》る。

「そうですか、ありがとうございました」

⑨パッと明るい表情になった。

それでも、玄関先《げんかんさき》まで見送りには出てくる。

「俺なんかより、※2十志子の方がもっと気が利《き》いて役に立つんだろうけどね」

「実家の母と電話で話したとき、⑩バアバよりジイジの方がいいかもしれないと言ってました」

「ほう、それはどうして？」

「うちの母が言うには、バアバというのは赤ん坊の泣き声に耐《た》えられなくて、泣かさないようについつい甘《あま》やかしてしまうらしいんです」

「どうして泣き声に耐えられないんだろう。若いときに子育てをしてきて慣れているだろうに」

「うちの母は、兄夫婦の子供をたまにⅲ預かるんです。そういうとき、自分が子育てした遠い昔のことをまざまざと思い出してしまうと言ってました」

「いいことじゃないか、思い出して参考にすればいいよ」

「嫌《いや》なことばかり思い出すらしいんです。苛々《いらいら》して子供を邪険《じゃけん》に扱《あつか》ったり、ひどい言葉を投げつけてしまったり、ときには手を上げたりしたことを思い出して、※3慚愧《ざんき》の至りでいたたまれなくなるようでした」

「……そうなのか」

「母親というのは、あのときああしてやればよかった、あんな言い方するんじゃなかったって、後悔《こうかい》を死ぬまで引きずるらしいです」

「それは大変だな」

「子育ての責任を一人で背負《せお》わされていると、そうなるんでしょうね」

「えっ？　そうか……そうなのか」

二〇二一（令和三）年度　入学試験問題（一次前期）　国語　その五　開明中学校

自分には知らない世界がたくさんあるらしい。想像したこともない感情がある。やはり、※4百合絵の言うように世間知らずらしい。

『定年オヤジ改造計画』垣谷美雨《かきやみう》

※1「荒木」―「俺」の友人。
※2「十志子」―「俺」の妻。麻衣にとって義母、漣の祖母。
※3「慚愧の至り」―自分の見苦しさや過《あやま》ちを反省して、心に深く恥《は》じること。
※4「百合絵」―「俺」と十志子の娘《むすめ》。

問一　═══部ⅰ〜ⅲの漢字の読みをひらがなで答えなさい。

問二　［1］〜［4］を補うのに最も適当なものを次の中からそれぞれ一つ選び、記号で答えなさい。ただし、同じ記号は二度使わないものとする。

ア　さっと　　イ　堂々と　　ウ　大げさに　　エ　じっくり

問三　――部①「麻衣の顔を見ると安心感が広がる」とあるが、このときの「俺」の心情の説明として、最も適当なものを次の中から一つ選び、記号で答えなさい。

ア　慣れない子守りに途方《とほう》に暮れており、子供の母親である麻衣なら泣いている子供もどうにかしてくれるだろうと信頼《しんらい》している。
イ　言葉の通じない幼い子供と過ごすことに大変なストレスを感じており、大人である麻衣との会話を何よりも楽しみにしている。
ウ　育児に絶対の自信を持つ麻衣が帰って来たことで、子守りという困難な役割から解放されて晴れやかな気持ちに包まれている。
エ　たった一人で幼い子供の面倒《めんどう》をみることに大きな不安を感じていたが、麻衣と二人ならやり遂《と》げることができると確信している。

問四　――部②「麻衣の表情は能面のようになり、何も読み取れなくなった」とあるが、麻衣の表情が能面のようになった理由を「俺」はどのように考えているか。本文中のことばを用いて三十五字以内で答えなさい。

問五　――部③「□語□断」とあるが、文脈に合うように漢字で適語を補い、四字熟語を完成させなさい。

問六　――部④「怪訝《けげん》な顔」・⑤「屈託《くったく》ない表情」の本文における意味として、最も適当なものを次の中からそれぞれ一つずつ選び、記号で答えなさい。

④「怪訝な顔」
ア　予想外のことに放心した表情
イ　不思議で納得がいかない表情
ウ　いらだち不快に感じている表情
エ　不意の出来事に驚《おどろ》きあきれた表情

⑤「屈託ない表情」
ア　晴れ晴れとした表情
イ　恥ずかしそうな表情
ウ　親しみやすい表情
エ　慈愛《じあい》に満ちた表情

問七　――部⑥「麻衣の言わんとすること」とは、どのようなことか。その説明として、最も適当なものを次の中から一つ選び、記号で答えなさい。

ア　子育ては母親がするものだという考えを無条件に信じている人への批判。
イ　子育てを母親である麻衣一人に押《お》し付《つ》けて育児に協力しない夫への不満。
ウ　産前・産後休業を認めずに女性の社会復帰を妨《さまた》げようとする会社への怒り。
エ　仕事で疲れて家事で忙しいのにくだらない冗談に付き合わせる義父への嫌味。

問八　――部⑦「化石みたいですよね」とは、どのような意味か。その説明として、最も適当なものを次の中から一つ選び、記号で答えなさい。

ア　化石のように固く、とても頑固であるということ。
イ　化石のように忘れ去られ、意味がないということ。
ウ　化石のように古臭《ふるくさ》く、全く進歩がないということ。
エ　化石のように貴重で、非常に価値があるということ。

問九　――部⑧「麻衣が通り過ぎるとき、目の周りに隈《くま》ができていて頬《ほお》がこけているように見えた」とあるが、ここからわかる麻衣の様子を二十字以内で答えなさい。

問十　――部⑨「パッと明るい表情になった」とあるが、このときの麻衣の心情として、最も適当なものを次の中から一つ選び、記号で答えなさい。

ア　理解のある義父の言動によろこびを覚え、また子守りをお願いできると大きな期待を抱《いだ》いている。
イ　「何もしてくれない」と夫の悪口を言ってしまったことを咎《とが》められなかったのでほっとしている。
ウ　子供の世話だけでなく、義父が漣の汚れ物の処理もしてくれていたことに心から感謝をしている。
エ　子守りをしてくれたことに感謝しながらも、義父への気遣《きづか》いから解放されることに安堵《あんど》している。

問十一　――部⑩「バアバよりジイジの方がいいかもしれない」とあるが、実家の母は子守りは、なぜ「バアバよりジイジの方がいい」と考えているのか。本文中のことばを用いて四十五字程度で答えなさい。

入学試験問題

(60分)

1．次の計算をしなさい。ただし，(4)(5)は$\square$にあてはまる数を答えなさい。

(1) $\left(\frac{5}{6}\div\frac{1}{4}-\frac{5}{9}\right)\times1.8$

(2) $(126-49)\div11\times35-\{35\times6-(86-18)\div17\}$

(3) $0.8\times1.75\div\left\{2.5-\left(1\frac{1}{3}-\frac{1}{2}\right)\div\frac{5}{8}\right\}$

(4) $42-\left(18-\square\right)\times9=6$

(5) $9+\left[\square-8\times\{15-(4+3)\times2\}\right]\div4=26$

2．次の問いに答えなさい。ただし，円周率は3.14とします。

(1) 11で割ると4余り，13で割ると6余る最も小さい数は何ですか。

(2) 270人が並んでいる列があります。A君は前から86番目で，Bさんは，A君から数えて42番目にいます。C君はBさんから数えて38番目にいるとき，C君は後ろから何番目にいますか。ただし，アイウという並びの場合，ウはアから数えて3番目と表します。

(3) 区別のつかない5個のリンゴを赤，青，黄色の3枚の皿に分けるとき，何通りの分け方がありますか。ただし，どの皿にも少なくとも1個はのせるものとします。

(4) 角アの大きさは何度ですか。

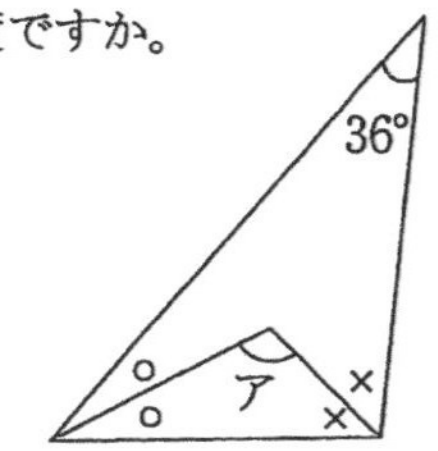

(5) 5.2 mの杉《すぎ》の木が3本あります。この杉の木を40 cmずつの木切れに切っていきます。1回切るのに7分かかるとすると，3本の杉をすべて切り終わるのに何時間何分かかりますか。

(6) 正五角形とおうぎ形からなる以下の図形の斜《しゃ》線部分の面積は何cm^2ですか。

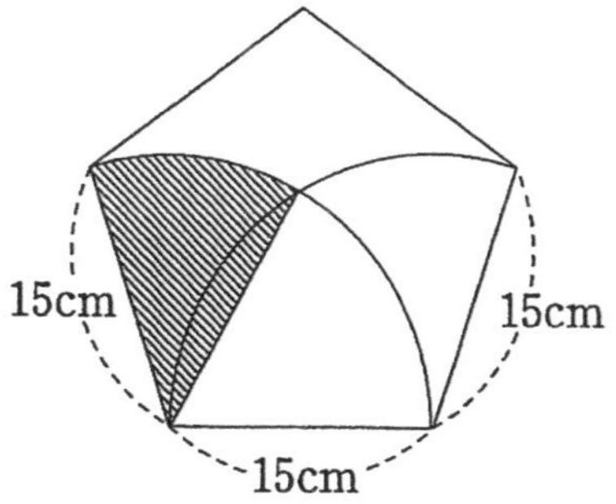

2021（令和3）年度

入学試験問題

算数　その2（1次前期）
開明中学校

3．下のグラフは特急列車と急行列車が同時にA駅を出発したときの時間とA駅からの距離《きょり》を表したグラフです。次の問いに答えなさい。

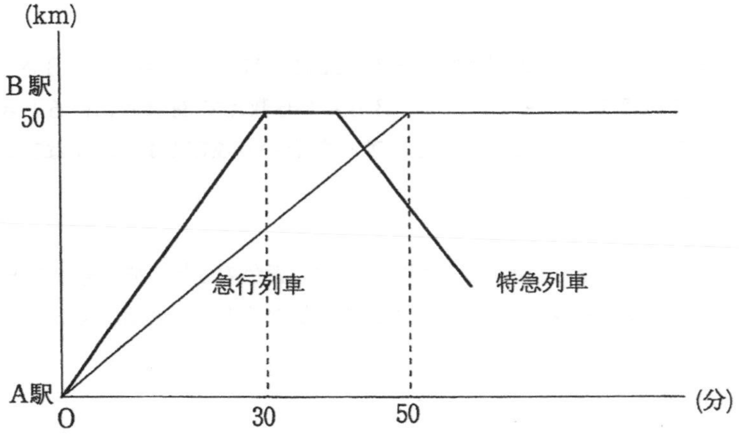

（1）特急列車の速さは時速何kmですか。

（2）特急列車と急行列車の移動距離の差がはじめて7kmになるのは，出発してから何分何秒後ですか。

（3）特急列車がB駅に着いてから10分後に同じ速さで折り返すとき，B駅から何kmの地点で急行列車と出会いますか。

4．1行目　　$1+2=3$
　2行目　　$4+5+6=7+8$
　3行目　　$9+10+11+12=13+14+15$

上のような規則で等式を並べていきます。例えば2行目の左から4番目の数は「7」です。次の問いに答えなさい。

（1）5行目の左から6番目の数は何ですか。

（2）7行目に並ぶ数は全部で何個ですか。

（3）1行目から9行目までの各行の1番左の数の総和はいくらになりますか。

（4）1行目から10行目までの「＝」の左側に並ぶ数の総和はいくらになりますか。

5．1辺の長さが1cmの立方体Aを27個積み重ねてできた立方体Bについて，次の問いに答えなさい。

（1）図1で，【あ】～【う】の位置にある立方体Aをひとつだけ取り除きます。
　① 表面積が最小になるのは，【あ】～【う】のどの立方体を取り除いたときですか。
　② 表面積が最大になるのは，【あ】～【う】のどの立方体を取り除いたときですか。

（2）図2のように，立方体Bの斜《しゃ》線位置から反対側の面に向けてまっすぐにくり抜《ぬ》いて，立方体Aを取り除きます。ただし，くり抜いたことで立方体Bがくずれることはないものとします。
　① 残った図形の体積は何cm^3ですか。
　② 点ア，点イ，点ウを通る面で残った図形を切断します。点エをふくむ方の図形の体積は何cm^3ですか。

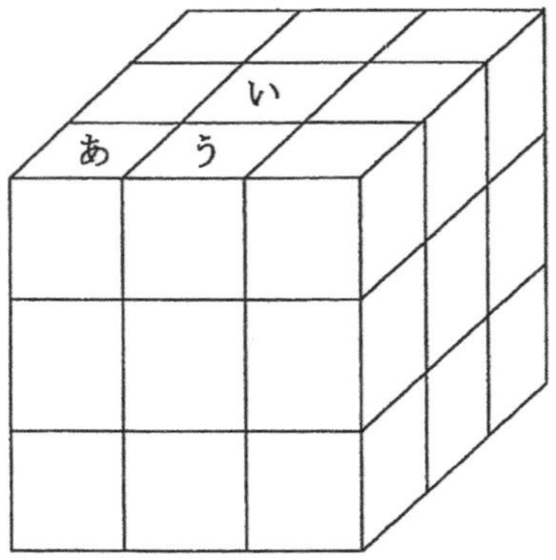

【図1】

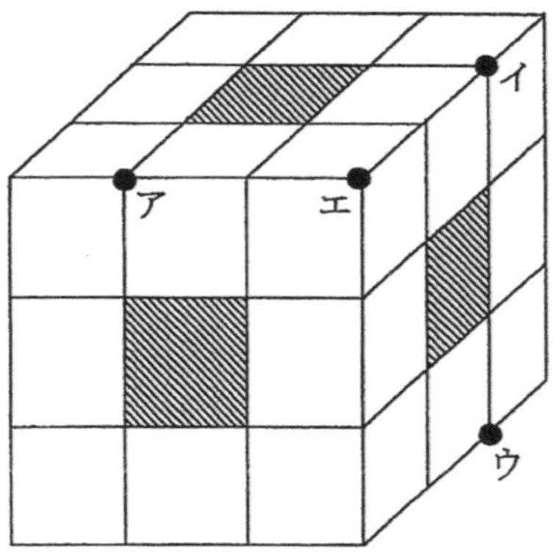

【図2】

2021（令和3）年度

入 学 試 験 問 題

理科　1次前期　その1

開　明　中　学　校

（40分）

【1】 図1のような、重さ100 gで等間隔《かく》にア～サの目盛りをつけている一様《いちよう》な棒を用いて、てんびんを作りました。このてんびんを用いて以下のような実験を行いました。次の問いに答えなさい。

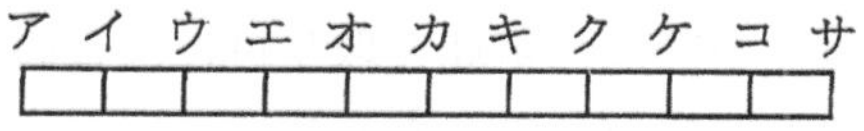

図1

〔実験1〕図2のように、キを支点として、サにおもりAをつり下げると、てんびんはつりあって水平になった。

〔実験2〕図3のように、ケを支点として、アをばねばかりで引っぱって、てんびんを水平にした。

〔実験3〕図4のように、カを支点として、アとエに同じ長さの糸をつけて100 gのおもりをつり下げ、さらに70 gのおもりBをある位置につり下げることで、てんびんを水平にした。

〔実験4〕図5のように、キを支点として、サに100 gのおもりをつり下げた。その後、このてんびんを水平にするため、アとオに同じ長さの糸をつけておもりCをつり下げた。

〔実験5〕図6のように、サに100 gのおもりをつり下げ、直方体の台にのせ、アにおもりDをつり下げることで、てんびんを水平にした。

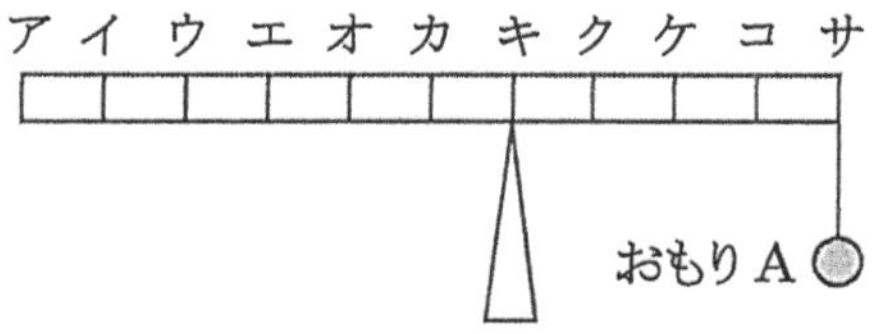

図2

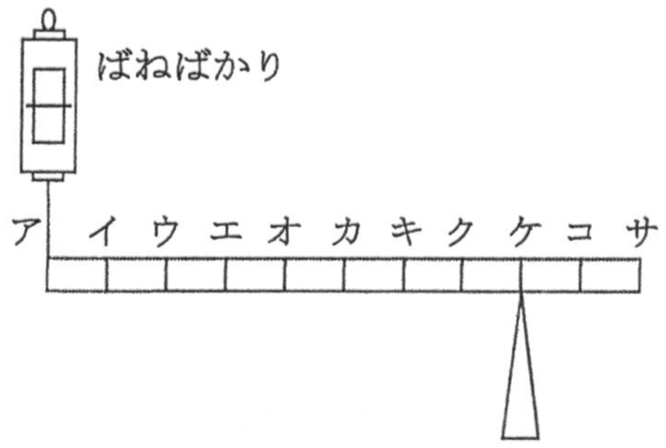

図3

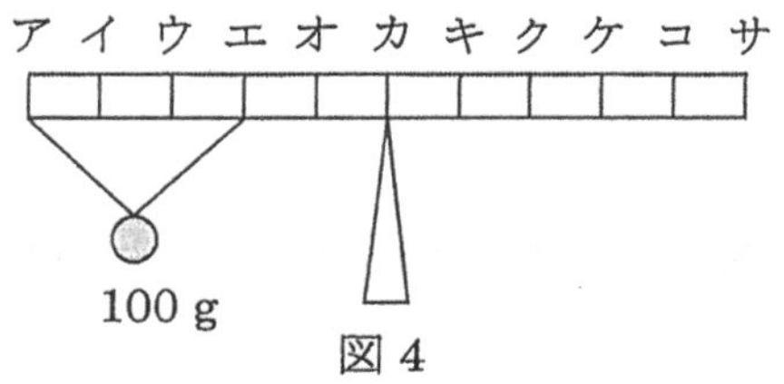

図4

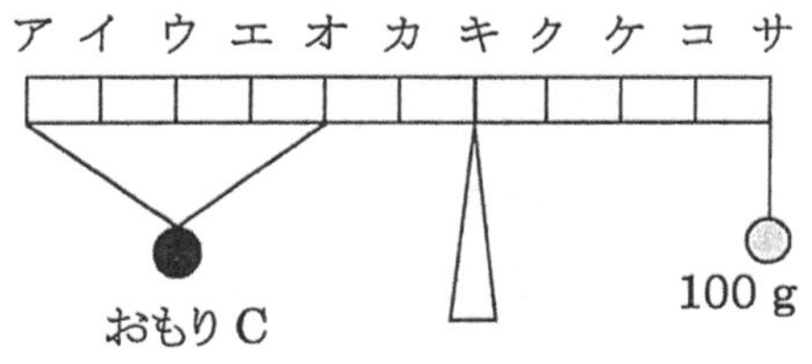

図5

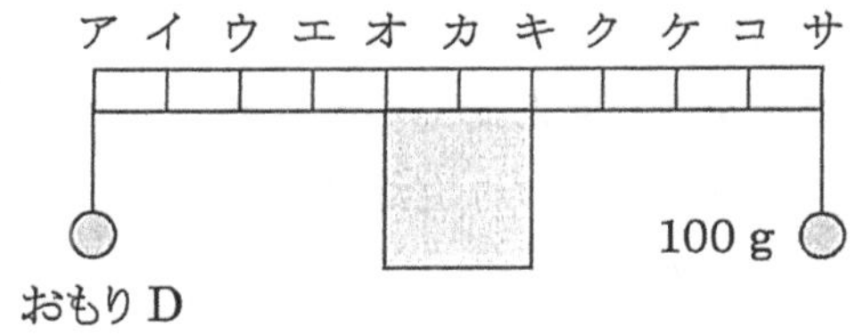

図6

(1) 〔実験1〕の結果を説明する以下の文章の（い）、（ろ）に当てはまる記号、数値を答えなさい。

> 一様な棒であることから、棒の重心はア～サのうち（い）であることがわかり、この位置に100 g の重さがかかる。このことからサにつり下げたおもりAの重さを求めると、（ろ）gであることがわかる。

(2) 〔実験2〕の結果より、ばねばかりは何gを示していますか。

(3) 〔実験3〕の結果より、おもりBの位置をア～サから1つ選び、記号で答えなさい。

(4) 〔実験4〕の結果より、おもりCの重さは何gですか。

(5) 〔実験5〕の結果より、おもりDの重さの範囲を答えなさい。

【2】　コイル、コイルの中に入れる鉄しん、導線、乾《かん》電池を用いて電磁石をつくり、以下のような実験を行いました。次の問いに答えなさい。

〔実験1〕図1のような装置を組み立て電流を流したとき、コイルの左端《はし》の位置に置いた方位磁針はN極が右を向いた。
〔実験2〕図2のように、〔実験1〕でつくった装置の一部に豆電球を取り付け、電磁石の力を調べた。
〔実験3〕図3のように、〔実験2〕でつくった装置の回路の乾電池を2個にし、電磁石の力と豆電球の明るさを調べた。
〔実験4〕図4のように、乾電池は1個にして、豆電球を電磁石に対して並列につなぎ、電磁石の力を調べた。

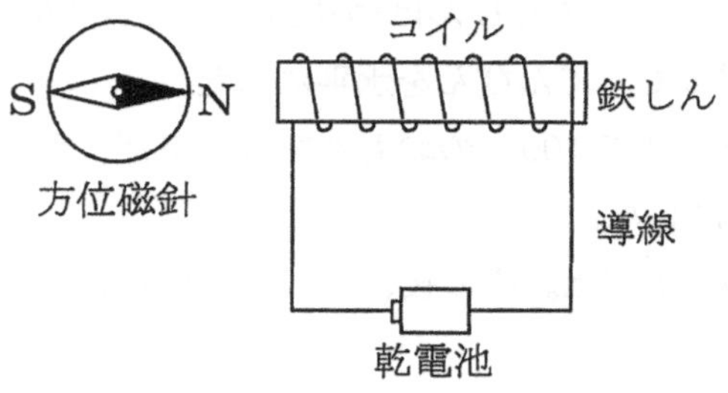

図1

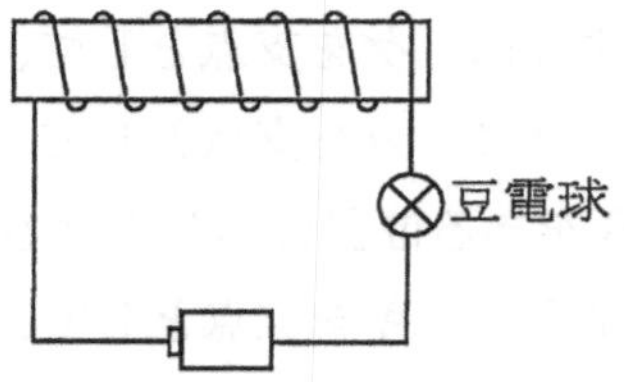

図2

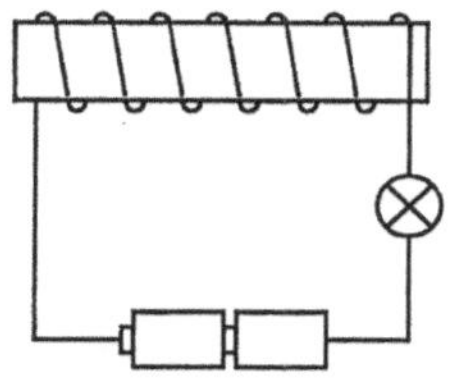
図3

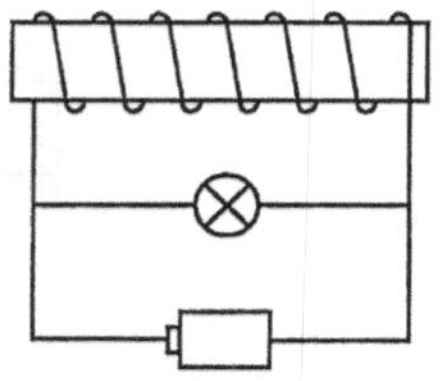
図4

(1) 磁石の影響《えいきょう》がない場所で、方位磁針のN極は、東西南北のどの方角を指しますか。
(2) 方位磁針が(1)で答えた方角を指すのは、どのような理由が考えられますか。もっとも適当な理由を次のア～ウから1つ選び、記号で答えなさい。
　ア　地球の周りをまわっている天体が、方位磁針を振れさせるはたらきをしているから。
　イ　地球そのものが、大きな磁石のはたらきをしているから。
　ウ　地球の表面を取り囲んでいる大気が、方位磁針を振れさせるはたらきをしているから。
(3) 〔実験1〕の結果より、コイルの右端は何極になりますか。N極、S極のいずれかで答えなさい。
(4) 〔実験2〕の電磁石の力は、〔実験1〕のときと比べてどのようになりますか。次のア～ウから1つ選び、記号で答えなさい。
　ア　電磁石の力は強くなる。
　イ　電磁石の力は弱くなる。
　ウ　電磁石の力はほとんど変わらない。
(5) 〔実験3〕の電磁石の力と豆電球の明るさは、〔実験2〕のときと比べてどのようになりますか。次のア～エから1つ選び、記号で答えなさい。
　ア　電磁石の力は強くなり、豆電球の明るさは明るくなる。
　イ　電磁石の力は強くなり、豆電球の明るさは暗くなる。
　ウ　電磁石の力は弱くなり、豆電球の明るさは明るくなる。
　エ　電磁石の力は弱くなり、豆電球の明るさは暗くなる。
(6) 〔実験4〕の電磁石の力は、〔実験2〕のときと比べてどのようになりますか。次のア～ウから1つ選び、記号で答えなさい。
　ア　電磁石の力は強くなる。
　イ　電磁石の力は弱くなる。
　ウ　電磁石の力はほとんど変わらない。

【3】　下の表はいろいろな金属の密度を表したものです。表の数値を用いて、次の問いに答えなさい。なお、密度とは体積 1cm^3 当たりの重さ g のことです。また、違《ちが》う種類の金属が混ざった合金でも、その体積は単純な足し算が成り立つものとします。

表

金属の種類	アルミニウム	鉄	銅	クロム	コバルト
密度（g/cm^3）	2.7	7.9	9.0	7.2	8.9

(1) 15cm^3 のアルミニウムの重さは何 g ですか。

(2) 15g の銅の体積は何 cm^3 ですか。ただし、小数第2位を四捨五入して、小数第1位まで答えなさい。

(3) 1辺が 2cm の立方体の金属の重さは 62.8g でした。この金属の種類は何ですか。次のア～オから1つ選び、記号で答えなさい。

　ア　アルミニウム　　イ　鉄　　ウ　銅　　エ　クロム　　オ　コバルト

(4) 5cm^3 のアルミニウムと 3.6g のクロムが混ざった合金 A があります。この合金 A の密度は何 g/cm^3 ですか。小数第2位を四捨五入して、小数第1位まで答えなさい。

(5) 10円玉は銅でできています。古い10円玉の密度を調べたところ、表とは異なる結果になりました。古い10円玉の密度は 9.0g/cm^3 より大きいですか、小さいですか。適当な方に○をしなさい。また、その理由もあわせて答えなさい。

(6) なべや包丁などの調理器具に用いられているステンレスは、鉄と金属 X の合金で、密度は 7.8g/cm^3 です。ステンレス中に金属 X は体積で 12% ふくまれています。金属 X を次のア～エから1つ選び、記号で答えなさい。

　ア　アルミニウム　　イ　銅　　ウ　クロム　　エ　コバルト

【4】　5種類の水溶《よう》液 A～E があります。この水溶液には以下の4つの特徴《ちょう》があります。次の問いに答えなさい。ただし、水溶液 A～E は、塩酸、アンモニア水、石灰水、炭酸水、過酸化水素水のいずれかです。

［特徴 1］水溶液 A と B は無臭《しゅう》で、水溶液 D と E は刺《し》激臭である。
［特徴 2］水溶液 A～E それぞれに無色のフェノールフタレイン液を加えると、①水溶液 A と E のみが色が変わる。
［特徴 3］水溶液 C～E にマグネシウムを加えると水溶液 D から②気体が発生する。
［特徴 4］水溶液 A～E それぞれをおだやかに加熱して水を蒸発させると、水溶液 A からのみ白色の固体が残り、③水溶液 B、C、D、E からは気体が発生する。

(1) 水溶液 C、E の名前をそれぞれ答えなさい。

(2) 下線部①において、水溶液は何色に変わりましたか。また、水溶液 A と E は何性ですか。

(3) 下線部②で発生する気体の名前を答えなさい。

(4) 下線部③において、水溶液 B、D から発生した気体の名前をそれぞれ答えなさい。

(5) 水溶液 A～E から2つ選び混ぜ合わせると白色に濁《にご》る組み合わせを1つ答えなさい。

　解答例）A と E

【5】　ヒトの血液に関する次の文章を読んで、次の問いに答えなさい。

ヒトの血液の固形成分の1つである①赤血球には、ヘモグロビンという赤色の色素がふくまれています。このヘモグロビンには②酸素と結びついたり酸素をはなしたりする性質があり、肺でとり入れた酸素を全身へ運ぶはたらきをしています。

(1) ヒトの心臓の内部には「弁《べん》」と呼ばれるつくりがあります。この「弁」の役割を15字以内で答えなさい。

(2) ヒトと同じ心臓のつくりを持つ生物を、次のア～オから1つ選び、記号で答えなさい。

ア　イルカ　　イ　ウシガエル　　ウ　メダカ　　エ　サンショウウオ　　オ　イモリ

(3) 右図はヒトの血液成分を表したものです。
下線部①にあたるものを、右図の1～4から1つ選び、番号で答えなさい。

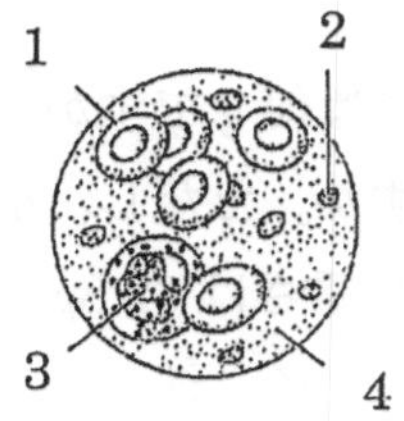

(4) 血液の成分のうち、養分や不要物を運んでいるものは何ですか。
次のア～エから1つ選び、記号で答えなさい。

ア　赤血球　　イ　血小板　　ウ　血しょう　　エ　白血球

(5) 下線部②の性質について、次の(A)、(B)に答えなさい。

(A) ヒトの心臓は、はく動1回あたり80mLの血液を送り出しています。また、ヒトの1分間のはく動数は70回です。
ヒトの心臓は、1日あたり何Lの血液を送り出していますか。

(B) 心臓から全身に送り出される血液は、1Lあたり0.3gの酸素をふくみ、全身から心臓にもどってくる血液は、1Lあたり0.1gの酸素をふくみます。ヒトは、1日あたり何gの酸素を全身にとり入れていますか。小数第1位を四捨五入して整数で答えなさい。なお、1日あたり心臓から全身に送り出される血液の量は、(A)で答えた値とし、全ての血液が心臓にもどってくるものとします。

【6】　次の文章を読んで、次の問いに答えなさい。

火山の地下には地球内部の熱で岩石がとけて液状になった（A）がたまっている。（A）が地表まで上昇すると、地表の岩石をふき飛ばして噴火《ふんか》が始まる。噴火にともなって、火口からは水蒸気や火山ガスなどの気体の他に、①液体や②固体も噴出される。また（A）が地面の下を上昇するときには、周辺の岩石をこわしたりすることで振《しん》動が観察されることがある。これを火山性（B）という。

(1) 文章の（A）、（B）にあてはまる語句を答えなさい。

(2) 下線部①について、地表に流れ出したもの、またはそれが冷えて固まったものを何といいますか。

(3) 下線部②について、直径2mm以下の大きさのものを何といいますか。

(4) (3)が積もって固まってできた岩石の説明として、まちがっているものを次のア～エから1つ選び、記号で答えなさい。

ア　含まれる粒が角ばっている　　イ　化石を含むことがある
ウ　色のついた結晶が含まれる　　エ　うすい塩酸をかけると気体が発生する

(5) ある火山で岩石を採取して顕微《けんび》鏡で観察したところ、図1と図2の2種類の岩石が得られました。図1は図2に比べて粒の大きな結晶からできています。この違いは冷え方に関係があります。冷え方と結晶のでき方を調べるために「ビーカーに40℃のミョウバンの飽和《ほうわ》水溶液をつくり、その中に糸で小さなミョウバンの結晶をつり下げる」という実験を行いました。より大きな結晶を作る操作として正しいものを、次のア～エから1つ選び、記号で答えなさい。

ア　ビーカーを発泡スチロールの箱に入れた湯(40℃)につけ、箱にふたをする。
イ　ビーカーを発泡スチロールの箱に入れた水(20℃)につけ、箱にふたをする。
ウ　ビーカーを発泡スチロールの箱に入れた氷水につけ、箱にふたをする。
エ　ビーカーを発泡スチロールの箱に入れずに、直接冷凍《とう》庫に入れる。

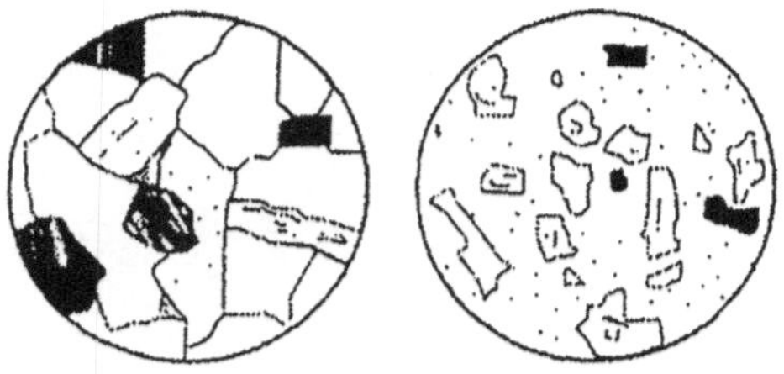

図1　　図2

（40分）

《１》　次の文①～④は日本の都道府県に関する説明である。地図と文を参考にして、あとの問いに答えなさい。

①　海岸沿いにポートアイランドとよばれる人工島がつくられた都道府県。

②　しじみの生産が有名な宍道《しんじ》湖がある都道府県。

③　メガネの生産が盛んな鯖江《さばえ》市がある都道府県。

④　全国有数の温泉地の別府市がある都道府県。

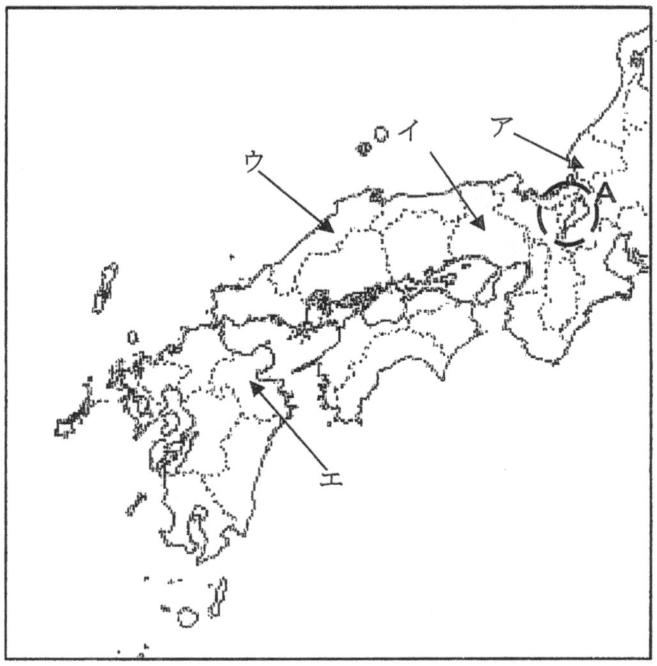

（１）上の文①～④にあてはまる都道府県を、地図上のア～エから１つずつ選び、記号で答えなさい。

（２）Ａの琵琶湖の沿岸はラムサール条約の登録地域である。ラムサール条約に登録される目的について述べた文として正しいものを次から１つ選び記号で答えなさい。

ア．人類の貴重な歴史・文化遺産を守るために登録される。

イ．水鳥などの住む湿地の生態系を守るために登録される。

ウ．絶滅が心配される哺《ほ》乳類が暮らす環境を守るために登録される。

エ．地形や地質、火山など地球活動の跡を保存するために登録される。

《２》　次の文章を読み、あとの問いに答えなさい。

小学校６年生の一郎君は、新型ウイルスの影響から外出することがなかなかできないので、妹のもとみちゃんと都道府県連想ゲームをすることにしました。問題の出題者がもとみちゃんで、解答者が一郎君です。一郎君は、ヒントとなる４枚の写真からどこの都道府県が問われているかを連想しなければなりません。妹には負けられない、と一郎君は正解する気満々です。最初のヒントでもとみちゃんが示したのが写真１です。一郎君は（ａ）豚であることは一目でわかりましたが、それ以上のことはわかりませんでした。２つ目のヒントが写真２です。一郎君は無類の（ｂ）麺《めん》類好きではありますが、写真だけでは特定することができませんでした。せめて一口食べられれば、と悔しそうにしています。３つ目のヒントが写真３です。一郎君は何かの建物であることはわかりましたが、外観から特定することは不可能でした。もとみちゃんはお兄さんの焦る様子を見て、写真３が水族館であり、ジンベイザメやマンタなどの（ｃ）魚類を見ることができることを教えました。そして最後のヒントが写真４です。一郎君は、家の屋根に（ｄ）タンクが置かれていることに気づきました。このタンクは、この都道府県の人々が行っている生活上の工夫です。しばらく考えた一郎君は（ｅ）ヒントとなる４枚の写真に該当する都道府県を思いついたようです。その都道府県をもとみちゃんに告げると、見事正解しました。何とか正解を答えましたが、もっと勉強する必要があると感じた一郎君でした。

写真１

写真２

写真３

写真４

（１）下線部（ａ）について、次の表は、2016年の肉用牛、豚、採卵鶏、肉用若鶏について、家畜の飼育頭数割合の上位３つの都道府県を示したもの（『日本国勢図会 2017／18』より作成）である。豚に該当するものを表中のア～エから１つ選び、記号で答えなさい。

ア		イ		ウ		エ	
都道府県	%	都道府県	%	都道府県	%	都道府県	%
鹿児島県	13.6	茨城県	7.4	北海道	20.7	宮崎県	20.4
宮崎県	9.0	千葉県	7.4	鹿児島県	12.9	鹿児島県	20.0
千葉県	7.2	鹿児島県	6.1	宮崎県	9.8	岩手県	16.2

（２）下線部（ｂ）に関連して、麺に使われている小麦の日本の輸入額割合が最も高い国を次から１つ選び、記号で答えなさい。

ア．オーストラリア　　イ．イギリス　　ウ．アメリカ合衆国　　エ．ロシア

（３）下線部（ｃ）に関連して、人工的に魚などの卵をかえして稚魚（種苗）を川や海に放し、自然の中から育ててからとる漁業を何というか、答えなさい。

（４）下線部(ｄ)について、家の屋根の上におかれたタンクの目的を次から１つ選び、記号で答えなさい。
　ア．除雪用　　イ．酒造用　　ウ．貯水用　　エ．給油用
（５）下線部(ｅ)の都道府県名を答えなさい。

《３》　次の表は野菜の収穫量割合（2015年）の上位３つの都道府県を示したもの（『日本国勢図会 2017／18』より作成）である。表を見て、あとの問いに答えなさい。

A		B		C		D	
都道府県	%	都道府県	%	都道府県	%	都道府県	%
北海道	64.8	愛知県	17.8	茨城県	23.6	熊本県	17.3
佐賀県	9.4	群馬県	16.6	宮崎県	19.1	北海道	8.5
兵庫県	7.3	千葉県	9.0	高知県	9.0	茨城県	6.5

（１）表中のＡ～Ｄにあてはまる野菜を次から１つずつ選び、記号で答えなさい。
　ア．ピーマン　　イ．トマト　　ウ．たまねぎ　　エ．キャベツ
（２）「ひとめぼれ」「ななつぼし」「ヒノヒカリ」などの品種がある農作物は何か、答えなさい。

《４》　次のＡ～Ｃの人物に関する説明を読み、あとの問いに答えなさい。
Ａ　この人物は、（ａ）仏教の受け入れに積極的で飛鳥寺を建立し、強大な権力を握った。
Ｂ　この人物は、美濃出身の戦国武将で織田信長に重く用いられた。しかし、（ｂ）本能寺の変をおこし、織田信長を自害させた。
Ｃ　この人物は、（ｃ）土佐藩士で、貿易会社を組織した。（ｄ）大政奉還の直後、京都の近江屋で暗殺された。

（１）Ａ～Ｃの説明にあてはまる人物は誰か、**漢字**で答えなさい。
（２）下線部(ａ)に関連して、日本での仏教の広まりに関する文Ｘ・Ｙの正誤の組み合わせとして正しいものを次のア～エから１つ選び、記号で答えなさい。
　Ｘ　推古天皇は全国に国分寺・国分尼寺を建立した。
　Ｙ　鑑真は唐から来日し、奈良に唐招提寺を建立した。
　ア．Ｘ：正　Ｙ：正　　イ．Ｘ：正　Ｙ：誤　　ウ．Ｘ：誤　Ｙ：正　　エ．Ｘ：誤　Ｙ：誤
（３）下線部(ｂ)について、この出来事があった本能寺は、現在のどの都道府県にあるか、答えなさい。
（４）下線部(ｃ)に関連し、土佐藩出身でのちに自由党を結成し初代党首となり、自由民権運動の中心となった人物は誰か、答えなさい。
（５）下線部(ｄ)について、大政奉還後に明治天皇が発表した五箇条のご誓文の内容として正しいものを次から１つ選び、記号で答えなさい。
　ア．あつく三宝を敬いなさい。三宝とは、仏、法、僧のことである。
　イ．政治は広く会議を開き、みんなの意見を聞いて決める。
　ウ．武士が20年の間、土地を支配しているならば、その権利を認める。
　エ．天皇は国の元首であって侵してはならない存在である。
（６）Ｃの説明文の時期におこったできごとⅠ～Ⅲについて、古いものから年代順に正しく配列したものを、次のア～カから１つ選び、記号で答えなさい。
　Ⅰ　朝廷は王政復古の大号令を出し、天皇中心の新政府設立を宣言した。
　Ⅱ　幕府の方針に反対する大名や公家、吉田松陰らを処罰した安政の大獄がおきた。
　Ⅲ　ペリーが来航し、幕府は日米和親条約を結んだ。
　ア．Ⅰ－Ⅱ－Ⅲ　　イ．Ⅰ－Ⅲ－Ⅱ　　ウ．Ⅱ－Ⅰ－Ⅲ　　エ．Ⅱ－Ⅲ－Ⅰ　　オ．Ⅲ－Ⅰ－Ⅱ　　カ．Ⅲ－Ⅱ－Ⅰ

《５》　右の年表を見て、あとの問いに答えなさい。

年	できごと
604	聖徳太子らが十七条の憲法を定める………ａ
	ア
752	東大寺の大仏が完成する
	イ
894	（　あ　）が廃止される
	ウ
1192	源頼朝が征夷大将軍となる………ｂ
	エ
1404	明との勘合貿易が始まる………ｃ
	オ
1582	豊臣秀吉が太閤検地を始める
	カ
1635	（　い　）が将軍のときに 参勤交代の制度が確立される
	キ
1871	それぞれの藩が廃止され県が置かれる………ｄ
	ク
1998	冬期オリンピック長野大会が開催される

（１）年表中の（あ）・（い）にあてはまる語、人物名を**漢字で**答えなさい。

（２）年表中のａに関連して、聖徳太子に関する文Ｘ・Ｙの正誤の組み合わせとして正しいものを次のア～エから１つ選び、記号で答えなさい。

Ｘ　物部氏とともに反仏教の立場をとった。

Ｙ　個人の能力に応じて役人を採用する冠位十二階の制度を整えた。

ア．Ｘ：正　Ｙ：正　　イ．Ｘ：正　Ｙ：誤

ウ．Ｘ：誤　Ｙ：正　　エ．Ｘ：誤　Ｙ：誤

（３）年表中のｂについて、征夷大将軍に関して述べた文として正しいものを次から１つ選び、記号で答えなさい。

ア．平将門は征夷大将軍として江戸に幕府を開いた。

イ．足利尊氏は征夷大将軍として京都に幕府を開いた。

ウ．織田信長は征夷大将軍として安土に幕府を開いた。

エ．豊臣秀吉は征夷大将軍として大阪に幕府を開いた。

（４）年表中のｃに関連して、日本と海外の貿易や物流について述べた文のうち、**誤っているもの**を次から１つ選び、記号で答えなさい。

ア．正倉院ではシルクロード経由の聖武天皇保有の品々が保管されている。

イ．平清盛は、宋との貿易をすすめるために大輪田泊を整備した。

ウ．豊臣秀吉の朝鮮侵略の影響で、有田焼や唐津焼などが発展した。

エ．江戸時代には長崎の出島で、アメリカとの貿易のみが許可された。

（５）年表中のｄの時期におこったできごとについて述べた文として**誤っているもの**を次から１つ選び、記号で答えなさい。

ア．身分制度が改められ、国民はすべて平等とされた。

イ．キリシタンへの迫害に対して島原天草一揆がおきた。

ウ．徴兵令が出され、男子に３年間の兵役の義務が課された。

エ．官営模範工場として、群馬県に富岡製糸場がつくられた。

（６）次の①～③がおこった時期を、年表中のア～クから１つずつ選び、記号で答えなさい。

①　応仁の乱がおこる

②　保元の乱がおこる

③　西南戦争がおこる

《６》　次の文章を読み、あとの問いに答えなさい。

私たちが自由に人間らしく生きるために、様々な権利が日本国憲法で保障されている。例えば、誰からも差別されないという（　①　）権、個人の(ａ)自由権、(ｂ)社会権、請求権および(ｃ)参政権などがある。これらの権利は、日本国憲法の三大原則の中の「（　②　）の尊重」にもとづいて保障され、社会全体の利益や幸福を指す（　③　）に反しない限り、最大限尊重される。

（１）文中の（　①　）～（　③　）にあてはまる語をそれぞれ答えなさい。ただし、（　③　）は解答欄に合うように答えなさい。

（２）日本国憲法で定められている、「権利」であると同時に「義務」でもある事がらを次から１つ選び、記号で答えなさい。

ア．投票する　　イ．税金をおさめる　　ウ．教育を受けさせる　　エ．労働する

（３）下線部(ａ)のうち、身体の自由に関する説明として正しいものを次から１つ選び、記号で答えなさい。

ア．外国に移住し、国籍を離脱する自由を侵されない。

イ．希望する職業を選択することができる。

ウ．法律で定める手続きによらなければ逮捕されない。

エ．自分の考えを自由に発表することができる。

（４）下線部(ｂ)のうち、労働基本権として**誤っているもの**を次から１つ選び、記号で答えなさい。

ア．団結権　　イ．団体交渉権　　ウ．団体行動権　　エ．生存権

（５）下線部(ｃ)に関する文のうち、正誤の組み合わせとして正しいものを次のア～エから１つ選び、記号で答えなさい。

Ｘ　衆議院議員と参議院議員の被選挙権が初めて与えられる年齢はそれぞれ異なる。

Ｙ　最高裁判所の裁判官に対する国民審査は参議院選挙の時におこなわれる。

ア．Ｘ：正　Ｙ：正　　イ．Ｘ：正　Ｙ：誤　　ウ．Ｘ：誤　Ｙ：正　　エ．Ｘ：誤　Ｙ：誤

（６）日本国憲法で定められている権利の他に、近年主張されるようになってきた新しい権利として正しいものを次から１つ選び、記号で答えなさい。

ア．私生活をみだりに公開されない権利。

イ．自分の意見を表明する権利。

ウ．自分の財産を侵されない権利。

エ．集会をする権利。

《７》　次の（１）～（４）の文で、下線部が正しい場合には○、誤っている場合は正しい語句を答えなさい。

（１）裁判において、自分の不利益になることは答えなくてもよい権利を、拒否権という。

（２）内閣総理大臣の指名が行われる国会を臨時国会という。

（３）内閣不信任決議案が可決されると、内閣は30日以内に衆議院を解散するか、総辞職しなければならない。

（４）国が使い道を指定して、地方公共団体に交付するお金を国庫支出金という。

二〇二一（令和三）年度　入学試験解答用紙

国語（一次前期）　開明中学校

受験番号

0	0	0	0	0	0
1	1	1	1	1	1
2	2	2	2	2	2
3	3	3	3	3	3
4	4	4	4	4	4
5	5	5	5	5	5
6	6	6	6	6	6
7	7	7	7	7	7
8	8	8	8	8	8
9	9	9	9	9	9

得点（記入しないこと）

※100点満点

（※のところには何も記入しないこと）

一

- 問一　i　ii　iii　iv　v
- 問二　1　2　3　4
- 問三　①　⑤
- 問四
- 問五　の方針
- 問六　I　II
- 問七
- 問八　〜　こと。
- 問九
- 問十

問一．１点×５
問二．２点×４
問三．２点×２
問四．４点
問五．４点
問六．３点×２
問七．４点
問八．４点
問九．４点
問十．７点

二

- 問一　i　ii　iii
- 問二　1　2　3　4
- 問三
- 問四
- 問五　語　断
- 問六　④　⑤
- 問七
- 問八
- 問九
- 問十
- 問十一

問一．１点×３
問二．２点×４
問三．４点
問四．６点
問五．２点
問六．２点×２
問七．３点
問八．３点
問九．６点
問十．３点
問十一．８点

2021（令和3）年度　入 学 試 験　解 答 用 紙

算　数（1次前期）　開 明 中 学 校

受験番号	
	⓪①②③④⑤⑥⑦⑧⑨
	⓪①②③④⑤⑥⑦⑧⑨
	⓪①②③④⑤⑥⑦⑧⑨
	⓪①②③④⑤⑥⑦⑧⑨
	⓪①②③④⑤⑥⑦⑧⑨
	⓪①②③④⑤⑥⑦⑧⑨

用紙タテ 上　こちらを上にしてください

※100点満点

	(1)	(2)	(3)
1			
	(4)	(5)	

5点×5

	(1)	(2)	(3)
2		番目	通り
	(4)	(5)	(6)
	度	時間　分	cm^2

5点×6

	(1)	(2)	(3)
3	時速　km	分　秒後	km

5点×3

	(1)	(2)	(3)	(4)
4		個		

(1)4点
(2)4点
(3)4点
(4)3点

	(1)		(2)	
	①	②	①	②
5			cm^3	cm^3

(1)4点×2
(2)①4点
②3点

2021（令和3）年度　入学試験　解答用紙

理　科（1次前期）　開明中学校

受験番号	
	⓪①②③④⑤⑥⑦⑧⑨
	⓪①②③④⑤⑥⑦⑧⑨
	⓪①②③④⑤⑥⑦⑧⑨
	⓪①②③④⑤⑥⑦⑧⑨
	⓪①②③④⑤⑥⑦⑧⑨
	⓪①②③④⑤⑥⑦⑧⑨

用紙タテ 上　こちらを上にしてください

※50点満点

【1】

(1)～(4) 1点×5　(5) 2点

(1) (い)	(ろ)	(2) g
(3)	(4) g	(5) g～ g

【2】

(1)～(4) 1点×4　(5), (6) 2点×2

(1)	(2)	(3) 極
(4)	(5)	(6)

【3】

1点×7

(1) g	(2) cm^3	(3)
(4) g/cm^3	(5) 結果　（　大きい　・　小さい　）	
(6)	理由	

【4】

1点×8

(1) C	E	
(2) 色	性	(3)
(4) B	D	(5) と

【5】

(1), (4), (5) 2点×4　(2), (3) 1点×2

(1)		
(2)	(3)	(4)
(5) A L	B g	

【6】

(1) 1点×2　(2)～(5) 2点×4

(1) A	B	(2)
(3)	(4)	(5)

2021（令和3）年度　入学試験　解答用紙

社　会（1次前期）　開明中学校

受験番号		
		⓪①②③④⑤⑥⑦⑧⑨
		⓪①②③④⑤⑥⑦⑧⑨
		⓪①②③④⑤⑥⑦⑧⑨
		⓪①②③④⑤⑥⑦⑧⑨
		⓪①②③④⑤⑥⑦⑧⑨
		⓪①②③④⑤⑥⑦⑧⑨

用紙タテ 上　こちらを上にしてください

※50点満点

【注意】 解答欄に〔漢字〕と指定されている問題については、必ず全て漢字を用いて答えなさい。

《1》　1点×5

(1)	①		②		③		④		(2)	

1

《2》　1点×5

(1)		(2)		(3)	漁業	(4)		(5)	

2

《3》　1点×5

(1)	A		B		C		D		(2)	

3

《4》　(1)〜(4) 1点×6　(5), (6) 2点×2

(1)	A	〔漢字〕	B	〔漢字〕	C	〔漢字〕

(2)		(3)		(4)		(5)		(6)	

4

《5》　(1)〜(2), (4)〜(6) 1点×8　(3) 2点

(1)	あ	〔漢字〕	い	〔漢字〕	(2)		(3)	

(4)		(5)		(6)	①		②		③	

5

《6》　(1)〜(3) 1点×5　(4)〜(6) 2点×3

(1)	①		②		③	の

(2)		(3)		(4)		(5)		(6)	

6

《7》　1点×4

(1)		(2)		(3)		(4)	

7

二〇二一（令和三）年度　入学試験問題（一次後期）　国語　その一　開明中学校

（字数制限のある問いは符号《ふごう》や句読点も一字と数えるものとする）

（60分）

一　次の文章を読んで、あとの問いに答えなさい。

疫病《えきびょう》は、都市や建築を、何度も大きく転換《てんかん》させ、作り変えてきた。歴史を振《ふ》り返《かえ》ってみても、※1ペストによって、中世の密集した街と狭《せま》い路地は嫌《きら》われ、※2ルネサンスのⅰセイゼンとした都市と、幾何学《きかがく》が支配する大ぶりな建築が生まれた。［1］、今、コロナの後に、われわれは、①どのような都市を作り、どのような建築を作らなければいけないのだろうか。

ひとつのテーマは、ハコからの脱却《だっきゃく》である。二〇世紀に、人々はハコに閉《と》じ込《こ》められた。ハコの中で仕事をする方が効率がいいとされて、超高層《ちょうこうそう》ビルに代表される大きなオフィスビルや大工場に、一定時間閉じ込められて、働かされた。そのハコに出勤し、帰宅するために、再び②鉄のハコに閉じ込められ、密をⅱキョウヨウされた。大きなハコで働き、通勤する人が、この世紀にはエリートとされた。［2］都市はハコに埋《う》め尽《つ》くされ、ハコとハコとの隙間《すきま》も、鉄のハコの移動のための空間でしかなかった。この世紀は「自由の世紀」ともいわれたが、人々の暮らしを見る限り、ハコに閉じ込められた人々は、自由からは遠い存在に見えた。

実際にはハコに閉じ込められなくても、十分に効率的に仕事ができる技術を、すでにわれわれは手に入れている。今回のコロナ騒動《そうどう》によって、多くの企業《きぎょう》が※3テレワークに踏《ふ》み切《き》ったが、「やればできたんだ」というのが、人々の感想であった。③やればできたものを、やらないままにいたつけが、このような形でわれわれに降りかかってきた。

ハコに閉じ込める仕事のやり方は、女性にも多くの犠牲《ぎせい》を強《し》いた。出産や子育ての時期には、ハコに通ってみんなで仕事をすることが難しい。そのために多くの有能な女性が仕事から排除《はいじょ》され、社会から排除されてきた。そのような女性を再び社会が受け入れるきっかけを、今回の疫病が作ることにならなければ、④社会が払ったこれだけの犠牲が浮《う》かばれないだろう。

今回僕《ぼく》は、随分《ずいぶん》と歩いた。歩くことで体調を整え、また歩きながら様々なことを考え、様々なものを頭の中の紙の上でスケッチした。古代ギリシャのアリストテレスの一派は、歩廊《ほろう》で歩きながら講義を行い、逍遥《しょうよう》学派と呼ばれた。歩きながら思考するという方法は、アリストテレスの師のプラトン、その師であるソクラテスから学んだといわれている。僕は歩《ある》き疲《つか》れると公園のベンチで仕事をした。ハコの外にいても充分《じゅうぶん》な仕事はできるのである。むしろ普段《ふだん》は思いつかない新鮮《しんせん》な発想も生まれた。

歩くとは、人との距離《きょり》を自由に選べるということでもある。密着したい時は、歩み寄って抱《だ》きしめればいいし、距離をとりたい時は、いくらでも遠ざかることができる。鉄のハコに詰《つ》め込《こ》まれて移動している時は、そうはいかない。歩くということは、いつも一人でいるということであり、自由であるということである。

公園は空調しなくても、充分に気持ちがいいが、ハコは空調し続けなければならない。昼間も照明で照らし続けなければならない。ハコの文明はすなわち、空調文明でもあった。特に、最も効率がよいとされた大きなハコは、自然換気《かんき》だけでは温湿度《おんしつど》のコントロールができないので、空調が必須《ひっす》である。ハコの文明はすなわち、空調文明でもあった。それは同時に石油文明でもあった。安い化石燃料を燃やすことで、ハコが成立していたが、このシステムが長くは続かないことに、人々は気づき始めていた。［3］、ハコを出ようとは誰《だれ》も思わなかった。ハコは作り続けられていたし、より大きなハコが企業や都市のレベルを示すことだとみなされ、進んでいると考えられていた。そのような時に、コロナがやってきて、政府から、不要不急の時以外はハコに行くなといわれたわけである。

ハコからの脱却は、室内からの脱却ということでもある。僕はこれを、もう一回外を歩くことだと理解した。都市計画では、コンパクトシティということが、叫《さけ》ばれはじめていた。都心の大きなハコで働いて、遠くの郊外《こうがい》に住むという二〇世紀のライフスタイルを続けると、都市はどんどん拡大していってしまい、通勤とⅲユソウにかかるコストやエネルギーを拡大する一方となる。地球温暖化にも歯止めがきかない。オフィスの近くに住んで、通勤の距離を縮めようというのが、コンパクトシティの考えである。都市計画の人たちは新しい言葉が好きで、スマート・シティという言葉も最近よく聞かれるが、どちらも、ハコ自体を解体しようという意識は希薄《きはく》のように見える。ハコを作る建設産業をエンジンとして回転していた、二〇世紀の産業資本主義システムは、いまだにⅳケンザイなのである。都市計画も建築業界も、⑤依然としてその利益共同体の傘下にあり、それを前提としてのスマート・シティなのである。

新しいテクノロジーでエネルギー消費を削減《さくげん》するといっても、ハコを温存する限りは、ただハコが重装備になるだけで、ハコの値段が上がるだけで、都市の息苦しさは、いつまでたっても解消されない。新しい交通も結構であるが、歩くことは、単なる移動ではない。⑥歩くこと自体が最も重要な時間となり、最も重要な時間を与えてくれるのである。

ハコにこだわるということは、室内にこだわっているということとⅴドウギである。人間が室内に暮らすようになったのは、エアコン（空調）という悪魔的《あくまてき》な機械が登場してからであり、それほど歴史は古くない。学生の頃《ころ》、僕は世界の集落の調査に⑦明け暮れていたが、集落において、室内で人間が過ごす時間は驚《おどろ》くほどに短かかった。殆《ほとん》どの時間を人々は、外部か、あるいは縁側《えんがわ》、ベランダのような中間領域で快適に過ごしていた。

図　ジャンバティスタ・ノリが描いた「ローマの地図」

一八世紀のイタリアのジャンバティスタ・ノリが描《えが》いた地図（一七四八）は、【　　　　】を示している。ノリはローマの市街地を、白と黒の二色に塗《ぬ》り分《わ》けているのだが、建築が黒で、広場や街が白という通常の塗分《ぬりわ》けではない。誰もがアクセスできる空間は、外部空間だけではなく、教会堂も含《ふく》めて白であり、個人の邸宅《ていたく》のようにアクセスできない空間だけが、黒なのである。これを見た時、東京にはほとんど白い空間がないと感じた。誰もがアクセスできる白がネットワーク上につながって、都市の主役となっているローマを、うらやましく感じた。東京においては、道路もまた、車という「私」によって占有《せんゆう》されている黒い空間であり、白は限りなく小さく、その小さな空間に人がひしめきあって、コロナの温床《おんしょう》の「密」空間が生まれたのである。

二〇世紀におけるエアコンの発明によって、室内は密閉され、エアコンは室内の温度を下げるのとは逆に、室外の温度を上昇《じょうしょう》させ、室外はいよいよ不快な空間となった。二〇世紀に登場したもうひとつの大きな技術、車によって、室外はいよいよ不快で人のいられない場所へと落ちていった。ノリの地図では白い場所だったはずの街路が、⑧車とエアコンによって、どんどんどす黒く汚されていったのである。そのプロセスの果てに、地球温暖化が進行し、地球温暖化は、グローバルなレベルで街路という居場所を、人間から奪《うば》おうとしているのである。

必要なのは、単に白い場所を増やし、つなげ直すことだけではない。ノリの地図による白い場所、［4］誰でもアクセスできるパブリック空間の中で、どう振舞《ふるま》うか。その問題も、今日のコロナによって、新たにわれわれにつきつけられた。

二〇二一（令和三）年度　入学試験問題（一次後期）　国語　その二　開明中学校

「コロナ後の都市と建築」隈研吾《くまけんご》『コロナ後の世界を生きる―私たちの提言』所収　岩波新書

※1「ペスト」―　十四世紀にヨーロッパで流行したペスト菌《きん》による感染《かんせん》病。
※2「ルネサンス」―　十四世紀にヨーロッパに広まった、古代ギリシア・ローマを理想とする文化や芸術の復興運動。
※3「テレワーク」―　情報通信技術を活用し、会社に出勤せずに働く勤労形態。

問一　＝＝部ｉ～ｖのカタカナを漢字に直しなさい。

問二　［1］～［4］を補うのに最も適当なものを次の中からそれぞれ一つ選び、記号で答えなさい。ただし、同じ記号は二度使わないものとする。

ア　では　　イ　しかし　　ウ　そして　　エ　すなわち

問三　━━部①「どのような都市を作り、どのような建築を作らなければいけないのだろうか」とあるが、その答えとして、最も適当なものを次の中から一つ選び、記号で答えなさい。

ア　ハコから脱却し、古代ローマに代表されるような原始的な社会に回帰する都市や建築。
イ　職場に出勤しなくとも、テレワークによって仕事が滞《とどこお》りなく行えるような都市や建築。
ウ　必要以上に空調を使わなくても快適に過ごせるような、地球環境《かんきょう》に配慮《はいりょ》した都市や建築。
エ　誰もがアクセスできる空間を増やし、それらをネットワーク上につなげるような都市や建築。

問四　━━部②「鉄のハコ」とは何をたとえたものか、最も適当なものを次の中から一つ選び、記号で答えなさい。

ア　自家用車　　イ　電車やバス　　ウ　エレベーター　　エ　オフィスや工場

問五　━━部③「やればできたものを、やらないままにいたつけが、このような形でわれわれに降りかかってきた」とはどういうことか。最も適当なものを次の中から一つ選び、記号で答えなさい。

ア　職場に出勤して働くというスタイル以外を認めてこなかったため、非常時の対応が遅《おく》れたこと。
イ　平和な時代に安穏《あんのん》と暮らすあまり、在宅でも効率的に仕事ができる環境が整っていなかったこと。
ウ　「自由の世紀」ということばとは裏腹に、不自由な生活を強いられていることに気づかなかったこと。
エ　巨大《きょだい》なオフィスビルで働く人がエリートだという妄想《もうそう》にとらわれ、労働の本質を見失っていたこと。

問六　━━部④「社会が払《はら》ったこれだけの犠牲」とはどういうことか。解答欄《かいとうらん》に合うように三十字以内で説明しなさい。

問七　━━部⑤「依然《いぜん》としてその利益共同体の傘下《さんか》にあり、それを前提としてのスマート・シティなのである」とはどういうことかを説明した次の一文の空欄《くうらん》を補うのに最も適当なことばを［Ⅰ］・［Ⅱ］は五字以内で、［Ⅲ］は十五字以内で本文中からそれぞれ探し、抜《ぬ》き出《だ》して答えなさい。

> 昨今のコンパクトシティやスマートシティという都市計画の理念は［Ⅰ］を防止するために［Ⅱ］を短縮しようとするものであるが、［Ⅲ］に基《もと》づいていることには変わりがないということ。

問八　━━部⑥「歩くこと自体が最も重要な時間となり、最も重要な時間を与《あた》えてくれるのである」とあるが、その理由として、最も適当なものを次の中から一つ選び、記号で答えなさい。

ア　新たなテクノロジーを用いるよりも、歩くことでいっそうエネルギー消費を削減できるから。
イ　歩きながら物事を考えることは、古代ギリシャから連綿と受《う》け継《つ》がれてきた思考方法であるから。
ウ　歩くことで人との距離を自ら決定でき、また一人の時間を過ごすことで新たな発想も生まれるから。
エ　歩くことで体調を整えることができ、時間・空間を隔《へだ》てた物事にも思いを馳《は》せることができるから。

問九　━━部⑦「明け暮れていた」の意味として、最も適当なものを次の中から一つ選び、記号で答えなさい。

ア　没頭《ぼっとう》していた　　イ　執着《しゅうちゃく》していた　　ウ　追われていた　　エ　惑《まど》わされていた

問十　━━部⑧「車とエアコンによって、どんどんどす黒く汚されていったのである」とはどういうことかを説明した次の一文の空欄を補うのに、最も適当なことばを十五字以内で本文中から探し、抜き出して答えなさい。

> 車と空調により大気が汚染《おせん》されるだけでなく、街路が［　　］ではなくなっていったということ。

問十一　図「ジャンバティスタ・ノリが描いた『ローマの地図』」を参考にして、【　　　　】を補うのに、最も適当なものを次の中から一つ選び、記号で答えなさい。

ア　当時はまだ公共の場である広場や街路がいかに残されていたか
イ　当時もまだ室外というものがいかに重要な生活空間であったか
ウ　十八世紀のローマが現代の東京よりもいかに優《すぐ》れた都市であったか
エ　十八世紀のローマはどの区域にもいかにアクセスしやすい設計がなされていたか

二　一昨年、弟の新《あき》が原因で予定より一日遅《おく》れで乗ることになったバスが横転し、兄弟は事故に巻《ま》き込《こ》まれた。兄の朔《さく》は視力を失い、盲学校《もうがっこう》での生活を送った後、家に帰ってきた。自分を責め、情熱を注いでいた陸上を一生やらないと決めた新に、朔はブラインドマラソン（視覚障がい者が行うマラソン競技）の伴走《ばんそう》を依頼《いらい》する。新は初め抵抗《ていこう》していたが負い目もあって朔の願いを断れず、コーチの境野の指導のもとで練習を重ね、大会に出ることになった。大会のスタート直前の新のセリフから始まる次の文章を読んで、あとの問いに答えなさい。

「……な、朔は境野さんが目指してることって聞いたことある？」
「ん？」
「伴走者としてってやつ？」

二〇二一（令和三）年度　入学試験問題（一次後期）　国語　その三　開明中学校

いや、とかぶりを振《ふ》ると、新は口角をあげた。
「伴走したランナーが、また次も走りたいと思えるレースをすること、だって」
「ああ、うん」
「目標タイムで走ることでも、順位でも、完走することでもない」
「境野さんらしいね。でもそうだよな、走る目的も、理由も、ひとりひとり違《ちが》う」
そう言った朔の横顔を見て、新はにっと笑った。
「でもみんな、ゴールを目指してる。そこは一緒《いっしょ》だよ」
どくっ。
①朔の内側が鈍く音を立てた。
……ゴール。
「朔？」
朔の腕《うで》に新は肘《ひじ》を当てた。
「どうした？　腹でも痛い？　もしかして緊張《きんちょう》してきたとか？」
ふたりの横を、スタートゲートに向かうランナーたちが追《お》い越《こ》していく。
……ゴール。
朔は薄《うす》く唇《くちびる》を開いた。
オレは、どのゴールを目指しているんだろう。目指してきたのだろう。
ゴールが見えない。いや、見えるわけがないのだと朔は唇を噛《か》んだ。
そんなことは、とっくにわかっていた。だって、最初から間違《まちが》った方向へ向かって駆《か》け出《だ》していたんだから。そのことに気づきながら、ずっと気づかないふりをしてきた。自分の内にあるものを、きれいなことばで②コーティングして、正当化した。自分が傷つかないよう、汚《よご》れないよう、気づかないふりをしているうちに、それは都合よく自分の意識から消えていった。
朔は喉《のど》に手を当てて、息を吸った。③喉の奥が小さく震える。
だけど、このまま気づかないふりをして、新を縛《しば》って、その先になにがあるんだろう。
あるのは、たぶん、きっと、後悔《こうかい》だ。
「ごめん」
「え、なに？」
朔は浅く息をした。
「いつか新、言っただろ、オレのこと偽善者《ぎぜんしゃ》だって」
「はっ？」
「あれ正しいよ。オレ、新が陸上やめたこと知ったとき、腹が立った」
どうしてそんなに腹を立てたのか、あのときは朔にもわからなかった。考えようともしなかった。ただ無性《むしょう》に、猛烈《もうれつ》に腹が立った。
「オレがブラインドマラソンを始めたのは、おまえを走らせようと思ったからだよ」
「そんなことわかってたよ。朔はオレのために」
「違う」ことばを断《た》ち、もう一度「違う」と朔はくり返した。
「そう思わせただけ。ただの※１欺瞞《ぎまん》だ」
新の目が［１］見開いた。
「オレは、新が思ってるようないい兄貴でもないし、人のことを思いやったりできる人間でもない。嫉妬《しっと》も後悔もするし、恨《うら》んだりもする。新のことだって」
「いいよ！　いいよ、そんなこと言わなくて。④ていうかなんで言うんだよ、しかもいまってなんだよ」
「いまだから」
いまじゃなかったらオレは話せていない。
また気づかないふりをしてしまう。逃《に》げてしまう——。
「意味わかんねんだけど」
新の声がかすれた。
「おまえに伴走を頼《たの》んだのは、オレのそばにいて、オレと一緒に走ることで、新が苦しむことがわかっていたからだ」
新を傷つけてやりたかった。失明したのは新のせいじゃない。事故だった。ただ運が悪かっただけだ。頭ではわかっていたつもりだった。それでも、病院のベッドの上でも家を離《はな》れてからも、もしもと同じことが頭をよぎった。
新のせいにするなんてどうかしている。そんなことを思うなんて、頭がおかしくなったんじゃないかと自分を疑った。でも、頭ではわかっているはずなのに、気持ちがついていかなかった。どうしても、もしもと考え、それをあわててかき消して、また同じことを繰《く》り返《かえ》した。
時間とともに、身のまわりのことがひとつひとつできるようになり、視力に頼《たよ》らず暮らしていくすべを覚えていった。もしも、ということばが頭をもたげることもほとんどなくなった。これなら家に戻《もど》っても、家族の荷物にならず生活できる。新と会っても感情が揺《ゆ》れることはない。そう思って帰ったのに、※２梓《あずさ》から新が陸上をやめたことを聞いたとき、⑤時計の針が逆回転した。
あのとき、新がやめた理由を梓に問いながら、朔にはⅰ察しがついていた。
オレが視力を失った代わりに、新は陸上をやめた——。
そういうことを考えるやつだとわかっていた。だけどそれは、裏を返せば単に楽になろうとしているだけのことではないのか？　大切なものを手放し、失うことで、同じ痛みを負ったつもりになっている。
そんな弟を、あのとき激しく嫌悪《けんお》した。
新を走らせる。走らせて、走ることへの渇望《かつぼう》を煽《あお》ってやりたい。
失うことの、奪《うば》われることの苦しさはそんなものではない。それを味わわせたい——。

だけど、わかっていなかったのはオレだ。

オレは、新の苦しみをわかっていなかった。わかろうとしなかった。

「おしまいにする」

「はっ？」

「もう新とは走らない」

「なに言ってんの？」

「……勝手なこと言ってるのはわかってる。けど、ごめん。これ以上、自分に⑥幻滅したくない」

新は朔が手にしているロープを握《にぎ》った。

「きっかけなんて、どうでもいいじゃん。神様じゃないんだ、人間なんだからいろいろ思うだろ。オレが朔なら、どうなってたかわかんないよ。まわりに当たり散らして、壊《こわ》して、傷つけて、自分の中にこもって、なにもできなかったんじゃないかって思う。朔が思ったことはあたりまえのことだよ」

一気に言うと、新は大きく息をついた。

「それに、朔、それずっと続かなかっただろ」

朔の顔が[2]動いた。

「わかるよ、毎日一緒に走ってきたんだから。伴走頼まれたとき、オレ、マジでいやだった。でもいまはよかったって思ってる。朔が言ってくれなかったら、オレはいまだってきっと、朔からも走ることからも逃げてたと思う」

「だからそれは」

ううん、と新は首を振った。

「伴走引き受けてからも、ずっと朔のために走ってるんだって自分に言い訳して、ごまかしてた。それで納得《なっとく》しようとしてた。でも、たぶん違った。伴走者としては間違ってるし、オレは失格かもしれないけど、やっぱりオレは、オレのために走ってた。朔と走ることは朔のためじゃなくてオレのためだった」

新はロープを握り直した。走ることは、[X]だ。どんなに苦しくても、辛《つら》くても、誰《だれ》かに助けてもらえるものではない。走れなくなったらその場に立ち止まり、倒《たお》れ込《こ》むだけだ。それはブラインドマラソンも同じだ。ふたりで走っていても、伴走者がⅱ支えるわけじゃない。手を引くわけでも、背中を押《お》すわけでも、代わりに走るわけでもない。

ふたりで走っていても、それは変わらない。

走ることはやっぱり[X]だ。

[X]で、自由だ。

「行こう」

「オレは」

「最後ならそれでもいいよ。だけど、ここで棄権《きけん》するとか言うなよな」

新は朔の腕をつかんで、スタートゲートへ足を向けた。

にぎやかな音楽が響《ひび》いている。曇天《どんてん》の下、ゲート前は数百人のランナーたちがひしめき、からだを動かしたり談笑《だんしょう》したりしながらスタートを待っている。

朔の背中に手を当ててインコース側に立つと、何列か前に※3内村の姿が見えた。その背中を新は[3]見た。あの人も一度は走ることをやめた人だ。あきらめて、自分で断《た》ち切《き》ったのに、それでもまた走っている。オレも同じだ。

「オレ、やっぱり走ることが好きだ」

黙《だま》ったまま朔は小さく頷《うなず》いた。

頬《ほお》に日差しがあたり、朔は空を見上げた。

「前に朔、言っただろ、『新はいろんなものを見せてくれる』って。あれ嬉《うれ》しかった。オレ、ずっと朔の役に立ちたかったから」

新のことばを聞きながら、朔は[4]目を閉じた。

白く靄《もや》のかかったような薄曇《うすぐも》りの空から、ⅲ一筋光がこぼれる。

「だけど、逆だよ」

朔はぴくりと肩《かた》を揺らした。

「⑦オレが見えなくなってたものを、朔が見せてくれた」

驚《おどろ》いたように朔は新のほうに顔を向けた。

「オレ、走りたい。走るよ、逃げないで走る。で、強くなる」

——三十秒前です。

マイクの音が響いた。話し声や笑い声でにぎわっていたグラウンドが静かになった。

「強くなって、また朔とも走る。走りたい」

朔はこみ上げてきたものをこらえるように、⑧もう一度空を見上げた。

重たい雲をこじあけるようにして、空が青く広がる。

見えるわけではない。

でも、たしかにその光景が朔の中に広がっていく。

大きく息をつき、一度頷いて朔は正面を向いた。

ロープを軽く握り直す。

——イチニツイテ

一瞬《いっしゅん》の静寂《せいじゃく》のあと号砲《ごうほう》が鳴った。

『朔と新』いとうみく

※1「欺瞞」―人をだますこと。
※2「梓」―朔の彼女《かのじょ》。
※3「内村」―四十代半ばのベテラン伴走者。学生時代は陸上選手として箱根駅伝を目指していた。大学で挫折《ざせつ》を味わい、ブラインドマラソンに出会うまでは走ることから遠ざかっていた。

問一　＝＝部ⅰ～ⅲの漢字の読みをひらがなで書きなさい。

問二　［1］～［4］を補うのに最も適当なものを次の中からそれぞれ一つ選び、記号で答えなさい。ただし、同じ記号は二度使わないものとする。

ア　そっと　イ　くっと　ウ　ぴくりと　エ　じっと

問三　――部①「朔の内側が鈍《にぶ》く音を立てた」とはどういうことかを説明した次の一文の空欄《くうらん》を補うのに最も適当な語句を［Ⅰ］は十五字以内で本文中から探し、抜《ぬ》き出《だ》して答え、［Ⅱ］は、最も適当なものをあとの選択肢から一つ選び、記号で答えなさい。

> 気づかないふりをしているうちに［Ⅰ］気持ちを、新の「ゴール」という言葉で再び［Ⅱ］ということ。

【選択肢】
ア　慮《おもんぱか》って心を痛めた
イ　噛《か》みしめて心に刻んだ
ウ　思い出して心が疼《うず》いた
エ　背負い込んで心が重くなった

問四　――部②「コーティング」・⑥「幻滅《げんめつ》」の本文における意味として、最も適当なものを次の中からそれぞれ一つ選び、記号で答えなさい。

②「コーティング」
ア　覆《おお》い隠《かく》すこと
イ　飾《かざ》り立《た》てること
ウ　形を変えること
エ　強くすること

⑥「幻滅」
ア　怪《あや》しく思っていたことが解消され、きれいさっぱりなくなってしまうこと
イ　自分にかけていた暗示が解け、現実を受け止めきれないで呆然《ぼうぜん》としていること
ウ　思《おも》い描《えが》いていた夢からさめて、理想には手が届かないことに気付くこと
エ　美化していたものが現実とは異なることを知り、がっかりすること

問五　――部③「喉の奥《おく》が小さく震《ふる》える」とあるが、この時の朔の説明として、最も適当なものを次の中から一つ選び、記号で答えなさい。

ア　新に本当のことを打ち明けたいが、新に怒《おこ》られることが怖《こわ》くて言葉にできずにいる。
イ　新に本当のことを打ち明けたいが、言葉として口に出《だ》すことをためらっている。
ウ　新に本当のことを打ち明けたら、新がどれほど悲しむか想像して楽しみになっている。
エ　新に本当のことを打ち明けたら、もう走れなくなってしまうことにさみしさを感じている。

問六　――部④「ていうかなんで言うんだよ、しかもいまってなんだよ」とあるが、朔はなぜこのタイミングで新に話すことになったのか。適当なものを次の中から**二つ選び**、記号で答えなさい。

ア　レースが始まると競技に集中するので、言いづらくなると考えたから。
イ　この機会を逃《のが》すと自分の気持ちに蓋《ふた》をしてしまい、後悔すると考えたから。
ウ　早く本当の自分をさらけ出して、新に受け入れてもらいたかったから。
エ　新に理解してもらうことで、一体感をもって走りたかったから。
オ　自己中心的な自分の考えに、新をこれ以上巻き込みたくなかったから。

問七　――部⑤「時計の針が逆回転した」とあるが、この時の朔の心情を、解答欄《かいとうらん》に合うように四十字以内で説明しなさい。

問八　［X］に共通して当てはまることばとして、最も適当なものを次の中から一つ選び、記号で答えなさい。

ア　苦痛　イ　孤独《こどく》　ウ　憂鬱《ゆううつ》　エ　窮屈《きゅうくつ》

問九　――部⑦「オレが見えなくなってたものを、朔が見せてくれた」とあるが、どういうことか。最も適当なものを次の中から一つ選び、記号で答えなさい。

ア　朔と走ることで、朔の自分に対する気持ちを理解し、自分も朔を受け入れることができたということ。
イ　朔と走ることで、朔の目の代わりになり役立つことができると知り、自分の存在意義を見出《みいだ》したということ。
ウ　朔と走ることで、誰のためでもなく、ただ自分の思いのままに走りたいのだという気持ちに改めて気付けたということ。
エ　朔と走ることで、走ることをあきらめきれず、伴走者として誰よりも強くなりたいという気持ちが芽生えたということ。

問十　――部⑧「もう一度空を見上げた」とあるが、この時の朔の心情として、最も適当なものを次の中から一つ選び、記号で答えなさい。

ア　新が精神的に成長したことを兄として嬉しく思い、これからは二人でさらに強くなっていこうと心に誓《ちか》っている。
イ　これまでの苦しみが新の言葉によって報《むく》われ、これからは新に頼らず自分一人で生きていこうと心に決めている。
ウ　自分の気持ちが和《やわ》らいでいく中で奇跡《きせき》が起き、少しずつではあるが視力が回復しつつあることを感じ取って感動している。
エ　新の言葉に心動かされ、これから共に歩んでいく明るい未来を想像し、自分も前に進んでいこうと決意している。

入 学 試 験 問 題

(60分)

1．次の計算をしなさい。ただし，（4）（5）は □ にあてはまる数を答えなさい。

（1）$128 \times 14 - 64 \times 13 - 32 \times 12 - 16 \times 11$

（2）$(0.56 \div 0.35 - 0.6 \times 1.4) \div 1.9$

（3）$\left(1\frac{1}{5} - \frac{3}{4}\right) \div 5\frac{2}{5} - 2\frac{2}{5} \times \frac{5}{144}$

（4）$\frac{1}{6} + \left(6.3 - 3\frac{3}{5} \div \square\right) = 1\frac{2}{3}$

（5）$9.6 \div 16 \div 0.1 + 0.25 \times \left(\square - 2\right) + 0.45 \div \frac{3}{5} \times \frac{1}{3} = 7.5$

2．次の問いに答えなさい。

（1）ある店の店主がはじめに持っていたお金の $\frac{1}{4}$ で商品Aを仕入れ，その残りの $\frac{2}{5}$ で商品Bを仕入れ，更《さら》に4800円で商品Cを仕入れると，残金がはじめの25％になりました。はじめに持っていたお金は何円ですか。

（2）$\frac{7}{12}$ より大きく，$\frac{2}{3}$ より小さい数で，分母が5である分数を求めなさい。

（3）男子3人，女子2人の5人でリレーのチームを作ります。第2，4走者を女子と決めると，走る順番の決め方は何通りですか。

（4）7を2021回かけてできる数の，1の位の数は何ですか。

（5）12％の食塩水Aが400gあります。食塩水Aの濃度《のうど》を8％にするには，Aに何gの水を入れるとよいですか。

（6）以下の図のように，1辺の長さが6cmの立方体の各辺の真ん中の点を通る平面で8つの頂点を切り取ります。このとき，残った立体の体積は何cm^3ですか。

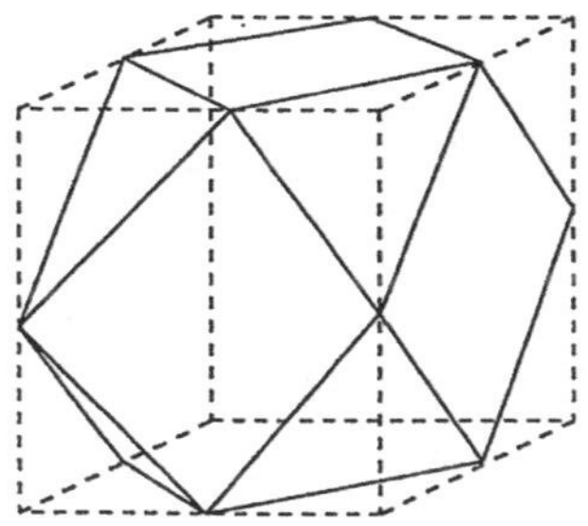

2021(令和3)年度

入 学 試 験 問 題

算 数 その2（1次後期）
開 明 中 学 校

3．A君は，家から公園まで歩いて行くと54分かかり，自転車に乗って行くと15分かかります。ある日，A君は家から自転車に乗って公園に向かいました。途中の本屋の前で自転車を降り，そこから歩いて公園まで行ったところ，家を出てから公園に着くまでに41分かかりました。このとき，次の問いに答えなさい。

（1）A君が歩く速さと自転車に乗って進む速さの比を最も簡単な整数の比で表しなさい。

（2）自転車に乗っていた時間は何分間ですか。

（3）家から本屋までの道のりと本屋から公園までの道のりの比を最も簡単な整数の比で表しなさい。

4．普通《ふつう》列車は6分おきに，急行列車は9分おきに，特急列車は15分おきに出発します。午前9時に普通列車と急行列車と特急列車が同時にA駅を出発しました。次の問いに答えなさい。

（1）普通列車と急行列車と特急列車が，午前9時より後にはじめてA駅を同時に出発するのは，午前何時何分ですか。

（2）午前9時から午後3時10分までに普通列車と急行列車と特急列車は何回A駅を同時に出発しますか。午前9時の出発を1回目として答えなさい。

（3）午前9時から午前10時40分までに普通列車と急行列車は何回A駅を同時に出発しますか。ただし，特急列車が同時に出発した回数はふくまないものとします。

（4）午前9時から午後3時までに急行列車だけが，他の列車と同時にならずにA駅を出発するのは何回ですか。

5．36個のオセロの石をたて6列，横6段にすべて白を上にして並べます。これらの石を次のルールで裏返したとき，白である石の数をシ，黒である石の数をクで表します。

(ルール①) さいころを1回投げて，出た目を△とするとき，左から△列目までの石をすべて裏返す。

(ルール②) もう一度さいころを投げて，出た目を○とするとき，上から○段目までの石をすべて裏返す。

例えば，「白石を□，黒石を▨で表す」と下の図は，△=5，○=4のときの結果で，シは22，クは14です。次の問いに答えなさい。

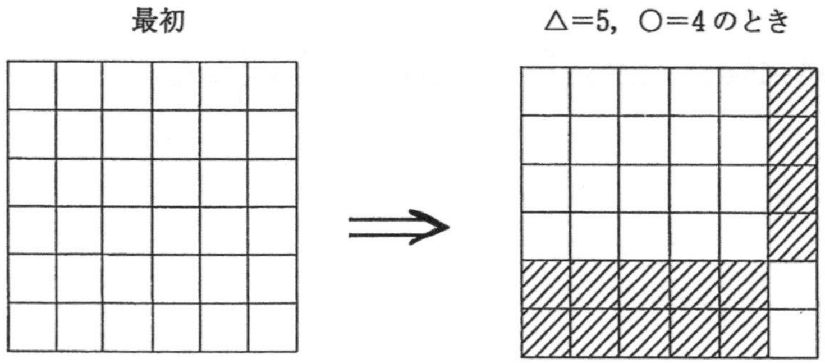

（1）△＝2，○＝3のとき，シの値を求めなさい。

（2）△＝4，○＝4のとき，シの値を求めなさい。

（3）△=4のとき，シとクの値が等しくなるような○の値を求めなさい。

（4）クの値がシの値より大きくなるとき，(△，○)の組合せは何通りありますか。

（40分）

【1】　図のように水平な床の上にばねを置きました。ばねには板をつけ、重さ10gのおもりを板に押し当て、ばねを縮めて手をはなしたところ、おもりは床の上を進んで斜《しゃ》面上のある位置まで上がりました。このとき、ばねの縮みと、おもりが床の上の区間AB（長さ60cm）を進むのにかかった時間、斜面をおもりが上がった高さの関係は、表1のようになりました。次に、ばねの縮みを3cmにして、おもりの重さをかえたところ、おもりの重さと斜面をおもりが上がった高さの関係は表2のようになりました。次の問いに答えなさい。なお、水平な床は斜面となめらかにつながっているものとします。

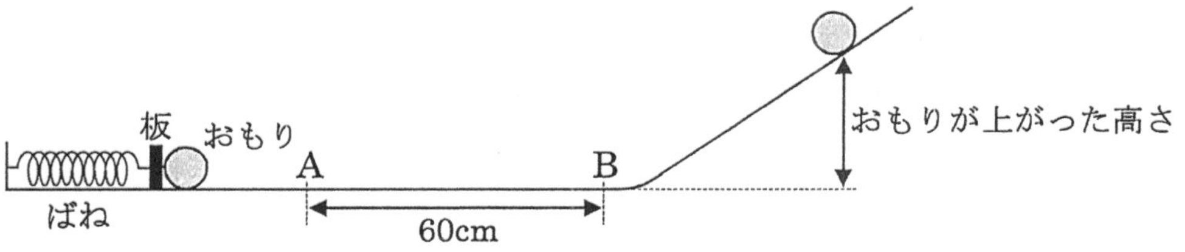

表1

ばねの縮み（cm）	1	2	3	4	5
ABを進むのにかかった時間（秒）	0.6	0.3	0.2	0.15	0.12
おもりが上がった高さ（cm）	5	20	45	80	125

表2

おもりの重さ（g）	5	10	15	20	25
おもりが上がった高さ（cm）	90	45	30	22.5	18

(1) おもりの重さが10gで、ばねの縮みが3cmのとき、ABを進むときのおもりの速さは何cm/秒ですか。

(2) ばねの縮みが2倍、3倍、4倍になると、ABを進むときのおもりの速さはどのようになりますか。もっとも適当なものを、次のア～ウから1つ選び、記号で答えなさい。

　ア　2倍、3倍、4倍になる　　イ　4倍、9倍、16倍になる　　ウ　$\frac{1}{2}$倍、$\frac{1}{3}$倍、$\frac{1}{4}$倍になる

(3) ABを進むときのおもりの速さが2倍、3倍、4倍になると、おもりが上がった高さはどのようになりますか。もっとも適当なものを、次のア～ウから1つ選び、記号で答えなさい。

　ア　2倍、3倍、4倍になる　　イ　4倍、9倍、16倍になる　　ウ　$\frac{1}{2}$倍、$\frac{1}{3}$倍、$\frac{1}{4}$倍になる

(4) おもりの重さを10g、ばねの縮みを6cmにすると、おもりは床からの高さが何cmの位置まで斜面を上がりますか。

(5) おもりの重さが2倍、3倍、4倍になると、おもりが上がった高さはどのようになりますか。もっとも適当なものを、次のア～ウから1つ選び、記号で答えなさい。

　ア　2倍、3倍、4倍になる　　イ　4倍、9倍、16倍になる　　ウ　$\frac{1}{2}$倍、$\frac{1}{3}$倍、$\frac{1}{4}$倍になる

(6) おもりの重さを60g、ばねの縮みを9cmにすると、おもりは床からの高さが何cmの位置まで斜面を上がりますか。

【2】　豆電球、金属棒、電池、電流計を導線でつなぎ以下のような実験をしました。ただし、金属棒はすべて同じ種類、同じ長さであるものとします。次の問いに答えなさい。

〔実験 1〕図 1、図 2 のように豆電球と金属棒を、それぞれ電池 1 個につないだときに流れる電流の大きさを調べると、電流計はともに 0.3A（アンペア）を示した。

〔実験 2〕図 3～図 5 のように金属棒と電池をつないで回路をつくった。それぞれの回路で、電池を 1 個にした場合、直列 2 個にした場合、直列 3 個にした場合での電流計の値を調べたところ、図 6 のようになった。

〔実験 3〕図 7 のように豆電球と金属棒、電池 1 個をつないだときの豆電球の明るさと電流計の値を調べた。

〔実験 4〕図 8 のように金属棒をつないだものに、電池を何個か直列につなぐことで電流計の値は 0.6A を示した。

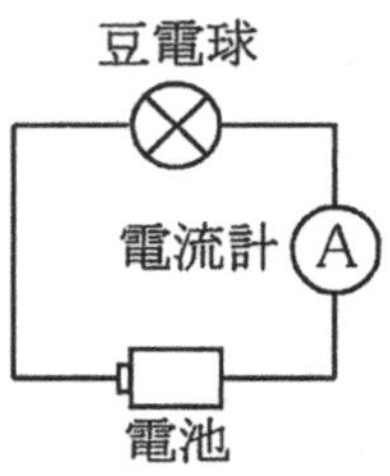

図 1

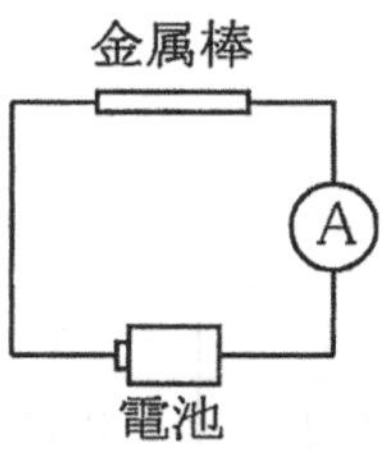

図 2

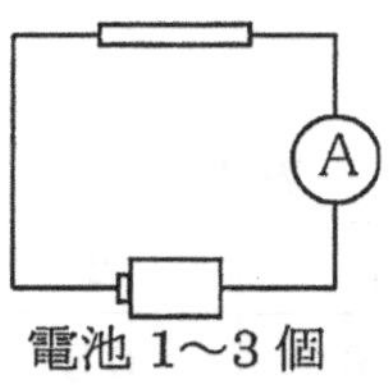

図 3

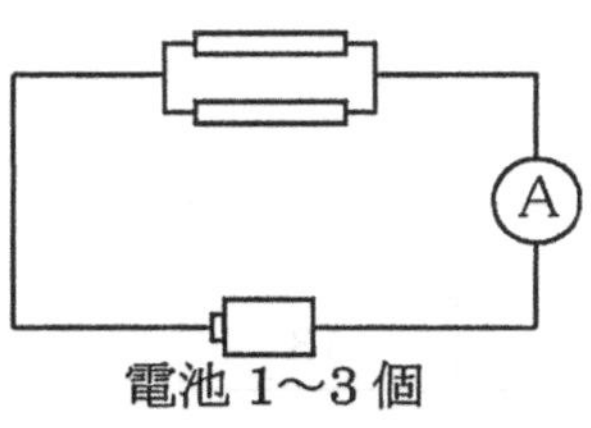

図 4

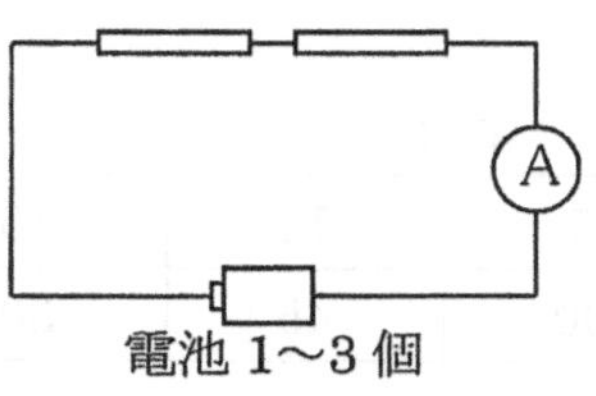

図 5

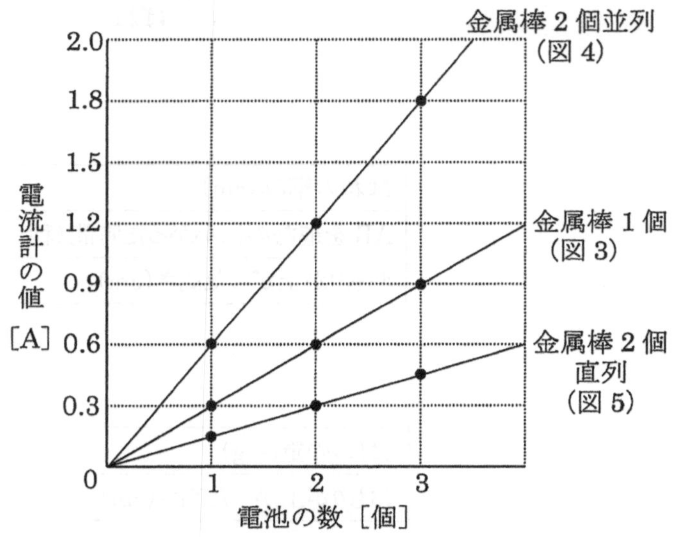

図 6

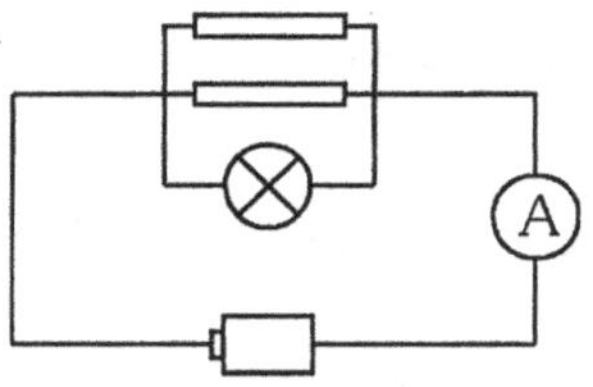

図 7

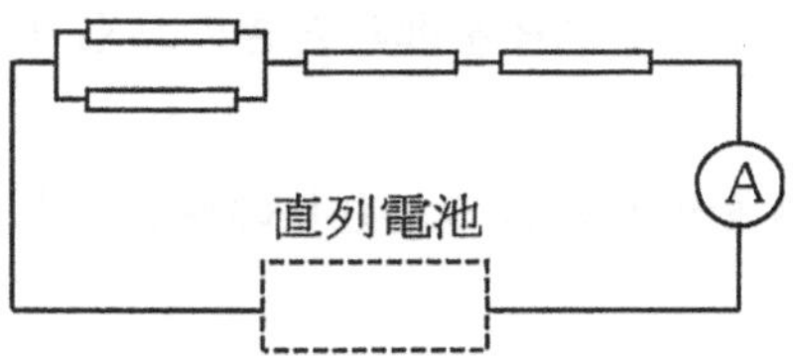

図 8

(1)〔実験 2〕の結果を説明した以下の文章の（ ① ）～（ ④ ）に数字を入れなさい。

> 図 4 の回路に電池を 1 個つないだ場合、金属棒 2 個に流れる電流の大きさはそれぞれ同じであり、（ ① ）A である。電流計の値は、たし合わせた（ ② ）A になっている。
> また、図 5 の金属棒を 2 個直列にした場合、電流計の値を 0.3A にするには図 6 より、（ ③ ）個の電池が必要である。これは、それぞれの金属棒には同じ 0.3A の大きさの電流が流れるので、1 個の金属棒に流れる電流の大きさは電池（ ④ ）個分であり、これをたし合わせた個数になっている。

(2)〔実験 3〕の結果で、豆電球の明るさは図 1 のときと比べてどうなりますか。次のア～ウから正しいものを 1 つ選び、記号で答えなさい。

ア　明るくなる　　イ　暗くなる　　ウ　変わらない

(3)〔実験 3〕の結果で、電流計の値は何 A ですか。

(4)〔実験 4〕の結果で、直列につなぐ電池の個数は何個ですか。

【3】 過酸化水素水に二酸化マンガンを加えると酸素が発生します。過酸化水素水は水に過酸化水素という物質を溶《と》かした水溶《よう》液のことです。今、<u>50gの過酸化水素水</u>を200gの三角フラスコに入れ、そこに1gの二酸化マンガンを加え、充分時間が経過するまで全体の重さを計測しました。二酸化マンガンを加えた直後、ある時間が経過したとき、充分時間が経過したときでの全体の重さは、下の表1のようになりました。次の問いに答えなさい。ただし、水の蒸発は考えないものとします。

表1

	全体の重さ(g)
二酸化マンガンを加えた直後	251
二酸化マンガンを加えてある時間が経過したとき	250.6
二酸化マンガンを加えて充分時間が経過したとき	249.4

(1) 充分時間が経過したとき、発生した酸素は何gですか。
(2) 充分時間が経過したときには、三角フラスコの中には水と二酸化マンガンだけが残っていました。水と二酸化マンガンは、それぞれ何gずつ残っていますか。
(3) 二酸化マンガンの量を5gに増やして同じ実験をしました。充分時間が経過したときの全体の重さは何gですか。

別の実験から、反応した過酸化水素と過酸化水素から得られる酸素の重さの関係を調べると下の表2のようになりました。

表2

反応した過酸化水素の重さ(g)	1.7	5.1	10.2	15.3
発生した酸素の重さ(g)	0.8	2.4	4.8	7.2

(4) 下線部の過酸化水素水の濃さは何%ですか。
(5) 二酸化マンガンを加えてから、ある時間が経過したときに全体の重さは250.6gでした。このとき過酸化水素水の中には何gの過酸化水素が溶けていますか。

【4】 塩化水素、水素、酸素、二酸化炭素、アンモニア、ちっ素の6種の気体をある2つの性質に当てはまるか、当てはまらないかで分類すると、右図の①～④の範囲のうちどれかに分類されました。右図でAとBはそれぞれ気体のある性質を表しています。また、①はAのみ当てはまり、②はAとB両方に当てはまり、③はBのみ当てはまり、④はAとBどちらも当てはまらないことを表します。これについて、次の問いに答えなさい。

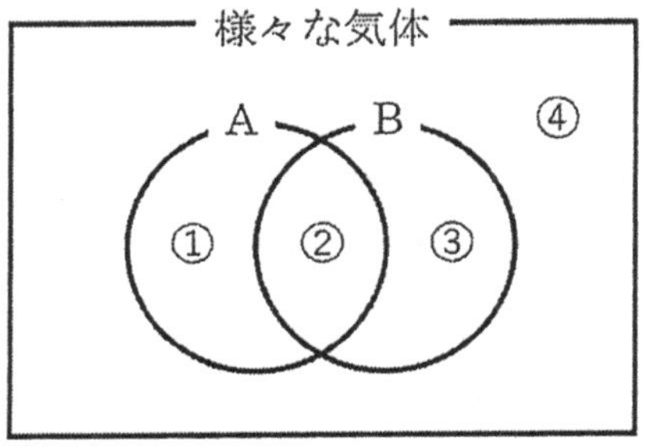

(1) ①に分類される気体の1つは、空気中にもっとも多く含まれる気体です。この気体の名前を答えなさい。
(2) ①に分類される気体の1つは、火をつけるとポンッと音を立てて燃える気体です。この気体が燃えたあとに生じる物質の名前を答えなさい。
(3) ②に分類される気体は鼻をさすようなにおいがあり、この気体が溶けた水溶液にBTB溶液を加えると青色になりました。この気体の名前を答えなさい。
(4) ③に分類される気体の1つは、鼻をさすようなにおいがありました。この気体が溶けた水溶液の名前を答えなさい。
(5) ③に分類される気体の1つは、石灰石を(4)の水溶液に入れて発生する気体と同じものです。この気体の名前を答えなさい。
(6) ④に分類される気体は、物が燃えるのを助ける働き（助燃性《じょねんせい》）がある気体です。この気体の名前を答えなさい。
(7) 性質AとBに当てはまるものを次のア～オからそれぞれ1つ選び記号で答えなさい。

ア　においがある　　イ　水に溶ける　　ウ　酸性である　　エ　アルカリ性である　　オ　空気より軽い

【5】　図のように、葉の大きさや枚数、茎《くき》の太さが同じホウセンカを5本用意し、水300gとともに別々の試験管に入れました。条件①～⑤のように変えて光のあたるところに5日間放置し、試験管内の水の重さを測ったところ表のような結果になりました。次の問いに答えなさい。

［条件①］葉の表と裏の両面にワセリンをぬる。
［条件②］葉の表面だけワセリンをぬる。
［条件③］葉の裏面だけワセリンをぬる。
［条件④］葉に何もぬらない。
［条件⑤］葉には何もぬらず、水に油を浮かべる。

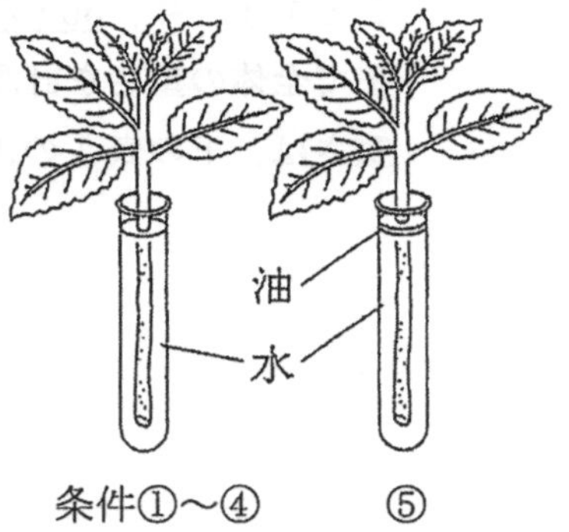

表

条件	①	②	③	④	⑤
水の重さ(g)	275	251	264	240	247

(1) 植物の体から水が水蒸気として出ていく現象を何といいますか。漢字で答えなさい。
(2) 葉から出ていった水は何gですか。
(3) 植物の体から出ていった水のうち、葉以外の部分から出ていった水は何gですか。
(4) 葉の表面と裏面では、出ていった水はどちらの面から何g多かったですか。
(5) (4)から考えて、気孔の数が多いのは葉の表面と裏面のどちらですか。なお、1個の気孔から出ていく水の量は葉の表面と裏面で同じであるものとします。
(6) 実験に使ったホウセンカの葉の面積を求めるために、厚紙を用意しました。5cm×10cmの厚紙を切って重さを測ると4gでした。一方、葉の形に切りぬいた厚紙の重さは2gでした。実験に使った葉の面積は何cm^2ですか。
(7) 実験に使ったホウセンカの葉の枚数は6枚でした。それぞれの葉の面積が(6)で求めた値とすると、1日で葉1cm^2あたり何mgの水が出ていったと考えられますか。

【6】　星座早見盤《ばん》は地球から宇宙を見たようすを表しています。次の問いに答えなさい。

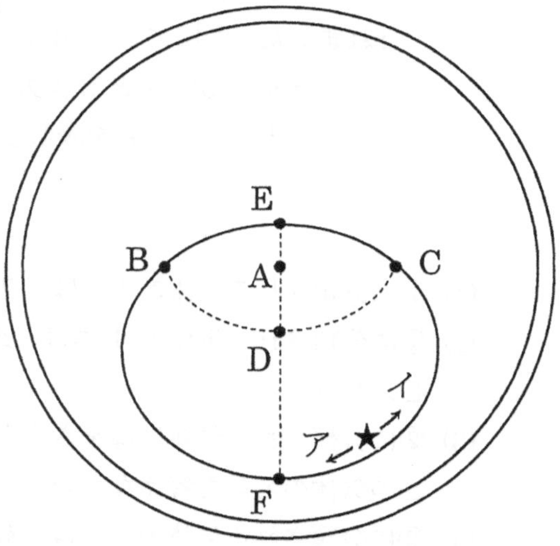

(1) Aは早見盤の中心にある星です。この星の名前を答えなさい。
(2) 北の方角はどれですか。B～Fから1つ選び、記号で答えなさい。
(3) 西の方角はどれですか。B～Fから1つ選び、記号で答えなさい。
(4) 東の空を観察する場合、星座早見盤をどのように持てばよいですか。次のア～エから1つ選び、記号で答えなさい。なお、観察者は手前から見るとします。

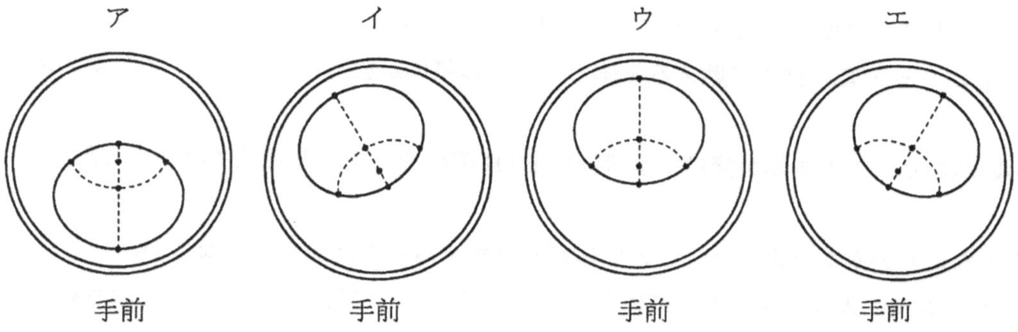

(5) 図の星★は1ヶ月後、同じ場所の同じ時刻と比べると、アとイのどちらに移動していますか。記号で答えなさい。

開明中学校

（40分）

《１》　次の文①～④は日本の半島に関する説明である。地図と文を参考にして、あとの問いに答えなさい。

① 砂蒸《すなむ》し風呂で有名な指宿《いぶすき》が南端にある半島。

② オホーツク海に面し、世界自然遺産に登録された半島。

③ いわしとはまぐりの有名な九十九里浜がある半島。

④ 台風が上陸することが多く、潮岬が南端にある半島。

（１）上の文①～④にあてはまる半島を、地図上のア～エから１つずつ選び、記号で答えなさい。

（２）日本は、Ａの地域が日本固有の領土だとしてある国に返還を求めている。それはどこの国か、答えなさい。

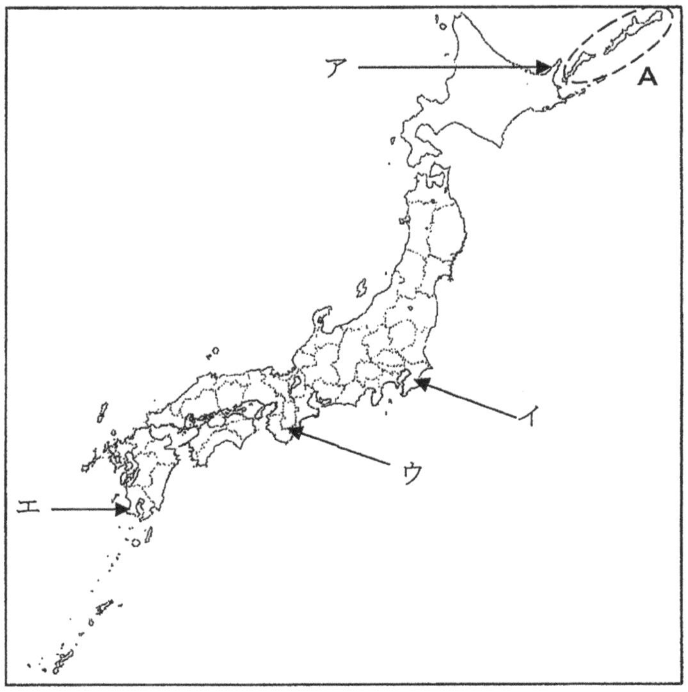

《２》　次の文章は小学校６年生の一郎君が書いた日記の一部である。この文章を読み、あとの問いに答えなさい。

　僕は日本にホームステイをしていたクリスと連絡を取ることにしました。クリスのいるオーストラリアは南半球に位置しているので、日本の１月は、オーストラリアでは夏の季節にあたります。クリスが日本で過ごした思い出を僕に話してくれましたが、一緒に行った東北地方への旅行が一番印象に残っているそうです。僕たちは初日に青森県に向かいました。なぜなら、クリスがだんじり祭を見てから日本の祭に興味をもち、（ａ）青森県のある祭を見たかったからです。実際に祭を見に行くと、大勢の市民が「ラッセ、ラッセ」「ヤーレ、ヤーレヤ」のかけ声とともに、武者などに似せた人型や武者絵の描かれた扇型の山《だ》車《し》燈籠《とうろう》を引いて街を歩きまわっていて、その光景に僕たちは圧倒されました。また（ｂ）大間《おおま》漁港でとれたマグロは絶品で、口の中で溶けるほどの柔らかさでした。２日目に訪れたのは、（ｃ）岩手県です。青森県で魚介を堪能したため、お肉を食べたくなり、ここを訪れました。僕たちが食べたかったのは、有名な仙台市の牛タン焼きです。タンは牛の舌であることをクリスに教えると、驚いていました。（ｄ）伝統的工芸品としてはこけしが有名であり、クリスはお土産に買っていました。クリスに聞くと、こけしを自分の机の上に置いているそうです。３日目に訪れたのは福島県です。魚介、お肉とくれば、後はデザートだと思い、果物が有名な福島県を訪れました。そこで、地元の果物を使ったアイスやケーキなどを食べました。こうして思い出を振り返ってみると、食べてばかりだったと２人で笑い合いました。クリスと話したことで、 またどこかに旅行したいと思ったので、かきを食べに（ｅ）広島県に連れていってもらえるようにお母さんやお父さんに頼もうと思います。

（１）下線部（ａ）について、青森県の祭として正しいものを、次から１つ選び、記号で答えなさい。

ア．祇園祭　　イ．竿燈祭　　ウ．花笠祭　　エ．ねぶた祭

（２）下線部（ｂ）に関連して、青森県にある漁港として正しいものを、次から１つ選び、記号で答えなさい。

ア．焼津　　イ．八戸　　ウ．境　　エ．銚子

（３）下線部（ｃ）は一郎君が都道府県名を間違えています。正しい都道府県名は何か、答えなさい。

（４）下線部（ｄ）について、東北地方の伝統的工芸品として正しいものを、次から１つ選び、記号で答えなさい。

ア．有田焼　　イ．南部鉄器　　ウ．西陣織　　エ．輪島塗

（５）下線部（ｅ）について説明した文として正しいものを、次から１つ選び、記号で答えなさい。

ア．瀬戸大橋を利用して愛媛県に行くことができる。

イ．中国地方で有名な四万十川が流れている。

ウ．世界文化遺産に登録された石見銀山遺跡がある。

エ．原子爆弾が投下され、多くの人々が犠牲《ぎせい》になった都市がある。

《３》　次の表は日本の輸入品の輸入先とその割合（2016年）の上位３カ国を示したもの（『日本国勢図会 2017／18』より作成）である。表を見て、あとの問いに答えなさい。

A		B		C		D	
国名	%	国名	%	国名	%	国名	%
カナダ	25.1	アメリカ	27.2	オーストラリア	64.7	ドイツ	15.3
アメリカ	18.6	オーストラリア	14.8	インドネシア	14.6	アメリカ	14.6
ロシア	12.0	タイ	13.6	ロシア	9.0	アイルランド	13.6

（１）表中のＡ～Ｄにあてはまる輸入品を次から１つずつ選び、記号で答えなさい。

ア．医薬品　　イ．肉類　　ウ．石炭　　エ．木材

（２）次の表は、貿易額の多い成田国際空港、東京港、名古屋港、関西国際空港について、それぞれの輸出額、おもな輸出品目とその割合（2016年）を示したもの（『日本国勢図会 2017／18』より作成）である。関西国際空港と名古屋港にあてはまる組合せを次から選び、記号で答えなさい。

	輸出額（億円）	おもな輸出品目とその割合（%）
①	90,349	金（非貨幣用）　8.1　科学光学機器　5.9　半導体製造装置　4.1 集積回路　3.9　電気回路用品　3.6
②	107,454	自動車　26.6　自動車部品　16.8　内燃機関　4.0 金属加工機械　3.6　電気計測機器　3.5
③	58,204	自動車部品　5.8　コンピューター部品　5.2　プラスチック　4.7 科学光学機器　4.4　電気回路用品　4.4
④	50,822	集積回路　15.5　個別半導体　8.7　科学光学機器　7.1 電気回路用品　6.0　通信機　5.2

ア．①－関西国際空港、②－名古屋港　　イ．①－関西国際空港、③－名古屋港

ウ．④－関西国際空港、②－名古屋港　　エ．④－関西国際空港、③－名古屋港

《４》　次のＡ～Ｃの人物に関する説明を読み、あとの問いに答えなさい。

Ａ　藤原道長の息子で、（ａ）摂政や関白として力を持ち、宇治に（ｂ）平等院鳳凰堂を建立した。

Ｂ　江戸幕府５代将軍で、動物を極端に保護する生類憐みの令を出した。当時、上方では（ｃ）元禄文化が栄えた。

Ｃ　（ｄ）岩倉使節団の女子留学生の一人で、女子英学塾を設立し、日本の女子教育の発展に力を尽くした。

（１）Ａ～Ｃの説明にあてはまる人物は誰か、**漢字**で答えなさい。

（２）下線部(ａ)に関連し、次の文Ｘ・Ｙの正誤の組み合わせとして正しいものを下のア～エから１つ選び、記号で答えなさい。

Ｘ　聖徳太子は天皇となり、天皇中心の国づくりを目指した。

Ｙ　平清盛は武士として初めての太政大臣となった。

ア．Ｘ：正　Ｙ：正　　イ．Ｘ：正　Ｙ：誤　　ウ．Ｘ：誤　Ｙ：正　　エ．Ｘ：誤　Ｙ：誤

（３）下線部(ｂ)について、平等院鳳凰堂がある現在の都道府県はどこか、答えなさい。

（４）下線部(ｃ)に関連し、元禄期に人形浄瑠璃の脚本を書き『曽根崎心中』などの作品を残した人物は誰か、答えなさい。

（５）下線部(ｄ)に関連し、岩倉使節団の目的であった不平等条約の改正について説明した文として**誤っているもの**を次から１つ選び、記号で答えなさい。

ア．日米和親条約によって下田、函館（箱館）の港が開港された。

イ．日米修好通商条約は井伊直弼が朝廷の許可を得ずに結んだ。

ウ．外務大臣井上馨の時、領事裁判権（治外法権）の撤廃に成功した。

エ．外務大臣小村寿太郎の時、関税自主権の完全回復に成功した。

（６）Ｃの人物に関連して、当時おこったできごとⅠ～Ⅲについて、古いものから年代順に正しく配列したものを、次のア～カから１つ選び、記号で答えなさい。

Ⅰ　西郷隆盛が鹿児島で不平士族におされて西南戦争を起こした。

Ⅱ　イギリスとの間に日英同盟が結ばれた。

Ⅲ　国会の開設を求めた民撰議院設立建白書が提出された。

ア．Ⅰ－Ⅱ－Ⅲ　　イ．Ⅰ－Ⅲ－Ⅱ　　ウ．Ⅱ－Ⅰ－Ⅲ　　エ．Ⅱ－Ⅲ－Ⅰ　　オ．Ⅲ－Ⅰ－Ⅱ　　カ．Ⅲ－Ⅱ－Ⅰ

《５》　次の年表を見て、あとの問いに答えなさい。

年	できごと
710	奈良の平城京に都が移される………a
	ア
794	京都の平安京に都が移される
	イ
1338	足利尊氏が京都に幕府を開く………b
	ウ
1600	関ヶ原の戦いがおこる………c
	エ
1603	徳川（　あ　）が江戸に幕府を開く
	オ
1825	異国船打払令が出される
	カ
1868	江戸を東京とする
	キ
1894	（　い　）戦争がおこり、翌年下関条約が結ばれる
	ク
1951	日米安全保障条約が結ばれる………d

（１）年表中の（　あ　）・（　い　）にあてはまる人物名、語を**漢字２字**でそれぞれ答えなさい。

（２）年表中のａについて、平城京に関する文Ｘ・Ｙの正誤の組み合わせとして正しいものを次のア～エから１つ選び、記号で答えなさい。

Ｘ　天皇が住む内裏は平城京の南端に置かれた。

Ｙ　東西南北にみちが通り、碁盤の目のように区画された。

ア．Ｘ：正　Ｙ：正　　　イ．Ｘ：正　Ｙ：誤

ウ．Ｘ：誤　Ｙ：正　　　エ．Ｘ：誤　Ｙ：誤

（３）年表中のｂについて、室町幕府について述べた文として正しいものを次から１つ選び、記号で答えなさい。

ア．室町幕府において、将軍を補佐する執権がおかれた。

イ．足利尊氏が将軍の時代に、南朝と北朝は統一された。

ウ．足利義政は将軍職をゆずり、京都に銀閣を建立した。

エ．足利義満は鎖国を行い、海外との貿易を一切禁止した。

（４）年表中のｃについて、関ヶ原の戦いの戦場となったのは現在の都道府県ではどこに当てはまるか、次から１つ選び、記号で答えなさい。

ア．山梨県　　イ．三重県　　ウ．岐阜県　　エ．滋賀県

（５）年表中のｄの時期におこったできごとについて述べた文として**誤っているもの**を次から１つ選び、記号で答えなさい。

ア．中華人民共和国が成立した。

イ．日本が国際連合に加盟した。

ウ．日本で女性の参政権が認められた。

エ．大日本帝国憲法が制定された。

（６）次の①～③がおこった時期を、年表中のア～クから１つずつ選び、記号で答えなさい。

①　学制が公布され、６才以上の男女が学校に通うことが定められた。

②　松平定信が寛政の改革をおこなった。

③　壇ノ浦の戦いで平氏が滅亡した。

《６》　次の文章を読み、あとの問いに答えなさい。

（ａ）日本国憲法は、前文と103の条文から構成されている。この中で、日本国憲法の三大原則の一つである［　　　］が、前文と第９条で述べられている。ここでは、（ｂ）戦争をしないこと、戦力を持たないこと、交戦権を持たないことが掲げられている。今日、（ｃ）憲法改正のゆくえが注目されている。

（１）下線部（ａ）について、日本国憲法が施行された年月日と、祝日の組み合わせとして正しいものを次から１つ選び、記号で答えなさい。

ア．1946年11月３日―「憲法記念日」

イ．1946年11月３日―「文化の日」

ウ．1947年５月３日　―「憲法記念日」

エ．1947年５月３日　―「文化の日」

（２）下線部(ａ)について、日本国憲法に関する内容の正誤の組み合わせとして正しいものを次のア～エから１つ選び、記号で答えなさい。

Ｘ　日本国憲法は、主権の所在、国民の権利と義務について定めている。

Ｙ　法律・政令・条例は、最高法規である日本国憲法に違反することができない。

ア．Ｘ：正　Ｙ：正　　イ．Ｘ：正　Ｙ：誤　　ウ．Ｘ：誤　Ｙ：正　　エ．Ｘ：誤　Ｙ：誤

（３）文中の［　　　］にあてはまる語を答えなさい。

（４）下線部(ｂ)に関連して、日本がかかげてきた非核三原則の空欄にあてはまる語句を答えなさい。

「(核兵器を) 持たず・(　　　)・持ちこませず」

（５）下線部(ｂ)に関連して、国際連合の安全保障理事会の説明として**誤っているもの**を次から１つ選び、記号で答えなさい。

ア．常任理事国は、アメリカ・イギリス・フランス・ロシア・日本である。

イ．安全保障理事会は、常任理事国と非常任理事国で構成される。

ウ．国際連合の加盟国は、安全保障理事会の要求に従わなければならない。

エ．安全保障理事会の議決は、常任理事国のうち１か国でも反対すれば成立しない。

（６）下線部(ｃ)について、憲法改正の手続きとして正しいものを次から１つ選び、記号で答えなさい。

ア．衆議院が先に憲法改正の議決を行う。

イ．各議院の出席議員の３分の２以上の賛成で発議される。

ウ．国民投票において有効投票総数の過半数の賛成が必要である。

エ．改正が決まると、内閣総理大臣の名で公布される。

（７）下線部(ｃ)に関連して、日本の選挙制度に関する文として正しいものを次から１つ選び、記号で答えなさい。

ア．16歳以上の全ての国民に選挙権がある。

イ．地方公共団体の議会において、男性のみが選挙権を持つ。

ウ．内閣総理大臣は国民の直接選挙で選出される。

エ．自分が誰に投票したかを秘密にすることができる。

（８）下線部(ｃ)に関連して、公正な選挙の実施を目的とし、選挙権や被選挙権、選挙区、投票方法などについて定めた法律を何というか、答えなさい。

《７》　次の（１）～（４）の文で、下線部が正しい場合には○、誤っている場合は正しい語句を答えなさい。

（１）裁判の結果に不服のある人は上級の裁判所に訴えることができるが、第一審から第二審への上訴を上告という。

（２）総人口にしめる65歳以上の人の割合が14％をこえると、超高齢社会と呼ばれる。

（３）バリアフリーとは、高齢者や障がい者にとっての障壁を取りのぞくことである。

（４）国際連合の中にあり、発展途上国や紛争地域の飢えで苦しむ子どもに食糧などを援助する組織を、ユネスコという。

二〇二一（令和三）年度　入学試験解答用紙（一次後期）　国語　開明中学校

（※のところには何も記入しないこと）

受験番号
得点
※

※100点満点

一

問一　i　ii　iii　iv　v

問二　1　2　3　4

問三

問四

問五

問六　、またそのような人たちが社会復帰するシステムがなかったこと。

問七　Ⅰ　Ⅱ　Ⅲ

問八

問九

問十

問十一

問一．１点×５
問二．２点×４
問三．４点
問四．４点
問五．４点
問六．５点
問七．２点×３
問八．４点
問九．２点
問十．４点
問十一．４点

二

問一　i　ii　iii

問二　1　2　3　4

問三　Ⅰ　Ⅱ

問四　②　⑥

問五

問六

問七　新が陸上をやめることで自分を罰した気になっていると考え、

問八

問九

問十

問一．１点×３
問二．２点×４
問三．３点×２
問四．２点×２
問五．４点
問六．２点×２
問七．７点
問八．４点
問九．５点
問十．５点

2021（令和3）年度 入学試験 解答用紙

算 数（1次後期） 開明中学校

受験番号

受験番号
⓪ ① ② ③ ④ ⑤ ⑥ ⑦ ⑧ ⑨
⓪ ① ② ③ ④ ⑤ ⑥ ⑦ ⑧ ⑨
⓪ ① ② ③ ④ ⑤ ⑥ ⑦ ⑧ ⑨
⓪ ① ② ③ ④ ⑤ ⑥ ⑦ ⑧ ⑨
⓪ ① ② ③ ④ ⑤ ⑥ ⑦ ⑧ ⑨
⓪ ① ② ③ ④ ⑤ ⑥ ⑦ ⑧ ⑨

用紙タテ 上 こちらを上にしてください

※100点満点

1

(1)	(2)	(3)
(4)	**(5)**	

5点×5

2

(1)	(2)	(3)
円		通り
(4)	**(5)**	**(6)**
	g	cm^3

5点×6

3

(1)	(2)	(3)
歩く速さ：自転車に乗って進む速さ ＝ ：	分間	家から本屋までの道のり：本屋から公園までの道のり ＝ ：

5点×3

4

(1)	(2)	(3)	(4)
午前 時 分	回	回	回

(1)4点
(2)4点
(3)4点
(4)3点

5

(1)	(2)	(3)	(4)
			通り

(1)4点
(2)4点
(3)4点
(4)3点

2021（令和3）年度　入学試験　解答用紙

理　科（1次後期）　開明中学校

受験番号	
	⓪①②③④⑤⑥⑦⑧⑨
	⓪①②③④⑤⑥⑦⑧⑨
	⓪①②③④⑤⑥⑦⑧⑨
	⓪①②③④⑤⑥⑦⑧⑨
	⓪①②③④⑤⑥⑦⑧⑨
	⓪①②③④⑤⑥⑦⑧⑨

用紙タテ 上　こちらを上にしてください

※50点満点

【1】

(1)～(5) 1点×5　(6) 2点

(1) cm/秒	(2)	(3)
(4) cm	(5)	(6) cm

【2】

(1)～(3) 1点×6　(4) 2点

(1) ①	②	③	④

(2)	(3) A	(4) 個

【3】

(1)～(4) 1点×5　(5) 2点

(1) g	(2) 水 g	二酸化マンガン g
(3) g	(4) %	(5) g

【4】

1点×8

(1)	(2)	(3)
(4)	(5)	(6)
(7) A	B	

【5】

(1)～(5) 1点×6　(6), (7) 2点×2

(1)	(2) g	(3) g
(4) 面からの方が g多い		(5)
(6) cm^2	(7) mg	

【6】

2点×5

(1)	(2)	(3)
(4)	(5)	

2021（令和3）年度　入学試験　解答用紙

社　会（1次後期）　開明中学校

受験番号	
	⓪①②③④⑤⑥⑦⑧⑨
	⓪①②③④⑤⑥⑦⑧⑨
	⓪①②③④⑤⑥⑦⑧⑨
	⓪①②③④⑤⑥⑦⑧⑨
	⓪①②③④⑤⑥⑦⑧⑨
	⓪①②③④⑤⑥⑦⑧⑨

用紙タテ 上　こちらを上にしてください　※50点満点

【注意】 解答欄に〔漢字〕と指定されている問題については、必ず全て漢字を用いて答えなさい。

《1》　1点×5

(1)	①		②		③		④		(2)	

1

《2》　1点×5

(1)		(2)		(3)		(4)		(5)	

2

《3》　1点×5

(1)	A		B		C		D		(2)	

3

《4》　(1), (3), (4), (5) 1点×6　(2), (6) 2点×2

(1)	A	〔漢字〕	B	〔漢字〕	C	〔漢字〕	
(2)		(3)		(4)		(5)	
(6)							

4

《5》　(1), (2), (4)〜(6) 1点×8　(3) 2点

(1)	あ	〔漢字二字〕	い	〔漢字二字〕	(2)		(3)		
(4)		(5)		(6)	①		②		③	

5

《6》　(1)〜(5) 1点×5　(6)〜(8) 2点×3

(1)		(2)		(3)		(4)	
(5)		(6)		(7)		(8)	

6

《7》　1点×4

(1)		(2)		(3)		(4)	

7